본문이 이끄는 **장르별 설교**

Recapturing the Voice of God: Shaping Sermons Like Scripture
Copyright © 2015 by Steven W. Smith
Published by B&H Publishing Group
One LifeWay Plaza, Nashville, Tennessee 37234-0188, USA
All rights reserved.

This Korean Edition Copyright © 2016 by Agape Publishing Co., Ltd.
Seoul, Republic of Korea

＊별도의 표기가 없는 성경구절은 개역개정 성경을 인용한 것입니다.

본문이 이끄는
장르별 설교
하나님의 음성 되살리기

스티븐 스미스 지음 | 김대혁, 임도균 옮김

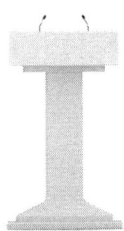

아가페

추천의 글

● ● 나는 오랫동안 설교 사역을 하면서 이 같은 책을 기다려 왔다. 내 사역에서 무엇인가 빠진 것 같다는 생각이 들었기 때문이다. 스티븐 스미스 박사는 그 비어 있는 공간을 채워 주었고, 이 책을 접할 모든 목회자와 교회들을 위해 값진 노력을 했다. 우리는 심지어 강해설교에서도 장르를 매우 오랫동안 소홀히 다루어왔다. 설교학 교수인 저자는 성경 전체를 통해, 우리에게 본문의 내용과 구조가 어떻게 설교의 내용과 구조를 형성하는지 분명하게 보여준다. 왜 우리가 이 사실을 그렇게 오랫동안 볼 수 없었는지는 알 수 없다. 그러나 이 책의 출간으로 우리는 이제 더 이상 변명할 수 없다!

다니엘 L. 아킨(Daniel L. Akin),
사우스이스턴 침례신학대학원 총장

● ● 훌륭한 성경적 설교자도 드물지만, 훌륭한 설교학 책은 더욱 드물다. 이 시대의 위대한 강해설교자 중 하나인 스티븐 스미스 박사는, 이 책을 통해 설교자가 성경본문으로 설교의 개요와 그 자체를 구성하는 방법을 이해하도록 돕는다. 이 책은 스미스 박사가 여러 문학 장르를 연구함으로, 설교에서 본문이 스스로 말하게 하는 것에 관한 가장 유용한 방법을 알려준다는 점에서 매우 유용하다. 나는 설교자들을 비롯해 설교학과 그 기술을 탐구하는 모든 이에게 이 책을 강력히 추천한다.

제이슨 K. 알렌(Jason K. Allen),
미드웨스턴 침례신학대학원 및 대학 총장

● ● 만약 당신이 성경의 모든 표현을 충실하게 설교하기 원한다면, 스티븐 스미스의 도움을 받으라.

켄톤 C. 앤더슨(Kenton C. Anderson)
노스웨스트 침례대학 총장, 트리니티웨스턴 대학의 ACTS 신학교 설교학 교수

◉ ◉ 이 책은 하나님이 실제로 성경의 메시지를 어떻게 전달하시고, 어떻게 그 방식을 따라 말씀하시는지 보여준다. 장르에 관한 논의에 주목하라. 이 책을 읽고 배움으로 하나님이 메시지를 전달하신 방법에 민감한 설교자가 되라.

대럴 복(Darrell Bock)
달라스 신학대학원 신약학 선임연구교수

◉ ◉ 성경 장르의 중요성에 관한 새로운 학문의 맥락에서 스미스 박사는, 각 성경본문의 특별한 구조와 구체적인 내용으로 하나님의 사람들에게 메시지를 전달하기 원하는 설교자를 위해 매우 유용한 자료를 제공한다.

브라이언 채플(Bryan Chapell)
그레이스장로교회 담임목사

◉ ◉ 스티븐 스미스 박사는 설교가 본문의 메시지뿐 아니라 형식을 반영할 때 가장 성경적이 된다는, 참신하면서도 꼭 필요한 사실을 알려준다. 이 책에서 당신은 정교하면서도 성경에 전적으로 충실한 설교를 위한 현명하고 신뢰할 만한 안내문을 발견할 것이다.

J. 스콧 듀발(J. Scott Duvall)
워셔토 침례대학 신약학 교수

◉ ◉ 오늘날 많은 교회가 영적으로 해로운 음식을 강단에서 공급받고 있다. 어떤 이들은 성경을 단지 설교를 위한 수단이나, 최악의 경우 설교의 각주 같은 용도로 사용한다. 그러나 하나님의 사람들이 그분의 말씀으로 돌아오면 반드시 개혁이 일어난다. 스미스 박사는 강해설교의 기술

을 연마하는 데 필요한 모든 도구를 이 책에 모아 놓았다. 간단히 실제적으로 말하면, 이 책의 독자는 성경의 모든 장르를 설교하는 데 필요한 지도를 얻게 된다. 하나님의 말씀을 선포하는 거룩한 강단에 서기 전, 이 책의 각 페이지가 전하는 내용을 충분히 숙지하라. 당신이 선포하는 말씀에 회중이 기뻐할 것이다.

로비 갈라티 (Robby Gallaty)
브레이너드침례교회 담임목사

●● 스티븐 스미스 박사는 여러 성경 장르를 설교하는 영역으로 설교자들을 조심스럽게 인도한다. 또 설교자들이 장르 자체의 형태를 존중하는 설교를 개발할 수 있도록 그 영역의 경관을 감상하게 한다. 당신은 이 책에서 이 같은 본문이 이끄는 설교를 뒷받침해주는 내용을 탐험할 수 있다. 설교자들은 각 장에서 유익한 것을 얻어 자신의 설교에 적용하게 될 것이다.

스콧 M. 깁슨 (Scott M. Gibson)
고든콘웰 신학대학원 설교학 교수

●● 하나님의 사람이 선포하는 하나님 말씀은 복음에 생명력을 불어넣는다. 이 책에서 스티븐 스미스 박사는 본문이 이끄는 설교 중 장르 설교에 관해 신학적으로 살펴보면서, 설교 형태가 본문의 형태를 반영해야 하는 이유를 매우 분명하게 설명한다. 그는 목회자와 교수로서의 경험과 설교자로서의 역량을 모아, 연구와 학습을 위한 참고 자료를 만들었다. 나는 말씀을 선포함으로 세상을 변화시키고자 하는 모든 이에게 이 책을 강력하게 추천한다.

로버트 제프리스 (Robert Jeffress)
텍사스 주 달라스 제일침례교회 담임목사

● ● 신학교 때나 목회사역 초반에 이 책을 읽었다면, 나는 수많은 잘못된 설교에서 벗어날 수 있었을 것이다. 나는 단지 이 책의 첫 장만 읽어도 그 가치가 충분하다고 생각한다. 성경 각 장르의 특징과 목적에 초점을 다시 맞추고자 할 때, 또는 새로운 책이나 시리즈를 설교할 때마다, 나는 이 책의 구체적인 장르를 다룬 부분(총 9장)으로 다시 돌아올 것이다. 하나님의 음성을 되살리는 일에서 우리 모두가 성장하도록 도와준 스티븐 스미스 박사에게 감사의 마음을 전한다.

라이언 켈리(Ryan Kelly)
뉴멕시코 알부케르케 사막생수교회 설교목사

● ● 수많은 설교학 책이 있지만 그중에서도 이 책은 매우 특별하다. 이 책은 설교에 당연히 요구되는 방식, 즉 한 번에 하나의 장르를 다루며, 장르는 본문의 형태를 결정하고 본문의 형태는 설교의 형태를 결정해야 함을 전제로 설교하는 것에 대해 논한다. 만일 당신이 하나님 말씀에서 그분의 음성을 되살리기 원한다면 이 책은 당신을 위한 책이다.

안드레아스 J. 쾨스텐버거(Andreas J. Köstenberger)
사우스이스턴 침례신학대학원 신약학 및 성경신학 선임연구교수

● ● 하나님의 말씀을 충실하게 선포하려는 설교자들의 가장 크고 보편적인 고민 중 하나가 본문의 장르에 관한 것이다. 성경본문의 중심 주제를 찾는 것은 바로 천둥 같은 하나님의 음성을 붙잡는 것이다. 스티븐 스미스 박사의 이 책은, 하나님의 말씀을 통해 우리에게 말씀하시는 그분의 큰 그림을 찾으려는 모든 사람들과 학생들, 목회자들에게 탁월한 도구가 될 것이다. 성경본문의 진정한 의도를 확실한 지식으로 다시 붙들고자 할 때, 이 책을 종종 사용하라. 결코 수고가 헛되지 않을 것이다.

스티븐 J. 로슨(Steven J. Lawson)
원패션미니스트리 회장

● ● 그동안 장르에 대한 예민함을 가지고 설교하는 것에 대해 학생들과 대화를 나누면서 느낀 점은, 그들에게 추천해줄 만한 자료가 부족하다는 것이었다. 그러나 이제 나는 자신 있게 추천할 만한 책을 발견했다! 스티븐 스미스 박사는 강해설교에서 성경본문의 의미만이 아니라, 본문의 역동성과 형태를 재활성화해야 하는 필요를 이해하는 데 도움을 준다. 만약 열정 있는 목회자가 스미스 박사가 제시하는 부분을 실천으로 옮긴다면, 지역교회는 하나님 말씀에서 그분의 음성을 들음으로 풍성해지고, 복을 받으며, 든든히 세워질 것이다. 나는 진심으로 이 책을 추천한다.

토니 메리다(Tony Merida)
이마고데이교회 설교목사, 사우스이스턴 침례신학대학원 설교학 교수

● ● 강해설교는 기독교 예배와 목회적 과업의 핵심이다. 하나님의 말씀은 설교의 모든 영역을 다스리며 장악한다. 스티븐 스미스 박사는 이 점을 충분히 이해하고 있다. 이 책은 성경본문이 진정한 강해설교의 모든 영역을 이끌어 가야 함을 우리에게 효과적으로 상기시켜준다. 설교자들은 이 책에서 진리의 말씀을 바르게 나누는 중요한 과업에 필요한 용기와 도움을 얻을 것이다.

R. 앨버트 몰러(R. Albert Mohler Jr.)
남침례신학대학원 총장

● ● 이 책은 다음 세대의 설교자들을 충실한 사역자로 훈련하고 준비시키는 데 꼭 필요한 자료다.

앤서니 무어(Anthony Moore)
빌리지교회 포트워스 캠퍼스 목사

●● 설교와 관련해 학자의 정신과 설교자의 마음이 잘 어우러진 책을 찾는 일은 매우 어렵다. 그러나 스티븐 스미스 박사는 이 책에서, 하나님의 말씀을 좀더 충실하게 전달하려는 설교자를 위해 준비한 독특한 자료를 충분히 제공한다.

R. 스콧 페이스(R. Scott Pace)
오클라호마 침례대학 기독교사역 회장

●● 만약 당신이 설교에 대한 새로운 접근법을 찾는다면, 스티븐 스미스 박사의 이 책이 하나님의 생각으로 당신의 마음을 준비시키고, 당신의 청중이 마치 말이 걷는 것 같은 걸음을 포기하고 경주마같이 달리도록 자극을 줄 것이다. 스미스 박사의 독특한 방식을 통해 성경본문은 생명을 얻어 날아오르고, 청중의 마음에 파장을 일으킬 것이다. 우리는 이런 책을 오랫동안 기다려왔다. 이제 마음껏 이 가르침을 즐기자!

페이지 패터슨(Paige Patterson)
사우스웨스턴 침례신학대학원 총장

●● 스티븐 스미스 박사의 성경 장르에 대한 제안 및 설교 개발과 전달에 관한 직접적인 가르침은 하나님의 음성을 들으려는 우리와 청중 모두에게 중요하다. 하나님의 음성은 그리스도의 형상을 닮아가고자 하는 우리의 유일한 소망이다.

짐 쉐딕스(Jim Shaddix)
사우스이스턴 침례신학대학원 W. A. 크리스웰 석좌 교수

C O N T E N T S

추천의 글   004

서론   012

CHAPTER 1   하나님의 음성 되살리기: 소리 높낮이, 빠르기, 크기   023
CHAPTER 2   본문이 이끄는 설교: 내용, 구조, 역동성   043
CHAPTER 3   설교와 성경의 장르: 이야기, 시, 서신   059

이야기

CHAPTER 4   구약 내러티브에서 하나님 음성 되살리기   077
CHAPTER 5   율법에서 하나님 음성 되살리기   123
CHAPTER 6   복음서와 사도행전에서 하나님 음성 되살리기   145
CHAPTER 7   비유에서 하나님 음성 되살리기   189

시와 지혜서

CHAPTER 8 시편에서 하나님 음성 되살리기　219

CHAPTER 9 지혜서에서 하나님 음성 되살리기　257

CHAPTER 10 선지서에서 하나님 음성 되살리기　291

서신서

CHAPTER 11 서신서에서 하나님 음성 되살리기　315

CHAPTER 12 요한계시록에서 하나님 음성 되살리기　345

주　366

참고문헌　387

Prologue
서론

　나는 솔직 '강해설교'라고 명하는 것에 대해 항상 확신이 없다. 신학적으로 나는 성경강해를 좋아한다. 나는 학생들이 하나님의 말씀을 사랑하고 그것을 설명하는 데 삶을 헌신하도록 전 생애를 바쳐 강해설교를 가르친다. 그리고 이 책이 성경본문을 설명하려는 사람들에게 도움이 되기를 소망한다. 그러나 좀더 정직히 말하면, 우리가 소위 강해설교라고 부르는 많은 설교가 사실상 강해설교가 아니다. '강해설교'라는 용어는 라틴어 어근에서 유래한 것으로, '제거하다'는 뜻의 'ex'와 '주장하다'는 뜻의 'posit'가 결합된 단어다. 즉, 본문 안의 진리 그대로를 사람들에게 알리고 보인다는 뜻이다. 비록 '강해'라는 단어가 매우 의도적으로 사용되기는 하지만, 나는 그것이 '강해'를 마치 하나의 정형화된 설교 모형을 가리키는 표현이나 단순히 설교를 만드는 하나의 방식 정도로 생각하는 것 같아 염려스럽다. 그러나 내가 학생들에게 이런 설교의 방식 정도에 자신의 삶을 헌신하라고 요청할 수는 없다. 어떤 방식이라는 것은 세대에 따라 변하기 때문이다. 강해설교, 즉 본문이 이끄는 설교는 단순한 설교의 방식이 아니라, 신학적으로 본문에 최대한 가까이 가려는 목적을 지닌 하나의 설교 철학이다.

　내 말에 오해가 없기 바란다. 설교 사역을 막 시작하는 사람들을 돕기 위한 설교의 형식적 모형이 나쁘다는 것이 아니다. 설교 모형은 그들에게 분명 도움이 된다. 그러나 자신이 가진 단 하나의 설교 형식이 모든 성경본문에 적용되지 않는다는 것도 곧 알게 된다. 말씀은 근본적으로 역동적이며, 정적이지 않다. 우리가 선택한 하나의 설교 모형이 성경본문에 맞지 않을 때, 우리는 그대로 그 모형에 따라 설교할 것인지, 아니면 성경본문에 충실하게 설교할 것인지 결정해야 한다. 나는 수년간 이것을 고민해 왔다.

나 역시 설교 작성 방법이나 형식적 모형을 가지고 있었다. 그러나 현실적으로 내가 모든 설교에 사용한 설교 형식으로 인해 성경본문을 잘못 전할 수 있다는 걱정이 생기기 시작했다. 그것은 마치 성경본문을 이미 결정된 설교 개요에 끼워 맞추려는 것과 같은 것이었다. 나는 분명 좀더 나은 방법이 있을 것이라고 생각하게 되었고, 그것은 나만의 생각이 아니었다. 그러나 한번 생각해 보자. 만약 세상 모든 설교자가 자신의 설교 형식에 충분히 만족하고 있다면, 성경 장르와 설교 구조의 관계에 관한 이 책이 왜 필요한가? 좋은 질문이다. 이 책의 논리는 두 개의 분명한 이치에 근거한다.

1. 설교는 하나님의 말씀을 다시 전달하는 것이다. 설교자는 메시지를 스스로 만드는 사람이 아니다. 설교 신학을 한 문장으로 간결하게 정

리하면 다음과 같다. "우리는 하나님을 위해 말한다. 하나님은 이미 예수 그리스도를 통해 자신을 계시하셨고, 그분의 아들 예수님은 말씀을 통해 자신을 드러내셨기 때문이다." 이 책의 주제는 하나님과 우리의 의사소통이다. 이런 의미에서 내 동료 데이비드 알렌(David Allen)은, 우리는 설교문을 설교하는 것이 아니라, 성경본문을 설교해야 한다고 말한다. 설교는 성경본문 설명 그 이상의 의미도 있지만, 본문 설명이 빠져서도 안 된다. 따라서 나는 설교 자리에 섰을 때, 청중이 어떤 반응을 보이든 하나님이 사람들에게 이미 말씀하신 부분을 대신 전하고 재현하는 위치에 있다는 것을 명심한다. 청중이 성경본문 속에서 예수 그리스도를 보고, 그것을 통해 하나님을 볼 수 있기 때문이다. 그러므로 사람들에게서 말씀을 빼앗는 것은 예수 그리스도를 빼앗는 것과 같다. 우리는 하나님이 이미 말씀하신 것을 재현해 전달해야 하는 의무가 있다. 따라서 우리는 본문의 본래 의미를 찾도록 힘써야 한다.

2. 본문의 구조는 의미에 영향을 준다. 왜 하나님은 최소 아홉 개의 장르를 통해 말씀하셨는가? 왜 강의처럼 네 개의 요지와 그에 따른 세 개의 하부 요지로 전달하지 않으셨는가? 대답을 하려는 시도 자체가 우습지만, 그것은 하나님 마음이다. 그러나 성경에는 생명력 넘치는 시들

로 엮은 시편, 직접적인 지혜를 담고 있는 잠언, 매서운 역설의 전도서, 충격적인 이야기로 구성된 구약의 내러티브, 풍부한 이야기가 들어 있는 복음서, 개인적인 특성이 드러나는 서신서, 하나님 왕국 완성의 영광스러운 기쁨을 담고 있는 요한계시록이 있다. 그리고 각 장르는 그것이 전달하는 단어들의 의미에 영향을 준다. 나는 그 단어 자체는 좋아하지 않지만, 성경 장르는 본문의 '느낌'에도 영향을 준다. 즉, 그것이 저자가 의도한 본문에 대한 감정적 디자인이다. 하나님 말씀이 완전하기 때문에 각 장르는 특정한 본문을 위한 전달 통로로 승인받은 것이다. 그 다음 질문은, 설교 구조가 원래 전달된 방식으로 성경본문을 재현하도록 허용하고 있는지에 대한 것이다. 이러한 의문은 다음의 결론으로 인도한다.

그러므로 우리는 하나님의 음성에 영향받은 대로 하나님의 말씀을 설교한다. 여기서 '하나님의 음성'은 장르를 의미한다. 즉, 하나님이 말씀하신 내용과 방법에 관한 것이다. 그렇다면 하나님의 말씀을 설교할 때 어떻게 하나님의 음성을 되살릴 수 있는가? 장르를 무시하는 것은 의미의 일부분을 무시하는 것이다. 이 책의 목표는 설교자나 교사에게 장르가 어떻게 본문의 의미를 결정하는지 알리고, 이러한 의미가 반영된 설교를 실제적으로 할 수 있도록 돕는 것이다. 이것이 바로 장르에 민감한 설교다. 이러한 생각은 자연스럽게 다음 두 질문으로 인도한다. 그렇다면 성경본문을 똑같이 흉내 내자는 것인가? 아니다. 결코 본문을 똑같이 흉내 내는 것이 아니다. 본문을 단순히 따라 하는 것이 아니라, 본문의 효과를 다시 활성화하는 것이다. 다시 말해, 각 장르에 내포되어 있는 의미를 파악하고, 그것을 설교에 반영하는 것이다. 이에 대한 자세한 논의는 이후에 할 것이다. 두 번째 질문은, '성경을 설교할 때, 장르에 대한 고려 없이 한 절씩 설교하는 것으로 충분하지 않은가?' 하는 것이다. 그러나 이 방법에는 문제가 있다. 사전에 결정된 형식을 성경본문에 대한 설교 형식으로 강요함으로 본문이 숨을 쉬지 못하게 하고, 성경의 일부 의미를 놓칠 수 있다.

　모든 설교자가 강해자가 되기 원하는 것은 아니다. 나는 이것을 알고 있으며, 이 부분에 관해서는 또 다른 토론이 필요하다. 그러나 강해설교자가 되기 원하는 사람이, 본문을 설명하는 외적 모습은 있지만 본문의 의미는 마스크로 가리는 것 같은 접근방식을 취하는 것은 바람직하지 않다. 강해설교는 다음과 같은 것을 의미하지 않는다. 즉, 성경의 한 책을 연속적으로 다루기는 하지만, 무작위로 주제를 고르고 그 주제가 외적으로 드러나 보이는 본문을 선택하는 식의 변덕스러운 자세로 본문에서 요점을 끌어내는 것이다.

성경본문보다 이미 결정된 설교 모형이 앞서는 이런 얄팍한 강해로 인해, 많은 젊은 설교자들이 이 길에서 떠나고 있는 듯하다.

내가 진심으로 하는 말에 귀 기울여주기 바란다. 나는 나 자신의 좌절과 실패를 고백하고, 설교자들이 이런 유형으로 설교하고 있음을 책망하려는 것이 아니다. 오랫동안 내 설교 형식은 본문에서 가져왔지만 본문에 가깝지는 않았다. 내 설교가 본문의 형식을 정확하게 재현하지 않았음을 인정하기에는 내가 지나치게 고지식하고 완고했다.

좀더 나은 방법이 있어야 한다. 그런 방법이 있다. 우리는 설교 본문이 숨을 쉬게 해야 한다.

만약 성경이 생명을 준다면, 설교 형식은 생명의 숨이 나올 수 있는 열린 창문이 되어야 한다. 설교자로서 우리의 임무는, 성경에서 받아들이기 쉽지 않은 부분을 걸러내는 것이 아니라, 통로의 역할을 하는 것이다. 하나님의 말씀은 오늘날에도 매우 명확하게 우리의 현실을 드러낸다. 성경본문이 숨을 쉬게 한다는 것은, 본문 형태가 설교의 형식을 결정하도록 허용하는 것을 뜻한다. 이 일에 대한 헌신은 성경이 성령의 영감으로 만들어졌다는 교리에 근거한다. 하나님의 말씀이 성령의 영감으로 기록되었고, 본문을 둘러싸고 있는 형식이 그 내용에 영향을 미친다면, 마땅히 설교를 통해 하나님이 이미 말씀하신 것을 그대로 재현해야 되지 않겠는가? 설교자의 일은 성경의 문학적 양식을 납작하게 가공해 획일적으로 이해하는 접근방식으로 신학적 진리만을 찾아내는 것이 아니다. 본문의 구조는 사실상 메시지의 일부이며, 우리는 그것에 관심을 가져야 한다.

성경영감설을 믿는 이들에게 설교는 실제로 성경본문을 재현하는 것이다. 이것이 진정한 강해다. 설교의 형태는 본문의 형태를 반영해야 한다는 것이 우리가 제시하는 단순한 전제다. 그 일의 실행 역시 매우 간단하다. 성경은 많은 장르를 포함하고 있기에 그만큼 매우 복잡하다. 이 책을 읽음으로, 당신은 본문이 설교의 구조를 결정하게 하는 일을 자유롭게 할 수 있게 되고, 혹 장르에 민감하게 접근하는 설교가 어렵다고 느껴질 때 도움이 될 것이다. 우리는 이 책에서 최근 학자들의 연구 결과와 설교자를 위한 실제적 적용을 고려해, 둘 사이의 균형을 유지하며 연구하고자 한다. 따라서 당신이 각 장르를 설교할 때, 이것이 연구에 도움이 될 것이다. 이 책은 입문서이기에 이후 깊이 있는 연구를 위해서는 이 책의 참고문헌 목록을 지속적으로 이용할 수 있다. 적어도 내게 설교는 항상 힘들다. 나는 다른 설교자들의 기본적인 필요를 충족시키려는 목적으로 이 책을 기록했다.

나는 모든 답을 가지고 있지 않다. 오늘 이후 나도 다음 설교를 준비하기 위해 육체의 싸움을 한다. 나는 분명 각 본문을 설교하는 '유일한' 방법을 모른다. 그러나 이 부분이 강조점이다. 여기서 성경의 각 장르를 고유한 언어의 개념으로 이해하면, 새로운 생각이 열리는 기쁨을 얻게 된다. 그러나 나는 설교 구성에 도움을 주고 성경본문에 더 가까이 갈 수 있도록 안내하는 선배들의 어깨에 기대기 원한다. 그리고 하나님의 정확한 음성이 되시는 예수님을 닮기 원한다. 우리는 완벽하지 않다. 성경을 더 가까이하고, 더 정확히 알고자 하는 불타는 열망을 가진 연약한 선지자들일 뿐이다.

성경에 좀더 가까워지고, 성경을 좀더 분명히 알고자 하는 노력의 일환으로, 우리는 성경의 장르(외적 형식)를 연구할 것이다. 결과적으로 본문의 형태를 아는 것이 설교의 형태를 결정하는 데 도움을 준다. 이런 방법으로 하나님의 말씀을 설교할 때, 우리는 하나님의 음성을 되살리게 된다. 우리가 성경본문에 더 다가가고 더 분명히 알고자 할 때, 주님의 은혜가 함께하기를 소망한다.

Recapturing The Voice of God
하나님의 음성 되살리기

CHAPTER 1

하나님의 음성 되살리기
소리 높낮이, 빠르기, 크기

서론

성경은 하나님의 음성으로 전달된 하나님의 말씀이다. 설교는 하나님의 음성을 회복해 그분의 말씀을 재현하는 것이다. 그러므로 하나님 말씀의 의미를 이해하기 위해 우리는 하나님의 말씀을 하나님의 음성 방식으로 전달해야 한다. 부정적으로 말하면, 하나님의 음성에 대한 이해 없이 하나님의 뜻을 붙잡을 때는, 본문의 의미를 잃어버릴 수 있다. 성경은 하나님의 음성에 담긴 그분의 말씀이다. 이 책은 성경 장르의 영향을 받은 설교에서 하나님 말씀인 성경본문의 의미를 찾아내는 것에 관한 내용이다. 여기서 성경의 장르는 하나님이 자신의 말을 전달하기 위해 스스로 선택하신 목소리다.

나는 아장아장 걷기 시작한 내 아이가 달리는 것을 좋아한다. 아이는 팔을 흔들며 제 마음대로 달린다. 우리 집 길은 아래쪽의 사람들이 많이 다니는 도로와 연결되어 있다. 따라서 길을 따라 내려가 달릴 수 있다. 아이가 아래 큰 도로에 가까이 도달했을 때, 나는 바리톤 같은 중저음의 소리를 낸다. 그 다음 목소리를 점점 높이기 시작한다. 그리고 더욱 위험한 순간이 다가오면 나는 소리를 지르는 동시에 아이의 이름을 부른다. "쉐퍼드!"

목소리는 오직 세 가지 방법 즉, 소리의 크기, 높낮이(강도), 빠르기(속도)를 통해 조절한다. 내가 느끼는 강한 감정은 그대로 고조된 고음과 큰 소리로 나온다. 그리고 이런 방법은 효과가 있다. 내 아이는 내가 자신의 이름을 부르는 소리를 수없이 많이 듣는다. 때로는 즐거울 때나 감사를 표현할 때, 장난할 때도 듣는다. 부모인 나는 자녀를 양육하면서, 다양한 목소리가 훈계나 사랑을 보여주는 데 매우 유용하다는 것을 배웠다. 아이에 대한 사랑이 나를 움직인다. 그리고 아이가 도로로 달려가려는 위험한 순간, 내 아이를 보호하기 원한다. 나는 아이를 보호하기 위해 말의 단어뿐 아니라 목소리를 이용한다. 사실상 아이를 멈추게 한 것은 내 말이 아니라 그 말의 어조다. 아이의 이름을 부드럽게 부르는 것은 내가 당시 느끼고 있는 위험을 바르게 전달한 것이 아니다. 나는 아이에게 다양한 감정을 전달하기 원하지만, 위기의 순간에는 두려움과 위험, 경고를 전해야 한다. 실제로 위험하기 때문이다. 극적 효과를 위해서가 아니다. 그것은 실제 상황이다. 아이를 사랑하기에 나는 아이가 자신의 생명을 빼앗길 수 있는 위험을 알기 원한다.

성경에는 본문의 장르를 통해 표현된 뉘앙스, 즉 소리의 높낮이, 빠르기, 크기가 있다. 성경은 하나이지만 그 안에는 많은 장르가 있다. 하나의 말씀이지만 우리를 향한 아버지의 사랑으로 인해 다양한 음성으로 전달된다.

성경의 첫 번째 질문인 '네가 어디 있느냐?'는 아버지의 사랑과 실망이 담겨 있는 잊을 수 없는 물음이다.[1] 홍수 중에 하나님은 심판의 말씀을 은혜의 구름에서 비로 내리신다.[2] 하나님은 이스라엘의 이야기를 통해 경고를 외치심으로 우리에게 순종을 요구하신다.[3] 구약의 위대한 믿음의 사람들은 우리의 즐거움을 위해 소개된 것이 아니다. 구약 영웅들의 이야기는 일종의 전설같이 위대함을 드러내려는 것 같지만, 본래 목적은 따로 있다. 그들의 삶은 곧 하나님의 목소리이며, 우리가 믿음의 경주를 잘할 수 있도록 격려하려는 것이다. 또 우리가 지금 겪고 있는 아픔이 하나님 자녀의 특징임을 알게 하려는 것이다.[4] 신앙의 경주는 실제로 일어나고 있으며, 따라서 하나님의 격려도 실제적이다. 시편은 인간의 감정을 폭넓게 표현하지만, 그것은 인간만이 아니라 하나님에 의해서도 기록되었다. 시편에서 하나님은 우리가 그분에게 반응하기 원하는 방법을 알려주심으로 우리에게 자신의 사랑을 표현하신다. 우리는 그분에게 어떻게 반응해야 할지 알 수 없는 때가 있지만, 하나님은 우리를 완전하게 사랑하시기에 우리에게 말씀하시고, 자신의 뜻을 알려주신다.

하나님은 룻기나 에스더 같은 이야기에서 승리로 가득 찬 소망을 말씀하신다. 선지서에서는 우리를 상대로 애원하시고 논쟁도 하신다.[5]

복음서 이야기는 최후의 말씀이다.[6] 하나님은 자신에 대해 더 이야기하기 원하셨다. 그리스도는 하나님이 우리에게 주신 최종적이며 가장 완전하게 표현된 하나님의 말씀이다. 그리스도의 성육신은 다른 외침이 필요 없는 하나님의 강력한 음성이다. 하나님의 임재는 아들의 겸손을 통해 말씀하신 귀청이 터질 듯한 초대의 외침이다. 그리스도는 아버지가 적절한 시간에 드러내시도록 하기 위해 자신의 영광을 감추었다.[7] 이것이 많은 사람이 예수 그리스도를 제대로 알아보지 못한 이유다. 예수님이 말씀하실 때, 사람들은 전에 들어보지 못한 하늘에서 온 하나님의 음성을 들었다. 그것은 역사상 하나밖에 없는 가장 극적인 이야기다. 그러나 그분의 메시지는 단순한 드라마가 아니라, 우리를 향한 하나님의 말씀이었다. 많은 사람이 이야기로 인해 하나님의 말씀을 잃어버리곤 한다. 사람들은 죽음이 삶으로 극복되는 드라마는 좋아하지만, 정작 자신들은 살기 위해 기꺼이 죽으려 하지 않는다. 또 이야기는 듣지만, 하나님의 말씀은 듣지 않는다.[8] 그러나 이야기는 하나님의 말씀을 전달하는 수단이다. 하나님은 스스로를 낮추셨다. 그리고 낮아짐은 책임을 수반한다. 예수 그리스도의 이야기를 듣고 반응하지 않는 것은, 예수님이 이 땅에 즐기러 오셨다고 여기는 것과 같다. 성경의 모든 이야기, 특히 그리스도의 최종적인 이야기는 반응을 요구한다. 그분은 단 하나의 이유 때문에 인간의 몸을 취하심으로 자신을 낮추셨다. 바른 말씀을 바른 음성으로 전달하기 위해서다. 그리고 그분은 사람들의 반응을 기다리신다.

하나님은 서신서를 통해 우리를 가르치신다. 서신서는 예수님이 우리에게 하신 말씀을 사도들의 목소리를 통해 설명한 것으로, 우리가 복음서와 사도행전에서 보여준 것처럼 살기 위해 어떻게 해야 하는지 알려준다.[9] 즉, 하나님의 말로 전달된 그분의 아들과 교회에 대한 주석이다.

성경의 마지막 책인 요한계시록에서 하나님은 세상을 시작하셨던 방식으로 전쟁을 끝내신다. 세상 모든 것은 한 단어로 시작되었다. 그리고 한 단어로 끝난다.[10] 요한계시록은 예수님의 말씀이다. 아버지 하나님은 예수님에게 자신의 뜻을 알려주셨고, 예수님은 천사에게 그것을 전달하셨다. 그리고 천사는 교회를 권면하기 위해 요한에게 그 말씀을 전했다. 그러므로 교회는 용사이신 메시아 예수님의 실제적 귀환을 소망한다. 다시 오신 예수님은 모든 악을 평정하고, 신부를 구원하며, 적들을 정의로 심판하실 것이다. 권면이 매우 절실하기에 요한계시록은 매우 시끄러운 책이며, 마지막 중에서도 가장 마지막 말이다. 성경은 많은 목소리로 들려주신 하나의 말씀이다.

우리가 만날 모든 상황을 아시는 하나님은 수없이 다양한 목소리를 사용하신다. 다시 말해, 변하지 않으시는 하나님은 우리와 소통하려는 열망으로 우리에게 접근하는 목소리를 바꾸신다. 성경이 단지 밋밋한 일차원적인 책이 아닌 이유가 거기에 있다. 성경은 수많은 다양한 방식으로 모든 상황에 대해 말하는 풍성하고 세밀한 목소리다. 거기에는 높낮이와 속도, 크기가 있다.

하나님이 목소리를 바꾸신다면 설교자가 자신의 목소리를 바꾸지 않을 이유가 어디 있는가? 사람들은 하나님의 말씀을 읽을 때 지루하다고 생각하지 않는다. 그러나 우리의 설교를 듣고 있는 사람들은 하나님이 지루하다고 생각한다. 그것은 우리가 단조롭고, 단순하며, 일괄적이고, 천편일률적인 접근법으로 설교함으로, 그들이 그렇게 생각하도록 훈련시켰기 때문이다. 이것은 수없이 다양한 하나님의 말씀을 잘못 전달한 것이다. 그러면 사람들은 하나님의 음성을 듣지 못하고 지루함을 느끼게 된다. 하나님은 지루한 분이 아니시다. 지루하게 하는 것은 하나님이 아니라 사람이다. 하나님은 목소리를 가지고 계시며, 그것을 사용하신다.

이 책의 목적은 하나님의 말씀에서 그분의 음성을 찾아내도록 권면하는 것이다. 따라서 원칙적으로 말씀을 해석하는 방법을 가르치지 않는다. 또 처음부터 마지막까지 설교를 만드는 모든 과정을 보여주기 위한 것도 아니다. 하나님이 본문을 통해 무엇을 말씀하시는지에 대해 많이 다루지는 못했지만, 성경 장르를 연구함으로 하나님이 어떻게 말씀하셨는지 알려주고자 한다. 아울러 하나님의 말씀에서 그분의 음성을 되살리는 설교를 작성할 수 있도록 돕고자 한다. 본문 속에 나타난 하나님의 음성이 이해될 때, 그것은 설교의 어조와 구조를 결정할 것이다. 이것은 본문의 의미가 그 내용만이 아니라 구조와 어조를 종합적으로 파악할 때 드러남을 뜻한다. 하나님은 목소리를 가지고 계시며, 그것을 사용하신다. 그렇다면 우리는 어떻게 우리의 음성을 사용해 하나님의 음성을 다시 살려낼 것인가? 즉, 우리는 어떻게 하나님의 영감으로 만들어진 성경의 장르와 연관된 설교를 구성할 것인가?

다리 저편

우리는 설교자로서 사람들을 돕기 원한다. 역사적으로 설교에 대한 가장 도움이 되는 비유 중 하나가 '다리 만들기'다. 실제로 우리는 성경본문과 현대사회를 연결하는 다리를 만들기 원하기 때문이다. 우리는 청중을 돕기 위해 성경에서 진리를 탐구하고, 그 결과 '성경적 설교'를 만든다. 이런 설교는 주요한 설교 주제가 성경에서 나온다. 우리는 설교를 이렇게 접근하기 원한다. 즉, 주어진 본문을 관찰하고, 청중을 위해 그것을 구체화한다. 이런 유형을 관찰 또는 확정 설교라고 한다. 우리가 '강해설교'라고 부르는 많은 것들이 여기에 속한다. 우리는 본문에서 무엇인가를 관찰한 다음, 청중을 위해 그것을 확인하고 구체화한다.

그러나 우리는 사실 본문을 관찰하는 것 '그 이상'을 하기 원한다. 이 책에서 우리는 동일한 궤도 이상의 무엇인가를 찾고 있다. 성경본문이 무엇을 말하는지 확인하는 것뿐 아니라, 성경이 전달하는 동일한 방법으로 성경을 다시 전달하기 원한다. 하나님이 무엇을 말씀하셨는지도 중요하지만, 어떻게 말씀하셨는지도 중요하다. 하나님이 말씀하신 방법을 붙잡아야 설교에서 하나님의 음성을 회복해 말할 수 있다. 그렇다. 우리는 다리를 만드는 것이다. 그러나 그 다리를 건널 때, 우리는 하나님의 음성을 되살림으로 그분의 말씀을 재현해야 한다. 이 일이 매우 중요한 이유는, 바로 그것이 하나님이 우리와 소통하기 위해 선택하신 방법이기 때문이다. 따라서 우리는 하나님의 음성을 반영해 설교를 구성한다. 이러한 방식을 따르면 본문의 형태는 곧 설교의 형태가 된다.

설교의 형태

성경본문의 구조가 설교의 구조를 결정한다. 이 명제는 매우 간단하지만 실천하기는 어렵다. 사실상 설교의 구조에 대한 다양한 접근 방법 중 이러한 시도는 극단적인 방법이다. 그러나 하나님의 말씀에서 그분의 음성을 듣는 일과 그 음성을 회복해 말씀을 전하려는 노력은 가치 있는 일이다. 개인적으로 이 사실은, 내가 좋아하는 설교자들의 설교 구조와 외형을 따라 설교해야 한다는 자기기대에서 나를 자유롭게 해주었다. 나는 이 책에서 설교가 어떻게 성경본문의 형식과 틀에 의해 형성되는지를 설교 역사와 설교 신학이라는 맥락에서 살펴보고자 한다.

● ● 좀더 가까이: 간략한 설교의 역사

> 본문을 단순한 명제로 간추려 날실로 삼으라. 그리고 본문 자체를 씨줄로 사용하라. 본문의 중심 생각을 여러 용어를 사용해 표현하라. 말씀을 청중의 마음에 고정시키라. 말씀은 가장 강력한 나사이기에 어떤 힘으로도 좀처럼 뽑을 수 없다.[11]

'날실과 씨줄'은 영국의 경건한 설교자 찰스 시므온(Charles Simeon)이 현대 설교의 구조를 설명하기 위해 사용한 비유적 표현이다. 케임브리지 킹스대학의 선임연구원이자 홀리트리니티교회의 목사였던 시므온의 가장 큰 공헌은 설교, 특히 명제적 설교 형태에 영향을 미친 것이다. 명제적 설교는 자명한 명제나 진리에 초점을 맞추는 설교로, 실제로 핵심 명제를 중심으로 설교를 구성한다. 위의 날실과 씨줄 이미지는 그가 독창적으로 만든 표현이다. 베 짜는 사람은 자신의 앞에 수직으로 실(날실)을 내린 다음, 다른 실(씨줄)을 수평으로 움직여 천을 만든다. 따라서 흔한 말로 날줄과 씨줄은 '전체'를 의미한다.

찰스 시므온에게는 이 과정이 바로 설교였던 것이다. 설교자는 설교에서 말하고 싶은 중심 주제를 결정하고, 그 주제가 성경본문 전체에서 어떻게 짜여 있는지 본문에서 설명해야 한다. 이러한 설교 구조에는 분명한 구분이 있다. 시므온은 중심 주제를 둘러싼 구분된 영역에 대한 개념을 다음과 같이 설명한다.

> 구분은 최소한의 수로 제한되어야 한다. 넷이나 다섯 이상 넘어가면 안 된다. 바람직한 설교는 두세 개 정도의 부분으로 구성된다. 설교의 구조 구분에는 두 종류가 있다. 하나는 본문의 구분이 설교의 부분으로 구성되는 것이다. 또 다른 것은 설교 구조가 더 중점이 된 구성 또는 설교 그 자체인데 그것은 본문으로 만들어진다. 그것이 본문을 잘 설명해준다면 이러한 방법도 적절하다…[12]

> 구분한 부분들이 서로 지나치게 연결되어 있다면, 가장 동떨어진 것을 첫 번째에 위치하게 하라. 그리고 그것이 다음 부분을 설명하는 기초 역할을 하게 하라. 계속해서 두 번째가 세 번째에 동일한 역할을 하게 하라. 결국 마지막 설명에서 청중이 한눈에 완전한 본체와 마무리된 구조를 볼 수 있게 하라. 가장 위대한 설교의 특징 중 하나는, 각 구성 요소들이 조화를 이루어 첫 번째 요점은 자연스럽게 두 번째 요점으로 인도하고, 두 번째는 세 번째를 이끈다는 것이다. 따라서 전 단계는 다음 단계를 준비하고, 또 다음 단계로 자연스럽게 연결하고 따르게 한다. 그리고 마지막에 가서는 모든 요점이 연결된다. 결과적으로 청중의 마음에 완전한 전체 개념을 형성한다.[13]

이 인용문을 통해 우리는 좀더 완전한 그림을 얻게 된다. 즉, 설교는 제한된 구분(요점)을 가져야 하고, 이러한 구분은 전체가 하나로 연결되어야 한다. 앞의 글은, 설교는 하나의 특별한 본문으로 만들어야 하며, 여러 성경본문을 기초로 구성하면 안 된다는 것을 암시한다.

이러한 설교에 대한 명제적 접근은 새로운 것이 아니었다. 그러나 시므온은 프랑스 개신교도인 장 끌로드(Jean Claude)의 주장을 폭넓게 수용해, 동시대의 다른 사람들보다 더욱 분명하게 다음과 같이 말했다. "설교는 하나의 본문과 하나의 주제를 뒷받침하는 여러 구분(요점)이 있어야 한다." 시므온은 자신의 설교집 『설교의 직무』(Horae Homiletica, 1832)에서 이러한 방법을 설명했다. 그의 방법은 이후 존 브로더스(John Broadus)의 설교학에 관한 책 『설교의 준비와 전달』(On the Preparation and Delivery of Sermons, 1898)에서 다시 설명되었다. 브로더스의 책은 당시 설교학 교과서로 가장 널리 사용되었고, 미국 설교자들에게 큰 영향을 미쳤다. 또 그의 설교학은 이후 중요한 책들에 영향을 주었다. 시므온이 직접 또는 간접적으로 끼친 영향은 말로 다할 수 없다.

시므온에게 설교는 명제적 진리의 날실을 놓는 것과 같다. 본문의 씨줄은 본문이 그 명제에 대해 어떻게 말하는지 설명해주는 명제를 통해 날줄과 엮인다. 본문이 말하는 대로 설교하는 일에 헌신한 사람들은, 우리가 본문에서 명제들을 찾아낸 다음, 어떻게 그 본문이 하나의 중심 생각을 뒷받침해 주는지 설명한다는 사실에 대해 좀더 정확하게 말하고 싶을지 모른다. 그럼에도 원칙은 명확하다. 설교자는 하나의 본문에서 여러 요점을 취하고, 그 요점들을 하나의 주제 아래 엮어 설명한다.

이것이 전 설교 역사에서 시므온을 시작점으로 삼는 이유다. 그가 강해설교의 주창자는 아니다. 강해설교 역사에 관한 주의 깊은 이해를 위해서는, 시므온 주위의 청교도들과 그 이전의 개혁주의자들, 그리고 훨씬 이전의 어거스틴, 크리소스톰, 제롬 같은 설교자에게로 돌아가야 한다. 그리고 궁극적으로는 회당의 모델을 빌려온 신약 교회로 돌아가, 초기 기독교 예배에서 성경을 읽고 가르쳤던 모습을 주의 깊게 살펴보아야 한다. 그러나 이 과정은 많은 설명이 요구되므로, 여기서는 시므온에 집중해 간략히 설명한다. 시므온은 중요한 인물로서, 그의 모델은 설교가 하나의 성경본문에서 하나의 중심 개념을 취하고 여러 요점으로 조직됨을 분명하게 보여준, 근대의 설교 중 가장 초기 형태라 할 수 있다.[14]

그러므로 만약 당신이 주일 아침에 복음주의 신앙을 가진 교회에 들어가면 이러한 모델인 서론, 본론, 결론의 구조로 된 설교를 듣게 될 것이다. 당신은 일반적 명제 또는 삶에 제시되고 적용된 진리 같은 시므온의 설교적 영향을 볼 수 있다. 오늘날의 성경적 설교 분파들 대부분을 비롯해 강해설교는 그 뿌리를 여기서 찾는다. 성경적 설교에서 설교자의 공헌도는 얼마나 그 설교가 본문에 가까운지에 있다.

여기서 한 가지 질문이 생긴다. 만약 어떤 설교 모델이 특정한 성경본문에는 잘 맞지만, 다른 본문에는 맞지 않는다면 어떻게 해야 하는가? 이런 일이 벌어지면 우리는 한 가지 설교 형태에 집착하게 되고, 성경본문을 조작해서라도 우리가 선호하는 설교 형태에 끼워 맞추려 한다. 만약 시므온이 우리에게 알려주었던 설교 모델에 주의를 기울이지 않는다면, 하나의 주요 명제를 중심으로 여러 요점들이 있는 것 자체가 종종 설교의 목표가 될 것이다. 좀더 명확하게 설명하면, 설교의 목표는 요점을 개발하는 것이 아니다. 또 이야기를 개발하거나 요점 없는 설교를 만드는 것도 아니다. 설교의 목표는 하나님이 이미 하신 말씀을 다시 전달하는 것이다. 이를 위해 설교는 성경본문 연구 이전에 미리 결정된 설교 형태를 가지면 안 된다. 본문 안에 이미 존재하는 형태를 다시 전달해야 한다. 그 형태가 본문을 설교하는 데 가장 적합한 것이다. 설교 형태는 수단이지 목적이 아니다. 설교의 목적은 설교처럼 들리게 하는 것이 아니라, 하나님의 말씀으로 들리게 하는 것이다.[15] 지금 우리는 이상한 자세를 취하고 있는 자신을 발견하게 된다. 시므온은 올바른 목적을 성취하기 위해 본문에 더 가까이 갈 수 있는 방법을 소개해 주었다. 그러나 지금 우리는 그 도구로 참된 유익을 누리기보다 방법론 자체를 따르려는 유혹을 받고 있다. 결국 우리로 하여금 본문에 가까이 가도록 하기 위해 개발한 시므온의 설교 기술이 오히려 그것에 방해가 되었다.[16]

우리는 몇몇 설교의 형태를 물려받았다. 이것도 유용하다. 그러나 이 설교 형태들의 부족함을 알면서도 여전히 그것만을 사용한다면 잘못된 것이다. 우리는 좋은 설교 형태도 물려받았고 나쁜 형태도 물려받았다. 따라서 설교자가 본문보다 앞서 어떤 설교 형태를 고수하고 있는지 자신을 돌아보기 원한다면, 설교가 근본적으로 무엇인지 이해할 필요가 있다. 시므온이 과거의 형태에서 벗어나 본문에 더 가까이 갈 수 있는 방법을 우리에게 소개해 주었다. 이제 우리는 그가 소개해 준 것처럼 본문에 좀더 가까이 갈 수 있는 설교 형태로 나아가야 한다. 지금이 바로 그때다. 어디선가 빌려온 설교 형식으로 본문을 구속하도록 할 것인지, 아니면 다음 세대가 하나님이 말씀하시는 것에 더 가까이 갈 수 있도록 도울 것인지 고민해야 한다. 나는 좀더 강력하게 말하고자 한다. 설교 역사에서 각 세대마다 성경본문에 더 가까이 가려는 노력이 있었다. 우리의 역사는 우리에게 본문에 더 가까이 갈 것을 요구하고, 동시에 우리의 신학은 좀더 명확해지도록 우리를 부른다.

●● 좀더 분명히: 간략한 설교 신학

히브리서 1장 1절은 하나님이 선지자들을 통해 '여러 부분과 모양'으로 말씀하셨다고 증언한다. 여기서 성경 저자는 상세한 설명을 할 필요가 없었다. 우리는 선지자들이 말했던 여러 방법을 알고 있다. 그리고 이 구절의 범위를 좀더 확장하면, 성경은 다양성으로 가득하다. 따라서 하나님의 완전한 말씀도 다양하다. 다시 말해, 하나님의 완전함은 항상 똑같이 나타나지 않는다는 것이다. 이것은 매우 놀라운 사실이다. 완전하고 논리적이며 설득력 있는 성경의 명제들은 다양한 색의 본문과 서로 직물처럼 엮여 있다. 하나님이 말씀하신 것과 말씀하신 방법에 대해 이처럼 길게 말하는 것은, 하나님의 소통이 완전하다는 것을 나타내기 위함이다. 설교는 소통의 근원이신 하나님에게서 받은 소통의 행위다. 따라서 우리의 소통에 대해 말하기 전에 하나님의 소통이 얼마나 완전한지 생각해야 한다.

히브리서 저자는 하나님이 말씀하신 여러 가지 방법을 논한 후, 다음과 같이 주장한다. "이 모든 날 마지막에는 아들을 통하여 우리에게 말씀하셨으니 이 아들을 만유의 상속자로 세우시고 또 그로 말미암아 모든 세계를 지으셨느니라 이는 하나님의 영광의 광채시요 그 본체의 형상이시라 그의 능력의 말씀으로 만물을 붙드시며 죄를 정결하게 하는 일을 하시고 높은 곳에 계신 지극히 크신 이의 우편에 앉으셨느니라"(1:2-3). 예수님은 성부 하나님을 정확히 대표한다. 여기에는 매우 깊은 의미가 있어 그 뜻을 다 아는 것은 쉽지 않다. 이 말은 적어도 성부 하나님이 말씀하신 것을 성자 예수님이 말씀하셨고, 하나님이 하시기 원한 일을 예수님이 하셨다는 뜻이다(요 5:19-46). 하나님이 육신의 몸으로 하기 원하셨던 모든 일을 예수님이 하셨다. 이것이 최고의 의사소통이다. 결국 그 모든 행동이 하나님을 재현한 것이기 때문이다. 아들이신 예수님은 아버지 하나님을 정확하게 재현하셨다. 이 과정은 완벽했다. 예수님이 "다 이루었다"(요 19:30)고 말씀하셨을 때, 그것은 속죄의 사역을 의미했다. 더 이상의 희생은 필요 없다. 완전하게 이루신 것이다. 하나님이 말씀하시고자 한 모든 것이 예수님 안에 있었다.

이러한 완성에 대한 설명은 골로새서 1장 15-20절에서 그리스도의 성품과 일로 매우 강력하게 묘사된다.

'모든'이라는 뜻의 헬라어 'πᾶς'가 위 본문에서 여러 형태로 아홉 번이나 사용된다.

> 그는 … '모든' 피조물보다 먼저 나신 이시니 (15절)
> '만물'이 그에게서 창조되되… (16절)
> '만물'이 그 안에 함께 섰느니라 (17절)
> 아버지께서는 '모든' 충만으로 예수 안에 거하게 하시고 (19절)
> '만물' 곧 땅에 있는 것들이나 … 자기와 화목하게 되기를 기뻐하심이라 (20절)

성경은 그리스도의 완전한 소통을 논할 때, 오류에서의 자유를 의미하는 완전함이 아니라 완성으로서의 완전함에 강조점을 둔다. 여기서 '모든'은 그리스도의 소통을 포함한다. 그리스도가 아버지 하나님에 대해 말씀하시기 원하는 모든 것을 말씀하셨다. 정말 다 이루셨다.

완성에 대한 동일한 부류의 표현이 요한복음 14장 25-26절에 암시되어 있다. 예수님이 제자들에게 하신 말씀에서 그 말씀의 완전함에 주목하라.

> 내가 아직 너희와 함께 있어서 이 말을 너희에게 하였거니와 보혜사 곧 아버지께서 내 이름으로 보내실 성령 그가 너희에게 모든 것을 가르치고 내가 너희에게 말한 모든 것을 생각나게 하리라

그리스도는 떠나실 때가 되자 제자들에게 말씀하셨다. 여기서 그 앞

구절(14:23-24)이 문제를 제기한다. "예수께서 대답하여 이르시되 사람이 나를 사랑하면 내 말을 지키리니 내 아버지께서 그를 사랑하실 것이요 우리가 그에게 가서 거처를 그와 함께하리라 나를 사랑하지 아니하는 자는 내 말을 지키지 아니하나니 너희가 듣는 말은 내 말이 아니요 나를 보내신 아버지의 말씀이니라" 하나님 아버지께 나아가는 것은 아들을 통해 가능하다. 그리고 아들에게 나아가는 것은 그의 말씀을 통해 가능하다.[17] 그렇다면 만약 예수님이 사람들을 떠나신다면 어떻게 그들이 예수님의 말씀을 지킬 수 있는가? 그리고 어떻게 예수님은 물론 하나님과 함께할 수 있는가? 그것은 조력자이신 성령 하나님이 오셔서 예수님이 말씀하신 모든 것을 드러내심으로 가능하다.[18] 그 모든 것에는 복음서에서 증언하고 있는 모든 것과 성경에 아직 모두 기록되지는 않았지만 차후 사도들의 전통을 통해 만들어질 서신서들도 포함된다. 지금 우리는 그리스도가 사람들에게 가르쳤던 것과 차후 성령이 그들에게 알게 한 것을 어떻게 알 수 있는가? 물론 말씀을 통해서다. 하나님의 말씀은 그리스도에 대한 기록된 증언이다. 따라서 하나님의 말씀이 설교로 선포될 때, 요한복음 14장 26절의 말씀이 성취되는 것이다. 그러므로 우리는 요한복음 14장 23-24절을 실행할 수 있다. 우리는 그리스도의 말씀을 알고, 그리스도 안에 있으며, 결국 아버지 안에 거하게 된다.

하나님이 아들을 통해 완전하게 재현되는 것과 동일한 방법으로, 아들은 성경을 통해 완전하게 재현된다. 따라서 어떤 이들처럼 우리에게는 성경의 진리적 명제가 아니라, 단지 예수님만 필요하다고 하는 것은 이상한 것이다. 우리가 어떻게 성경의 명제적 진리 없이 예수님을 알 수 있는가? 그리스도의 계시는 성경을 통해 주어졌고 자체로 완전하다.

지금까지 우리는 하나님이 어떻게 정확하고 완전하게 소통하시는지 살펴보았다. 그리고 이것이 우리가 꿈꾸는 설교다. 그리스도는 말씀을 통해 아버지를 나타내시고, 성령은 말씀으로 그리스도를 완전하게 나타내 보이셨는데, 설교에서 우리는 불완전하게 말씀을 재현하고 있다. 우리는 '예수님이 무엇을 하셨는가?'라는 질문은 많이 하지만 '예수님이 무엇을 말씀하셨는가?'에 대해서는 질문하지 않는다. 우리는 그리스도의 완전하고 완벽한 계시인 말씀을 가지고 있다. 그리고 만약 그리스도가 우리 교회에 오시면 그분이 무엇을 말씀하실지 정확히 안다. 그분은 이미 그렇게 하셨다. 그러므로 우리는 그분의 말씀을 설교해야 한다. 본문에서 단순히 요점을 찾아내는 정도가 아니라, 본문이 스스로 보여주는 그 메시지를 보여주어야 한다. 이것이 바로 성경을 재형상화한 설교이며 재현된 말씀인 것이다.

그러나 성부 하나님은 그리스도의 말씀뿐 아니라 그분의 삶을 통해서도 소통하셨다. 설교에 대한 적용에 앞서 골로새서 1장 15-22절을 한 번 더 살펴보자.

그리스도가 완전하게 아버지를 전달할 수 있었던 이유는, 이 세상에서의 그리스도의 임재가 소통 그 자체이기 때문이다. 그분은 하나님의 형상이었다(골 1:15; 고후 4장). 여기서 '형상'으로 번역된 헬라어 'eikōn'에서 영어 'icon'(상징)이라는 단어가 파생되었다. 헬라어 'eikōn' 즉 '형상'은 보이지 않는 존재를 보이게 하는 것을 의미한다. 오늘날 영어에서 상징(icon)은 매우 비슷한 역할을 한다. 예를 들면, 에펠탑은 '상징적' 형상이다. 사람들은 그 건축물을 보면서 프랑스 파리를 연상한다. 마찬가지로 만리장성을 보면서 중국을 생각하고, 할리우드 간판을 보면서 로스앤젤레스와 영화의 황금기를 떠올린다. 이런 것들이 상징적 형상이다. 상징은 보이지 않는 관념적 실체를 겉으로 드러내 눈으로 볼 수 있게 한다. 이런 개념이 그리스도가 하신 일에도 적용된다. 눈으로 볼 수 있는 그리스도의 형상은 우리에게 보이지 않는 하나님을 보게 해준다. 그러나 예수님이 하나님의 형상이라는 것보다 더 중요한 사실이 있다. 물론 예수님은 보이지 않는 하나님의 형상이다. 그러나 그리스도는 하나님의 형상일 뿐 아니라 하나님 자신이다. 그리스도의 성품을 이해하기 위해 우리는 그리스도의 몸 너머에 있는 것, 즉 그분은 성육신하신 하나님이시라는 사실을 보아야 한다. 그리고 그분께 귀 기울여야 한다. 그리스도는 단순히 보이는 하나님의 형상일 뿐 아니라, 하나님이 말씀하고자 하신 것을 정확히 다시 보여주신 분이다.

'*eikōn*'이라는 단어가 바울의 경우에는 다시 보여줌을 의미하지만, 사실 그 단어에는 그 이상의 의미가 있다. 그 말은 정확한 형상, 즉 거울 같은 형상을 뜻한다. 그리스도는 단순히 우리로 하여금 보이지 않는 하나님을 생각하게 하는 눈에 보이는 형상일 뿐 아니라, 하나님의 생각을 재현하신 분이다. 따라서 예수님은 우리가 하나님에 대해 더 정확히 생각하도록 도와준다. 그리스도는 우리가 볼 수 없는 하나님을 시각적으로 정확하게 표현해 보여주셨다. 우리가 그리스도와 연결될 때, 성부 하나님이 말씀하시고 행하시려는 바를 정확하게 알 수 있다. 그리스도는 육신의 형태로 오신 성부 하나님의 완전한 재현이다. 이런 이해는 설교를 이해하는 데 도움이 된다. 설교는 본문을 관찰하고, 그것을 청중의 삶에 연결하는 것이다. 그러나 우리는 예술가처럼 밑그림 그리는 것을 우선시해야 한다. 그런 다음에 다리를 놓는 건축가가 되어야 한다. 즉, 우리는 다리를 건너기 전에 우리가 하나님의 음성을 통해 그분의 말씀을 잘 이해했는지 확인할 필요가 있다. 설교는 하나님을 다시 보여주는 것이다. 우리는 하나님이 이미 말씀하신 것을 말하고, 그분이 말씀하신 대로 정확히 재현한다. 물론 설교는 본문에서 무엇인가를 끌어내는 것이지만, 사실은 그 이상이다. 설교는 본문을 다시 형상화하는 것이다. 이런 식으로 우리는 하나님이 자신을 계시하기 위해 선택하신 방법의 궤도 위에 서야 한다. 다음과 같이 시간의 순서를 바꾸어 그것을 생각해 보자.

   1. 우리는 성경본문을 재현한다.
   2. 본문은 그리스도를 재현한다.
   3. 그리스도는 아버지를 재현한다.[19]

우리는 사람들이 말씀을 볼 수 있게 하려고 진리를 나눈다. 그들이 말씀을 볼 때, 성령은 예수님을 보여주신다. 만약 그들이 예수님을 보면, 예수님은 아버지 하나님을 보여주시고 그분의 뜻을 알려주신다. 거기서 끝이다. 하나님은 다른 누군가를 보여주실 필요가 없다. 하나님은 지존자이시기에 다른 누군가를 드러내실 필요가 없다. 하나님은 모든 사물의 근원이시다. 그분은 모든 것을 주셨을 뿐, 누군가에게 받지 않으신다. 성부 하나님은 소통의 처음이자 나중이시다. 헬라어 '*telos*'는 '끝'이라는 뜻도 있지만 '목적'이라는 의미도 있다. 따라서 하나님은 근원이시며 완성이시다. 모든 소통은 하나님의 주도로 시작되었고, 그 마지막은 사람들이 하나님께 돌아오게 하는 것이다.

따라서 우리가 사람들을 하나님의 말씀으로 권면하는 데 쓰임 받기 위해 헌신한다면, 말씀은 사람들을 그리스도께로 인도할 것이고, 그리스도는 그들을 아버지께로 인도할 것이다. 이것이 이 모든 일의 목적이다.

설교에 관해 한 가지 놓치지 말아야 할 사실은, 기독교 설교자는 말씀을 재현하려는 목적을 가져야 한다는 것이다. 그러면 그 말씀은 그리스도를 재현하고, 그리스도는 하나님을 재현한다. 이것이 상징적 설교다. 우리는 말씀을 정확히 재현하려고 노력한다. 그 말씀이 정확히 그리스도를 재현하고, 그리스도는 정확히 하나님을 재현하기 때문이다. 설교자는 완벽이 아닌, 정확성과 온전함을 위해 노력해야 한다. '우리는 하나님이 우리를 통해 말씀하시기 원하는 것을 말하고 있는가?' '우리는 하나님이 원하시는 방법으로 말하고 있는가?' 이것이 우리의 질문이다. 이에 대한 답은 많은 의미를 함축하지만, 이 책은 설교의 구조를 중점적으로 다룬다. 그렇다면 지금까지 논한 신학적 내용을 설교 구조에 적용해 보자.

만약 성경본문의 구조가 그 의미에 영향을 준다면, 그리고 우리가 본문이 의미하는 것을 설교를 통해 전달하려고 한다면, 본문의 형식을 그대로 설교의 형식으로 사용하는 것이 옳지 않은가? 우리는 하나님의 말씀을 재현하는 데 그분의 음성을 사용할 수 없는가? 나는 지금 모든 관찰 설교에 문제가 있다고 말하는 것이 아니다. 다만 성경과 좀 더 비슷한 방법을 사용하고자 하는 것이다. 현 세대가 과거의 위대한 설교자들의 기반 위에 든든히 서, 하나님의 음성을 재현함으로 말씀을 설명하는 것에 주의를 기울이게 하려는 것이다. 여기서 신학적 방향을 위한 질문을 하나 하고자 한다. 만약 하나님의 말씀이 옳다면, 그것은 충분하다. 말씀만으로 충분하다면, 우리는 성경이 말하는 내용이 말하는 방법에 영향을 받는다고 말할 수 있다. 다시 말해, 본문의 구조적 단계에 의미가 있다는 것이다. 그렇다면 우리가 성경본문의 의미에 영향을 끼치는 본문의 구조에 집중하면 안 되는가? 이것은 성경 교리에서 파생되는 논쟁이며, 우리는 지금까지 그리스도의 성품에 대해 논의해 오고 있다. 그러므로 다른 방법으로 그것을 말해보자.

설교 형식에 관한 논의는 옳고 그름의 이분법적인 것이 아니다. 그것은 방향에 대한 논쟁이다. 하나님은 그리스도를 통해 완전하게 소통하셨다. 그리스도는 아버지를 완전하게 드러내셨다. 성령은 성경을 통해 그 아들을 완벽하게 나타내셨다. 그렇다면 어떤 설교 형식이 완전을 추구하는 데 적합한가? 즉, 거기서 좀더 나아가 성경 같은 설교를 만드는 것이 요점이다. 그것은 하나님이 말씀하신 음성으로, 하나님이 말씀하신 내용을 말하는 것이다. 설교는 최고의 전달자에 의해 형상화된 조각 작품과 같다. 따라서 나는 성경본문을 따라 설교를 만들 자유가 있다! 이런 사실은 우리의 전제에 대한 적용으로 인도한다. 즉, 성경본문의 구조는 설교의 구조를 결정한다. 하나님이 성경의 구조에 영감을 불어넣으셨고, 그 본문의 구조는 의미에 영향을 준다. 이 책은 우리가 설교를 성경처럼 만들도록 돕는다. 그리스도는 정확히 아버지를 재현하고, 설교자는 정확히 성경의 메시지를 재현한다는 사실이 이 책의 구심점이다. 나는 그리스도의 방법을 따라 하고 있다.

만약 설교 구조가 설교의 목적이고, 설교의 목적이 설교 구조를 따르는 것이라면, 우리는 단지 그 형식을 따름으로 스스로 충실하다고 생각하는 불가피한 유혹에 빠지게 된다. 하나님의 말씀을 전하는 수단이 말씀 자체보다 더 드러나면, 그것은 더 이상 제 역할을 하지 못한다. 중간 매개체의 목적은 매개체 자체가 아니다. 설교 구조는 본문을 도와야 한다.

따라서 우리가 성경 장르에 대해 논하기에 앞서, 그것의 신학적 경로를 살펴보는 것이 중요하다. 하나님은 그리스도를 통해 계시된다. 그리스도는 말씀을 통해 계시된다. 장르, 즉 성경본문의 구조를 이해하는 것은, 우리가 어떻게 말씀을 전달할 것인지 이해하는 데 도움이 된다. 그러므로 하나님이 사람들에게 계시하기 위해 선택하신 장르를 고려한 설교방법은, 말씀 재현을 더욱 충실하게 만드는 수단이 된다. 따라서 이 책에는 신학적 전제가 있다. 하나님은 그리스도를 통해 계시되고, 그리스도는 말씀을 통해 알려진다는 것이다. 이 책에서 구하는 것은 한 가지다. 각 본문의 장르가 어떻게 우리로 하여금 말씀에 더 충실하도록 돕는지 고려하는 것이다. 그러므로 우리가 방법론에 대해 논하는 모든 것은 한 가지 목적을 지닌다. 즉, 성경본문을 더욱 충실하게 재현하는 것이다.

결론

설교 역사를 통해 우리는 설교 구조를 윗대에서 물려받았음을 살펴보았다. 여기에는 유익한 부분도 있지만, 혹 본문 설명에 도움이 되지 않는 설교 구조를 강요하면 나쁜 영향을 받게 된다. 설교 신학의 고찰을 통해 설교의 구조는 명확하고 투명하게 본문을 보여주어야 함을 살펴보았다. 그러므로 우리는 성경본문을 통해 그리스도를 보고, 그리스도를 통해 아버지를 볼 수 있다.

이 모든 논의는 우리가 본문의 형태를 무시할 수 없으며, 이미 정해진 설교 형식을 포기해야 함을 보여준다. 이런 정해진 설교 형식은 매우 지루할 뿐 아니라, 설교를 단조롭고 예측가능하게 해 성경의 역동성을 잘못 반영한다.

이제 이런 질문이 남는다. 만일 전해 내려오는 설교 형태가 본문에서 아름다움을 빼앗아가기에 그 방식으로 설교하지 않는다면, 이제 우리는 어떻게 설교해야 하는가? 우리는 매우 간단한 설교 구조를 찾아 본문의 숨통이 막히지 않게 해야 한다. 성령 하나님은 하나님의 말씀을 통해 힘을 공급하는 생명력을 가지고 계신다. 따라서 우리는 본문이 숨을 쉴 수 있는 설교방법을 사용한다. 이러한 방법은 본문이 말한 것을 재현하는 데 도움이 되며, 본문 자체의 특성에 영향을 받는다. 이것이 본문이 이끄는 설교다.

CHAPTER 2

본문이 이끄는 설교
내용, 구조, 역동성

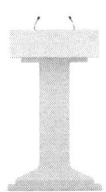

"본문이 이끄는 설교는 해석과 전달로
본문의 내용, 구조, 역동성을 재현하는 것이다."

해석: 본문의 음성 듣기

본문해석 단계에서 우리는 본문이 무엇을 의미하는지에 답한다. 이 과정에서는 원어를 이용해 본문을 연구하고, 주해적 도구 같은 모든 수단을 통해 본문의 의미를 이해한다. 원론적으로 이러한 노력에 목회자는 한 주의 반을 사용한다. 그러나 상황에 따라 약간의 변동이 가능하다. 어떤 설교는 해석하는 데 더 많은 시간이 요구되고, 또 어떤 설교는 전달하는 방법에 더 많은 시간이 필요하다.

물론 이런 과정에서 지름길을 선택해, 본문이 우리에게 하고자 하는 말을 듣기보다 우리가 청중에게 말할 것을 찾는 데 더 치중하려는 유혹에 빠질 수 있다. 설교자는 이러한 위험에 쉽게 노출되어 있다. 우리는 본문이 말하고자 하는 바를 알기 전에, 우리가 무엇을 말하기 원하는지 정확히 알 수 있다. 그러나 우리는 설교 자체가 아니라, 본문을 설교해야 한다는 것을 기억하라. 우리는 하나님이 말씀하신 것을 재현해야 한다. 설교문을 만드는 것은 어려운 일이 아니다. 그저 하나님의 말씀을 재현하면 되는 것이다. 소위 위대한 설교의 비결은 본문의 의미가 명확해질 때까지 적게 말하는 것이다. 따라서 첫 번째 내용은 본문의 해석이다. 이 과정의 마지막 결과물은 주해적 개요로, 그것은 설교에서 가공되지 않은 구조적 요소다. 그러나 아직까지 설교할 준비가 된 것은 아니다.

●● 초점을 가깝게, 그리고 넓고 크게

이 책의 목적은 해석의 기본적인 방법들을 소개하는 것이 아니다. 그러나 해석에 매우 유용한 전략이 있어 나누고자 한다. 그것은 이후 성경의 다양한 장르에 관해 논할 때도 다루게 될 것이다. 나는 본문을 해석하는 과정에서 막히는 경우가 종종 있다. 본문이 무엇을 의미하는지 잘 파악하지 못할 때다.

본문을 충분히 연구하지 않았을 때 그런 상황이 생길 수 있다. 그런 경우라면 그것은 당연한 일이다. 물론 만약 내가 더 오래 연구하면 조금 더 이해할 수 있지만, 때로는 꽤 오랫동안 연구해도 의미를 알지 못하기도 한다. 이때 나는 렌즈를 더욱 조여 본문의 모든 뉘앙스를 최대한 집중해 탐구한다. 그럼에도 본문이 무엇을 의미하는지 확신이 서지 않는 때가 있다. 그것은 때로 선택한 작은 단위의 본문 자체에서는 본문의 의미를 찾기가 쉽지 않기 때문이다. 그때는 미시적 단계가 아니라, 본문 주위의 큰 그림을 제공하는 거시적 단계로 관찰해야 본문의 의미를 더 분명히 파악할 수 있다.

부자와 나사로(눅 16:19-31) 같은 어려운 비유를 해석할 때는 이런 연구 방법이 도움이 된다. 나는 본문을 연구했지만, 처음에 본문이 무엇을 이야기하는지 잘 이해하지 못했다. 당연히 이 비유는 복잡하게 보일 수 있다. 나는 문장들의 구조와 각 단어의 의미를 연구하기 위해 파고들어 갔다. 말씀을 파고들어 갈수록 물론 본문이 의미하는 바를 더 잘 알 수 있었다. 그러나 이때 내게 필요한 해석 접근은 멀리서 보는 것이었다.

만약 우리가 이 비유의 앞장까지 넓게 살펴보면, 그것이 잃어버린 자를 다루는 다섯 비유(15:1-16:31)의 마지막으로 매우 적합한 것을 알 수 있다. 처음 네 비유에서는 예수님이 잃어버린 자를 긍정적으로 다루시고, 마지막 하나는 부정적인 예로 사용하신다. 처음 네 비유에서 예수님은 잃어버린 자를 어떻게 보시는지 설명하신다. 예수님은 사람들을 찾으시며, 세상보다 사람을 더 사랑하시는 모습을 보여주신다. 그리고 바리새인들이 돈을 사랑함을 꾸짖으시고, 하나님의 말씀을 가르치셨다(16:14-18). 그 다음 예수님은 사람보다 돈을 더 사랑하는 한 남자의 이야기를 하셨는데(16:20,24), 이 남자는 하나님의 말씀을 잘 알지 못했다(16:27-31).

즉, 이 충격적인 비유는 지옥에 관한 장면이 있지만 실제로는 지옥을 설명하려는 것이 주된 목적이 아니다. 다른 성경에서 확인되지 않는 지옥에 대한 새로운 정보를 주려는 것이 이 본문의 목적이 아니다. 예수님은 지옥의 실존을 변호하기 위해 이 비유를 말씀하신 것이 아니었다. 예수님의 청중은 지옥을 실체로 알고 있었다. 예수님은 지옥이 어떤 곳인지 묘사하려던 것이 아니라, 어떤 종류의 사람이 지옥에 가는지를 보여주려 하셨다. 사람보다 물질을 더 사랑하고, 성경말씀을 존중하지 않는 사람들이 지옥에 가게 됨을 알리려 하신 것이다. 만약 더 넓은 시각으로 누가복음을 본다면, 그리스도가 약하고 소외된 사람들을 가까이하시려 했음을 강조하는 누가복음 전체의 주제를 깨닫게 될 것이다. 본문의 정확한 의미는 작은 구조적 범위의 주해만이 아니라,

넓은 구조의 본문 상황을 통해 더 분명히 알 수 있다.

당신이 파리의 루브르박물관에 있다고 상상해 보라. 〈모나리자〉를 연구하기 위해 혼자 모든 구역에 들어간다. 〈모나리자〉에서 7미터가량 떨어진 위치에서는 그 작품을 실제로 잘 이해할 수 없다. 좀더 가까이 다가갈수록 작품을 더 잘 감상할 수 있게 된다. 붓의 움직임을 보기 위해 캔버스 가까이로 눈을 움직인다. 가까이서 보는 것도 흥미롭지만 이런 관점 역시 제한이 있음을 알게 된다. 우리는 이해하지 못하는 본문을 대할 때 멀리 서서 해석하려는 유혹에 빠진다. 그러나 거시적 관점으로 접근하다 놓친 단어 시제와 문장 구조의 뉘앙스에 지나치게 집중하는 것도 똑같이 위험한 유혹이다. 그러므로 두 관점 모두 필요하며, 서로 간의 역동적인 긴장감을 유지해야 한다. 해석의 과정은 본문을 미시적 관점으로 자세히 연구하는 것뿐 아니라, 본문의 문맥을 넓게 살펴보는 것을 포함한다. 이 두 관점 모두 의미를 결정하는 데 필수적이다.

해석 과정은 주해 과정이다. 따라서 우리는 본문을 여러 차례 읽고, 그 의미를 발견하도록 돕는 모든 주해적 수단을 사용한다. 본문이 이야기하는 내용을 이해한 다음에는 그 본문이 메시지를 전달하기 위해 어떤 방법을 사용하는지도 파악한다. '해석'에 관해 이야기하면서 그에 관한 모든 영역을 다루지는 않겠지만, 본문의 장르에 연관된 사안에 제한해 논의를 계속할 것이다. 본문이 의미하는 것(해석)을 알았다면, 이제 그것을 이야기하는 방법(전달)에 대해 논의해 보자.

전달: 본문의 음성 되살리기

본문이 무엇을 말하는지 안다면, 이제 우리는 어떻게 말할 것인지에 대한 물음에 답해야 한다. 우리가 설교에 관한 일을 할 때, 연구를 통해 주로 했던 것이 바로 이런 것이다. 물론 이것은 전달을 뜻하지만, 이 책에서 의사소통의 과정은 구체적으로 본문을 재현하는 설교를 작성하는 과정을 가리킨다.

여기에는 또 다른 유혹이 있다. 주해적 작업이 완성되었을 때, 우리는 본문이 무엇을 말하는지 알게 된다. 그리고서 우리는 스스로 최고라고 생각하는 어떤 설교의 형식으로 이 의미를 전달하려는 유혹에 빠진다. 그러나 설교의 형식은 임의로 정하면 안 된다. 위에서 이야기한 것같이 설교의 형식은 본문의 구조에 의해 결정되어야 한다. 특히 본문이 이끄는 설교는 본문의 내용과 구조, 역동성을 기초로 한다.

●● 본문 내용

이것은 본문의 의미를 뜻한다. 해석의 주해적 과정은 본문의 주해적 개념을 하나의 문장으로 요약한다. 설교의 전달 과정도 설교를 하나의 문장으로 요약한 주제를 만들어낸다. 따라서 본문의 주제가 설교의 주제로 표현된다. 이런 방식을 따르지 않는 예로 내가 수업시간에 종종 인용하는 것은, 요한복음 3장 16절로 십일조에 대해 설교하는 것을 들었던 경험이다. 그 설교는 하나님이 세상을 사랑하셨기 때문에 주셨다는 개념을 포착했다. 어떤 사람들은 본문에 '준다'는 개념이 있으므로 그것을 경제적인 드림에 적용할 수 있다고 주장할지 모른다. 이 논리의 결론은, 하나님이 주셨으므로 우리도 마땅히 드려야 한다는 것이다. 그것은 사실 모두 맞는 말이다. 그러나 문제는 본문이 무엇을 말했는지가 아니라 무엇을 말하지 않았는지다. 우리가 강단에서 말하는 내용 중에는 본문이 실제로 말하지 않은 어떤 것이 있을 수 있다. 문제는 두 개념 사이에 추론의 여지가 없다는 것이 아니라, 그것이 실제로 본문에 있느냐 하는 것이다. 광범위한 속죄는 잘못 적용될 수 있다. 본문에서 '요점'을 만들어내는 설교는 본문의 본래 의미를 피하므로, 사람들을 영적으로 바른 교훈을 받지 못하는 위험한 상태에 방치한다. 다시 말해, 이런 설교는 설교자가 그리스도의 속죄 사역에 담긴 하나님의 놀라운 은혜를 이해하고 설명하는 것을 방해한다. 또 이런 설교를 듣는 사람들은 결코 올바른 믿음으로 성장하지 못하고, 결국 영적으로 상처받기 쉽다. 이것은 실질적인 문제다. 본문의 의미를 회피하는 것이 사람들에게 거짓말을 하는 것은 아니지만, 거짓말을 받아들이도록 준비시키는 것이다. 그런 설교를 오랫동안 들은 사람들은 성경의 기초적인 교리도 알지 못한다. 설교자가 어려워 보이고, 풍부하며, 의미 있는 본문들은 피하고, 삶에 실제적으로 적용할 수 있는 편집된 가르침으로 축소해 설교하기 때문이다. 이러한 설교에 익숙한 청중은 말씀을 잘 모르기 때문에 상처에 쉽게 노출된다. 설교자는 '요점'을 본문에서 취해 그것을 강해라고 주장하지만, 결코 문맥 속에서 그 본문을 다루지 않는다. 심지어는 설교자가 거짓말을 하거나 진리를 설교하지 않을 수도 있다. 그들은 거짓 선지자나 게으른 목자다.

사실 십일조와 속죄는 연관이 있을 뿐 아니라 매우 긴밀한 관계를 가지고 있다. 그러나 이 관계는 고린도후서 8장 7-15절에 나타나 있을 뿐, 요한복음 3장 16절은 아니다. 우리는 본문의 내용이 곧 설교의 내용이 되게 해야 한다.

또 다른 유혹이 있다. 설교 중 본문 내용을 전혀 다루지 않는 사람이 있는 반면, '오직' 본문 내용만 다루는 이들도 있다. 본문을 정말 바르게 알기 원하는 사람들은 본문의 내용을 파악하는 데 많은 시간을 사용한다. 그들은 본문의 주해적 뉘앙스를 파악하기 위해 노력하지만, 본문 내용만으로는 그 의미를 알 수 없다는 사실을 잊는다. 본문의 구조와 역동성까지 고려해야 의미를 제대로 알 수 있다. 주해적 연구로 본문의 의미를 찾아내는 일에 도움이 되는 훌륭한 교재들은 많이 있다. 많은 설교학 책이 본문 자체의 내용을 파악하는 데 힘쓰기 때문에, 이 책에서는 본문의 구조와 의사전달의 역동성도 함께 다룰 것이다. 그러나 매우 엄격한 삼분법의 틀에 집어넣는 것은 아니다. 본문의 구조(메시지의 의미 단락을 구성하는 형식)와 역동성(저자가 본문에서 의도한 감정적인 디자인)을 이해할 때, 그것은 본문의 의미에 영향을 미친다. 우리는 본문이 무엇을 말하는지가 아니라, 무엇을 의미하는지를 찾기 위해 노력한다. 그리고 본문의 내용과 역동성 단계에서 본문이 의도한 의미가 형성된다. 이것이 바로 말씀의 음성이다.

이후의 내용은 기술적 측면에서 많은 주해적 도움을 제공하는 것이 아니라, 장르가 어떻게 의미를 형성하는지에 대한 논의다. 우리는 어떻게 하나님의 음성에 충실한 방식으로 성경의 단어들을 해석할 것인지에 더 많은 관심이 있다. 다시 말하지만, 궁극적 목적은 창조성보다 최대한 본문과 가까워지는 데 있다. 우리는 바른 말씀의 바른 음성과 어조를 찾기 위해 본문이 말하는 바에 더 가까이 다가가고자 한다.

●● 본문 구조

본문의 구조에는 의미가 있다. 설교의 역사를 이해하지 못하면, 우리는 모든 설교 형식을 어떤 본문이든 똑같이 적용할 수 있다고 생각할지 모른다. 만약 신학적 이해가 없다면, 우리는 설교의 형식을 동일하게 사용하는 것을 잘못된 것으로 생각하지 않는다. 그러나 역사와 신학은 그렇더라도, 기본적인 언어 이론은 고려해야 한다. 즉 본문의 구조에 의미가 있다는 것이다.

만약 우리가 본문의 구조를 무시하면 본문의 의미를 알 수 없다. 하나님은 항상 자신의 언약을 지키셨기 때문에, 우리에게 구원을 위해 믿음만 가지면 된다고 단순하게 말씀하셨을 것이다. 그러나 하나님은 이런 교훈만 주신 것이 아니라 다윗과 다니엘, 아브라함의 이야기도 주셨다. 차이는 단지 메시지가 어떻게 번역되었는지가 아니라 '내용'에 있다. 메시지의 의미는 내러티브 형식에 깊이 박혀 있기 때문에 더 깊어진다.

하나님은 우리가 하나님 말씀을 사랑해야 하는 이유를 176개로 설명하실 수 있었지만, 시편 119편에서 놀라운 시의 형식을 통해 말씀하신다. 이런 부분에 대해 이후 더 논의하겠지만, 하나님의 말씀은 밋밋한 교훈서 같은 것이 아니다. 그보다 훨씬 더 풍성하다. 성경은 풍부한 뉘앙스가 담긴 책으로, 그 안의 다양한 장르는 본문이 생명력 있게 전달되도록 돕는다. 이런 성경을 밋밋한 일차원적 방법으로 전달하는 것은 잘못 재현하는 것이다. 이것이 이 책의 주된 논점이다. 즉, 설교의 형태는 본문의 형태에 의해 결정되어야 한다.

이 같은 단순한 진리가 설교에서 내게 상상 이상의 많은 자유를 주었다. 만약 본문에 네 가지 요점이 있다면, 나는 그 요점들로 설교한다. 또 본문이 이야기로 되어 있어 쉽게 구분되는 요점을 찾을 수 없다면, 요점 없이 이야기로 설교한다.[20] 내가 세 개의 장면과 마지막에 그리스도의 경고가 있는 어떤 비유를 설교한다면, 내 설교는 이러한 구조를 반영한다. 설교를 어떻게 구성할 것인지는 평생 내게 부차적인 질문이 될 것이다. 내 주된 질문은 항상 본문이 어떻게 구성되었는가 하는 점이다. 그 질문에 답할 수 있다면 나는 내 설교의 구조를 발견한 것이다. 이것은 생각할 시간이 필요 없다는 의미가 아니다. 본문 형식의 신비로움은 매혹적이다. 그러나 본문의 구조와 씨름하면서 나는 설교의 구조를 발견한다.

본문의 형식을 존중하는 설교 방법은 두 가지 극단적인 양상에서 보호해준다. 하나는, 고정적 설교 형식에 마치 노예처럼 집착하는 것이고, 다른 하나는 본문을 각 절마다 기계적으로 주해하는 것이다. 첫 번째의 경우는 이미 만들어진 설교 형식을 본문에 주입하므로 잘못된 적용이고, 두 번째는 본문의 구조를 무시한다는 측면에서 잘못된 것이다.

이 두 가지 극단적인 예는, 본문의 구조에 의미가 있다는 사실을 중요하게 생각하지 않은 결과다. 그러므로 자유로워지라. 본문이 숨을 쉬게 하라. 우리에게는 자유가 있다. 다른 어떤 것을 흉내 내는 것 같은 어색한 설교를 할 필요가 없다. 본문의 구조가 설교의 구조를 결정한다.

여기서 본문의 구조가 설교의 구조를 결정한다는 것의 의미를 더욱 분명히 할 필요가 있다. 우리는 일련의 규정을 다른 것과 바꾸거나, 낡은 설교 구조를 다른 것으로 교체하는 것이 아니다. 우리는 또 어떤 이들이 말하듯 '형식 근본주의자'들이 아니다. 더 중요한 것은 설교가 정확하게 본문을 흉내 내야 한다는 것도 아니다. 서신서에서는 단락 단위로 설교를 구조화하는 것이 자연스럽다. 즉, 본문의 동사를 관찰하고, 주절과 종속절을 파악하며, 그 형식을 따라 구조를 형성한다. 그러나 만약 설교자가 서신서에 사용하는 방법을 모든 장르에 동일하게 사용하면 시와 지혜서, 율법서에서는 그 적용에 어려움이 생긴다. 우리가 추구하는 것은 무조건적인 모방이 아니라 재활성화다. 나는 이 둘이 관련이 있다고 생각한다. 즉, 대부분의 설교는 최대한 본문의 구조를 정확히 따른다. 그리고 적어도 설교자는 본문의 구조가 의미에 어떻게 영향을 미치는지 이해하고, 본문의 구조가 제공한 의미를 고려하는 방식으로 본문을 재현한다. 따라서 우리는 종종 성경본문에서 설교의 구조를 빌려 온다. 그리고 때때로 본문은 설교의 구조가 무엇인지 알려 준다. 어쨌든 우리는 본문의 구조에서 설교의 구조를 찾는 일을 한다. 이것은 성경시대의 청중이나 독자들에게 의도된 효과를 오늘날의 청중에게 다시 살려내는 재활성화의 효과가 있다.

또 이 설교적 접근법은 설교 본문의 길이를 제한하지 않는다. 이론상 본문이 이끄는 설교는 본문의 길이에 얽매이지 않는다. 주해적 관심(본문의 자연스러운 구분 확인 등)과 목회적 관심(본문에 대한 성도들의 이해도 확인 등)을 고려해 본문의 길이를 결정한다.

●● **본문의 역동성**

이 책에서 역동성은 성경 기자가 의도한 본문의 감정적 효과를 의미한다. 본문의 역동성은 많은 방법을 통해 전달된다. 그러나 가장 명확한 방법은 성경본문의 장르다. 시는 서신서와 다르게 그저 '느끼는' 것이다. 예언서의 목소리는 지혜서와 또 다르다. 따라서 우리는 장르를 통해 다른 무엇인가를 배우게 된다. 그러나 장르만 본문의 분위기를 말해주는 것은 아니다. 때로 장르는 기대하지 않은 일을 하기도 한다. 예언자의 시가 경고를 한다. 서신서는 격려도 하지만 위협도 하며, 비유들은 위로와 도전 모두를 준다. 따라서 각 장르는 본문의 어조를 이해하는 데 도움을 주지만 하나의 특별한 어조로만 전달하도록 제한되지 않는다. 오히려 각 성경의 작은 단위들은 각각의 어조를 가지고 있다.

예를 들어, 바울의 서신인 갈라디아서는 직접적인 경고로 가득하다. 데살로니가전서는 아버지같이 따뜻한 이미지들로 가득 차 있는데, 이는 수신자의 상황이 다른 서신서들과 다름을 보여준다. 씨 뿌리는 자 비유(마 13:1-23)는, 초기에는 하나님나라에 대한 거부가 있을지라도 급격한 성장이 있을 것이라는 큰 소망을 제시한다. 반면 그물 비유(마 13:47-50)는 왕국을 거부하는 자들이 쫓겨나게 될 것을 보여준다! 동일한 장에서 격려와 경고의 어조가 모두 존재하는 것이다. 더 많은 설명을 할 수 있지만, 전달하려는 생각은 명확하다. 성경의 어떤 본문은 다른 본문들과 전혀 다른 느낌을 준다. 그러므로 본문의 역동성이 설교의 역동성이 된다.

우리는 설교할 때, 해석의 과정을 통해 바른 의미를 얻고, 본문처럼 설교의 구조를 정하며, 본문의 의미나 내용을 재현하는 방식으로 설교를 전달하고, 본문에서 느껴지는 역동성을 전하기 위해 노력한다. 이것이 본문이 이끄는 설교다. 이 시점에서 나는 본문이 이끄는 설교를 발전시키는 과정에 대해 말하고 싶은 유혹을 느낀다. 그러나 이 책에서는 설교 개발의 각 측면(예화, 적용, 전달 등)을 다루지 않을 것이다. 이에 대해서는 여러 훌륭한 강해설교 관련 책들이 제 역할을 잘하고 있다. 대신 나는 좀더 거시적인 해석과 소통을 강조하고자 한다. 즉 본문의 주해적 개요 개발하기, 하나님의 음성 듣기, 설교를 위해 하나님의 음성 되살리기 같은 것이다. 물론 우리는 본문의 구조와 역동성을 이해하도록 돕는 소통 부분에 초점을 맞출 것이다. 다시 말하지만, 우리의 초점은 말씀에서 나타나는 음성이다. 그 과정은 우리에게 벅차게 보이고, 실제로 그렇기도 하다. 따라서 이런 질문들을 예상할 수 있다. 성경적 설교는 믿을 만한가? 목사는 훌륭한 전달자가 되어 유창한 연설을 통해 사람들을 돕기만 하면 되는가? 본문을 명확하게 하기 위해 노력하는 것이 반드시 필요한가? 성경에는 본문 중심 설교가 명확하게 언급되어 있는가?

본문이 이끄는 설교가 성경적인가?

나는 강의시간에 종종 이런 질문을 받는다. '성경 어디에 강해설교, 즉 본문이 이끄는 설교를 해야 한다고 기록되어 있는가?' 좋은 질문이다. 정확하게 성경의 어떤 구절이 그렇게 말하는가? 다시 말해, 이 방법을 지지하는 성경본문을 제시해달라는 것이다. 이것은 충분히 정당한 질문이다. 우리는 말씀을 가르치는 것에 대한 바울의 간략한 권면(딤후 4:2)을 언급하고자 한다. 그러나 바울의 디모데를 향한 권면은 매우 명료하지만, 이 본문은 설교 철학을 주창하는 것이라기보다 모든 성경을 통해 그리스도를 설명하는 데 더 충실하라는 권면일 뿐이다. 중요한 성경구절이긴 하지만, 이 구절이 본문이 이끄는 설교를 직접적으로 옹호하지는 않는다. 우리의 목적을 위해 이 구절을 사용하는 것은 그것이 말하고 있는 모든 중요한 의미를 무시하는 것과 같다. 사실상 증거 본문은 하나도 없다. 내 기억으로는 본문이 이끄는 설교가 가장 옳은 방법이라고 옹호하는 성경구절은 없다. 그러나 우리가 본문이 이끄는 설교의 깃발을 흔드는 이유는, 어떤 성경의 한 구절이 아니라 다른 것에 있다. 따라서 본문 장르의 영향력에 대해 말하기 전에, 우리의 방향에 대한 이론적 근거를 제공하는 것이 먼저 필요하다고 생각된다.

본문이 이끄는 설교를 옹호하는 이유는, 어떤 성경의 한 구절이 아니라 다른 질문에 대한 답에서 찾을 수 있다. 그 질문은, 청중에게 성경을 설명하는 것이 목회자의 책임인가 하는 것이다. 이 질문은 간단하면서도 중요하고, 충분히 정당하다. 목회자가 자신의 의무를 이행할 때, 성경을 설명할 책임이 있는가? 당신은 이미 이 질문에 답을 했을 것이다. 나는 어떤 사람의 지성을 모독하려는 것이 아니다. 그러나 사실상 많은 설교를 들어 보면, 우리는 아직 이 질문에 확신 있게 대답하지 못하는 설교자가 있다는 것을 알게 된다. 많은 목회자들이 성경을 회중에게 설명하는 일이 자신의 의무임을 확신하지 못한다. 우리는 여러 성경구절을 통해 이러한 질문의 답을 찾을 수 있다. 먼저 우리는 바울이 디모데와 디도에게 쓴 목회서신을 살펴볼 것이다. 목회서신이 목회자의 역할을 가장 명확하게 다루고 있기 때문이다. 디모데전후서와 디도서에서 제한적이지만 다음과 같은 구절을 확인해 보라.

> 너를 권하여 에베소에 머물라 한 것은 어떤 사람들을 명하여 다른 교훈을 가르치지 말며 (딤전 1:3)

> 그러므로 감독은 … 가르치기를 잘하며 (딤전 3:2)
> 네가 이것으로 형제를 깨우치면 그리스도 예수의 좋은 일꾼이

되어 믿음의 말씀과 네가 따르는 좋은 교훈으로 양육을 받으리라 (딤전 4:6)

너는 이것들을 명하고 가르치라 (딤전 4:11)

내가 이를 때까지 읽는 것과 권하는 것과 가르치는 것에 전념하라 (딤전 4:13)

네가 네 자신과 가르침을 살펴 이 일을 계속하라 이것을 행함으로 네 자신과 네게 듣는 자를 구원하리라 (딤전 4:16)

네가 또한 이것을 명하여 그들로 책망받을 것이 없게 하라 (딤전 5:7)

범죄한 자들을 모든 사람 앞에서 꾸짖어 나머지 사람들로 두려워하게 하라 (딤전 5:20)

너는 이것들을 가르치고 권하라 누구든지 다른 교훈을 하며 바른 말 곧 우리 주 예수 그리스도의 말씀과 경건에 관한 교훈을 따르지 아니하면 그는 교만하여 아무것도 알지 못하고 변론과 언쟁을 좋아하는 자니 이로써 투기와 분쟁과 비방과 악한 생각이 나며 마음이 부패하여지고 진리를 잃어버려 경건을 이익의 방도로 생각하는 자들의 다툼이 일어나느니라 (딤전 6:2-5)

너는 그리스도 예수 안에 있는 믿음과 사랑으로써 내게 들은 바 바른 말을 본받아 지키고 (딤후 1:13)

또 네가 많은 증인 앞에서 내게 들은 바를 충성된 사람들에게 부탁하라 그들이 또 다른 사람들을 가르칠 수 있으리라 (딤후 2:2)

너는 그들로 이 일을 기억하게 하여 말다툼을 하지 말라고 하나님 앞에서 엄히 명하라 (딤후 2:14)

너는 진리의 말씀을 옳게 분별하며 부끄러울 것이 없는 일꾼으로 인정된 자로 자신을 하나님 앞에 드리기를 힘쓰라 (딤후 2:15)

주의 종은 마땅히 다투지 아니하고 모든 사람에 대하여 온유하며 가르치기를 잘하며 참으며 (딤후 2:24)

그러나 너는 배우고 확신한 일에 거하라 너는 네가 누구에게서 배운 것을 알며 (딤후 3:14)

모든 성경은 하나님의 감동으로 된 것으로 교훈과 책망과 바르게 함과 의로 교육하기에 유익하니 (딤후 3:16)

하나님 앞과 살아 있는 자와 죽은 자를 심판하실 그리스도 예수 앞에서 그가 나타나실 것과 그의 나라를 두고 엄히 명하노니 너는 말씀을 전파하라 때를 얻든지 못 얻든지 항상 힘쓰라 범사에 오래 참음과 가르침으로 경책하며 경계하며 권하라 때가 이르리니 사람이 바른 교훈을 받지 아니하며 (딤후 4:1-3)

미쁜 말씀의 가르침을 그대로 지켜야 하리니 이는 능히 바른 교훈으로 권면하고 거슬러 말하는 자들을 책망하게 하려 함이라 (딛 1:9)

오직 너는 바른 교훈에 합당한 것을 말하여 (딛 2:1)

이 본문들은 목회자의 역할에 대해 충분히 명확하게 알려준다. 바울은 디모데와 디도에게 무엇을 하든지 적어도 하나님의 말씀만은 가르치도록 요구했다.[21] 이것은 성경의 진리를 사람들에게 설명해야 한다는 명확한 권면으로 이해된다. 그리고 결국 이 권면은 모든 책임 중 가장 무거운 것이 될 수 있다. 이것이 계시된 진리를 보호하기 위한 간접적인 명령인 경우도 있지만(딤전 1:11; 6:20; 딤후 1:12, 14), 그때도 목회자가 계시된 진리를 사람들에게 설명해야 하는 의무는 매우 강하다. 더 이상 이야기할 필요 없이 강조점은 명확하다. 하나님의 말씀을 사람들에게 설명하는 역할을 하는 사람이 있어야 한다.

목회자는 성경을 가르쳐야 하는가? 그것은 위의 성경구절을 통해 충분히 명확해졌다. 성경이 우리에게 답을 주었다. 우리는 사람들에게 성경을 가르쳐야 한다. 이제 우리의 질문은, 목회자들이 성경을 청중에게 가르치는 방법으로 어떤 것이 적당한가 하는 것이다. 이 질문에서 우리는 본문이 이끄는 설교라는 답을 얻는다. 본문이 이끄는 설교는 하나의 형식이 아니다. 그것은 신학적 확신이며, 설교를 움직이는 철학이다. 이 설교 접근법은 목회자가 성경을 성도들에게 설명하고 선포하는 데 유용하다. 강조점은 그것이 '하나'의 방법이라는 데 있다. 나는 본문이 이끄는 설교 접근법을 떠날 생각이 없지만, 그것은 내가 본문과 더 가까워지는 최선의 방법을 하나님께 구하면서 지속적으로 조정할 것임을 뜻한다. 이러한 의무가 그 접근법을 이끌어 간다.

결론

최근 어느 시점에 복음주의 설교자들이 스스로에 대해 설교자가 아니라 전달자라는 판결을 내렸다. 과거 설교 강단에는 설교자 같지만 전달해야 하는 내용을 전달하지 않는 설교자들이 가득했던 것이 사실이다. '전달자'가 된다는 것은 적어도 설교 형식에 얽매이지 않는다는 것을 의미한다. 거기에는 격식을 차린 의상이 없다. 두운법에 따른 형식적인 개요도 없다. 편안한 설교에 따른 편안한 분위기만 있다. 설교가 대화이기 때문에 틀에 맞춘 요점이 필요하지 않다. 그러나 항상은 아니지만 종종 이러한 접근법에서 놓치는 것은 신학적 중심이다.

사실 설교자는 전달자임이 분명하다. 그러나 단순한 전달자 이상이다. 우리는 대변자들이다. 성경과 적당한 관계에 있는 전달자 정도가 아니므로, 우리는 권위를 가지고 대화를 생생하게 만들 수 있다. 또 우리는 본문을 선택하거나 본문에서 관찰하지 않는다. 오히려 우리는 사람들 앞에 서서 '하나님이 무엇을 말씀하셨는가?'라는 질문에 답한다. 우리는 하나님이 이미 말씀하신 것을 재현한다. 이것이 설교에 대한 바른 이미지다. 우리는 그리스도의 수사적 전략을 따라 하면서 사람들에게 다른 실체를 알려준다.

이제는 설교의 원재료인 장르 자체에 대해 살펴보자. 성경 장르를 공부하는 것이 부담스럽게 다가올 수 있으므로, 몇몇 좋은 소식으로 시작하고자 한다.

CHAPTER 3

설교와 성경의 장르
이야기, 시, 서신

"성경에 있는 것은 모두 이야기나 시, 서신이다."[22]

   지금까지 우리는 본문의 형태가 설교의 형태를 결정하고, 나아가 성경의 장르가 본문의 형태를 결정함에 대해 논의해 왔다. 따라서 설교를 성경과 같은 형태로 만들기 위해서는 성경의 장르를 이해할 필요가 있다. 앞으로 이어지는 논의는 성경 장르에 대한 간략한 안내가 될 것이다. 본문에 따른 설교를 만들기 위해서는 반드시 장르를 알아야 한다. 그러므로 본격적인 장르 연구에 앞서 장르의 세 가지 주요 특성을 살펴보고자 한다. 즉, 장르는 제한적이고, 상황적이며, 움직인다.

장르는 제한적이다

   성경은 복잡한 책이며, 때로 나를 겁먹게 한다. 이 부분에 대해서는 이미 말한 바 있다. 성경을 통해 전달된 하나님의 사랑은 놀라울 정도로 복잡해서, 우리는 그 의미와 아름다움을 결코 다 이해하지 못할 것이다. 그리고 그 풍성함은 우리로 하여금 성경을 이해하기 어렵게 만들 수 있다. 그러므로 간단한 것에서 복잡한 것으로, 작은 부분에서 큰 부분으로 알아가는 것이 지혜로울 것이다.

성경은 아홉 개의 장르로 나눌 수 있다. 구약 내러티브, 율법, 시편, 선지서, 지혜서, 복음서와 사도행전, 비유, 서신서, 요한계시록이 그것이다.[23] 좋은 소식은, 장르가 무수히 많지는 않다는 것이다. 장르의 종류는 제한적이다. 더 좋은 소식은, 장르는 크게 보면 세 개의 기초적인 구조 형태를 가지고 있다는 것이다. 즉, 아홉 장르는 크게 세 개의 거시적 구조인 이야기, 시, 서신으로 구분될 수 있다.

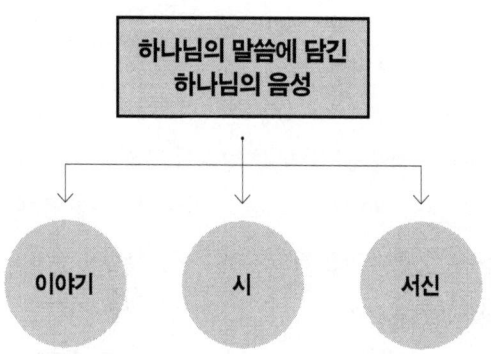

성경에 있는 것은 모두 이야기나 시, 서신이다. 좀더 나아가 장르는 모두 이 세 개의 구조로 정리될 수 있다.

1. 이야기: 구약 내러티브, 율법, 복음서와 사도행전, 비유
2. 시: 시편, 선지서, 지혜서
3. 서신: 서신서, 요한계시록

장르에 대한 이해에는 많은 것이 필요하다. 그러나 최소한 내러티브는 장면 구조를 가지고 있고, 서신서는 문단 구조, 히브리 시는 운율 체계(산문의 문장과 같은 것으로, 생각의 단위를 전달하며 노래 가사 같은 역할을 한다)를 가지고 있다는 것은 이해해야 한다. 따라서 만약 설교가 본문을 반영한다면 최소 세 개의 설교 형태가 필요하다. 하나는 내러티브의 흐름을 파악해야 하고, 다른 하나는 시의 열정을 반영해야 하며, 나머지 하나는 서신서의 솔직함을 전달할 수 있어야 한다.

이러한 원리들은 다음과 같은 사실을 강화한다. 첫째, 설교의 구조는 장르를 반영해야 한다. 둘째, 최소한 아홉 개의 구별적인 장르가 있다. 셋째, 장르 설교는 세 개의 기본적인 설교 형태를 숙지함으로 가능해진다.

에스겔서의 시적 예언을 설교하는 것은 전도서의 시를 설교하는 것과 다르다. 그러나 히브리 시의 구조를 이해하는 것은 시편과 선지서를 설교할 수 있는 큰 틀을 제공한다. 서신서 장르의 이해는 디도서와 요한계시록 모두를 설교하는 데 도움을 준다. 동시에 장르에 대한 거시적 이해는, 설교자가 각 장르 유형의 다른 점을 파악하는 데 도움이 된다. 본론을 시작하면서 우리는 먼저 거시적 단계의 장르(이야기, 시, 서신)와 세부적 장르(구약 내러티브, 율법, 시편, 지혜서, 선지서, 복음서, 비유, 서신, 요한계시록), 하부 장르(시편의 유형, 사도행전의 설교, 비유의 유형, 절차적 본문 등)를 살펴볼 것이다. 따라서 우리는 거시적 단계에서 시작해 하부 장르 단계로 나아갈 것이다.

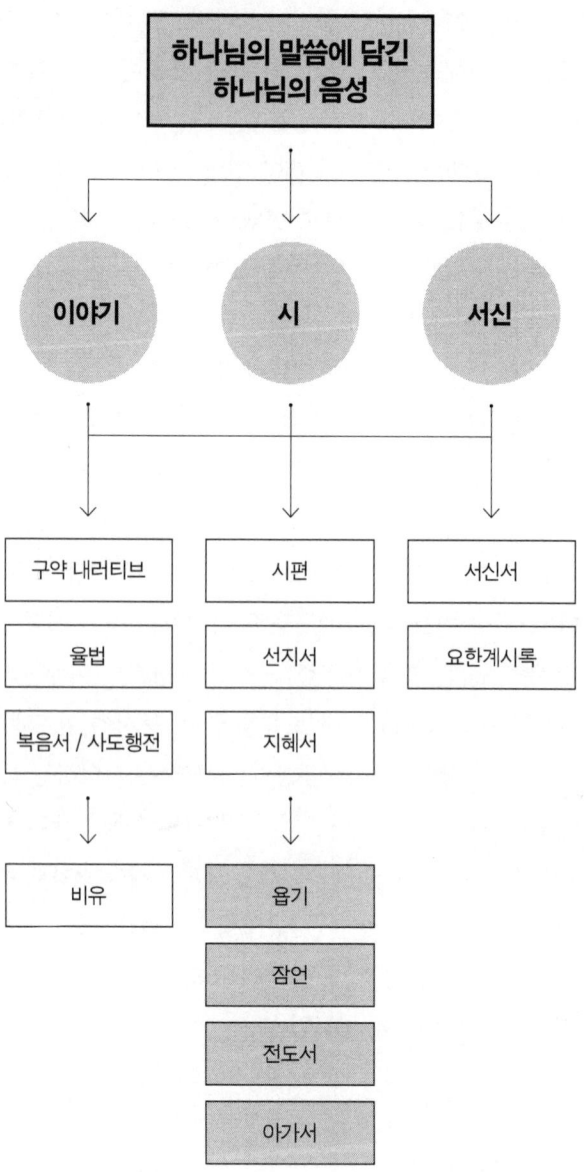

다양한 장르들은 최소 세 개의 거시적 단계의 장르로 제한된다. 우리는 하나님이 왜 구체적으로 하나의 문학 장르를 선택해 사용하셨는지에 대해 물을 수 있다. 선택은 하나님 마음이다. 그러나 이 질문은 장르의 두 번째 중요한 특성으로 연결된다. 즉, 장르 자체가 상황적이기 때문이다.

장르는 상황적이다

인간적 견지에서 말하면, 문학 장르의 사용은 특별한 상황의 필요에 의해 생겨난다. 불안과 불만의 상황이 시편을 필요로 한다. 교회의 어려운 상황이 서신서를 필요로 한다. 하나님의 거대한 움직임의 상황이 이야기를 요구한다. 본문이 기록된 상황을 분명히 이해하면 그 의미를 파악하는 데 도움이 된다. 바울은 미성숙한 갈라디아 신자들이 그리스도에게서 멀어질 때, 노래를 하거나 율법을 말하지 않았다. 오히려 편지 형식으로 그들을 심하게 책망한다(갈 1:6-10). 상황이 장르를 이끈다. 성경본문이 기록된 상황이 그 의미를 이해하는 데 도움을 준다.

그러나 상황에 대한 지식이 그 의미를 이해하는 데 방해가 될 수도 있다. 그것은 본문이 아닌 상황을 설교하게 만드는 잠재적 유혹이 되기도 한다.

본문이 아닌 상황을 설교하려는 유혹은 특히 시편에서 심각하다. 가령 시편 51편 다윗의 회개를 예로 들어보자. 시편 기자는 자신의 죄에 대해 후회한다. 그 후회는 깊고("무릇 나는 내 죄과를 아오니", 3절) 넓다("내 죄가 항상 내 앞에 있나이다", 3절). 시는 다윗의 괴로움에 대한 완벽한 중간 매개체다. 연으로 된 시의 구조는, 마음의 고통과 아픔이 신학적 뉘앙스가 담긴 고통의 흐름을 타고 그의 상처투성이인 영혼을 통해 스며오게 한다. 중간 매개체는 완벽하게 그 메시지의 상황에 따라 영향을 받는다. 그리고 그 부분에서 문제가 발생한다. 시편에서 다윗의 이야기를 설명하다 시편으로 돌아오지 못하는 유혹에 빠질 수 있다. 사무엘하 11-12장의 이야기는 환상적이고, 도발적이며, 비통하다. 시편 51편을 선택하지만 설교 시간 대부분 죄에 대한 이야기를 나누고, 시편 본문 자체를 무시하려는 유혹에 자연스럽게 빠질 수 있다. 다시 말해, 청중이 관심 갖고 있는 본문 자체와 상관없이 본문의 배경이 되는 부분만 설교한다. 본문과 그것의 현대적 의미를 설교하기보다, 설교 대부분을 본문 배경 설명에 사용한다.[24]

이러한 유혹은 특히 시편에서 심각하지만, 다른 본문에서도 똑같이 발생한다. 예를 들어, 바울이 갈라디아 사람들에게 전한 권면, 예수님의 산상수훈, 예수님이 일곱 교회에 보내신 요한계시록 등을 설교할 때도 그 같은 위험에 처할 수 있다. 이 본문들은 모두 어떤 상황 속에 있고, 그 상황들은 매우 매혹적이다(특히 성경을 공부하는 학생들이 이런 경향에 빠지기 쉽다). 상황은 사실 도움이 된다. 그러나 본문에 대한 해석적 안내자로서만 도움이 될 뿐이다. 설교자는 본문 자체를 설교하는 대신 본문 뒤에 있는 본문(상황)을 설교하는 것을 피해야 한다.

이것이 성경에 대한 우리의 신학이다. 우리는 상황을 설교하는 데 집중하지 않는다. 오히려 본문에 집중한다. 본문을 제외한 채, 본문 뒤의 상황을 설교하는 것은 성경의 내용을 잘못 전달할 수 있다. 성경의 메시지는 '초역사적으로'[25] 시간을 통과해 우리의 상황에 전달될 수 있다. 우리는 성경본문이 처음 주어졌을 때의 상황에 집중해야 하지만, 역사적 상황을 지나치게 많이 다루는 설교는 상황에만 치우쳐 본문을 소홀히 할 수 있다. 이것이 장르의 상황적 속성의 가장 중요한 측면이다. 즉 예상할 수 있는 방식 안에 상황이 있어야 한다. 장르는 단지 고대의 상황에서만이 아니라 우리의 상황에서도 유용하다. 그것은 하나님이 의사소통을 위해 선택하신 제한된 몇 개의 상황에서만이 아니라,

전 시대 모든 신자들의 제한 없는 수많은 상황에서도 이야기한다. 장르는 상황적이지만 초역사적인 방법으로 사용된다.[26] 본문이 현재의 상황과 만나도록 하기 위해, 우리는 당장의 필요를 이야기하는 방식으로 본문을 설교해야 한다.

우리는 개별적인 장르를 연구함으로, 고대의 상황에 집중하면서 현재의 필요에 둔감해지는 것이 아니라 더 민감해져야 한다. 고대의 상황을 이해하는 것은 본문을 파악하는 데 도움이 되지만, 본문은 성령의 능력에 의해 현시대의 상황에 말할 수 있다.

이런 생각은 다음과 같은 질문으로 이끈다. 어떻게 장르는 현대의 상황과 정확하게 만날 수 있는가? 좀더 정확하게는, 무엇이 고대의 본문을 오늘날 우리의 상황에 적합하게 만드는가 하는 것이다. 절대적으로 신뢰할 만한 가치로서의 고대 문학에 대한 경외가 현대에는 거의 동등하게 작용하지 않는다. 오늘날은 막 출간된 대학의 과학 교과서도 서점에 도착할 때쯤에는 이미 시대에 뒤떨어진 것이 되는 시대다. 이런 때 복음주의자들은 고대의 성경본문으로 현대의 문제에 답을 제공해야 하는 중대한 사명을 받았다. 그러나 성경이 오늘날의 필요를 충족시킬 수 있는 것은, 그것이 정지되어 있지 않고 항상 움직이기 때문이다.

장르는 움직인다

어떤 장르든 성경본문이 현대 청중의 필요에 답할 수 있는 것은, 장르 자체에 운동성이 있기 때문이다. 더 정확하게 말하면, 장르는 고정되어 있지 않기 때문에 여전히 상황적이다. 따라서 이들은 여전히 새로운 환경과 관계가 있다. 더 나아가 장르들의 움직이는 속성은 성경이 매우 특별한 목적을 향해 움직인다는 것을 이해하는 데 도움이 된다.

장르는 문학적 장치다. 그것이 장르가 기능하는 방법이다. 그러나 문학적 장치로만 보면, 성경의 장르를 평평하거나 정지된 것으로 잘못 다루게 된다. 본문에 대한 이 같은 잘못된 이해는 강단에서 자연스럽게 나타난다. 이제 본문에 대한 평평하고 정지되어 있는 설교적 접근법들을 간략하게 살펴보자.

●● 평평함

평평한 접근법은 본문을 단지 본문으로만 보는 것이다. 설교자 중에는 범우주적 설교의 틀을 만들어 장르와 상관없이 어떤 본문이든 그 설교 틀에 집어넣는 경우가 있다. 이러한 고정된 접근 방법에서는 장르가 어떤 결과도 미치지 못한다. 이 접근법에서 설교자는 설교의 모형을 미리 선택한다. 설교는 이미 정해 놓은 설교 틀에 본문이 얼마나 솜씨 있게 맞춰지는지를 표현하는 것이다.

문제는 장르들을 임의적인 것으로 볼 때, 소통 자체가 밋밋해진다는 것이다. 본문 안에는 이제 더 이상 본문의 생명력이나 촉감, 뉘앙스, 색이 없다. 단지 단색의 단조로운 강연이 된다. 본문을 드러내지 못하기 때문에 이것은 비극적인 방법이다. 결과적으로 종종 벌어지는 일은, 본문이 평평하게 제시되고, '창조성'(보충적 자료나 시각효과 등)으로 성경 본문을 강조할 필요가 생긴다. 창조성은 필요한 것이고, 다각적인 감각의 의사소통은 강력한 힘이 있다. 그러나 창조성의 효과는 주해의 깊은 곳에서 나와야 한다. 즉, 우리는 창조적인 다른 어떤 요소들을 본문으로 가져가지 않는다. 본문 안에 이미 창조성이 있기 때문이다. 우리는 단지 본문이 숨을 쉴 수 있게 한다. 우리는 자신만의 생각으로 본문의 숨이 막히게 해서는 안 된다. 주해적 작업은 본문에서 이미 잠재되어 있는 생명을 끄집어내는 것이다.

위에서 이미 이야기했던 좀더 중요한 문제는, 본문의 형식이 의미에 영향을 줄 수 있다는 것이다. 형식을 무시하는 것은 의미의 일부분을 잃어버릴 위험이 있다. 따라서 설교를 매번 평평하게 일정한 형식으로 진행하는 것은 본문이 가지고 있는 창조성에 저항하는 것이다. 장르에 관심을 갖지 않는 것은, 먼저 본문해석과 관련이 있고, 두 번째는 소통과 연관되어 있다. 본문의 구조에는 의미가 있다.

● ● **정적임**

평평한 접근법같이 정적인 접근법은, 장르를 움직이지 않는 문학 장치로 본다. 이런 접근법에서는 장르 안에 있는 작은 문단들이 수사적 가공물 같은 역할을 한다고 생각한다. 작은 문단들을 마치 독립된 인공물처럼 여긴다. 그 문단으로 만든 각 설교는 도입과 결론으로 엮인 설교적 외형이 없는 한 권의 짧은 이야기다. 그러나 이러한 접근은 전체 성경과 각 본문의 표준적인 관계를 모순되게 한다.

성경의 여러 장르는 본문이 기록되었을 때의 많은 상황을 증거할 뿐 아니라, 성경이 말할 수 있는 여러 환경들에 대해서도 알려준다. 즉, 많은 장르는 다양성뿐 아니라 다양한 방향으로 말할 수 있음을 의미한다. 장르는 본성적으로 상황적이다. 따라서 성경의 장르는 처음 기록되었던 때같이 21세기에도 적용될 수 있다. 제한된 장르로 제한 없는 상황에서 설교할 수 있다.

이러한 논의를 잘 이해할 수 있는 가장 좋은 방법은 요한계시록을 보는 것이다. 요한계시록은 모든 성경과 가장 잘 연결되어 있는 책이며, 또 그럴 필요가 있다. 정경의 최고 절정으로서 요한계시록은 많은 장르를 포함하고 있다. 우리는 여기서 많은 장르가 한 책에 함께 있는 것을 볼 수 있다.

요한계시록은 예언적 내러티브다. 그리스도의 비전과 교회들을 향한 말씀, 그리고 이러한 일들이 모두 어디로 향하는지에 관한 방향 감각이 기록되어 있다. 대부분의 주석가들은 1장 19절에서 이 책의 개요를 설명한다. "그러므로 네가 본 것과 지금 있는 일과 장차 될 일을 기록하라." 이 개요는 이야기의 움직임, 특히 마지막 부분 또는 성경 대부분에서 말하는 이야기의 흐름이다. 그 이야기는 큰 전쟁(16:10-19:21)을 향해 나아가는 천상의 예배(4-5장)에서 새 하늘과 새 땅, 새로운 도시의 도래(21-22장)로 움직이고, 요한은 숨 쉴 틈도 없이 "주 예수여 오시옵소서"를 외치며 그 이야기를 마무리한다. 이 책은 하나의 드라마 같은 이야기다.

그러나 이 내러티브는 선지서 장르도 담고 있는데, 미래를 예견하고 현재 상황의 배경에서 그리스도가 누구이신지 선포한다.[27] 18장의 대부분은 구약 선지서들에서 발견되는 히브리 평행구절로 구성되어 있다. 그리고 선지자들은 물론 시 장르를 사용한다. 그래서 요한계시록 18장에서는 성경 전체에서 발견되는 히브리 평행구절의 절(strophe) 구조가 나타난다.[28] 특이하게도 이것이 요한계시록의 장르를 적절히 구분 짓는데, 그것은 바로 묵시문학이다. 이 장르는 모든 구속사를 절정에 이르게 한다.

이 모든 계시는 상황에 둘러 싸여 있다. 그 상황은 요한이 일곱 교회에 편지를 쓰고, 한 특별한 저자가 특별한 청중에게 글을 쓰고 있는 것이다. 따라서 요한계시록의 서신은 내러티브, 예언, 시, 묵시문학을 모두 담고 있다. 이 개별적 장르들은 살아 있으며, 실제로 어딘가를 향해 나아간다. 그것들은 매우 구체적인 결론을 향해 움직인다. 요한계시록의 매우 빠른 속도와 그 속도를 맞춰가기 위해 장르들을 사용하는 것은, 여러 면에서 성경 전체를 위한 비유적 장치들이다. 즉, 많은 장르들이 하나의 목표, 곧 우리를 하나의 결론으로 이끌기 위해 사용되었다.

평평하고 정적인 접근들에 반해 장르들은 자체가 의도적으로 활력 있고, 역동적이다. 다른 말로 하면, 하나님은 제한된 거시적 구조(이야기, 시, 서신)를 사용해 무제한적인 상황에 말씀하게 하셨다. 따라서 장르는 그 위치도 의도적이고, 목표를 향해 움직이는 것도 의도적이다. 그것을 일단 이해하면, 그 목표는 우리가 장르로 설교할 때 그것으로 무엇을 해야 하는지 알도록 도와준다.

결론

성경본문은 정적이지 않으며, 마치 기차같이 움직인다. 기차같이 개별적인 차들로 구성되어 있으며, 그것의 모양은 운반하는 물건에 따라 결정된다. 마찬가지로 성경 장르들의 모양은 설교자에 의해 의지적으로 그리스도를 향해 구부러져야 하는 것이 아니다. 오히려 각 장르들은 복음의 메시지 '때문에' 그 모양대로 존재한다.[29] 공통점은 종착역이다. 각각의 움직이는 화물차는 구속사적 관점에서 하나님의 최종적 결론을 향한다.

장르는 제한적이고, 그 숫자도 제한되어 있다. 그러나 장르는 상황적이어서 모든 현대의 상황에 적절하게 적용된다. 장르는 움직인다. 장르는 완벽한 메시지를 운반하는 운반체이지만, 이야기는 아직 완전히 종결되지 않았다. 따라서 제한된 장르들은 제한 없는 상황에 말함으로 복음의 메시지를 절정에 달하게 한다.

이것이 설교자가 어떤 본문으로든 복음을 분명하게 전달할 수 있는 이유다. 그것은 어떤 상황에서든 보증되는데, 성경의 특성이 그것을 요구하기 때문이다. 다시 말해, 성경의 구성이 복음의 설명을 요청한다.

이렇게 되면 장르는 또 우리를 데리고 간다. 우리가 장르를 연구하지만 장르 역시 우리를 연구한다. 설교는 어떻게 장르를 하나님이 의도하신 대로 읽어야 하는지 사람들에게 설명하는 것이다. 그 장르들이 말하는 것이 우리의 상황이다. 그러므로 우리는 현재 상황에 대해 말해야만 한다. 그리고 그 상황은 복음을 요구한다. 본격적으로 장르에 대해 논하기에 앞서, 설교할 때 장르를 고려하는 것에 관한 마지막 권면을 하고자 한다.

●● 설교는 내가 죽고 다른 사람을 살리는 행위다

복음 설교에 대한 최고의 비유는 복음 자체다.[30] 이는 고린도후서 4장 12절에 잘 요약되어 있다. "그런즉 사망은 우리 안에서 역사하고 생명은 너희 안에서 역사하느니라." 설교에 적용한다면, 설교자는 강단에서 기꺼이 죽을 마음의 준비가 되어 있어야 한다. 그러면 청중에게 생명이 주어진다. 마찬가지로, 먼저 강단에 십자가가 없다면, 강단을 통해 십자가가 전해질 수 없다. 나는 이것이 연속성 상에 있다고 믿는다. 내가 하고 싶은 욕심(멋있고, 재밌으며, 강한 지도자가 되고자 하는 것 등)대로 행동할수록 나를 통해 흘러가는 하나님의 말씀은 더 적어진다. 육체적 욕망이 설교에 미치는 영향은 천식이 폐에 미치는 영향과 같다. 욕망은 천천히 진리의 배관 주위를 움츠려 들게 함으로, 말씀의 숨이 설교 강단에서 청중에게 전달되는 과정을 수축되게 한다. 훌륭한 설교자가 되기 위한 내 바람은 말씀이 전달되는 일에 최대의 방해가 된다. 그것은 배관과 같다.[31] 빛이 통과할 수 있을 정도로 깨끗할 수도 있고, 전혀 통과할 수 없을 만큼 오물이 쌓여 있을 수도 있다. 그러면 물은 막히고 고이게 된다. 우리는 물을 담는 그릇이 아니라 배관같이 흘려 보내는 사람이다. 설교에서 최고의 야망은, 하나님 영의 흐름이 사람들에게 흘러가는 데 방해가 되지 않는 것이다. 가장 위대한 설교자는 위대해지려고 노력하는 설교자가 아니다. 배관으로서 자신은 죽고 말씀이 살아나게 하는 설교자다.

이것은 이상한 모순으로 우리를 인도한다. 때로 성경 소통의 수단인 설교자가 사람들이 성경 듣는 것을 방해할 수 있다는 것이다. 솔직히 우리의 설교 구조는 성경의 음성을 듣는 데 방해가 될 수 있다. 우리는 자신이 지나치게 집착하는 설교의 형식에 성경을 주입하려 하지 않는가? 하나님의 말씀이 분명하게 전달되지 않기에 어떤 설교 형식도 취하지 않으려 다짐하고 있지는 않은가? 이 책은 설교의 형식에 대해 논하지 않는다. 오히려 성경본문이 설교의 형식을 인도해야 한다고 주장한다. 성경을 존중하는 자세는 본문 자체가 설교의 형식을 결정하도록 한다. 우리는 이미 정해진 설교 형식을 고수하지 않는다. 단순히 본문을 설교하고, 성경본문의 형식이 설교의 형식이 되도록 한다.

이런 방식으로 우리는 자신의 욕망에 대해 죽고, 하나님의 말씀이 숨을 쉬게 한다. 본문이 우리의 설교 구조를 결정하게 되는 자유를 상상해 보라. 장르를 존중하는 설교를 하는 것은 마치 죽음을 선택하는 것과 같다. 그러면 본문의 장르가 살아난다. 이것은 성경을 존중하는 자세의 확장이다.

●● 각 장의 구성

각 장은 본문이 이끄는 설교의 정의에 따라 구성될 것이다. 첫 부분은 '해석: 장르의 문학적 특징에서 음성 듣기'다. 여기서는 각 개별 장르에 집중해 해석의 문제를 다룰 것이다. 해석학 교과서같이 많은 양을 다루지는 않지만, 구체적인 성경의 장르가 어떤 역할을 하는지 이해하는 데 도움이 될 수 있는 특징을 나누고자 한다. 우리의 목적은 장르에 관한 간단한 초보적 지식을 제공하고, 각 장르별로 더 깊이 연구할 수 있는 최고의 자료들을 선별해 알려주는 것이다.

각 장의 두 번째 부분인 '전달: 장르의 음성 되살리기'는 설교를 만드는 설교적인 부분을 안내함으로, 각 장르별로 구체적인 방식으로 하나님의 음성을 되살리는 방법을 나누고자 한다. 그러나 여기서 주요 관심은 설교의 구조에 있다. 따라서 우리는 마지막 부분에서 성경본문과 같이 설교를 형성하는 주제('구조: 장르에서 설교 구성하기')에 대해 짧게 논할 것이다. 이 마지막 부분은 필수적으로 짧다. 결론은 요점이 분명해야 하기 때문이다. 그 다음 설교 실례를 제시할 것이다. 이러한 예는 완벽하지는 않지만 간단하게 그러한 접근의 모형을 보여주기 위한 것이다. 또 생각할 수 있는 질문들을 제공해 복습을 위한 과정을 만들고, 더 깊은 연구를 위해 여러 자료들을 제공하려 한다.

설교를 위해 장르에 주목하는 목적은 단순히 모방하려는 것이 아니다. 바른 의미를 얻기 위한 것이다. 재활성화이지 단순한 모방이 아니다. 우리는 장르가 본문의 의미에 어떤 영향을 미치는지를 묻는다. 정확하게 설교하기 위해 우리는 본문의 역동성이 장르를 통해 본문의 의미에 어떤 영향을 끼치는지 살펴본다. 성경 번역자의 작업을 생각해 보라. 그들은 성경 원어에서 정확한 의미를 찾는다. 헬라어와 히브리어의 어순은 현대의 영어 독자가 생각하는 것과 다르다. 그러나 번역자는 의미를 알아들을 수 있도록 번역해야 한다. 다른 말로 하면, 본문에 의도된 영향을 고려해 단어뿐 아니라 감성과 느낌도 번역해야 한다. 번역자들은 이 부분을 '형식적 동등'과 '역동적 동등' 간의 차이로 설명한다. 마찬가지로 우리는 장르를 동일하게 모방하지 않는다. 오히려 우리는 장르가 의미를 어떻게 형성하는지 연구하고, 그 의미를 찾으려 노력한다. 이것이 우리가 가능하면 본문의 구조가 설교의 구조를 결정하게 하는 이유다.

성경의 장르는 중요하다. 성경의 형식이 거룩해서가 아니라, 하나님의 말씀이 거룩하기 때문이다. 하나님의 말씀은 특별한 형식에 담겨있다. 따라서 형식에 관심을 갖는 것은 본문의 의미를 알게 해준다. 성경의 장르를 알기 위해 씨름하고 고민하지 않고는 본문이 의미하는 것을 분명하게 이해할 수 없다. 씨름은 좋은 비유다. 그 의미는 피상적이지 않다. 성경은 단순히 그런 방법으로 의미를 전달하지 않는다. 따라서 하나님의 말씀을 그분이 의도한 소리로 설교하기 위해 우리는 먼저 성경 자체의 소리를 주의 깊게 들어야 한다.

RECAPTURING THE VOICE OF GOD
하나님의 음성 되살리기

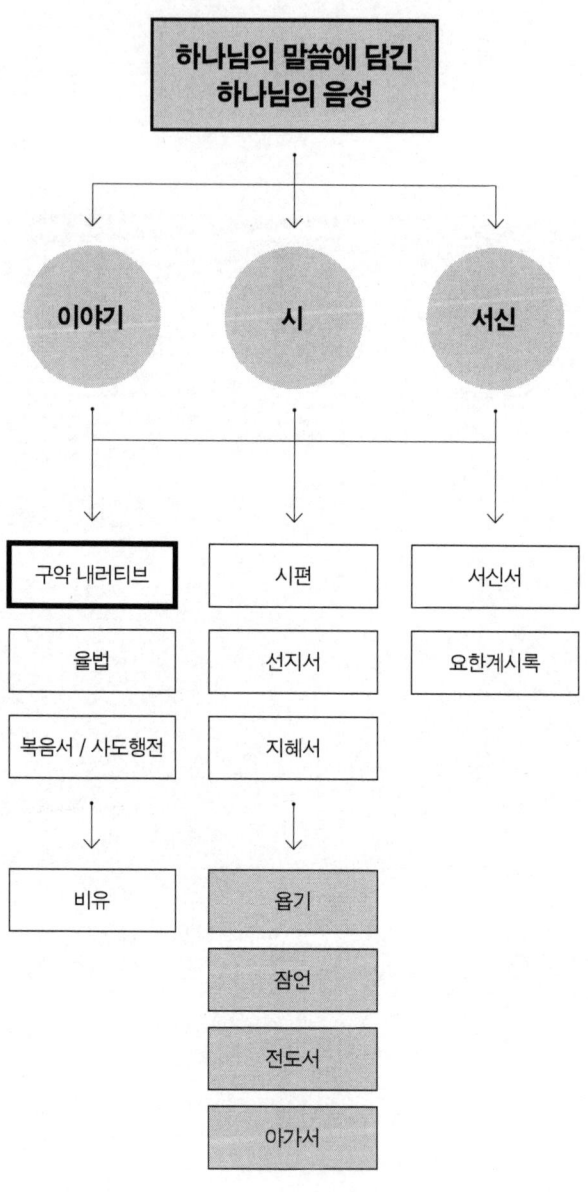

CHAPTER 4

구약 내러티브에서
하나님 음성 되살리기

무대와 배경

길을 걸어가다 나는 한 세련된 남자를 만났다. 나는 보석 판매상인 그 멋진 신사에게서 물건을 사고 싶은 마음이 들었다. 결국 실행에 옮겼다. 나는 인사한 다음 매우 긴장한 내 여자 친구를 그에게 소개해 주었다. 우리는 단지 반지를 보기만 할 것이라고 말했지만, 사실은 반만 사실이었다. 그 보석상은 애슐리를 보며 "당신이 좋아할 만한 것이 있습니다."라고 말했다. 우리는 점포 안의 다른 진열대로 걸어갔다. 그는 뒤쪽의 카운터에서 안경을 꺼냈고, 애슐리에게 완벽한 반지를 만들어 주었다. 애슐리는 계속 반지를 끼고 있다. 이 아름다운 반지는 모든 것을 갖췄다. 그러나 다이아몬드는 그 모든 것에서 제외되었다. 다이아몬드는 따로 구입해야 했다. 나는 어떤 여자들은 다이아몬드 없이 테두리만 있는 반지도 좋아한다고 들었다. 그러나 테두리 없이 다이아몬드만 있는 반지를 원하는 여자들에 대해서는 결코 듣지 못했다. 그 반지를 청혼반지처럼 보이게 만드는 부분은 다이아몬드가 제자리에 놓이는 것이며, 이 사실은 우리에게 무엇인가를 알려준다. 이런 식으로 제자리에 놓는 작업과 보석은 모두 관계에 대한 것을 보여준다.

우리 설교자들은 종종 땅에 있는 다이아몬드에 걸려 넘어진 것처럼 이야기들을 다룬다. 그러나 이야기는 매우 놀라운 것이다. 우리는 바깥을 거닐다 평범해 보이지 않는 돌 한 무더기가 땅에서 번쩍거리고 있는 것을 발견한다. 조사 결과 5캐럿짜리 다이아몬드일 가능성이 있음을 알게 된다. 이것은 수천만 원의 가치가 있을 것이다. 우리는 친구들을 부르고, 소셜미디어를 통해서도 알린다. 우리의 위대한 발견을 사람들에게 알리기 위해 모든 것을 동원한다. 그러나 이 다이아몬드는 아직 거친 돌에 불과하다. 이 광물을 자르고 다듬어 틀 안에 끼워 넣어야 한다. 틀에 맞춰 넣음으로 다이아몬드의 아름다움은 더 눈부시게 빛날 것이다.

우리가 설교하려는 본문은 거친 다이아몬드가 아니라, 정확히 제 위치에 놓인 보석이다. 우리가 만일 본문의 문맥에 영향받지 않은 것처럼 보이는 이야기를 찾았다면, 더 자세히 관찰할 필요가 있다. 성경의 기자는 각각의 작은 이야기들이 더 큰 이야기에 포함되도록 만들었다. 성경의 정경화로 각각의 책들은 동일한 방식으로 구성되었다. 성경본문을 이해하는 과정은 곧 어떻게 작은 보석 같은 이야기가 성경의 전체적 구조에 맞는지 파악하는 것이다. 이런 노력은 성경의 이야기를 더 영광스럽게 만들 것이다. 예수님이 구약의 이야기를 사용하신 방법이 이와 동일하다. 각각의 작은 부분은 더 큰 부분에 맞춰져야 한다.

●● 이야기가 작용하는 방법

예수님의 이야기 사용에 대해 생각하면 우리는 곧바로 비유를 떠올린다. 예수님은 이야기들을 만드셨다. 그러나 복음서를 보면 예수님은 구약의 이야기도 규칙적으로 사용하셨다. 모세는 사복음서에서 약

200회 언급된다. 대부분 모세의 율법에 관한 설명이다. 그러나 모세의 더 구체적인 예로, 광야의 놋뱀 이야기(요 3:14)와 하늘의 만나(요 6:14) 이야기도 있다. 사실 마태는 그리스도의 변화산 이야기(마 17:1-13)를 할 때, 시내산에서 십계명을 받고 내려오던 모세의 이야기에 비추어 우리가 그 이야기를 이해하기 바랐던 것이 확실하다.[32] 예수님은 홍수 이야기(마 24장; 눅 17장), 엘리사와 엘리야 이야기(눅 4장) 같은 다른 이야기도 사용하셨다. 우리가 예수님이 사용하신 이야기를 볼 때 주목해야 할 부분은, 그것을 어떻게 사용하셨는가 하는 것이다. 이 부분은 차후에 더 논하고자 한다.

왜 예수님은 이야기들을 그렇게 많이 사용하셨는가? 예수님이 이야기를 말하는 문화 가운데 오셨기 때문이다. 우리는 종종 이야기에서 '사실'을 분리한다. 사실은 정보나 초기 자료, 순수하게 객관적인 것 등을 의미한다. 우리 문화에서 이야기는 기껏해야 주관적 의미를 함축하고 있거나, 최악의 경우에는 상상의 이야기에 지나지 않는다. 그러나 예수님의 청중은 그런 내적 이중성을 가지고 있지 않았다. 이야기들은 진리 자체였다. 사실들과 자세한 설명들은 오직 이야기의 한 부분이었다. 진리는 더 큰 이야기의 일부분이었다. 이야기들은 특정한 관점에서 시작되거나 특별한 이유로 만들어졌지만, 이야기의 사실성과 그것이 내포하고 있는 진리를 포기하지 않았다.

어떤 사람들은 인쇄기술의 발명 이전에는 '사실' 같은 것이 없었다고 한다.[33] 이것에 대해 생각해 보라. 하나의 사실은 어떤 지시물에서 떨어져 나온 정보의 조각이다. 사실은 단지 정보일 뿐이다. 그것이 전부다. 이것은 '진리'가 존재하지 않음을 의미하지 않는다. 단지 이야기에서 독립해 존재하지 않는다는 것이다. 진리를 전달하기 위해 예수님은 이야기로 말씀하셨다. 그의 이야기들은 이야기에 의존했다.

신약의 기자들도 마찬가지였다. 그들의 가르침은 훨씬 더 큰 이야기

틀에서 파생되었다. 이것이 구약의 이야기들에 비추어야 신약을 이해할 수 있는 이유다. 이후 서신서 부분에서 논하겠지만, 신약의 기자들은 이야기를 이러한 기초적 이해를 바탕으로 사용했다. 가장 좋은 예는 히브리서일 것이다. 히브리서의 대부분이 이야기에 의존한다. 적절한 예로 11장을 들 수 있는데, 이 위대한 믿음의 장에는 16명의 구약 인물이 언급된다. 히브리서 11장을 설교하는 것은 다음과 같은 도전에 직면하게 한다. 즉, 우리는 사람들에게 믿음을 가지라고 격려하려 하지만, 전체의 논지가 불가피하게 구약의 이야기들을 다시 이해시키는 것이 될 수 있다.

히브리서 11장에서 놀라운 믿음의 영웅들을 열거한 후, 기자는 적용으로 나아간다. 기자가 이야기를 말한 이유가 여기에 있다. 그는 다음과 같이 말한다.

> 이러므로 우리에게 구름같이 둘러싼 허다한 증인들이 있으니 모든 무거운 것과 얽매이기 쉬운 죄를 벗어 버리고 인내로써 우리 앞에 당한 경주를 하며 믿음의 주요 또 온전하게 하시는 이인 예수를 바라보자 그는 그 앞에 있는 기쁨을 위하여 십자가를 참으사 부끄러움을 개의치 아니하시더니 하나님 보좌 우편에 앉으셨느니라 (12:1-2)

위대한 믿음의 사람들의 목록은 단순히 우리의 믿음을 격려하기 위한 것이 아니다. 예수님처럼 경주하도록 우리를 격려하는 것이 목적이다. 기자는 이 서신서에서 이 목적을 달성하기 위해 이야기들을 사용한다. 따라서 히브리서 11장을 설교할 때, 12장 1-2절의 적용 없이는 정직하게 설교할 수 없다. 마찬가지로 우리가 구약의 내러티브를 가르칠 때는 더 큰 맥락에서 전달해야 한다. 여기서 더 큰 문학적 맥락은 구속사적 관점을 의미한다. 히브리서 기자가 보여준 것처럼, 이 이야기들은 우리로 하여금 그들의 최종적인 믿음의 행위를 한층 더 인정하도록 하기 위해 존재한다. 사실상 11장의 마지막에서 그는 그와 같은 방법으로 자신의 주장을 정리한다. "이 사람들은 다 믿음으로 말미암아 증거를 받았으나 약속된 것을 받지 못하였으니 이는 하나님이 우리를 위하여 더 좋은 것을 예비하셨은즉 우리가 아니면 그들로 온전함을 이루지 못하게 하려 하심이라"(39-40절).

구약 내러티브에 등장한 사람들 역시 믿음의 경주를 했다. 그러나 그들은 약속된 것을 완전히 받지 못했다. 즉, 그들은 메시아가 오셔서 구원이 이루어지는 것을 볼 수 없었다. 그러나 우리는 이 일을 경험했다. 그러므로 우리는 충분히 완성된 그 길을 달려야 한다.

그러므로 이야기의 적용은 '이 사람들이 믿음의 경주를 잘했으니 당신도 잘해야 한다'가 아니다. 바른 논리는 이것이다. '구약 사람들은 그리스도를 볼 수 없어도 믿음의 경주를 잘했다. 당신은 그리스도를 보았다. 그들의 희생에 비추어 그리스도를 모델로 바라보고, 당신도 경주를 잘해야 한다.' 그 이야기들은 더 큰 목적을 뒷받침한다. 우리는 구속사의 더 큰 목적에 비추어 그 이야기들을 이해한다. 이야기를 구속사적 관점과 정경의 맥락에서 이해하는 것은 모든 이야기에 적용해야 하는 방법이다.

따라서 예수님과 신약의 기자들은 모두 구약의 이야기를 사용하는 독특한 전략을 취한다. 그들은 그 이야기들을 항상 자신의 상황에 적용했다.

●● 성경적으로 충실하게

구약 내러티브의 특징에 접근할 때, 한 가지 더 생각할 것이 있다. 우리의 목적이 사람들을 성경적으로 충실하게 만들고, 그들로 하여금 삶의 중요한 결정을 내릴 때 성경을 기준으로 삼도록 하는 것이라면, 우리 또한 성경적으로 충실해야 한다. 설교자가 성경 자체가 가지고 있는 방법들을 존중하는 것이 사람들에게 하나님의 말씀을 사랑하게 하는 최고의 길이 되는 것이다. 설교자가 성경에 충실할 것을 제안하는 이유는 세 가지다. 첫째, 구약의 자료를 연구하는 것은 힘겨운 제안일 수 있다. 우리는 구약의 페이지들에서 보석을 찾는 것을, 수많은 채굴 작업 뒤 다이아몬드를 발견하는 것처럼 생각할 때가 사실 종종 있다. 그러나 우리는 구약에서 힘써 찾아 진리의 보석을 채굴하는 것이 아니다. 오히려 구약은 모두가 하나님의 영감 받은 계시다. 우리는 힘겨운 신음 소리를 내며 주춤할 수 있지만, 그것을 극복해야 한다. 전능하신 하나님은 어떤 종류의 말씀이든 우리에게 완전하게 주실 수 있다. 사람들이 느끼는 '현대'의 필요들이 하나님에게는 새로운 것이 아니다. 우리는 창의력과 끈기로 보석을 채굴해야 한다. 물론 우리가 각 본문에 동일한 시간을 할애한다는 것은 아니다. 예수님도 이야기 사용에서 어떤 이야기들은 다른 것들보다 우선시하신다. 모든 성경이 다이아몬드이지만, 어떤 이야기들은 무대에서 더 중심에 있다. 모두가 동일하게 영감 받은 말씀이지만, 어떤 말씀은 더 중요한 역할을 한다. 땅을 파는 일이 다이아몬드를 얻는 유일한 방법이다. 우리 자신이 성경본문에 푹 잠기기 시작할 때, 우리는 성경의 큰 그림을 보게 되고, 우리의 생각은 변하기 시작한다.

둘째, 우리는 순간(moment)이 아니라 마음(mind)을 형성하려 노력한다. 우리가 설교할 때, 그곳에는 본문 당시의 순간보다 현재 사람들이 처한 위기가 있다. 우리는 사람들이 성경에 대해 더 다양하고, 더 완전하며, 더 전체적으로 생각하기 원한다. 또 사람들의 마음을 성경적 사고로 사로잡기 원한다. 이를 위해 우리는 순간이 아닌 마음을 형성하려는 방법으로 설교해야 한다. 또 그렇게 설교하기 위해 우리는 성경의 방식으로 생각해야 한다.

마지막으로 내러티브를 '큰 그림'으로 보게 하는 것은, 사람들로 성경적으로 생각하게 할 뿐 아니라, 성경에 대해서도 성경적으로 생각하게 한다. 앞부분은 삶에 성경을 적용하는 것을 의미하고, 뒷부분은 성경이 그 자체와 어떻게 연관되는지 이해하는 것을 뜻한다. 이들은 서로 다른 것이 아니라 사실 동시에 일어난다. 그리고 서로를 뒷받침한다. 우리는 사람들이 자신에게 성경을 적용하도록 하기 위해, 성경을 그 자체에 적용하는 것으로 시작한다. 사람들에게 성경의 전체 그림을 보여준 다음, 그것을 그들에게 연결하라. 안에 있는 점끼리 연결하고, 또 밖의 점들과 연결하라. 성경이 어떻게 하나로 결합된 단위인지 보여주고, 그들의 삶에 그것을 적용하라. 실천 없는 믿음이나 믿음 없는 실천을 강조하는 극단적인 방법은 모두 끔찍한 결과를 초래한다.

해석: 구약 내러티브에서 음성 듣기

●● 구약 내러티브는 전체의 일부분이다

당연한 말을 하는 것 같지만, 구약의 내러티브는 성경의 더 큰 틀 안에 맞는 사고의 단위다.[34] 각 책은 구약의 구조와 맞아야 하고, 구약성경은 전체 성경의 구조에 맞아야 한다. 만약 각각의 이야기가 전체에 맞는다는 것을 이해하지 않으면, 우리는 그 이야기들을 각 책의 원래 목적 및 기자의 의도와 분리된 개별적 이야기로 다루게 될 것이다. 그 결과는 매우 치명적이다. 첫째, 만약 우리가 이야기를 독립된 생각의 단위로 분리시켜 다루면, 성경 정경의 아름다움을 볼 수 없다. 우리는 각 이야기가 어떻게 성경 전체와 연관되는지 알 수 없고, 성경이 내포하고 있는 중요한 교리도 볼 수 없다. 또 성경 전체의 조화도 볼 수 없게 된다. 그러나 아직 최악의 결과는 아니다.

구약의 이야기들을 거시적 구조와 관련 없이 각각의 독립적인 단위로 다루면,[35] 결국 윤리주의가 지배하게 된다. 만약 각각의 이야기가 어떻게 주변 이야기들과 연결되는지 이해하지 못하면, 우리는 명확한 것처럼 보이는 적용(다윗이 회개했으므로 우리도 회개해야 한다 등)을 현재와 연결하는 다리로 놓을 수밖에 없게 된다. 그러나 이 이야기가 사무엘하에서 사용될 때는 회개 이상의 많은 내용이 있다. 다윗이 몇 번의 경고에도 회개하지 않은 모습이 있다. 회개 이면의 엄청난 대가가 있다. 만약 누군가 파괴적인 죄악에 붙잡힌다면, 그들은 실수하고 회개한 다음 계속 자신의 삶을 살아가는 예로 다윗을 핑계 삼을 수 없다. 전혀 그렇지 않다. 다윗은 뻔뻔하고 추한 큰 죄를 지었다. 그는 처절하게 죄의 대가를 치른다(가정이 파괴되고, 아내들이 참혹한 일을 겪으며, 심지어 아이가 죽는다).[36] 비슷한 죄가 그의 아들에게도 나타나 솔로몬은 왕국이 나누어지는 대가를 지불해야 했다. 다윗이 범한 죄의 결과는 간략하게 표현할 수 없다. 그러나 다윗의 회개 이야기를 좀더 넓은 문맥에 비추어 볼 때, 그 그림을 이해할 수 있다. 성경 전체를 넓게 살펴보면, 우리는 이스라엘이 한 왕인 메시아를 찾고 있는 것을 볼 수 있다. 메시아만이 열방 중에서 그 백성들을 차별화할 수 있기 때문이다.

●●● 신약본문과 신학은 구약의 내러티브에서 형성된다

구약 내러티브에 관한 가장 논쟁적인 요소 중 하나는, 그 내러티브가 나머지 성경에 정보를 제공하는 방법이다. 이를 명확하게 보여주는 예들이 있다. 요나(마 12:39-41; 16:4-17; 눅 3:26; 11:29-32), 홍수(마 24:37-39; 17:26-27; 히 11:7; 벧전 3:20; 벧후 2:5), 사라와 하갈의 이야기(갈 4:24-25) 등이다. 이 목록들은 매우 놀랍다. 신약 신학의 많은 부분이 구약의 내러티브를 의존한다. 따라서 우리가 신약에서 언급된 구약 성경을 접할 때, 신약이 우리를 위해 그 본문을 해석하게 해야 한다.

● ● 이야기들은 구조가 있다

　설교자는 내러티브의 장면 구조를 발견하는 것이 가장 중요하다. 설교의 구조가 거기서 나오기 때문이다. 월터 카이저는 "각각의 장면은 어떤 특별한 시간과 장소에서 일어난 것을 표현한다. 그런 점에서 각 장면은 일반 산문에서 문단이 하는 것과 같은 역할을 한다. 즉, 일반적으로 각 장면마다 하나의 중심 생각을 제공한다."[37] 모든 이야기는 독특하지만 내러티브는 각각 몇 개의 공통 장면 구조를 가지고 있다. 이것이 성경본문의 구조다. 따라서 본문이 이끄는 설교의 구조는 내러티브에서 만들어진다.

　리랜드 라이큰(Leland Ryken)은 내러티브의 네 가지 요소를 무대, 구성, 인물, 서술로 규정한다.[38] 각각의 요소들을 간략하게 살펴보자.

무대/배경[39] 무대는 이야기가 시작되는 장소를 제공하며, 만일 청중을 이야기에 참여시키기 원한다면 이것을 제시하는 것이 매우 중요하다. 그러나 설교에서 지나치게 많은 부분을 무대 설명에 할애하려는 유혹이 생길 수 있다. 신학적인 무대, 즉 본문이 구속사와 만나는 점은 일반적으로 설교의 후반부나 결론에서 다루어진다. 설교 시작점에서는 최소한으로 다루는 것이 적합하다. 어느 정도의 무대 설명이 사람들을 내러티브에 끌어들이는 데 필요한가? 너무 적은 설명은 사람들이 이야기에 몰입하는 것을 방해하지만, 반대로 너무 많은 설명이 있으면 사람들이 버스를 놓치듯 중요한 핵심을 잃어버리게 된다. 다시 말하지만, 무대 설명의 적당량은 사람들을 첫 장면에 안전하게 이끌어 올 수 있는 만큼이다.

구성(플롯) J. P. 포켈만(J. P. Fokkelman)은 구성을 '이야기의 주된 구성 원칙'으로 단순하게 설명한다.[40] "구조는 우리가 잡아야 할 머리와 꼬리를 제공해 주고, 따라서 전체의 의미 있는 내러티브를 위해 이야기의 테두리를 결정한다."[41] 이런 식으로 이야기의 구조는 장면의 구조에서 명백해진다. 따라서 이야기 설교에서 효과적인 전달 방법은, 이야기를 전개하면서 너무 빨리 줄거리를 보여주지 않는 것이다. 이것은 수사적 기술이며, 사실상 본문에 이미 사용된 방법이다. 설교자는 이런 식으로 이야기를 풀어간다. 우리는 가능한 한 신속하게 엑스레이로 요점을 찍어내는 검사자가 아니라, 오히려 이야기를 서서히 달아오르게 하는 본문의 방식을 재현하는 선동가다.

각 이야기의 구조는 독특하다. 그러나 구조들은 일반적으로 무대, 긴장, 긴장 고조, 긴장 해소, 결론의 형식을 따른다.[42] 이 중 긴장 해소가 히브리 내러티브에 항상 있는 것은 아니다. 그러나 일반적으로 이 기본 요소들을 장면 구조에서 볼 수 있다.[43]

구조는 이야기 연결선이지 주제가 아니라는 사실을 명심해야 한다. 즉, 구조는 이야기의 마지막으로 인도하고, 그 마지막 점은 주제로 인도한다. 영적인 원칙들은 구조가 아니며, 구조에서 파생된다.

인물 인물 전개는 직접적인 표현으로 이루어지지 않는다. 우리는 요셉이 자신의 꿈을 말한 것을 보면서 경솔했다고 추론하고, 학대와 모욕 중에 보여준 인내로 그가 믿음이 충만한 사람이었음을 안다. 이야기하는 사람은 이런 사실을 직접적으로 말하지 않는다. 우리는 행동에서 추론함으로 그런 사실들을 알 수 있다. 이런 방식으로 구조 전개와 인물 전개는 강한 유대관계가 있다.[44] 비록 인물 전개가 이야기에서 필요하지만, 성경 기자들이 하는 방식처럼 구조의 전개를 통해서도 이야기를 전달할 수 있다. 설교에서 이야기가 드러나는 것처럼 등장인물들도 드러나게 된다. 그러므로 좋은 이야기를 읽을 때와 같이 우리는 이야기가 끝날 때까지 한 인물의 진정한 성격을 알지 못할 수 있다.

서술[45] 서술은 이야기에 매우 큰 도움을 준다. 서술자가 모든 자세한 부분과 주목해야 하는 부분을 우리에게 말해주기 때문이다. 성경의 서술자가 하나님에 의해 영감을 받았기 때문에 서술은 성경 내러티브에 도움이 된다.[46] 이러한 영감 받은 서술자는 "사건이나 인물을 만들어내지 않고 오히려 그것들을 능숙하게 선택하고, 정리하며, 묘사한다."[47]

이야기를 설교할 때, 우리는 자신이 특별히 좋아하는 이야기의 흥미로운 뉘앙스나 세세한 부분에 집착하려는 유혹을 받을 수 있다. 그러나 서술자를 무시하는 것은 이야기의 신학적 상황을 무시하는 것과 같다. 즉, 그것은 우리 자신의 생각으로 본문을 읽는 환경을 조성하는 것이다.[48] 만약 우리가 본문을 설교하려 한다면, 서술자로 하여금 우리의 안내자가 되도록 해야 한다.[49] 서술자는 이야기의 세부 사항들이 중요하다는 것을 알려준다. 우리는 서술자들이 본문에서 강조하는 것이나 관심을 두지 않은 부분에 놀라기도 하지만, 그들은 우리의 이야기 여행의 안내자다.[50]

●● 이것은 유대 내러티브다

고전적인 내러티브에는 전형적인 구조가 있다. 긴장의 고조를 향해 나아가는 여러 장면들로 구성된 무대가 있고, 그 다음 긴장의 해소가 있다. 이것이 내러티브가 움직이는 방법이다. 이러한 요소들은 필수적이다. 행동이 어디서(지역과 상황 등) 발생하고 있는지에 대한 인식이 있어야 한다. 이야기에 움직임이 있어야 하는데, 그것이 단순한 구조일 수도 있고, 여러 겹으로 꼬이고 하부 구조를 가진 복잡한 구조일 수도 있다. 그리고 어떤 부분에 틀림없이 문제가 있어야 한다. 그것은 일찍 발생할 수도 있고, 늦게 일어날 수도 있다. 그러나 문제가 제대로 기능을 발휘하려면, 마지막에 어떤 해결점이 필요하다. 또 해결점이 존재하기 위해서는 문제가 있어야 한다. 만약 긴장감 넘치는 흥미로운 해결을 만들어내기에 극적인 긴장이 충분하지 않다면, 좋은 이야기가 될 수 없다. 고전적인 이야기의 이 모든 특징은 거의 항상 유대 내러티브에 등장한다. 무대가 있고, 인물의 전개가 뒤따르는 구조가 있다. 그러나 유대 내러티브에는 그들만의 독특한 특징이 있다. 그것은 긴장이 항상 해결되지는 않는다는 것이다.[51]

가장 적절한 예가 요나서일 것이다. 요나서의 배경은 선지자의 반항적인 마음이다. 선지자는 당시 세계에서 가장 영향력 있는 도시를 향해 하나님의 마음으로 말씀을 전하라는 음성을 듣는다. 이 도시는 매우 거대해 걷는 데만 3일이 소요되었다.[52] 그리고 그 도시는 너무 사악해 하나님의 진노를 불러일으켰다. 이것이 매우 막중한 임무였음은 의심의 여지가 없다. 그러나 요나는 도망쳤다. 그리고 열심히 달려갔다. 그는 하나님의 명령에 불순종했다(인물 전개). 그 다음 배를 탔고, 폭풍을 만났으며, 물고기 뱃속에 들어갔고, 물고기는 그를 토해냈다(긴장 고조). 결국 요나는 마음을 풀고 니느웨로 가서 외친다. 그리고 도시는 회개한다(긴장 해소). 그러나 여전히 갈등이 남아 있다. 이야기가 마지막에 다다를 때, 우리는 동일한 배경으로 돌아가 순종하지 않는 선지자의 마음을 보게 된다. 첫 장소에서 요나는 자기의를 내세우며 니느웨로 가기를 꺼렸는데, 이제 그 자기의가 벌레를 향한 분노로 나타난다. 이 벌레는 사실 하나님이 보내신 것이다. 하나님이 벌레를 걱정한 이유는, 사람보다 식물 같은 것을 더 아끼는 사람의 마음을 드러내시기 위함이었다. 요나는 소명의 효율성보다 안락함을 사랑했다. 사명을 받은 벌레는, 요나 마음의 완악함을 드러내시고자 했던 자신의 창조자에게서 임무를 받은 것이다. 요나서는 다음과 같은 질문으로 끝난다. "하물며 이 큰 성읍 니느웨에는 좌우를 분변하지 못하는 자가 십이만여 명이요 가축도 많이 있나니 내가 어찌 아끼지 아니하겠느냐 하시니라"

(욘 4:11).

　이 질문은 답이 필요하지 않다. 답은 명확하다. 하나님은 수많은 사람들과 동물들의 생명을 아끼시지만, 요나는 어느 쪽도 돌보지 않았다. 요나는 자신의 안락함을 빼앗은 벌레에 너무 몰입되어 있었다. 여러 면에서 그것은 하나님에게 없는 마음을 표현한 것이다. 순종이 망설여질 때, 이와 같은 모습이 드러나게 된다. 그리고 이 슬픔과 비극으로 이야기는 끝난다. 사람들은 회개했지만, 요나는 회개했는가? 하나님이 요나에게 두 번의 기회를 주셨지만, 세 번째 기회도 주셨는가? 우리는 알 수 없다. 해결을 바라는 우리에게 이 이야기는 실망스러울 뿐 아니라 약간의 화가 나게 한다. 정확하게 무슨 일이 있었는가? 답은 단지 이것이 유대 내러티브가 '작용'하는 방식이라는 것이다. 비록 우리는 어떤 일이 벌어졌는지 알 수 없지만, 이야기의 해결은 그 이야기가 효력을 발휘하는 데 필수적이지 않다. 이것이 우리가 구약 내러티브를 이해하는 주된 요점이다. 이야기의 요점은 하나님의 행동이 말하는 바에 있지 해결에 있는 것이 아니다. 그 이야기를 말하면서 우리는 하나님이 놀라울 정도로 크신 분임을 알게 된다. 그분은 피조물들을 주관하시고, 자신을 거절하는 사람들에게도 큰 사랑을 품고 계신다. 하나님은 더 커질 수 없고, 요나는 더 작아질 수 없다. 요나의 비전과 동정심이 작다는 것이 하나님의 사랑과 위대함을 더 크게 선포한다. 이야기가 해결되지 않을 때, 이러한 개념이 더욱 명확해진다.

●●● **사실은 주제를 뒷받침한다**

　마찬가지로, 구약 내러티브의 저자들이 역사의 구체적인 내용을 초월하는 하나의 주제를 가지고 있다는 것 또한 사실이다. 본문을 읽을 때, 우리는 본문의 구체적인 내용이 그 이야기의 나머지 부분이나 전체 성경, 또 우리가 알고 있는 고대의 역사와 어떻게 조화를 이루는지

알기 원할 것이다. 그러나 저자가 항상 이야기의 모든 자세한 부분이
서로 일치되게 하고자 했던 것은 아님을 마음에 새겨야 한다. 오히려
성경을 연구하는 학생은, 저자가 이 자세한 정보들로 어떻게 자신의
목적을 이루는지 발견하는 것에서 만족을 찾아야 한다. 이것은 자세한
설명이나 정보가 중요하지 않다는 것이 아니다. 그것들은 중요하다. 성
경이 적절한지의 여부와 관계없이 하나님은 우리에게 말씀하실 수 있
기 때문에 사실들의 정확성이 무의미하다는, 이전 시대의 진술을 끌어
들여서도 안 된다(이런 생각은 종교학이라는 학문 영역과 관련된 것으로, 실
제로 교회 안에도 있다).[53] 그러나 우리는 우리에게 완전한 자기 계시를
완벽하게 전해주실 수 있는 하나님을 예배한다. 하나님에게 어려운 것
은 없다. 하나님은 완전한 계시를 전해주실 수 있고, 과거에 전해주셨
으며, 지금도 전해주신다. 성경은 역사적 진실성에서도 완전하다. 그러
나 고대의 이야기를 다시 말하면서 이것이 사실임을 발견한다. 성경을
이야기함에서 가장 중요한 것은 위대한 세부 사항이 아니라 위대한 하
나님이었다.

  실제 있었던 일은 아니지만, 만일 아버지가 나를 불타는 건물에서
어떻게 구출했는지에 대해 이야기를 한다면, 자세한 사항들에 대한
내 관심은 목적을 뒷받침한다. 여기서 목적은 아버지가 얼마나 대단
하신지 보여주는 것이다. 사실 이야기를 정확하게 말한다는 것이, 실
황 중계하듯 모든 것을 다 제시해야 함을 뜻하지는 않는다. 실황 중계
는 1차원적이며, 평평하다. 당신은 정확한 사실을 알게 되겠지만, 거
기에는 이야기에 대한 부정확한 견해도 있을 것이다. 이야기의 진실은
사건을 '보는 것'이 아니라, 사람의 현실을 이해하려는 데 있기 때문이
다. 사랑과 용기, 자기희생이 이야기의 사실이다. 만약 이것들이 들리
지 않으면, 이야기도 들리지 않는다. 따라서 진정한 이야기꾼들은 그런
것들을 강조한다. 사실들은 이야기 안에 있다. 그러나 그 사실들은 주

제를 뒷받침한다.

●● 내러티브는 귀납적이다

이것은 명확하다. 당신은 이야기가 끝날 때까지 요점을 알 수 없다. 이야기는 자신의 의도를 즉각적으로 말하지 않는다. 이것이 이야기를 위대하게 만드는 요소 중 하나다. 설교 전략은 똑같이 간단하다. 이야기가 끝날 때까지 요점을 알 수 없듯이, 우리는 설교 초반에 모든 문제가 해결되게 해서는 안 된다. 사실 아무도 이것을 원하지 않는다. 사람들은 이야기가 전개된 다음, 이야기의 끝에서 해결이 이루어지는 것을 보고 싶어 한다. 우리는 이것이 사실임을 알고, 또 그렇게 배워왔을 것이다. 그러나 이야기의 중요 개념을 마지막까지 아껴두는 일은 생각보다 어렵다. 이것은 전달에 관한 부분에서 더 논의하도록 하자.

●● 복음이 구약에 있다

구약에서 복음을 어떻게 설교할 것인가? 최근 이 주제에 많은 관심이 집중되고 있다. 가장 불만족스러운 방법은, 어떤 본문을 설교하든 마지막에 예수님에 관한 이야기를 하고 마치는 것이다. 물론 이러한 접근은 예수님에 관해 말하지 않고 마치는 것보다는 좋다. 그러나 더 좋은 방법이 있지 않을까? 성경 자체의 특성에 대한 몇 가지 질문을 하면서 시작해 보자.

첫째, 구약은 기독교인을 위한 책인가? 이 질문의 답은 명확하다. 물론 기독교인을 위한 책이다. 그러나 이에 동의하지 않을 수백만의 사람들이 있다. 많은 사람이 구약성경을 기독교인에 대한 직접적인 흔적이 없는 유대인 책으로 여긴다. 많은 유대인들은 '구약성경'이라는 용어에 동의할 수 없을 것이다. 그들에게 이 책은 유일한 성경이자 언약이다. 그러나 사실 이 책은 기독교인을 위한 책이다. 바울은 신약이 구약보다 우위에 있음을 고린도전서 3장에서 가장 분명하게 설명한다. 의심할 여지없이 구약은 기독교인을 위한 책이다. 그리고 앞에서 말한 대로 구약성경은 우리를 그리스도에게로 인도한다(딤후 3:14-17).

둘째, 만약 구약이 기독교인을 위한 책이라면, 우리는 구약에서 그리스도를 볼 수 있는가? 그 대답 역시 단호하다. 바울의 다음 말을 생각해 보라. "내가 받은 것을 먼저 너희에게 전하였노니 이는 '성경대로' 그리스도께서 우리 죄를 위하여 죽으시고 장사 지낸 바 되셨다가 '성경대로' 사흘 만에 다시 살아나사"(고전 15:3-4).[54]

여기서 질문은, 구약은 그리스도를 설교하는 데 가치가 있는가 하는 점이다.

구약은 그리스도를 가리키고, 그리스도 안에서 성취된다. 그리스도는 구약성경에 대해 열정을 가지고 계셨다. 마태복음 5장 17-19절에서 그분은 분명히 설명하셨다.

> 내가 율법이나 선지자를 폐하러 온 줄로 생각하지 말라 폐하러 온 것이 아니요 완전하게 하려 함이라 진실로 너희에게 이르노니 천지가 없어지기 전에는 율법의 일점일획도 결코 없어지지 아니하고 다 이루리라 그러므로 누구든지 이 계명 중의 지극히 작은 것 하나라도 버리고 또 그같이 사람을 가르치는 자는 천국에서 지극히 작다 일컬음을 받을 것이요 누구든지 이를 행하며 가르치는 자는 천국에서 크다 일컬음을 받으리라

요한복음 5장 39절에서는 이렇게 말씀하셨다. "너희가 성경에서 영생을 얻는 줄 생각하고 성경을 연구하거니와 이 성경이 곧 내게 대하여 증언하는 것이니라"

모든 본문 중에서 가장 강력하게 보여주는 본문은 누가복음 24장

13-27절이다. 예수님은 제자들과 함께 엠마오로 가는 길을 걷고 계셨다. 그들은 그리스도가 죽었고, 다음에 무슨 일이 벌어질지 몰라 낙심하고 있었다. 25-27절은 매우 놀라운 사실을 보여준다.

> 이르시되 미련하고 선지자들이 말한 모든 것을 마음에 더디 믿는 자들이여 그리스도가 이런 고난을 받고 자기의 영광에 들어가야 할 것이 아니냐 하시고 이에 모세와 모든 선지자의 글로 시작하여 모든 성경에 쓴 바 자기에 관한 것을 자세히 설명하시니라

예수님은 성경의 완성이 어떻게 이루어졌는지 이해하지 못하는 제자들을 책망하셨다. 그리고 그들과 구약성경을 여행했고, 그것이 자신을 가리키고 있음을 보여주셨다. 그 후, 다락방에서 그분은 다른 남은 제자들과 동일한 여행을 하셨다.

> 또 이르시되 내가 너희와 함께 있을 때에 너희에게 말한 바 곧 모세의 율법과 선지자의 글과 시편에 나를 가리켜 기록된 모든 것이 이루어져야 하리라 한 말이 이것이라 하시고 이에 그들의 마음을 열어 성경을 깨닫게 하시고 또 이르시되 이같이 그리스도가 고난을 받고 제 삼 일에 죽은 자 가운데서 살아날 것과 또 그의 이름으로 죄 사함을 받게 하는 회개가 예루살렘에서 시작하여 모든 족속에게 전파될 것이 기록되었으니 너희는 이 모든 일의 증인이라 (눅 24:44-48)

제자들은 성경이 예언했던 바로 그 일의 증인이었다. 예수님은 기본적으로 '너희는 이런 것들을 읽었다' '너희는 이 모든 일의 증인이다'라

고 말씀하셨다. 그들은 두 가지의 계시 자료를 가지고 있었다. 구약성경과 하나님의 아들 예수님 안에서 성경이 성취된 것이다. 이것은 기적과 다름없는 것이다.

이 성경본문들이 보여주듯, 예수 그리스도는 구약의 직접적인 완성이라는 사실 외 다른 결론을 내리는 일은 불가능하다. 구약은 그리스도에 관한 책이다. 따라서 모든 성경은 그리스도를 가리키고, 그리스도 안에서 성취된다. 초대교회 교인들이 구약성경을 이해하고 적용했던 방식을 살펴볼 때 이 사실은 분명해진다.

첫 번째 기독교 설교는 구약의 강해였다. 제자들은 분명히 이 메시지를 받았다. 우리는 이후에 벌어지는 사건들을 통해 그것을 안다. 그리스도가 하늘로 올라가시고 바로 오순절 사건이 일어났다. 사도행전 2장 14-41절에서 베드로는 첫 번째 기독교 설교를 한다. 그가 했던 일은 흥미롭다. 먼저 청중의 마음속에 있는 부활에 관한 질문에 답했다. 그리고 구약을 통해 그리스도를 설교했다. 첫 번째 기독교 설교는 구약 본문의 강해였다.

> 베드로가 열한 사도와 함께 서서 소리를 높여 이르되 유대인들과 예루살렘에 사는 모든 사람들아 이 일을 너희로 알게 할 것이니 내 말에 귀를 기울이라 때가 제 삼 시니 너희 생각과 같이 이 사람들이 취한 것이 아니라 (14-15절)

사람들이 하나의 언어로 이야기하지만 다른 사람들은 각자 자신의 언어로 그것을 이해하는 이 놀라운 현상을 파악하기 위해 모두 노력하고 있었고, 베드로는 이 현상을 성경적으로 설명하려 했다.[55] 그는 요엘 선지서로 시작했다. 17-18절에서 베드로는 이렇게 말한다.

하나님이 말씀하시기를 말세에 내가 내 영을 모든 육체에 부어 주리니 너희의 자녀들은 예언할 것이요 너희의 젊은이들은 환상을 보고 너희의 늙은이들은 꿈을 꾸리라 그때에 내가 내 영을 내 남종과 여종들에게 부어 주리니 그들이 예언할 것이요

베드로는 기억을 더듬어 어떤 애매한 성경본문을 택하지 않았다. 오히려 기억을 되살려 특별히 그 순간에 대해 말했던 모든 선지서들의 정확한 본문을 선택했다. 하나님은 놀라운 방법으로 성령을 부어주시는 때가 올 것이라고 말씀하셨다. 남성과 여성, 젊은이와 늙은이 할 것 없이 모든 하나님의 백성이 그 성령을 받을 것이다.

우리는 여기서, 어떤 설명도 하지 않고 성경으로 달려가 성경이 어떻게 말하는지 보여주는 일종의 문화적 현상을 볼 수 있다. 우리도 이런 일을 쉽게 할 수 있다. 우리가 다루는 모든 것들은 직접적이든 간접적이든, 혹은 명시적이든 암묵적이든 성경에 있다. 우리는 단지 찾기만 하면 된다. 나는 이것이, 우리가 본문이 이끄는 설교자가 되어야 하는 중요한 이유 중 하나라고 생각한다. 만약 우리가 그 순간을 위한 다급한 적용을 설교하는 일에만 헌신하면, 더 큰 필요가 발생할 때 그것들에 대해 어떤 이야기도 할 수 없을 것이다. 즉, 즉각적인 삶의 변화만을 위해 설교하는 것은, 적용 하나만을 위해 성경을 연구하게 만든다. 이것은 구속사의 물줄기를 가로지르는 더 큰 그림 가운데 행하시는 하나님에 대해 보거나 들을 수 있는 능력을 빼앗아간다. 반면 성경본문을 설명하는 데 자신을 헌신하면 우리는 성경에 비추어 문화를 해석하기 시작할 것이다.

그러나 베드로는 여기서 멈추지 않았다. 그는 성경적 설명으로 시작해 복음과 직면하는 것으로 나아갔다. 이제 그는 설교 대부분을 복음 전달에 집중한다. 그의 논쟁 과정을 보라.

이스라엘 사람들아 이 말을 들으라 너희도 아는 바와 같이 하나님께서 나사렛 예수로 큰 권능과 기사와 표적을 너희 가운데서 베푸사 너희 앞에서 그를 증언하셨느니라 그가 하나님께서 정하신 뜻과 미리 아신 대로 내준 바 되었거늘 너희가 법 없는 자들의 손을 빌려 못 박아 죽였으나 하나님께서 그를 사망의 고통에서 풀어 살리셨으니 이는 그가 사망에 매여 있을 수 없었음이라 (22-24절)

베드로의 요점은 이 모든 일이 하나님의 계획 중 일부라는 것이다. 23절에서 베드로는 "그가 하나님께서 정하신 뜻과 미리 아신 대로 내준 바 되었거늘 너희가 법 없는 자들의 손을 빌려 못 박아 죽였으나"라고 말한다. 사람들의 불순종이 하나님의 계획을 막지 못했으나, 오히려 그 불순종이 결국 하나님 계획의 일부가 되었다는 것이다. 요엘서 본문을 언급한 그는 이제 시편 16편을 인용한다. 이 본문은 모두 예수 그리스도의 부활을 설명하기 위해 선택한 것이었다. 그는 24절에서 그 이유를 말한다.

하나님께서 그를 사망의 고통에서 풀어 살리셨으니 이는 그가 사망에 매여 있을 수 없었음이라 다윗이 그를 가리켜 이르되 내가 항상 내 앞에 계신 주를 뵈었음이여 나로 요동하지 않게 하기 위하여 그가 내 우편에 계시도다 그러므로 내 마음이 기뻐하였고 내 혀도 즐거워하였으며 육체도 희망에 거하리니 이는 내 영혼을 음부에 버리지 아니하시며 주의 거룩한 자로 썩음을 당하지 않게 하실 것임이로다 주께서 생명의 길을 내게 보이셨으니 주 앞에서 내게 기쁨이 충만하게 하시리로다 하였으므로 (24-28절)

25-26절의 다윗에 대한 내용은 사실이다. 그러나 27절은 다윗에 대한 것이 아니다. 이에 그는 29-36절에서 다음과 같이 계속해서 이야기한다.

> 형제들아 내가 조상 다윗에 대하여 담대히 말할 수 있노니 다윗이 죽어 장사되어 그 묘가 오늘까지 우리 중에 있도다 그는 선지자라 하나님이 이미 맹세하사 그 자손 중에서 한 사람을 그 위에 앉게 하리라 하심을 알고 미리 본 고로 그리스도의 부활을 말하되 그가 음부에 버림이 되지 않고 그의 육신이 썩음을 당하지 아니하시리라 하더니 이 예수를 하나님이 살리신지라 우리가 다 이 일에 증인이로다 하나님이 오른손으로 예수를 높이시매 그가 약속하신 성령을 아버지께 받아서 너희가 보고 듣는 이것을 부어 주셨느니라 다윗은 하늘에 올라가지 못하였으나 친히 말하여 이르되 주께서 내 주에게 말씀하시기를 내가 네 원수로 네 발등상이 되게 하기까지 너는 내 우편에 앉아 있으라 하셨도다 하였으니 그런즉 이스라엘 온 집은 확실히 알지니 너희가 십자가에 못 박은 이 예수를 하나님이 주와 그리스도가 되게 하셨느니라 하니라

시편 110편의 인용을 통한 베드로의 주해적 생각은 왕국이 도래했다는 것이다. 예수 그리스도는 주님이시며, 사람들이 십자가에 못 박았지만 지금은 하나님이 높이신 바로 그 한 분이시다.

이 설교는 여러 면에서 주목할 만하지만, 요점은 단순하다. 그리스도의 부활 후 첫 설교가 구약의 강해였다는 것이다. 만약 이 논리가 의심스럽다면, 첫 번째 설교의 열정적인 단어들과 개념을 통해 그 의심을 잠재우라. 우리는 구약에서 복음을 충실하게 설교할 수 있다! 그러면

우리는 어떻게 이처럼 할 수 있는가? 어떻게 구약에서 그리스도를 설교할 수 있는가? 이제 이에 대해 논해 보자.

전달: 구약 내러티브에서 음성 되살리기

●● 교훈주의를 피하라

우리 모두는 구약성경을 마치 짧은 이야기들의 모음집같이 대하려는 유혹을 매우 자주 받는다. 우리의 동기는 충분히 순수하다. 우리는 사람들의 믿음을 격려하고, 그들을 하나님께 가까이 이끌기 원한다. 우리는 그러한 영감의 가장 위대한 원천으로 구약의 이야기를 대한다. 따라서 우리는 사람들이 사명을 마치는 데 필요한 영감을 이 이야기들에서 끌어낸다. 이것은 칭찬받을 만하며 바른 일이다. 우리는 신약에서 이러한 모델을 발견한다. 예수님은 구약 이야기를 많이 언급하셨다. 히브리서 기자는 11장에서 구약의 수많은 인물을 예로 사용했다. 그러므로 구약 이야기를 예로 사용하는 것은 가치가 있으며, 성경적으로 보증되는 것이다. 그러나 만약 우리의 구약 내러티브 설교가 이야기의 도덕적 교훈으로만 나아간다면, 그것은 청중을 그리스도에게로 인도하는 것을 막고, 단지 더 나은 사람이 되는 방법에 대한 교훈으로 그칠 수 있다.

그렇다면 어떻게 구약 내러티브를 도덕적 우화같이 다루는 것을 피할 수 있는가?

첫째, 각각의 이야기를 성경 기자의 의도에 비추어 이해하라. 이를 위해, 우리는 그 책을 계속 반복해서 읽어야 한다. 좋은 주석의 서론 자료를 읽는 것이 여기서 도움이 된다. 그러나 그 일은 성경을 충분히 읽은 다음에 이루어져야 한다. 이것이 가장 중요한 작업이다.

둘째, 성경 기자의 의도에 비추어 각각의 이야기를 살펴봤다면, 이제 본문의 방법대로 설교를 구성해야 한다. 서론에서 본문이 그 책의 더 큰 부분과 어떻게 연결되는지 보여주거나, 설교의 몇몇 부분에서 그것을 강조하라. 그러나 어떤 본문에서는 이 방식이 필요하지 않다. 만약 창세기를 내내 설교한다면, 이야기마다 이 방법을 사용할 필요는 없을 것이다. 다만 종종 이야기의 빛이 바래, 배경적인 상황에 사람들의 관심을 되돌릴 필요가 있을 때는 사용할 수 있다.

창세기 6-9장의 홍수 내러티브를 예로 들어보자. 기자는 이 이야기를 통해 책의 남은 부분 전체에 흐르는 구속의 필요성을 이해시키고자 한다. 그는 내러티브를 사용해 성경 전체의 가장 중요한 두 가지 주제를 세운다. 바로 희생제사와 언약이다. 희생제사가 구약에서 사용된 것이 이번이 처음은 아니다. 우리는 가인과 아벨이 드린 희생제사를 이미 보았다. 그러나 이번에는 하나님이 노아와 맺은 언약의 한 부분으로서 희생제사를 보게 된다. 언약과 희생제사의 조합은 창세기와 모세오경에서 반복되는 주제다. 이런 정보로 나는 무엇을 해야 하는가? 9장에 이르렀을 때 만약 설교할 충분한 시간이 있다면, 나는 그들에게 하나님 언약의 능력을 보여주고, 아브라함의 언약까지 간략하게 설명해 줄 것이다. 또 아담의 언약도 되돌아보게 할 수 있다. 더 나아가 모세와 다윗의 언약들을 보여줄 수도 있다. 이것은 가능한 일이다. 만약 창세기 6-9장의 홍수 내러티브 전체를 설교한다면, 적어도 나는 이 본문이 모세오경에서 구체적으로 나타날 희생제사 제도에 대한 단서라는 것을 언급할 것이다.

사실 내가 설교에서 말하는 것 중 어느 정도는 목회적 관심에 근거한다. 그것은 설교마다 다를 것이다. 실제적 전략은 우리의 이해에 있다. 그러므로 기자의 의도를 이해하고 그것을 설교에 반영하는 것은, 기자의 목적을 재현할 뿐 아니라 설교가 도덕적인 가르침으로 치우치는 것을 막아준다.

●● 연관성을 찾아 보여주라

성경이 사람들에게 생명을 공급할 때, 우리 설교자들은 종종 사람들에게서 성경을 보호해야 할 필요가 있다고 생각한다. 우리는 마치 우리가 성경과 연관되어 있거나 성경을 가르칠 수 있는 것처럼 느낀다. 물론 이것은 잘못된 이분법이다. 성경의 역동적인 상호연관성을 보여주는 것은, 우리가 성경을 가르칠 때 청중을 연관시키는 하나의 방법이다.

신약에서 언급된 구약 내러티브를 설교할 때, 사람들을 신약으로 데리고 와서 그들에게 연관성을 보여주라. 어떤 사람은 '그러면 구약 문맥의 의미에서 약간 벗어나는 것이 아닌가?' 하고 물을 수 있다. 대답은 간단하다. 우리는 정경이 완성되었을 때 기자가 염두에 두었던 것을 설교한다. 신약성경은 가장 연관성이 있고 중요한 구약의 주석이다. 설교자인 우리는 구약 내러티브가 신약에서 흥미롭게 언급되었는지 아닌지를 보려는 것이 아니다. 오히려 신약에서 하나님이 자신의 일에 대해 말씀하시는지의 여부에 관심을 가진다. 하나님은 그분이 기록한 것을 해석함에서 최고의 위치에 있다. 따라서 이러한 연관성을 찾아 보여주어야 한다.

●● 전체를 보라

우리는 앞서 내러티브의 구성 요소인 무대, 구조, 인물, 서술에 대해 논의한 바 있다. 이야기를 읽을 때, 이 네 요소가 어떻게 나타나는지 기록하라. 그러나 우리는 성경본문을 재현하는 역할을 한다. 설교의 목적은 "이 구조는…" 하고 말하는 것이 아니다. 비록 우리가 매우 종종 이렇게 하고 있는지도 모르지만, 우리의 주된 관심은 성경본문의 구조가 우리의 설교에서 드러나게 하는 것이다. 인물 전개와 무대에 대해서도 동일하다. 즉, 여기서 우리의 강조점은 이야기의 장면 구조에 있다.

●● 풀리지 않는 부분을 풀려 하지 말라

구약의 내러티브를 설교할 때, 할리우드 영화같이 마치려고 억지로 노력하지 말라. 많은 이야기들이 문제를 깔끔하게 해결하지 않는다. 다윗과 골리앗이나 에스더 같은 이야기들은 위대한 결말이 있지만, 느헤미야나 열왕기와 역대기의 많은 이야기들, 욥 이야기처럼 부분적으로만 문제가 해결되는 경우도 있다. 이런 본문을 접근할 때는, 반드시 본문에 있는 것을 설교하고, 즉각적인 해결이 없는 본문을 스스로 해결하려는 강박감을 가지지 않도록 하라.

이런 방법을 택하는 이유는 간단하다. 만약 해결되지 않는 구조를 해결하려는 데 시간을 보내면, 정작 본문이 실제로 말하려는 것을 연구할 시간을 빼앗기게 된다. 왜 우리가 하나님이 실제로 우리에게 말씀하신 것보다, 말씀하려 하셨지만 결국 그렇게 하지 않으셨던 것에 더 많은 시간을 보내야 하는가? 추측으로 시간을 허비하는 것은, 본문이 말하려는 권고를 알아내는 데 사용할 시간을 빼앗기는 것이다. 그러므로 당신 앞에 있는 본문을 설교하라.

이런 과정에서 계속되는 질문이 발생하면, 우리는 항상 그것에 대해 설명할 수 있다. 그러나 어떤 경우 우리의 대답은 단순히 '우리는 알지 못한다'일 것이다. 우리는 왜 하나님이 그 사건들을 그런 방식으로 드러나게 하셨는지 항상 알지는 못한다. 하나님은 어떤 문제는 해결되지 않은 상태로 두셨다. 그리고 우리는 그런 것들을 풀리지 않은 상태로 남겨놓을 수 있는 자유를 가지고 있다.

●● 이야기의 흐름이 설교의 흐름을 결정하게 하라

구약 내러티브로 구성할 수 있는 설교의 여러 방식에 대해 논의해 보자. 우리는 해돈 로빈슨이 명명한 연역적 또는 귀납적 접근법과 귀납적 연역법[56]을 빌려 설명할 것이다.

첫째, 귀납적 또는 연역적 접근을 고려하라. 연역법은 중심 생각을 가지고 설교를 시작하는 것이며, 거기서 작업이 전개된다. 이것은 많은 신약의 서신서들이 전개하는 방법이다. 하나의 생각이 분명하게 서술된 다음, 설교가 그 중심 생각에서 흘러나간다. 반면, 귀납적 설교는 설교가 중심 생각을 향해 흘러간다. 그 생각은 설교 곳곳에서 발전되지만 설교 마지막까지 명확하게 설명되지 않는다. 이것이 이야기가 전개되는 방법이다. 일반적으로 이야기가 다 끝날 때까지 그 요점을 알지 못한다.

구약 내러티브를 설교할 때는 귀납법적으로 설교하는 것이 적절하다. 이야기를 하고 마지막에 중심 생각을 보여주라. 내러티브는 이야기이기 때문에, 우리는 종종 이야기가 끝날 때까지 중심 생각을 알지 못한다. 그러나 중심 생각이 명확하게 드러나면, 우리는 그 생각을 더욱 강조하고, 적용을 제시하며, 결단을 요청해야 한다. 따라서 두 가지를 통합해 귀납적으로 시작해 연역적 접근법으로 전개한다. 즉, 구약 내러티브에서 우리는 이야기 전개를 통해 중심 생각에 도달하고, 거기서 적용으로 나아가고자 한다. 마지막 부분의 설교 실례에서 이것이 분명하게 드러날 것이다.

둘째, 주제는 알려주되 그에 대한 설명은 하지 말라. 종종 듣는 질문 중 하나는 '만약 중심 생각을 앞에서 이야기하지 않는다면 설교가 어디로 나아가는지 어떻게 청중이 알 수 있는가?' 하는 것이다. 대답은 간단하다. 중심 생각의 전부는 아니더라도 일부는 알고 있기 때문에, 청중은 설교가 어디로 나아가는지 안다. 중심 생각을 이해하는 가장 좋은 방법은, 그 생각의 일부분들을 꼼꼼히 살펴보는 것이다.

중심 생각에는 하나의 주요소가 있다. 이것이 설교의 내용이다. 그리고 중심 생각은 보조요소를 가지고 있다. 그것은 곧 우리가 주요소에 대해 말하고 있는 것이다. 이에 대해 마지막 부분의 설교 실례를 통해 살펴보자. 만약 내 중심 생각이 '하나님은 은혜가 필요한 사람들에게 그것을 주신다'라면, 이것을 다음과 같은 두 부분으로 나눌 수 있다.

1. 주요소: 누가 하나님에게 은혜를 받을 수 있는가?
2. 보조요소: 은혜가 필요하다는 것을 아는 사람들이다.

즉, 주요소는 주제다. 보조요소는 그 주제에 대해 어떻게 말하는가 하는 것으로, 본문의 주제에서 제기되고 있는 의문에 답을 준다. 설교는 본문에서 제기되는 질문이 다시 설교 중 제기되게 하고, 본문을 사용해 그 문제에 답변을 주는 것이다. 또 중심 생각을 발전시키는 것은 주요소와 보조요소를 하나의 기억할 만한 문장으로 추출해내는 것이다. 이러한 일은 도전적이지만 큰 보상이 주어진다.[57]

뒷부분의 설교 실례에서처럼 우리는 '누가 은혜를 얻는가?'라는 질문이 제기되도록 설교의 도입과 첫 부분을 사용한다. 이 질문은 본문에서 제기되는 질문처럼 보인다. 그러면 우리는 그 장면들을 강조하고 있는 본문을 통해 설교를 전개해 나가고, 똑같은 방식으로 그 장면에서 적용으로 나아간다. 그리고 마지막에 가서는 모든 것을 통합해 이렇게 말해야 한다. '하나님은 은혜가 필요한 것을 아는 사람들에게 그것을 주신다.' 이런 방법으로 설교가 구성되지만, 모든 생각은 마지막까지 주어지지 않는다. 내러티브 설교는 앞뒤가 안 맞는 산만한 것도 아니고, 단순히 이야기를 고치는 것도 아니다. 우리는 실제로 내러티브를 설교한다. 그러나 이 모든 설교적인 것, 즉 우리가 청중에게 권면하고 적용하며 도전하고자 하는 것은, 일반적으로 중심 생각에서 나온다. 이것이 매우 중요한 요점으로 인도한다.

셋째, 각 장면마다 적용할 필요는 없다. 창세기 6-9장의 홍수 내러티브를 예로 사용하고자 한다. 전체 이야기를 말하는 것은 내가 넓은 단위의 본문을 택했음을 의미한다. 당신은 더 작은 단위를 취하든지 또는 시리즈로 이야기를 설교할 수 있다. 그러나 나는 청중이 전체 이야기를 이해하려고 노력하기 원한다. 따라서 나는 전체 부분을 선택할 것이다. 가능한 다양한 방법 중, 나는 이야기의 장면들을 구분할 것이다. 이야기를 나누는 여러 가지 방법이 있지만, 이 본문에는 최소 세 장면이 있다. 바로 노아의 소명, 홍수, 언약이다.

약간 뒤로 물러나 멀리서 보면, 이야기의 장면들은 이 본문이 무엇에 관한 것인지 보여준다. 노아에 관해서는 하나님의 자비가 있고, 나머지 사람들에게는 하나님의 진노가 있다. 이것이 내가 전달하고 싶은 중요한 부분이다. 나는 이야기의 주된 생각의 무게를 운반할 수 있는 장면 구조를 사용할 것이다.

이 이야기에는 여러 가지 흥미로운 것이 있다. 노아는 가족을 돌보았다. 그리고 방주 만드는 데 열심이었다. 그는 하나님이 허락하신 비전을 가지고 중단하지 않았다. 노아는 위대한 믿음의 사람이었다! 이 모든 것은 흥미로운 특징으로, 다양한 측면에서 중요하다. 그러나 나는 매순간 정지해 모든 것을 언급하지 않을 것이다. 사실상 어떤 부분은 그냥 남겨둘 것이다. 나는 본문을 움직이는 하나의 생각을 따르고 있기 때문이다. 다른 좋은 생각들도 있겠지만, 그것들이 중심 생각과 경쟁하는 상황을 만들게 될 것이다. 긴 내러티브를 설교할 때는, 중심 생각이 표면에 떠오르게 하는 것이 중요하다. 다른 생각들은 본문 안에 있다. 만약 다른 생각들이 설교에서 강조된다면, 그것은 더 큰 주제를 어떻게 뒷받침하는지 보여주는 한에서 허락되는 것이다.

다시 설교 실례로 돌아가자. 작은 주제들은 하나님의 은혜라는 큰 주제를 형성한다. 이것이 기자가 하고 있는 일이고, 또 내가 하는 일이다. 좀더 구체적으로 말하면, 나는 '본문이 이끄는 생각이 무엇인가?' 하고 묻는다. 그리고 '그 장면들이 어떻게 이러한 생각을 표현하는가?' 질문한다. 이러한 질문에 답했을 때, 나는 설교의 내용과 구조에 도착한다. 나는 본문에서 자세하고 흥미로운 내용을 취할 것이다. 그러나 내가 취한 내용들은 오직 설교의 중심 생각을 전달하는 데 도움을 주는 것들이다.

이제 이 이야기를 설교할 때 각 장면마다 실제적인 적용을 덧붙인 것을 상상해 보라. 아래 같은 예가 될 것이다.

1. 장면1: 노아는 하나님의 음성을 들었다: 우리는 하나님의 음성을 들어야 한다.
2. 장면2: 노아는 순종했다: 하나님이 말씀하실 때 우리는 순종해야 한다.
3. 장면3: 노아는 예배했다: 우리는 하나님을 예배해야 한다.[58]

이 문장들은 모두 옳은 이야기다. 그러나 본문에 대한 거시적 차원의 생각은 놓치고 있다. 다시 간단히 말하면, 우리는 각각의 장면에서 적용점을 찾을 수 있다. 원론적으로 이것은 가능하고, 때에 따라 이것을 선호하기도 한다. 그러나 각 장면에 대해 반드시 적용을 찾으려는 의무감을 느낄 필요는 없다. 그러면 본문에서 작은 적용들은 찾을 수 있지만, 본문의 더 큰 주제는 놓치게 된다. 이야기는 멀리서 볼 때 더 분명히 볼 수 있기 때문이다. 본문을 이해하기 위해서는 그 위에 서는 것이 필요하다. 그렇게 함으로 우리는 이야기를 말하고, 중심 생각을 얻으며, 그것을 적용한다. 적용이 뒤따를 수 있지만, 그것은 차후에 발견될 더 큰 적용을 뒷받침한다.

● ● **당신에게 주어진 사실을 강조하라**

구약의 내러티브를 설교하면서, 우리는 위대한 기적들을 만날 것이다. 그러면 그 기적들을 무시하고 싶은 유혹이 생길 수 있다. 그러나 하나님은 그곳에 계신다. 그분은 자연에 얽매이지 않는다. 그리고 학문의 영역에서 누군가 다른 이야기를 할지라도, 청중은 하나님이 그렇게 크신 분이라는 것을 알기 원한다. 그들 주위의 사람들은 모두, 하나님이 기적을 일으키실 정도로 크시다는 믿음을 대체하기 위해 강압적인 노력을 한다. 그러나 고집스럽게 기적을 다룸으로 그들의 믿음을 지지하라. 이것은 성경의 기록 속에 있는 분명한 불일치를 일치시키기 위한 힘겨운 노력을 포함한다.

●● 어떻게 그리스도를 가르칠지 결정하라

만약 예수님이 말씀하신 것같이 성경이 그리스도를 가리키고 있다면, 하나님의 본문 구성에서 나타나는 흥미롭고 새로운 것일 뿐 아니라, 성경 해석을 위한 해석학적 틀로서도 그리스도가 중심이라는 것을 이해해야 한다. 따라서 우리가 피해야 하는 세 가지로 시작해 보자.

우화적 해석을 피하라. 모든 우화는 하나의 이야기를 그 이야기 밖의 어떤 것과 일대일로 연결하는 것이다. 우화 즉 알레고리는 이야기의 중요성을 떨어뜨리고, 적용을 더 중요시한다.[59] 우리는 왜 방주의 나무는 그리스도가 지신 십자가의 나무를 대표하고, 제사장의 옷은 그리스도의 인격을 의미한다는 식의 접근을 피해야 하는가? 답변은 간단하다. 이 방법은 우리의 말을 하나님의 입에 떠밀어 넣는 것과 같기 때문이다. 우화 접근은 사람들을 잘못 인도하며, 그들에게 성경 읽는 방법을 가르치는 방식으로 설교하려는 우리의 목적에 못 미친다. 성경본문에서 분명하지 않은 어떤 것을 제시하지 않고도, 구약에서 그리스도를 구체적이고 분명하게 설교하는 방법은 많이 있다.

영적 해석을 피하라. 이 접근은 범위가 넓은 개념이지만, 우리가 여기서 의미하는 것은 본문 배후에 있는 영감 받은 의미를 찾을 때, 본문에서 쉽게 알 수 있는 의미를 무시하는 해석학적 접근이다. 동방박사 이야기를 설교하면서 어떤 해석자는 동방박사들이 별에 이끌려 그리스도께 왔다는 것을 관찰한다. 그리고 우리도 다른 사람들을 그리스도께 인도하는 별이 되어야 한다고 결론을 내린다. 이 두 문장은 모두 사실이다. 문제는 성경이 말한 것이 아니라, 성경이 말하지 않은 것에 있다. 강단에서 무엇인가를 말할 때마다, 우리는 본문에서 어떤 부분을 제외한 채 말한다. 즉, 사람들을 그리스도께 인도한 별에 대해 말할 때, 우리는 실제로 본문 자체에 있는 풍부함을 제외할 수 있다. 예를 들어, 하나님은 별을 조정하셔서 이방인들을 유대인의 왕 예수님의 탄생으로 끌어들였다. 반면 유대인의 왕인 헤롯은 그리스도가 나신 곳이 어딘지 물어야 했다. 어떻게 그분의 백성들이 자신들의 왕이 오셨다는 사실을 놓칠 수 있었는가?

윤리적 해석을 피하라. 윤리적 해석은, 구약의 내러티브 메시지를 어떤 본문에서도 윤리적으로 만드는 것을 말한다. 예를 들어, 예레미야의 우울증을 설교할 때, '우울증에 빠지지 말라'고 말할 수 있다. 그러나 예레미야의 본문은 예언자의 심리적 상태 이상의 메시지가 있다. 예레미야는 말해야 하는 메시지가 있었기 때문에 의기소침했다. 그 메시지는 새로운 언약이 온다는 것이다. 이것은 그리스도 안에서 성취된다. 따라서 우리에게 주어지는 메시지는 '의기소침하지 말라!'가 아니라, 오히려 '그리스도 안에 소망이 있다!'가 된다. 두 번째가 더 좋은 메시지다.

우리 스스로 윤리적 해석인지 아닌지 확인할 수 있는 질문이 있다. 오직 그리스도인 설교자가 할 수 있는 설교를 하고 있는가 하는 것이다. 우리는 사람들에게 용감하고, 믿음으로 충만하며, 믿을 수 있는 사람이 되자는 식의 윤리적 가르침을, 다니엘과 다윗, 룻의 이야기에서 각각 할 수 있다. 이런 진리들이 거기에 있다. 그러나 우리가 이런 이야기만 한다면 이것은 기독교적 메시지가 아니다. 유대인 성직자나 이슬람교 지도자도 동일한 말을 할 수 있다.[60]

기독교의 메시지는 '여기 더 나은 사람이 되는 방법의 실례들이 있습니다'가 아니다. 오히려 '우리는 결코 스스로 더 나은 사람이 될 수 없습니다. 그러므로 그리스도가 필요합니다'가 되어야 한다. 다니엘이 사자의 입에서 죽음에 직면한 이야기를 그리스도인이 읽는다면, 우리 삶에 역사하는 그리스도의 거룩하게 하심에 비추어 다음과 같이 읽는다. '다니엘은 용감했다. 당신은 용감할 수 없다. 그러므로 당신은 그리스도의 자비에 자신을 맡겨야 한다.' 만약 제자들이 그리스도를 이해했던 방법과 그리스도가 제자들에게 가르치신 방법대로 그리스도를 구약에서 표현한다면, 구약의 본문에서 메시지는 복음을 드러낸다. 그 복음은, 성공할 수 없는 우리의 무능력과 은혜가 필요한 사람들에게 그것을 주실 수 있는 그리스도의 능력이다. 나는 아무것도 아니며, 그분은 모든 것이다. 이것이 구약이 말하는 복음의 메시지다.[61] 그렇다면 구약에서 그리스도를 설교하는 데 도움이 되는 전략은 무엇인가?

신약에서 동일하게 설명하는 구절을 찾으라. 앞서 언급한 대로, 많은 구약의 이야기들은 신약에 그 설명이 있다. 몇 가지 예를 들면 다음과 같다.

> 요나서 1장 17절은 마태복음 12장 39-40절에서 언급된다.
> 창세기 6-9장은 히브리서 11장 7절에서 언급된다.[62]
> 창세기 3장은 로마서 5장 12절에서 언급된다.

이들은 일반적으로 잘 알려진 예들이다. 그러나 우리는 이런 예가 드물다고 생각할 수 있다. 당신이 설교하고자 하는 구약의 본문이 신약에서 실제로 얼마나 언급되는지 알면 놀랄 것이다. 아래의 도표를 보자. 신약에 많이 언급된 구약성경의 책 중 상위 열 권은, 그 내용이 신약에서 무려 3천 번이나 언급된다. 당신이 구약에서 설교하는 이야기는 아마도 신약에 암시나 언급이 있을 것이다.

신약에서 가장 많이 인용되는 구약성경의 책*

1. 이사야 419회 (신약 23권)
2. 시편 414회 (신약 23권)
3. 창세기 260회 (신약 21권)
4. 출애굽기 250회 (신약 19권)
5. 신명기 208회 (신약 21권)
6. 에스겔 141회 (신약 15권)
7. 다니엘 133회 (신약 17권)
8. 예레미야 125회 (신약 17권)
9. 레위기 107회 (신약 15권)
10. 민수기 73회 (신약 4권)

*해롤드 L. 윌밍턴, 『성경 목록 전서』(*The Complete Book of Bible Lists*, Wheaton: Tyndale, 1987), p.36.

그러나 만약 신약성경에 인용되지 않은 내러티브를 설교할 때는 어떻게 해야 하는가?

각 본문이 구속사와 어떻게 연결되는지 찾으라. 우리는 그리스도가 구약에 대해 자신을 증명하는 것으로 이해하고 있음을 이미 언급했다. 그리고 신약은 이런 식으로 시작한다. 마태복음은 족보로 시작된다. 그러나 이것은 단순한 족보가 아니다. 그 족보는 아브라함에서 그리스도까지의 세대들을 기초로 한다(마 1:1-17). 흥미롭게도 마태는 두 명의 위대한 인물과 그리스도에게로 향하는 하나의 사건을 중심으로 이것을 이해하고 있다. 그것은 곧 아브라함, 다윗, 바벨론으로의 망명, 그리스도다.

이것을 이해할 수 있는 다른 방법은 이 사람들로 대표되는 언약, 즉 아브라함과 하나님의 언약, 다윗과 하나님의 언약, 그리고 하나님의 그리스도 안에서의 새 언약을 살펴보는 것이다. 따라서 마태는 구약을 다시 돌아보는 것으로 신약을 시작한다. 이것이 그가 말하는 방법이다. '우리는 변하고 움직이지만, 나는 구약의 모든 사건을 이해할 수 있는 하나의 방법을 소개하려 한다. 그것은 아브라함과 다윗, 그리고 그리스도를 연결하는 방법이다.'[63]

물론 구약에 더 명확한 부분이 있지만, 마태는 26장 27-28절에서 예수님이 다음과 같이 구체적으로 강조하시는 것을 보여준다. "또 잔을 가지사 감사 기도 하시고 그들에게 주시며 이르시되 너희가 다 이것을 마시라 이것은 죄 사함을 얻게 하려고 많은 사람을 위하여 흘리는 바 나의 피 곧 언약의 피니라"

옛 언약과 새 언약의 연결을 예레미야 31장 31절에서는 다음과 같이 소개한다. "여호와의 말씀이니라 보라 날이 이르리니 내가 이스라엘 집과 유다 집에 새 언약을 맺으리라" 이것은 그리스도에 의해 확증되었다. 그러므로 이 방법이 구약 본문을 설교하는 접근법이 되어야 한다. 이제 우리는 무엇을 피하고 연결해야 하는지 알게 되었다. 이어 구약 내러티브의 설교 전략을 살펴보자.[64]

구약 내러티브 설교를 위한 단계별 접근법[65]

●● 1단계: 이야기의 구조를 찾으라[66]

이야기에는 '설교 대지'가 아니라 '장면'이 있다는 것을 명심하라. 잘못된 설교자는 이야기에서 대지를 찾느라 분주하다. 그러나 내러티브에는 흔히 말하는 대지가 없다. 거기에는 다양한 적용점과 하나의 주도적인 생각이 있지만, 여러 가지 대지가 있을 필요는 없다.

우리는 내러티브의 배후 내용을 얻고, 이야기의 구조를 확인한다. 즉, 배경과 장면을 살펴본다. 가장 기초적인 단계에서 배경과 장면은 본문의 구조다. 그러므로 설교를 준비할 때, 서신서에서 본문을 구분하는 것같이 설교를 위해 이러한 이야기 구조를 개요로 적으라.

배경
장면 1 (____절)
장면 2 (____절)
장면 3 (____절)

이야기의 흐름에 대해서는 아직 걱정할 필요가 없다. 우리는 지금 구조에 대한 논의를 하고 있다. 구조는 중심 생각을 뒷받침한다. 각 장면은 스스로 귀납적으로 전개되고, 우리는 성경본문에서 그것을 전개시킨 후 각각의 요점을 말한다. 여기서 중요한 부분은 청중이 이야기를 통해 볼 수 있도록 말하는 것이다. 즉, 이야기를 청중에게 보여준 다음, 그들이 본 것을 설명하는 것이다. 이런 식으로 설교는 귀납적으로 이야기 각각의 부분을 말한다.[67]

● ● **2단계: 세 가지 질문을 통해 각 장면에 대한 주해적 연구를 하라**

   1. **성경본문에 독특한 의미적 구조가 있는가?** 성경 저자는 본문에서 우리가 주목해야 하는 구체적인 구조를 사용하고 있는가? 아브라함이 이삭을 희생제물로 드리려 할 때(창 22장), 내러티브의 어법은 움직인다. 장면의 중간에 동사는 이전보다 더 빠른 속도로 강조된다. 아브라함은 제단을 쌓아 나무를 놓고 이삭을 묶어 제단에 올려놓은 뒤 칼을 뽑았다. 이 모든 행동이 두 개의 절(9-10절)에서 일어난다. 본문의 의미적 구조는 설교하는 방식을 결정한다.[68]

   2. **본문이 설교하는 책의 전체 주제에 어떻게 들어맞는가?** 종종 이야기의 의미는 이야기 자체에 있지 않다. 그 의미는 저자가 자신의 목적을 성취하기 위해 이야기를 어떻게 사용하는지에 따라 결정된다. 가장 좋은 예가 출애굽기 20장 1-21절의 사람들에게 십계명이 수여되는 내용이다. 율법을 수여하는 것은 하나님이 어떻게 그들을 구원하셨는지(2절) 되돌아 보게 한다. 따라서 백성들은 그 율법을 지킴으로 그들의 언약 관계를 보여준다. 출애굽기 20장의 내러티브는 독자들을 이 책의 궤도로 끌어온다.

   3. **저자는 의미를 위해 수사적 단서로 중심 단어를 사용하는가?** 종종 성경 저자는 중심 단어를 통해 책의 전체 주제와 이야기를 연결한다. 우리는 룻기 1장에서 중심인물은 룻이 아니라 나오미라는 것을 알게 된다. 따라서 첫 장에서의 중심 생각은 나오미의 삶에 대한 하나님의 주권과 연관이 있다. 그것이 6-18절에 기록된 룻의 신실함에 비해 좀더 중심적이며 배경이 되는 주제다. 이것이 이 책을 해석하는 단서가 된다. 나오미는 2장과 3장에서 행동을 이끌어간다. 그리고 이 책은 1장과 화해를 이루며 끝난다. 나오미는 남편을 잃고 혈통을 이어갈 수 없

였지만, 그 며느리가 최소 일곱 명 이상의 아들을 낳는다(15절). 나오미를 중심인물로 이야기 초반에 사용함으로 전체의 배경과 구조가 설정되었다.

●● 3단계: 중심 생각을 발전시키라

설교에서 중심 생각은 하나의 기억할 수 있는 문장을 통해 본문의 생각을 정리하는 것이다. 이 과정은 매우 중요하다. 우리는 생각을 만들어내지 않으며, 그것을 본문에 부과하지도 않는다. 단지 저자가 이야기를 말하는 방법을 확인한다. 이야기가 들리면 주제가 나타난다.

여기에 단 하나의 힌트가 있다. 이야기를 말하면서, 우리는 종종 어떤 자료를 넣고 빼야 하는지에 대해 궁금증을 갖는다. 우리가 다룰 수 없는 어떤 세부적인 사항도 있다. 그러나 우리는 최소한 본문의 중심 생각은 전달해야 한다. 만약 우리가 모든 내용을 다루어도 중심 생각을 놓치면, 우리는 모든 것을 놓친 것이다. 따라서 중심 생각을 파악하고 이야기로 다시 돌아가 '어떻게 이야기의 장면들이 중심 생각을 발전시키는가?' 하고 물어야 한다. 나는 이야기를 말할 때, 그 장면들이 본문의 중심 생각을 뒷받침해 주는지에 따라 무엇을 첨가하고 제외할지 결정한다. 예를 들어, 마지막 부분의 설교 실례를 보면, 세 장의 본문에 오직 세 장면이 있다. 이때 어떤 이야기가 모아지더라도 하나님의 은혜와 진노는 함께 전달되어야 한다. 세 장면이 이야기의 전부는 아니지만, 산의 세 봉우리처럼 이야기를 이끌어가는 장면이 된다. 이들은 광산이 아니라 전망대다. 청중이 이야기의 큰 그림을 보는 것이 우선되어야 한다. 이것이 자세한 묘사보다 더 중요하다. 좀더 정확하게 말하면, 주어진 자세한 묘사들은 궁극적으로 더 큰 생각의 움직임에 기여한다.

●● 4단계: 이야기에서 적용을 발전시키라

앞서 살펴본 바와 같이, 적용은 이야기 전체에 들어 있을 수도 있고, 마지막에 있을 수도 있다. 설교에서 적용을 찾을 수 있는 가장 자연스러운 부분은, 적용이 필요한 진리가 나타나는 곳이다. 따라서 서신서를 설교할 때는, 마치 음식에 후추를 뿌리듯 설교 전체에서 적용을 소개하게 된다. 그러나 내러티브를 설교할 때는, 이야기의 마지막까지 우리는 저자가 전달하고자 하는 진리를 실제로 알지 못한다. 진리가 움직이고, 우리는 앞의 내용을 회고해 진리를 보게 된다.

따라서 내러티브에서는 전체 이야기 후 내러티브가 자체적으로 적용을 이끈다. 이것은 매우 단순한 과정이다. 이야기를 통해 진리를 알게 되면, 결국 우리가 적용해야 하는 부분도 알게 되기 때문이다. 물론 예외적인 부분도 있고, 이 원칙이 규칙은 아니다. 그러나 우리가 적용을 설교 전반에서 소개할 때는 그것이 '강압적'인 방식이어서는 안 된다. 이야기를 하는 동안 전반에 걸쳐 적용을 할 필요는 없다. 적용에 대한 힌트를 주고, 마지막에 큰 적용을 하는 것이 가장 좋다.

●● 5단계: 결론을 발전시키라

만약 우리가 앞서 제시했던 연역적 또는 귀납적 모델을 따른다면, 결론은 적용의 자연스러운 확장이 된다. 그리고 그것은 배경, 장면, 중심 생각, 적용, 결론이라는 흐름을 따른다. 결론이 곧 적용이 된다. 그리고 최소한 결론은 이미 소개된 중심 생각을 재확인한다. 이것이 구약의 내러티브가 매우 강력한 이유다. 구약 내러티브는 적용을 제시한 뒤 오래지 않아 설교의 중심 생각을 충분히 이해하게 한다. 이 점이 구약 내러티브 설교를 가장 가치 있게 만든다.

● ● **6단계: 서론을 발전시키라**

구약 내러티브를 설교할 때 서론을 독특하게 만드는 것은, 단지 이야기를 말함으로 시작할 수 있다는 점이다. 이런 식으로 배경과 첫 장면이 서론의 내용이 된다. 이 접근은 강력한 방법이다. 그러나 다음의 주의사항을 염두에 두고 사용해야 한다. 만약 당신이 오늘날의 청중으로 하여금 성경의 배경이 되는 고대 세상으로 빠져들게 하는 데 익숙하지 않다면, 이 접근은 청중에게 지루하게 느껴질 것이다.

만약 서론에서 주요소를 소개하고 나중에 부분요소를 소개함으로 설교의 중심 생각을 나눈다면, 전체적인 생각 없이도 설교의 주제를 세워갈 수 있다. 이것이 서론의 구성이다. 그러나 청중은 그것이 구성이라는 것을 알지 못한다. 구성이란 본래 그런 것이다. 청중은 설교가 앞으로 어떻게 될 것인지에 대해 생각한다. 이렇게 잘 만들어진 서론은 청중의 마음에 질문을 남긴다. 청중은 그 질문의 답을 얻기 위해 본문으로 향한다.

● ● **7단계: 내러티브에서 복음을 찾으라**

앞서 논의한 것같이, 내러티브에서 복음의 위치를 찾으라. 좀더 정확하게 말하면 설교하는 이야기가 구속사의 큰 그림과 어떻게 연결되는지 살펴보라. 문제는 연결점이 존재하는지 아닌지 확인하는 것이 아니라, 어떻게 전달할 것인지를 찾는 것이다.

위에 언급된 방법에서 우리는 내러티브를 구속사의 더 큰 맥락에 놓는 것에 대해 논했다. 내가 이 방법을 좋아하는 이유는, 모든 이야기가 구속사와 연결되고, 따라서 이 방법이 모든 본문에 적용되기 때문이다. 그러나 이 과정에는 평행 주제를 찾을 가능성이 있다. 즉, 본문에 구속과 희생의 이야기가 있는 경우, 그것을 그리스도와 연결하려 할 수 있다는 것이다. 이러한 연결은 어떤 본문에서는 명확하지만, 모든 본문

또는 대부분의 본문에서는 그렇지 않다. 반드시 이런 방법을 따라야 한다면, 복음과의 연결이 강압적으로 느껴질 것이다. 따라서 우리는 이야기와 복음의 주제적 관계를 찾는다. 그러나 이러한 연결점은 그 책의 더 큰 목적에 종속되고, 또 그 목적은 구약의 더 큰 목적을 뒷받침해야 한다. 그 목적은 구약의 약속들이 어떻게 그리스도에게서 완성되는지 보여주는 것이다. 따라서 주제적 관계 접근법이 강제적이라고 느껴질 때, 구속사적 방법은 더 나은 대안이 된다.

구약 내러티브에서 설교 구성하기

●● 장면의 구조를 따르라

이 부분에 대해서는 이미 자세히 언급했다. 만약 우리가 오직 '대지별'로만 설교한다면, 장면을 구조로 만드는 것이 매우 힘들게 느껴질 것이다. 그러나 설교 구조가 본문을 뒷받침하는 것이지, 본문이 설교의 구조를 뒷받침하는 것이 아니다. 만약 구조를 위해 본문을 구성한다면, 그것은 곧 설교 형태를 우상화하는 것이고, 성경보다 설교 형태를 더 중요하게 여김을 뜻한다.[69] 이야기를 반복해 읽고 또 읽으면, 장면 구조가 나타나기 시작한다. 장면이 명확해진다. 이것이 설교의 구분점이 된다.

●● 각 장면들에서 귀납법을 사용하라

귀납적인 설교는 중심 생각에서 나오는 것이 아니라, 중심 생각을 향해 나아가는 것이다. 따라서 설교가 끝날 때까지 이야기가 어떻게 되는지 실제로 알지 못한다. 이것이 좋은 이야기의 핵심이다. 이야기가 끝나는 그 시점까지 거의 예견할 수 없다. 전체 이야기는 전체 설교를 통해 전달되고, 전체 설교는 각각의 장면을 통해 전달된다. 따라서 장면을 묘사하는 것이 먼저이고, 장면에 대한 생각을 제시하는 것이 그 다음이다.

●● 귀납적 또는 연역적 방법을 사용하라

만약 설교의 중심 생각을 마지막까지 알지 못한다면, 적용을 어떻게 찾을 것인가 하는 질문이 발생한다. 우선 귀납적 방법을 따른다는 것은, 중심 생각이 결론을 향해 나아감을 의미한다. 연역적 설교에서는 중심 생각이 일반적으로 서론의 마지막에 등장한다. 반면 귀납적 설교에서는 중심 생각이 대체로 결론에 나온다. 그리고 중심 생각을 말한 다음 거기서 적용을 만든다. 이런 식으로 내러티브 설교에서 대부분의 적용은 마지막에 나온다.

설 교 실 례

일반적이지 않은 은혜(창 6-9장)

> **설교 전략**
> 본문에서 제기되는 질문은 이것이다.
> 사람들이 하나님의 은혜를 남용할 때, 하나님은 어떻게 하시는가?

서론

> **서론**
> 서론에서 나는 일반은혜와 구원의 은혜 간의 차이점을 설명함으로
> 은혜에 대한 개념을 정립하려 한다.

중학생 때, 나는 방황 끝에 마침내 내 삶을 그리스도께 드렸다. 그 전에도 나는 대체로 착한 아이였다. 심각한 범법자도 아니었다. 그러나 내가 삶을 그리스도께 드

리기 전에 죽는다면, 나는 하나님의 완전한 진노에 직면하게 될 것이다. 극단적으로 들리겠지만, 나는 그런 형벌을 받을 만한 죄를 지었다. 바로 하나님의 은혜를 남용하는 죄다.

하나님은 내게 훌륭한 가족과 따뜻한 가정, 영적으로 공급해 주는 교회를 허락해 주셨다. 나는 이 복들을 당연한 것으로 여겼다. 그래서 회개해야 한다는 것을 알면서도, 하나님이 내게 제공해 주신 바로 그 은혜를 누리면서 계속적으로 죄에 거했다.

사실 살아 있는 사람들은 모두 하나님이 제공하시는 삶을 경험한다. 그런 면에서 그들 모두는 하나님의 은혜 아래 있다. 우리는 살아 있는 모든 사람들에게 주신 하나님의 일반은혜와 그리스도 안에서 믿음을 가진 사람들에게 주신 구원의 은혜를 구분한다. 그래서 그리스도께 삶을 드리지 않은 사람들도 모두 은혜를 경험하지만, 그들은 하나님이 제공하신 모든 것을 즐기면서 그것을 남용한다. 또 이 모든 것을 자신의 것으로 알고 회개할 필요를 느끼지 못한다.

온 세상이 하나님의 은혜를 남용하고 있는 것을 상상해 보라. 그런 일이 창세기 6장에서 벌어지고 있다. 모든 사람이 은혜를 남용한다. 따라서 우리는 이렇게 질문할 수 있다. '사람들이 하나님의 은혜를 남용할 때, 하나님은 어떻게 하시는가?'

> 이러한 질문이 설교를 세워간다.

배경: 노아

전환: 사람들은 은혜를 남용한다. 하나님은 어떻게 하시는가?

장면1: 하나님은 노아에게 방주를 만들라고 말씀하셨다(창 6:13-22).

> **장면들**
> 내러티브는 세 개의 거시적 단계의 장면을 제시한다. 각 장면 후에는 '관찰'이 있다.
> 이것은 마치 메시지의 요점같이 보이지만, 지금 귀납적 접근법을 사용하고 있음에 주의하라.
> 관찰은 설명 마지막에 있다. 그 후에는 적용과 예화 등이 뒤따른다.

하나님은 노아에게 방주를 만들게 하셨다. 흥미롭게도 배를 만드는 데 120년이 걸렸다. 그래서 하나님은 한숨에 온 땅을 멸하겠다고 선언하시고, 120년을 기다리셨다. 즉, 하나님은 사람들에게 회개할 기회를 더 주신 것이다.

관찰1: 사람들이 은혜를 남용할 때, 하나님은 은혜를 더 확장하신다!

장면2: 노아는 방주에 들어가고, 홍수가 시작된다(창 7:1-16).

하나님이 은혜를 확장하셨음에도 결국 은혜의 기한은 끝나고 심판이 임한다.

관찰2: 하나님의 은혜는 기한이 있다.

여기서의 질문은, 왜 하나님이 노아를 구원하셨는가 하는 것이다. 창세기 6장 8절에서 노아는 자신이 바랄 수 없는 은혜를 받았음을 분명히 밝힌다. 노아는 자신이 자격이 없다는 것을 알았기에 은혜를 받은 것으로 보인다.

중심 생각: 하나님은 일반은혜를 모든 사람에게 확장하신다. 그러나 일반은혜를 이해하는 사람들에게만 구원의 은혜를 확장하신다.

> **중심 생각**
> 설교의 중심 생각은 세 번째 요점 후에 위치한다. 이 순서가 자연스럽다.
> 귀납적 방식으로 진행되고 있기에, 중심 생각은 아직까지 분명하게 나타나지 않는다.

장면3: 하나님은 노아를 비롯해 온 땅의 모든 사람들과 언약을 체결하신다(창 9:1-17).

> **마지막 장면**
> 마지막 장면이 언약으로 옮겨지는 것에 주목하라.
> 세 개의 장을 지나오면서 놓친 것이 많이 있지만, 홍수 사건은 언약의 관점에서
> 그 뜻을 알 수 있다. 여기서 언약은 그리스도 안의 새 언약을 가리킨다.

희생은 하나님에게 달콤한 향기였다. 이러한 언어와 구조는 앞으로 형성될 희생제사 제도를 암시하는데, 그 희생제사는 곧 그리스도를 가리킨다.

관찰3: 하나님은 그리스도의 희생을 뜻하는 희생제사에 만족하셨다.

결론

> **결론**
> 모든 적용은 결론을 위해 남겨 두어야 한다. 적용을 각 장면에서 제시하려고
> 의도하지 않았기 때문이다. 각 장면을 적용할 필요는 없지만,
> 본문에 대한 최소 하나의 중심 생각은 적용해야 한다.

세 가지 적용

1. 측은하게 여기는 마음(Compassion)

이 이야기는 동정심이라는 말이 떠오르게 한다. 하나님은 사람들을 향해 매우 큰 동정심을 느끼셨다. 따라서 사람들에게 회개하고 돌아올 수 있는 기회를 주셨다.

2. 안전(Security)

이 이야기에는 일종의 격려가 담겨 있다. 만약 하나님이 은혜를 남용하는 사람들에게도 많은 자비를 베푸신다면, 그 은혜를 받아들이는 사람들에는 얼마나 많은 은혜를 주시겠는가?

3. 경고(Warning)

여기에는 경고가 있다. 어느 누구도 하나님의 자비를 받을 자격은 없지만, 자신에게 자비가 필요함을 알고 믿음으로 회개하고 돌아선 이들에게는 은혜가 있다.

토론을 위한 질문

1. 예수님은 구약의 이야기들을 어떻게 사용하셨는가?
2. 유대 내러티브는 구조의 긴장을 항상 완전하게 해결하는가?
3. 왜 설교의 중심 생각을 결정하기 전에 내러티브의 구조를 알아야 하는가?
4. 내러티브에는 대지(points)가 있는가?
5. 내러티브의 각 장면에서 적용을 만드는 것이 필요한가?

추천 도서

- 데스몬드 알렉산더. 『주제별로 본 모세오경』. 정효제 역. 서울: 대한신학대학원대학교, 2009.
- 스티븐 D. 매튜슨. 『구약의 내러티브 설교』. 이승진 역. 서울: 기독교문서선교회, 2011.
- Alter, Robert. The Art of Biblical Narrative. New York: Basic, 2011.
- Davis, Dale Ralph. The Word Became Fresh. Ross-shire, Scotland: Mentor, 2011.
- Fokkelman, J. P. Reading Biblical Narrative. Leiderdrop, The Netherlands: Deo, 1999.

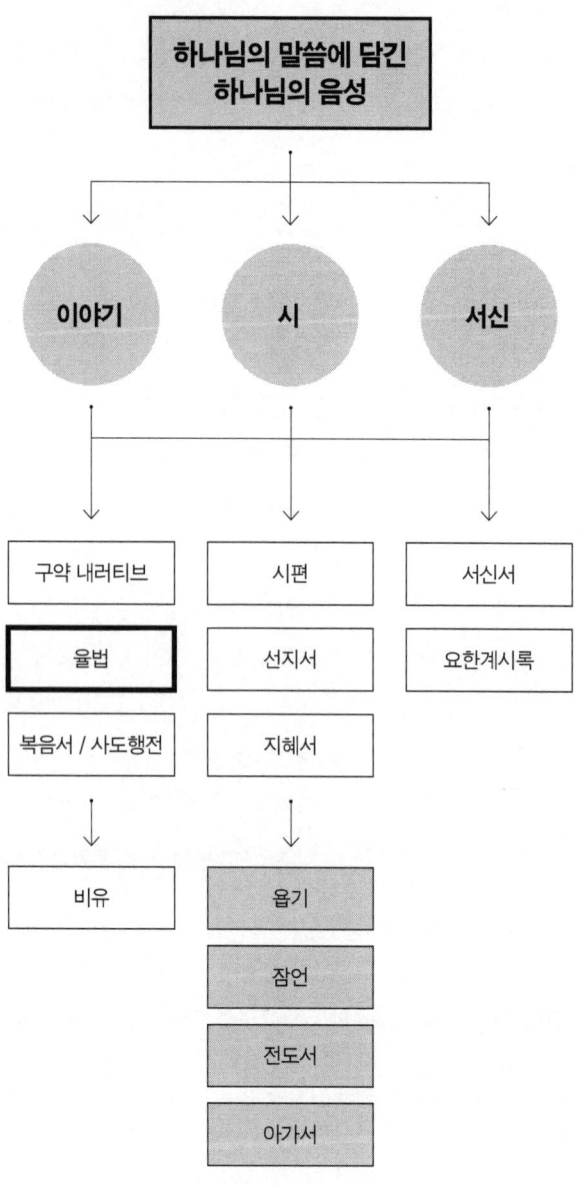

CHAPTER 5

율법에서
하나님 음성 되살리기

"너희 중에 선지자나 꿈꾸는 자가 일어나서 이적과 기사를 네게 보이고 그가 네게 말한 그 이적과 기사가 이루어지고 너희가 알지 못하던 다른 신들을 우리가 따라 섬기자고 말할지라도 너는 그 선지자나 꿈꾸는 자의 말을 청종하지 말라 이는 너희의 하나님 여호와께서 너희가 마음을 다하고 뜻을 다하여 너희의 하나님 여호와를 사랑하는 여부를 알려 하사 너희를 시험하심이니라 너희는 너희의 하나님 여호와를 따르며 그를 경외하며 그의 명령을 지키며 그의 목소리를 청종하며 그를 섬기며 그를 의지하며" (신 13:1-4)

왜 율법을 설교하는가?

이 말씀은 매우 도전적이다. 그 의미를 생각해 보라. 하나님은 거짓 선지자들 앞에서 이스라엘 백성을 시험하셨다. 이 시험은 술수 같아 보였지만, 사실상 전혀 그렇지 않았다. 술수가 아니라 시험이었다. 술수는 속이려는 것이다. 하나님의 시험은 우리가 그분의 명령을 따를 때 우리의 믿음을 세우려는 데 있다. 이것이 이 시험이 속이려는 목적이 아닌 이유다. 그들은 그 명령을 이미 알고 있었다.

하나님은 특별히 모세에게 율법을 주셨다(출 19-20장; 34:1-28). 모세는 율법을 받아 적었다(출 34:28). 그리고 이 율법을 백성들에게 가르칠 지도자들을 가르쳤다(신 1:9-18). 아버지들도 자기 가족들에게 율법을 가르쳤다(신 6:4-9). 하나님부터 가장 작은 어린아이까지 모두 율법을 알았다. 백성들은 명령을 이해했다. 그들은 하나님이 이 율법에 대해 어떻게 느끼시는지 알았다. 거짓 선지자가 일어나 거짓말을 하고 사람들을 하나님에게서 멀어지게 하려 할 때, 백성들은 하나님 편에 있었다. 백성들이 하나님의 말씀을 알았기 때문이다. 사람들이 율법을 잘 알지 못하면 영적으로 빗나간다. 양들은 자신을 방어하지 못할 때 쉽게 먹이감이 된다. 오늘날의 교회도 마찬가지다. 영적으로 사람들을 보호하는 방법은 말씀으로 강하게 하는 것이다. 따라서 율법을 이해하는 것이 중요하다. 만약 사람들이 성경의 내러티브에서 구약 율법의 위치를 이해하지 못하면, 잘못된 것을 믿는 데 쉽게 노출된다.

찰스 스펄전은 한 사역자가 어떤 가난한 여인을 물질적으로 돕기 위해 찾아갔던 이야기를 들려주었다. 사역자가 그녀의 집을 방문했으나 그녀는 문밖으로 나오지 않았고, 그는 그 여인이 떠났다고 생각했다. 나중에 그 여인이 사역자가 자신에게 찾아오지 않았다고 이야기하자, 그 사역자는 분명히 찾아갔는데 그녀가 없었다고 대답했다. 알고 보니 그 여인이 집에 있으면서도 집세를 받으러 온 사람인 줄 알고 밖의 소리에 아무 반응을 보이지 않았던 것이다. 우리는 하나님이 우리의 자유를 빼앗기 위해 율법을 주셨다고 생각한다. 그러나 사실 율법은 하나님이 우리에게 주신 은혜의 선물이다.[70]

우리는 율법을 부정적으로만 본다. 즉, 율법을 자기 스스로를 통제하지 못하는 사람들을 다스리기 위한 것으로만 생각한다. 사실 율법은 율법 없이 사는 사람들을 위한 것일 뿐 아니라, 율법을 따라 사는 사람들을 안내하는 것이다. 시편 78편 5-8절을 생각해 보자. 시편 저자는 다음과 같이 기록했다.

> 여호와께서 증거를 야곱에게 세우시며 법도를 이스라엘에게 정하시고 우리 조상들에게 명령하사 그들의 자손에게 알리라 하셨으니 이는 그들로 후대 곧 태어날 자손에게 이를 알게 하고 그들은 일어나 그들의 자손에게 일러서 그들로 그들의 소망을 하나님께 두며 하나님께서 행하신 일을 잊지 아니하고 오직 그의 계명을 지켜서 그들의 조상들 곧 완고하고 패역하여 그들의 마음이 정직하지 못하며 그 심령이 하나님께 충성하지 아니하는 세대와 같이 되지 아니하게 하려 하심이로다

율법을 아는 것을 통해 다음 세대는 그들의 소망을 하나님께 두고, 조상과 같은 죄를 짓지 않게 된다. 사실상 모든 율법은 하나님이 시내산에서 모세를 통해 이스라엘과 맺은 언약이 반영된 것이다. 이 언약은 하나님이 만드신 것이며, 백성들을 보호하기 위한 것이었다.[71]

이것이 율법의 일점일획도 소홀히 할 수 없는 이유다. 그렇게 하는 사람은 천국에서 지극히 작다 일컬어질 것이다(마 5:17-19). 우리는 그리스도에 대한 두려움을 가지고 율법을 설교하며, 율법을 통해 얻게 되는 하나님과의 관계로 사람들을 이끌고자 한다.[72]

우리는 율법의 목적이 우리를 지키고 안내하는 것임을 상기해야 한다. 그렇게 함으로 우리는 율법을 주신 분께 감사하며 그 율법을 사랑하게 된다.[73] 시편 119편 18절의 특이한 점을 생각해 보라. "내 눈을 열어서 주의 율법에서 놀라운 것을 보게 하소서" 더 특이한 말씀은 시편 119편 20절이다. "주의 규례들을 항상 사모함으로 내 마음이 상하

나이다" 시편 기자는 애매한 규칙에 빠져드는 것으로 생각하지 않는다. 여기에 대한 답은 시편 전체에 있지만, 특히 119편 105-106절에 잘 정리되어 있다. "주의 말씀은 내 발에 등이요 내 길에 빛이니이다 주의 의로운 규례들을 지키기로 맹세하고 굳게 정하였나이다" 이러한 생각은 시편 78편과 비슷한데, 율법이 인도하는 능력이 있기 때문에 가치가 있다는 것이다.

이것이 율법의 가장 큰 모순점이다. 율법에서 하나님은 윤리적 덕목을 엄히 지킬 것을 요구하신다. 그러나 그분은 불순종에 대해 용서받을 수 있는 화해 수단도 주셨다. 율법은 규칙만을 위한 것이 아니다. 규칙을 제시하는 동일한 율법이 성막과 희생제의 구체적인 사항 역시 알려준다. 하나님의 율법은 인도와 공급의 역할을 동시에 한다.[74]

율법은 사실 율법 없는 사람들을 위한 것이지만, 율법을 따라 사는 사람들을 인도하기도 한다. 율법은 다스림뿐 아니라 인도를 위한 것이다. 따라서 율법은 보물이다.[75] 설교자에게 주어지는 도전은 율법의 아름다움과 위대함, 실용성을 보여주는 것이다. 율법을 설교할 분명한 동기가 없다면 당신은 율법을 읽지 않을 것이다. 하나님의 말씀은 방어가 필요 없지만, 우리는 때로 성경을 읽을 동기부여와 용기가 필요하다. 왜 우리는 율법을 설교해야 하는가? 우리의 삶을 인도하는 것 외에도 네 가지 다른 이유가 있다.

●● 율법은 우리를 그리스도께 인도한다

율법이 없으면 은혜가 없다. 율법은 우리에게 은혜를 구하게 하는 원리를 제공한다. 바울은 율법이 초등교사(갈 3:23-24)로 우리를 그리스도께 인도한다고 말한다. 초등교사를 감독자로 오해하면 안된다. 율법을 기꺼이 지키려 하는 일은, 우리가 아무것도 아니고 또 할 수 없다는 것을 최대한 스스로 인식하는 것이다. 그리스도는 우리 자신에게서

우리를 구원하셨다.[76]

●● 율법은 우리가 하나님의 성품을 이해하도록 돕는다

하나님은 그분의 인자하심으로 우리를 압도하신다. 이것은 믿을 수 없을 정도로 놀랍다. 누군가 하나님의 성품이 성경에 가장 명확하게 기록되어 있음에 대해 논쟁할 수 있지만, 어떤 의미에서 이러한 논쟁은 이해되지 않는 부분이 있다. 결국 하나님의 사랑은 그분의 완전성으로 설명된다. 하나님은 완전한 사랑이시다. 이것은 절대적인 생각이다. 하나님은 모세에게 다음과 같이 말씀하셨다.

> 여호와께서 그의 앞으로 지나시며 선포하시되 여호와라 여호와라 자비롭고 은혜롭고 노하기를 더디하고 인자와 진실이 많은 하나님이라 인자를 천 대까지 베풀며 악과 과실과 죄를 용서하리라 그러나 벌을 면제하지는 아니하고 아버지의 악행을 자손 삼사 대까지 보응하리라 (출 34:6-7)

우리는 이 말씀을 통해 하나님의 성품에 대해 많은 부분을 배우게 된다. 먼저, 하나님의 위대한 사랑이다. 그리고 하나님은 죄에 대해 관용하실 수 없다는 것이다. 모든 상황에서 나는 하나님이 사랑이시라는 것을 알 필요가 있다. 그리고 죄를 짓고 싶을 때는 그분이 죄에 대해 관용하지 않는 분이심을 다시 상기한다. 이것이 하나님이 이스라엘 백성에게 율법을 주시기 전에 알려주고자 하신 부분이었다. 왜 그런가? 하나님의 율법은 하나님의 성품을 보여준다. 그분의 죄에 대해 용납할 수 없는 거룩한 성품과 죄인을 은혜롭게 용서하시는 성품은 율법을 주시는 행위에 완벽하게 융화되어 있다. 이러한 하나님의 성품을 위의 성경구절을 통해 볼 수 있다. 율법은 사랑의 보호로 확장된다. 우리는 다른 이들과 우리 스스로에 대해 보호받을 필요가 있다. 율법은 이러한 역할을 한다. 그리고 궁극적으로 만약 우리가 율법을 거부한다면, 우리는 하나님에게서 보호받는 것이 필요하다. 율법은 하나님의 성품을 친절하게 보여준다. 그렇다면 우리가 이 모든 율법 없이 어떻게 하나님을 사랑할 수 있겠는가? 더 실제적으로, 우리가 어떻게 이 율법과 분리되어 하나님을 알 수 있는가?

●● 율법은 모든 형태의 악에서 우리를 보호한다

이러한 논의는 우리로 거짓 선지자들에 대해 생각해 보게 한다. 누구도 내가 사는 동네로 걸어들어와 하나님을 따르지 말라고 공개적으로 설득하지 않는다. 우리에게는 공개적으로 드러난 거짓 선지자들이 없다. 그러나 다른 종류의 거짓 선지자들이 있다. 우리는 마치 소모를 개인적인 권리인 것처럼 생각하는 문화 속에서 산다. 그리고 복음을 왜곡하는 설교자들을 발견한다. 또 복음을 모르는 설교자들도 만난다. 가장 큰 적은 바로 자신이다. 나는 자신에게 하나님을 신뢰하지 말라고 말한다. 하나님을 사랑의 하나님이 아닌 것같이 여긴다. 나는 죄를 짓고 그것을 없앨 수 있다고 나 자신에게 말한다. 하나님은 그렇게 엄한 분이 아니시라고 생각한다. 오늘날 내가 알고 있는 잘못된 예언자는 바로 내 안에 있다.

이것은 매우 치명적이다. 따라서 신명기 13장 5절은 다음과 같이 말한다. "그런 선지자나 꿈꾸는 자는 죽이라 … 너는 이같이 하여 너희 중에서 악을 제할지니라" 율법은 그렇게 할 수 있는 능력이 있다. 그러나 이것은 율법을 설교하는 일을 쉽지 않게 한다. 그렇다면 율법으로 가득 차 있는 출애굽기, 레위기, 민수기, 신명기의 주요 부분을 어떻게 다룰 수 있을까? 율법의 해석과 전달의 문제, 그리고 율법을 어떻게 설교로 구성하는지에 대해 논하도록 하자.

해석: 율법에서 하나님 음성 듣기

● ● **율법은 좀더 넓은 이야기 안에서 연결된다**

  율법이 적용하기 힘들어 보일 때, 좀더 넓은 하나님 백성의 이야기 안에서 연결된다는 것을 기억해야 한다. 십계명이 가장 좋은 예가 될 것이다. 당시의 상황을 생각해 보라. 이스라엘 백성이 애굽의 억압에서 막 구원을 받았다. 하나님은 그들을 약속의 땅으로 인도하신다. 그러나 이들은 많은 다른 민족들 중에 함께 사는 큰 민족이었다. 따라서 다음과 같이 명령하셨다. "하나님이 이 모든 말씀으로 말씀하여 이르시되 나는 너를 애굽 땅, 종 되었던 집에서 인도하여 낸 네 하나님 여호와니라"(출 20:1-2). 구원이 당시의 상황이었다. 따라서 십계명은 그 문맥에서 설교해야 한다.

  뒷부분의 설교 실례는 내러티브에 기초해 형성되었지만, 모든 율법은 주위를 둘러싸고 있는 내러티브를 가지고 있다. 이 모든 내러티브는 책 전체의 큰 내러티브와 들어맞는다. 따라서 작은 이야기들과 율법들은 책 전체의 이야기 안에 들어간다. 이 사실은 율법이 이해가 안 되고, 어리둥절해 보이는 것에서 우리를 구해줄 수 있다.

  카터(Carter), 듀발(Duvall), 헤이스(Hays)는 율법을 이해하는 데 도움을 주는 네 가지 뛰어난 해석적 열쇠를 제시한다.[77] 모든 장르에서처럼 해석학적 논의는 이 책이 의도한 범위를 벗어나는 것이다. 그러나 이 해석적 열쇠는 설교화 과정에서 우리를 안내하는 유익한 틀이다. 이들은 아래에 정리되어 있다.

1. 율법을 시민법, 의식법, 윤리법으로 각각 분류함으로 제한해 이해할 수 있다. 토라의 어떤 율법은 오늘날 적용하기 힘들어 보일 것이다. 여러 직물에 관한 율법이나 우유와 고기에 관한 가르침은 어떻게 할 것

인가? 레위기의 예배에 관한 율법은 어떻게 해야 하는가? 율법 중에는 의식법과 시민법, 윤리법이 있다. 이 중 윤리법은 시간을 초월해 오늘날에도 여전히 적용할 수 있다. 그러나 의식법과 시민법은 시간을 초월하지 못하고 더 이상 적용할 수도 없다. 적어도 직접적인 면에서는 그렇다. 이런 생각에 근거해 분명하게 이 분류로 적용할 수 없는 율법을 제외하고는 이 접근 방법을 사용할 수 있다.

2. 성경은 율법에 대해 시간을 뛰어넘는 범우주적 법적 항목으로 소개하지 않았다. 오히려 율법은 하나님이 어떻게 그분의 백성을 애굽에서 구속하시고, 약속의 땅에 들어가게 하셨는지를 알려주기 위한 신학적 이야기의 한 부분이다. 이것이 바로 우리가 율법을 설교할 때 대체적으로 왜 구약의 내러티브에 접근하는지를 보여준다. 율법은 이스라엘 구속에 관한 큰 이야기 중 한 부분이다. 또 이스라엘의 언약 체결과 하나님의 언약 이행 과정을 보여준다. "사실상 우리가 구약 율법을 해석하는 방법은 구약의 내러티브를 해석하는 방법과 비슷하다. 율법은 상황적으로 내러티브의 일부다."[78]

3. 율법은 모세 언약의 한 부분이며, 적절하게 해석되어야 한다. 모세 율법은 이스라엘의 땅 정복 및 획득과 연관이 있다. 모세 율법의 축복은 조건적이었다. 그러나 새 언약(고전 3장)의 영광이 그 옛 언약을 능가한다. 따라서 구약의 율법은 신약 신자들에게 더 이상 율법으로 적용되지 않는다.

4. 구약의 율법은 신약의 관점을 통해 해석되어야 한다. 율법은 바울이 디모데후서 3장 16절에서 언급했던 '모든 성경'의 한 부분이다. 따라서 '하나님의 감동으로 된 것으로 교훈과 책망과 바르게 함과 의로

교육하기에 유익'하다. 그러나 율법은 하나님과 우리를 묶는 기능을 더 이상 하지 않는다. 그리스도는 율법을 완성하시기 위해 오셨다(마 5:17). 즉, 율법의 기능을 완성하신 것이다.

그렇다면 율법은 어떻게 적용해야 하는가? 다시 말하지만, 해석적 과정은 하나님의 이스라엘 구속을 위한 큰 이야기에 율법이 어떻게 연결되는지 이해함으로 가능하다. 십계명을 주실 때, 하나님은 다음과 같이 말씀하셨다. "나는 너를 … 종 되었던 집에서 인도하여 낸 네 하나님 여호와라" 하나님이 그들에게 명령하신 모든 것은 구원의 내러티브로 형성되었다.

율법을 설교할 때, 동일한 원칙이 적용된다. 우리는 애굽에서 구속받은 이스라엘 사람이 아니다. 죄에서 구원받은 새 언약의 그리스도인이다. 따라서 율법은 이스라엘 백성을 묶었던 동일한 방법으로 우리를 묶지 않는다.

●● 모든 율법은 적용 가능하다

우리는 세상에서 율법을 어떻게 적용할 것인지 궁금해 한다. 사실 원 청중에게는 이 율법이 직접적인 명령이었고, 적용이 요구되었다. 어떤 이는 율법을 적용하는 방법이 시민법, 의식법, 윤리법 별로 차이가 있다고 제안한다. 그러나 만약 우리가 그 의미에 대해, 어떤 율법은 우리를 위한 것이고, 어떤 것은 아니라는 식으로 이해할 때는 도움이 안 된다.[79] 이것은 마치 어떤 율법은 다른 것보다 더 가치 있는 것같이 보이게 한다. 그러나 모든 성경은 우리를 그리스도께 인도한다(딤후 3:15-16). 이것은 율법을 동일하게 적용할 수 있다는 의미가 아니다. 사실 어떤 율법은 그렇지 않다는 것이다. 그러나 의식법과 시민법은 사람들을 구별되고 독특하게 하며, 보호받게 하시는 하나님을 가르친다. 율법은 결국 사람들을 위한 것이다. 사람들은 율법 위에 존재하지 않는다.⁸⁰ 따라서 우리는 의식법과 시민법을 취할 수 있다. 이 율법들을 통해 하나님과 우리 자신에 대해 어떻게 가르치는지 알 수 있다. 이러한 원초적인 지점에 설교의 적용이 있다.

●● 율법은 그리스도를 가리킨다

예수님이 오신 것은 율법을 없애려는 것이 아니라 완성하기 위함이다(마 5:17). 따라서 율법에 대한 이해에는 그리스도의 율법 완성에 대한 감사가 반드시 필요하다. 위에서 간략하게 논의했던 것처럼, 우리는 율법의 기능을 이해해야 한다. 율법은 하나님의 거룩함의 기준과 우리의 불경건함 사이의 간격을 보여주고, 주변의 둘러싸고 있는 나라들과 이스라엘을 구별되게 한다. 그러나 중요한 것은, 먼저 이러한 신학적 연결점을 아는 것이고, 또 다른 하나는 이것을 적용하는 것이다. 그 질문은 이렇게 표현된다. '설교할 때 어떻게 이것을 실제적으로 적용해야 하는가?' 설교 사례에서 그리스도를 가리키는 부분을 보라.

이스라엘이 죄를 짓는 상황에서 율법을 받았음을 기억하라. 골즈워디는 다음과 같이 말한다.

> 아론의 금송아지 사건은 하나님의 말씀에 대한 죄의 자기독립적인 모습을 보여준다. 이러한 죄악 된 모습은 가장 놀라운 은혜의 영향 속에서나 은혜로운 삶을 형성하는 것에 관한 가르침을 받는 중에도 나타난다.⁸¹

위에서 언급한 대로, 율법을 주셨던 동일한 하나님은 율법에 대한 불순종을 다루는 방법도 주셨다. 율법이 의로움을 추구하게 할 뿐 아니라 죄를 폭로한다는 것을 아신 하나님은, 완전하신 하나님과 완전한 죄인 사이에 중재적인 교제의 수단으로 성막과 희생제사 제도를 주셨다.

● ● **아브라함을 통한 복음**

당신은 구약에서 이스라엘 백성은 하나님의 율법을 지킴으로 구원받았지만, 신약에서는 은혜로 구원받는다는 설교를 들었을 것이다. 요한복음 1장 17절은 이렇게 말한다. "율법은 모세로 말미암아 주어진 것이요 은혜와 진리는 예수 그리스도로 말미암아 온 것이라" 우리는 이 본문에서 존재하지도 않는 이분법을 떠올린다. 진리는 어느 누구도 은혜 없이는 구원받을 수 없다는 것이다. 앞서 언급한 대로, 율법은 하나님과 이미 언약적 관계를 맺은 사람들을 위한 것이다. 이것이 바울이 다음과 같이 말한 이유다. "또 하나님이 이방을 믿음으로 말미암아 의로 정하실 것을 성경이 미리 알고 먼저 아브라함에게 복음을 전하되 모든 이방인이 너로 말미암아 복을 받으리라 하였느니라"(갈 3:8). 물론 복음 없이 율법을 설교할 수 없지만, 구원을 위한 믿음의 복음은 신약이 있기 전부터 있었다.[82]

만약 믿음의 복음이 그리스도가 이 땅에 오시기 전에 있었다면, 왜 그리스도는 항상 종교적 체제에 도전하셨는가? 그리스도는 율법을 지키는 것에 대해 반응하지 않으셨다. 오히려 율법을 남용하는 것에 대해 반응하셨다. 이것이 산상수훈에서, 그리스도가 자신이 율법을 성취하러 이 땅에 왔고, 율법의 일점일획도 없어지지 않는다고 하신 이유다(마 5:17-18). 그리고 그분은 이러한 법칙 아래 율법의 의미를 분명하게 하셨다. '너희는 이렇게 말하는 것을 들었지만 나는 너희에게 이렇게 말한다'(5:21-22, 27-28, 31-34, 38-39, 43-44). 하나님이신 그리스도는 율법 이전에 존재하시는 원 자료시다. 바리새인들은 이런 사실을 왜곡했다. 따라서 그들이 율법을 왜곡한다면, 그리스도는 율법에 대한 그들의 이해를 바로 잡을 필요가 있었다. 분명히 율법에서 회복되어야 하는 가치가 있다. 그렇다면 어떻게 율법이 은혜의 수단임을 보여주는 방식으로 율법을 설교할 것인가?

전달: 율법에서 음성 되살리기

●● 이야기로 율법을 설교하라

상황은 사소한 것이 아니다. 십계명을 받은 상황을 다시 생각해 보라. 사람들이 지금 막 억압에서 자유를 얻었다. 율법 즉 십계명과 다른 명령들은 이 이야기 가운데 형성되었다. 이스라엘 백성은 더 이상 노예가 아니며, 하나님께 예배드릴 수 있는 자유가 있다. 따라서 하나님은 그들에게 자유인이 어떻게 하나님께 예배드려야 하는지에 대해 말씀하셨다. 그들에게 주신 율법은 이 이야기 안에 있는 구조에 따라 미묘한 차이가 있다. 오늘날 우리는 하나님께 예배드릴 수 있는 자유가 있는 사람들에게 설교한다. 그 계명들은 자유인으로서 어떻게 하나님을 예배할 것인지 말해준다. 과거에 진리였다면, 지금도 진리다. 따라서 그들의 구체적인 상황 가운데서 율법을 설교하라.

그 다음 책의 더 큰 이야기를 가리키라. 이것은 율법이 제시하는 언약으로 인도하고, 궁극적으로는 복음으로 이끈다. 하나님과의 관계에서 형성된 율법은 모세 언약의 법률적 조항을 대표한다. 그 하나님과의 관계는 아브라함과의 언약으로 시작되었다. 고린도후서 3장은 우리가 새 언약의 사역자들이라고 말한다. "그가 또한 우리를 새 언약의 일꾼 되기에 만족하게 하셨으니 율법 조문으로 하지 아니하고 오직 영으로 함이니 율법 조문은 죽이는 것이요 영은 살리는 것이니라"(6절). 율법은 우리를 새 언약으로 인도한다. 설교할 때 율법으로 시작해 복음으로 인도해야 한다.

●● 전달 가능한 원리를 설교하라

율법 이면에는 하나님의 성품과 특성을 보여주는 원리가 있다. 이 원리를 찾아 신약신학에 비추어 설교해야 한다. 출애굽기 34장 29-35

절에서 모세가 빛나는 얼굴로 산에서 내려오는 놀라운 장면을 생각해 보라. 뒤에 이어지는 구절들은 일꾼들이 '여호와께 엄숙한' 안식일을 존중해야 함을 명령한다(35:1-3). 여기서 우리는 하나님이 단지 그분만을 위한 시간을 떼어, 다른 시간과 거룩하게 구별할 것을 요구하심을 볼 수 있다. 예수님은 이것이 우리에게 법적 굴레를 씌우는 것을 뜻하지 않음을 알려주셨다. 그리스도는 사람이 규칙을 위해 창조된 것이 아니라, 규칙이 사람을 돕기 위해 창조되었다는 것과 자신이 안식일의 주인임을 말씀하셨다(막 2:27-28).

윤리주의에 반대하는 주장을 포기한 많은 사람들이 있다.[83] 그러나 언약을 확인하고 권면하기 위해 주어진 성경말씀을 단지 윤리적 가르침으로 축소하지 말아야 한다. 청중이 율법을 받아들이는 것과 실제로 율법에 반응하는 것은 윤리주의로 되는 것이 아니다. 언약의 용어로 표현되지 않으면 율법은 받아들여지지 않는다.

출애굽기 31장 12-17절의 안식일에 휴식을 취하라는 율법을 예로 들어보자. 이것은 신약에서 바로 적용되고 충분히 다루어진다. 설교자는 그리스도가 이 율법으로 무엇을 했는지(마 12:1-8), 그리고 육신적 휴식과 그리스도 안에서의 영적 휴식(마 11:25-30)에 대한 우리의 필요가 무엇인지 논할 수 있다. 그러나 신명기 19장 1-13절을 설교한다면, 도피성에 대해서는 그 적용이 분명하지 않다. 그럼에도 본문에는 사실상 적용할 부분이 많이 있다. 율법은 하나님의 성품에 대해 가르치고 있음을 기억해야 한다. 신명기 19장은 하나님이 긍휼의 하나님이심을 분명히 보여준다. 하나님은 무고한 피 흘리는 것을 원하지 않으신다. 하나님은 실질적인 필요를 아시는 분이시다.

본문의 적용을 윤리적으로만 가르치는 경향에서 보호받을 수 있는 방법은, 하나님에 관해 본문이 무엇을 말하는지 가르치는 것이다. 또 다른 방법은, 언약에 대해 본문이 어떻게 말하는지 가르치는 것이다.

이것은 언약에 대한 언급이 새 언약의 미래에 대한 계시를 어떻게 가르치는지 설명하는 방법이다. 이 경우 하나님이 도피성을 세우신 이유는 "네 하나님 여호와께서 네게 기업으로 주시는 땅에서 무죄한 피를 흘리지 말라"는 구절에서 드러난다. 땅은 신성하다. 유업으로 받은 땅이기 때문이다. 약속된 땅에 서 있다는 것은, 하나님이 그 약속을 지키신다는 것을 피할 수 없이 상기시켜 준다. 이 약속의 성취는 예수 그리스도의 성육신 사건이다.

따라서 율법을 통해 전달될 수 있는 원리를 끌어낼 때, 율법이 하나님에 대해 무엇을 가르치는지, 또 그리스도를 어떻게 지시하는지 보여주어야 한다. 이 두 길이 안전하고 신학적으로 풍성한 곳으로 적용을 안내할 것이다.

●● 신약에 분명한 연결점이 있는지 주목하라

어떤 율법은 직접적으로 신약에서 다루어진다. 누가복음 18장 18절의 예수님과 부자 청년의 대화를 예로 들어보자. 청년은 영원한 삶을 얻기 위해 무엇을 해야 하는지 알기 원했다. 예수님은 율법을 지켜야 한다고 말씀하셨다. 그러나 예수님은 몇 개의 선택된 계명만을 제시하셨다. 왜 예수님이 그렇게 하셨는지 의문이지만, 그렇게 말한 효과가 있었다. 그리스도는 사람이 명령을 지켜도 여전히 악한 마음을 가질 수 있다는 사실을 드러내셨다. 마태복음 12장 1-8절에서는 예수님이 안식일 율법을 다시 제정하시고, 마태복음 22장 37-40절에서는 전체의 율법을 요약하셨다. 따라서 신약에서 구체적으로 언급된 본문이 있을 때는 그 연결점에 비추어 율법을 설교해야 한다.

●● 율법이 구속사와 어떻게 연결되는지 보여주라

만약 설교를 위해 선택한 율법과 복음 사이에 분명한 연결점이 없을 경우에는, 어떻게 율법이 구속사와 연결되는지 보여주라. 이것이 율법 이후에 오신 그리스도를 가리키는 방법이다. 예를 들어, 예수님은 마태복음 22장 37-40절에서 율법이 왜 존재하는지 설명하신다. 만약 모든 율법과 선지자들의 가르침이 "너는 마음을 다하고 뜻을 다하고 힘을 다하여 네 하나님 여호와를 사랑하라"(신 6:5)와 "네 이웃 사랑하기를 네 자신과 같이 사랑하라"(레 19:18)로 축약된다면, 전체의 율법을 지킨다는 것은 둘 중 하나와 연관되는 것이다. 율법을 설교하는 것은 예수님을 높이는 놀라운 기회를 제공한다. 그리스도가 율법을 완성하셨기 때문에 우리는 더 이상 율법의 권위 아래 있지 않다. 이것은 율법을 무시하는 것이 아니라 우리가 율법을 설교하고, 율법은 우리를 그리스도께 인도함을 의미한다.

● ● 은혜의 역동성 가운데 율법을 설교하라

이 연구의 전제는 우리가 본문에서 소통의 수사적 단서들, 즉 내용, 구조, 역동성을 취한다는 것이다. 율법은 법적으로 전달되는 것이 더 자연스러울 수 있다. 그러나 만약 율법이 은혜의 표현이라면 경우가 다르다. 그렇다면 당신은 어떻게 그것을 전달하겠는가?

율법은 시간을 초월하는 원칙을 대표한다. 이것은 종종 신약에 투영되기도 한다. 율법 본문을 가지고 은혜에 관해 설교하는 것은, 율법에서 초월적인 진리를 찾고 그 진리를 동일한 은혜로 전하는 것이다. 이런 식으로 생각해 보라. 하나님이 이스라엘에게 율법을 주셨다는 사실 자체가 은혜다. 율법은 하나님의 성품을 향한 창문이고, 우리를 구원하신 하나님께 감사를 표현할 수 있는 수단이다. 율법이 존재하는 이유 자체가 은혜에 기초한다.[84] 따라서 새 언약 안에서 우리는 이러한 어조로 율법을 설교한다. 은혜의 어조로 설교할 수 있는 가장 좋은 방법은, 청중을 신약 본문의 필연적 결과로 인도하는 것이다. 이것은 이후의 설교 실례에서 설명할 것이다.

●● 사람들에게 율법의 증언을 보여주라

증언으로서 순종의 개념은 또한 신약의 개념이다. 우리가 순종을 잘 할 때, 사람들은 우리를 보고 하나님께 영광을 돌린다(마 5:16). 우리의 사랑을 보고 모든 사람이 그리스도와 우리를 연관시킨다(요 13:35). 우리의 순종은 복음을 빛나게 하는 것이다(딛 2:10). 율법을 설교할 때, 청중의 삶에서 실천 가능한 원칙들을 예화로 보여주라. 모든 율법이 우리로 하여금 하나님을 찬양하게 하며, 이러한 일이 우리를 둘러싼 세상에 친절하게 증언하는 것임을 이스라엘 사람들처럼 그들에게 가르치라.

율법에서 설교 구성하기

●● 내러티브를 보라

율법에서 설교를 구성할 때는 먼저 율법의 내러티브 어조를 찾으라. 내러티브에 관심을 갖는 것이 필요하다. 그러면 내러티브가 요점이 아닌 장면을 따라 움직이는 설교를 이끌 수 있음을 발견할 것이다.

●● 작은 단위의 강해를 고려하라

만약 십계명을 개별적으로 설교한다면, 작은 단위로 강해하게 된다. 설교는 탐심이 무엇인지, 왜 우리가 탐심을 가지면 안 되는지 등을 설명하는 데 시간을 사용할 수 있다. 가장 좋은 방법은, 본문이 무엇이라고 말하는지, 앞뒤 문맥에서 어떤 의미인지, 정경에서 어떤 의미인지를 설명하는 것이다. 탐심을 갖지 말라는 가르침은 성경 전체에서 발견할 수 있다. 율법은 이스라엘이 다른 민족처럼 왕을 원했을 때, 잘 알다시

피 산산히 부서졌다. 하나님의 훈계에 반대해 그들은 왕을 원했고, 이스라엘의 파멸이 뒤따르게 되었다.

그렇다면 작은 단위의 강해와 주제별 설교는 어떤 점이 다른가? 전형적으로 주제별 설교는 특별한 주제를 가지고 본문을 모은다. 좋은 주제별 설교에는 '특정한 주제에 대해 성경이 무엇을 말하는가?'에 대한 답이 있다. 그러나 앞서 예로 든 탐심의 경우, 작은 단위의 본문강해는 '이 본문이 탐심에 대해 무엇을 말하는가?' 하는 것에 답을 줄 것이다. 이때 답이 본문 안에 그리 충분하지 않을 수 있다. 탐내지 말라는 명령에는 단순한 금지 외에 다른 의미가 있다. 주의 깊은 본문주해는 문맥 주변을 넓게 탐구하면서 그 본문이 무엇을 의미하는지 알게 된다. 따라서 작은 단위의 본문강해는 좀더 많은 본문을 다룰 수 있지만, 그것들은 그 한 본문의 의미를 알아내는 데 집중하게 된다. 그 목적은 성경 전체를 통해 주제를 보여주는 방식으로 그 의미를 설명하는 것이다. 이것이 바로 다른 점이다. 즉, 작은 단위 강해는 어떤 주제를 가르치는 것이 아니라, 전체의 지나온 발자취를 연구하는 것이다.

●● 넓은 단위의 강해를 고려하라

아래의 설교 실례에서 보여주는 것처럼, 설교는 중심 주제가 있는 부분만이 아니라, 좀더 넓은 관점에서 본문을 다루어야 한다. 예를 들어 제사장의 직무를 묘사하는 본문의 몇 구절에서 요점을 끌어내는 것은, 설교자로 하여금 본문이 전혀 의도하지 않은 요점들에서 예와 적용을 찾아내도록 강요할 수 있다. 성경본문은 전체로서 이해되어야 하며, 일반적으로 설교의 기능들(적용, 논쟁, 예화, 권면)은 본문 전체 생각에 적용될 수 있다. 이런 것은 본문 설명 후 설교 마지막에 적용으로 올 수 있다.

······ 설 교 실 례 ······

존경의 가치(출 20:7-11)

> **설교 전략**
>
> 본문은 십계명의 세 번째와 네 번째 명령이다. 안식일을 존중하라는 것과 주의 이름을 망령되게 부르지 말라는 것이 무엇인지 본문이 대답한다.

서론

워싱턴 부근에 살 때, 우리는 무명 용사 묘의 호위병 교체식을 자주 구경했다. 이 의식을 지켜보는 것은 매우 흥미로웠는데, 전체 의식의 중심이 되는 행동은 경례였다. 군인들은 다른 이를 존경하기 위해 손을 올렸다. 경례는 최소 두 가지를 전한다. 권위에 소속되는 것과 존경을 표하는 것이다. 이스라엘 백성이 십계명을 받을 때, 어떻게 소속감을 가지고 시작했는지 출애굽기 20장 2절에 귀를 기울이라. "나는 너를 애굽 땅, 종 되었던 집에서 인도하여 낸 네 하나님 여호와니라" 이 말씀은, 하나님이 그들을 구원해내셨다는 사실(소속)과 그들은 삶 가운데 그분의 권위를 존경하면서 살아야 한다는 것을 보여준다. 이것은 여전히 사실이지만, 신약에서 그리스도가 율법을 성취하셨다(마 5:17)는 사실도 함께 이야기해야 한다. 우리는 하나님을 기쁘시게 하기 위해 십계명을 지키는 것이 아니다. 오히려 그리스도가 우리로 아버지에 대해 기뻐하게 하셨다. 따라서 그분의 명령을 지킬 수 있는 것이다. 즉, 십계명을 지키는 것은 하나님을 기쁘시게 하기 위함이 아니라, 그리스도가 우리를 기쁘게 하셨기 때문이다. 이런 생각을 가지고 세 번째와 네 번째 계명을 보자.

> 서론은 단순히 존경의 개념을 보여준다.
> 그러나 새 언약에서 율법의 역할은 넘어야 하는 큰 장애물이기 때문에,
> 서론에서 이에 대해 다루었다. 이것이 이후 다른 부분에서
> 설교를 그리스도와 연결되게 할 것이다.

1. 하나님의 이름을 존중하라: 하나님의 명성에 대한 존중(7절)

하나님의 이름을 망령되게 하지 말라는 것은, 하나님의 이름을 의미 없는 방식으로 떠올리지 말라는 것이다. 하나님은 자신의 명성이 그분을 지켜보는 이들에게 별과 같이 되는 데 단호하시다.

2. 하나님의 날을 존중하라: 하나님의 안식에 대한 존중(8-11절)

이것은 신약에서 재확인되지 않은 유일한 명령이다. 그러나 여전히 우리는 일이 없고 예배가 있는 날을 축하한다. 신약의 유형을 유지함으로 우리는 사망 권세를 이기신 그리스도의 승리를 축하한다.

> 위의 두 요점은 실제적인 적용을 요구한다.
> 이 적용의 필요는 구약 율법의 희미함에 비추어 더 명확해진다.
> 그러나 필수적인 적용은 율법과 은혜의 관계에 대한 명확한 설명에 부차적이어야 한다.
> 복음 없는 실제적 적용은 누구도 도울 수 없다.

결론

이스라엘 사람들은 한 주의 마지막을 쉼으로 기리지만, 그리스도인들은 한 주의 시작을 기념한다. 이것은 상징이다. 이스라엘 사람들은 앞으로 올 것에 대한 기대를 가지고 하나님을 섬겼다. 우리는 그리스도가 이미 오셨음을 축하한다. 그들은 소망을 구했지만, 우리는 그리스도가 이미 이루신 일을 축하하는 것이다. 그리스도는 일을 마치시고 쉬셨다. 이제 우리는 그분의 완성된 일 가운데 휴식한다.

토론을 위한 질문

1. 우리가 율법을 설교하는 동기는 무엇인가?
2. 율법을 받았다는 것과 지킨다는 것은 어떤 방법을 의미하는가?
3. 율법이 하나의 특별한 상황에서 주어졌을 때 어떻게 그것을 적용할 수 있는가?
4. 어떤 관점에서 율법이 세상을 위한 것인가?
5. 작은 단위의 주해와 넓은 단위의 주해의 차이점은 무엇인가? 율법을 설교하는 데 왜 이러한 방법이 유익한가?

추천 도서

- 스캇 깁슨.『구약을 설교하기』. 김현회 역. 서울: 디모데, 2009 중 더글라스 스튜어트. "율법서를 설교하기."
- 윌리엄 클라인 외.『성경해석학총론』. 류호영 역. 서울: 생명의말씀사, 1997.
- Kaiser, Walter, Jr. *Preaching and Teaching from the Old Testament*. Grand Rapids: Baker, 2003.
- Ryken, Phillip Graham. *Exodus*. Preaching the Word. Wheaton: Crossway, 2005.
- Wright, Christopher J. H. "Preaching from the Law." In *Reclaiming the Old Testament for Christian Preaching*, edited by Grenville J. R. Kent, Paul J. Kissling, and Laurence A. Turner. Downer's Grove, IL: InterVarsity, 2010.

하나님의 말씀(Word)을
하나님의 어조(Tone)로 전달하라!

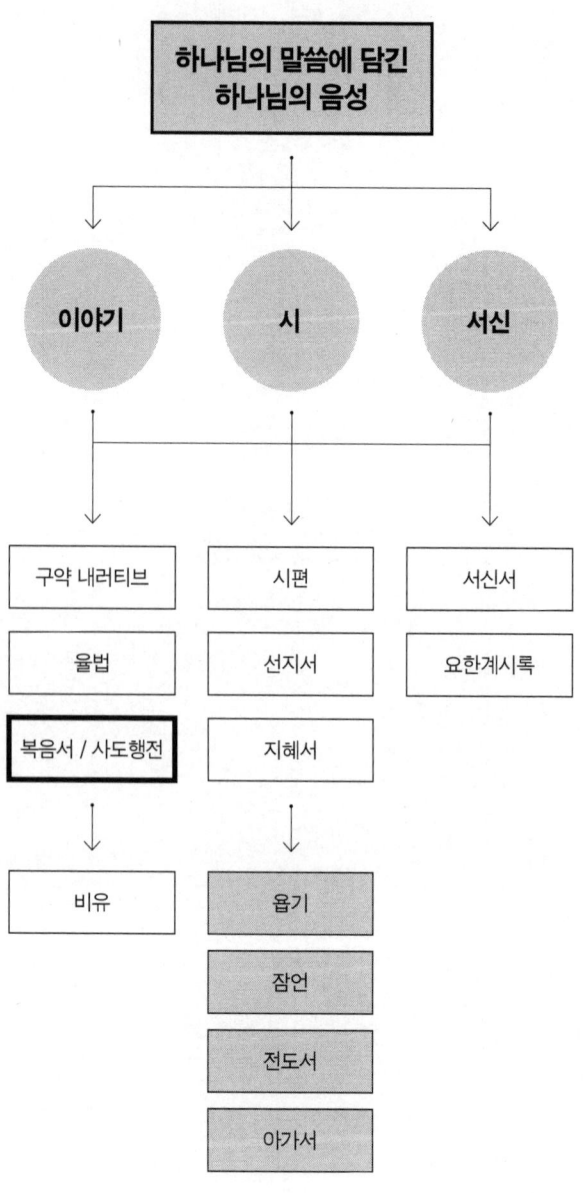

CHAPTER 6

복음서와 사도행전에서 하나님 음성 되살리기

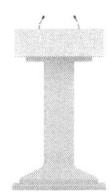

성경본문의 의미는 본문 자체의 말보다 저자와 더 관계가 있다.[85]

모든 성경에 그리스도가 존재하지만, 복음서에는 예수님이 직접 말씀하신 부분이 기록되어 있다. 예수님은 요한복음 14장 10절에서 "내가 아버지 안에 거하고 아버지는 내 안에 계신 것을 네가 믿지 아니하느냐 내가 너희에게 이르는 말은 스스로 하는 것이 아니라 아버지께서 내 안에 계셔서 그의 일을 하시는 것이라"고 말씀하셨다.

복음서에는 예수님의 말씀과 행적이 기록되어 있다. 그것은 곧 하나님의 말씀과 행적이다. 따라서 예수님의 행동을 이해할 때, 우리는 하나님을 이해하게 된다. 만약 우리에게 어떤 도움이 없다면 신적인 부분을 이해하는 것은 어려워진다. 감사하게도 사람의 언어를 통해 예수님의 말씀과 행적이 우리에게 전달되었다. 마태, 마가, 누가, 요한은 하나님의 마음과 일을 문학적 표현을 통해 알린다. 그들이 우리에게 모든 것을 말하지는 않는다. 그럴 시간도 충분하지 않다. 그러나 우리가 완전히 이해할 수 있는 것보다 우리가 알아야 하는 모든 것을 우리에게 말하려 한다.[86] 모든 것은 아니지만 충분하다.

이 네 명의 저자는 예수님의 말씀과 행적을 기록할 뿐 아니라, "율법과 선지자"(마 22:40) "모세와 모든 선지자"(눅 24:27) "모세의 율법과 선지자의 글과 시편"(눅 24:44)이라고 불리는 히브리 성경을 완벽하게 이해하고 있었다. 이러한 표현들은 구약성경을 묘사하는 것이다. 그들은 유대인으로 문화적 유산인 성경을 알고 있었다. 그러나 그들은 또 다른 이유로 구약성경을 알고 있었다. 우리가 아는 것처럼, 그들은 예수님을 알기에 성경을 알았다. 여기에 중요한 사실이 있다. 모든 구약성경은 실제적으로 예수님을 가리킨다는 것이다. 안타깝게도 사람들은 이 사실을 잃어버렸다. 그 사람들이 바로 예수님이 이 세상에 오신 이유였다. 또 제자들도 잃어버렸다. 따라서 예수님은 부활 후 나타나셔서, 그들에게 성경을 열어 어떻게 자신이 구약을 성취했는지 보여주셨다(눅 24장). 하나님은 구약에서 말씀하신다. 그분이 말씀하신 것은 그 아들에 관한 것이다. 이 신비가 마침내 복음서에서 나타난다.

이 사실은 복음서가 전체 성경을 해석하는 열쇠 역할을 한다는 뜻이다. 구약은 복음서에 기록된 그리스도의 임재를 통해 설명된다. 사도행전에서 유다서까지는 그리스도의 임재가 교회 가운데 드러난 것을 보여준다. 요한계시록은 단순히 예수 그리스도의 다시 오심에 관한 그분의 계시다(계 1:1). 요한계시록에서 복음서가 추정했던 내용이 명확하게 나타난다. 구속사의 무게를 떠받치는 역할을 하는 것이 복음서의 증언이다. 따라서 단순히 복음은 '좋은 소식'이라는 정의가 복음서 장르를 이해하는 최고의 방법이다. 즉, 우리가 복음의 메시지라 부르는 것은 바울이 로마서 3장에서 우리를 위해 정제한 복된 소식이다. 모든 사람이 죄를 지었기 때문에 하나님의 진노를 받는 것이 마땅하다(23절). 예수님이 화목제물로 우리를 위해 하나님의 진노를 대신 담당하셨다(25절). 하나님은 믿음을 통한 값없는 구원을 허락하셨다(24-25절). 이 메시지가 가능한 것은 복음서의 메시지 때문이다. 따라서 우리는 지금 성경의 모든 장르 중 가장 도전적이고 자극적인 장르를 보게 된다.

　복음서는 우리가 보듯 독특한 면이 있다. 여기에는 전기의 모든 요소가 있다. 그러나 이 예수님의 전기는 오늘날의 전기에서 나타나는 연대기 역사적 구조로 진행되지 않는다.[87] 복음서는 비유를 담고 있는데, 비유는 독립된 자체의 이야기로 해석되어서는 안 된다. 비유는 주위에 있는 대화와 환경 가운데 해석되어야 하기 때문이다. 이러한 모든 요소들은 장르를 독특하게 만든다.

　복음서는 독특하지만 동시에 그 안에 다양한 문학적 장르를 포함하고 있다. 성경의 어떤 책도 복음서와 사도행전같이 많은 다양한 문학 장르를 포함하고 있지 않다. 복음서에는 내러티브, 비유, 지혜, 권면, 강해가 있다. 많은 설교자들이 복음서 설교를 어렵다고 생각하지만, 우리는 두 가지 요점에 집중해야 한다. 메시지의 무게감과 중간 매개체의 다양성이다. 더 정확하게 말하면, 복음서는 많은 다양한 수단을 통해 전달된 하나의 거대한 메시지다.

　여기에 설교자에 대한 도전이 있다. 설교자가 복음서를 설교할 때, 설교의 구조가 매주 바뀔 수 있다. 그 점이 힘들게 보이지만, 사실 이것이 설교를 신선하고 열정적으로 살아 있게 한다. 복음서 본문의 장르 변화는 우리가 설교의 형태를 바꿔가도록 요구한다. 이것은 놀라운 자유이자, 중간매개체로 인한 도전이다. 마치 본문을 담고 있는 매체가 설교자의 설교 형태를 통제하고 변하게 하듯, 본문의 메시지는 설교자를 변하게 한다. 본문의 변하지 않는 성격이 우리를 변화시키기 때문에, 우리 설교자들은 변화된다.

　이제 복음서와 사도행전의 해석과 전달, 구조의 특징을 살펴보자.

해석: 복음서에서 음성 듣기

● ● 복음서는 사실이다

이 명제가 여기 제시된 것이 이상하게 보일 수 있다. 그러나 여기에는 두 가지 이유가 있다. 첫째, 기록된 메시아 예수님의 삶과 사건이 사실이라고 믿는다면, 그것은 많은 학자들과 반대 입장에 서는 것이다. 다행히 내가 가르치고 있는 학교에서는 그렇지 않지만, 많은 학자들이 복음서의 사실성에 대해 분명하지 않은 관점을 가지고 있다. 둘째, 설교자는 복음서의 역사성에 확신을 가져야 한다. 설교자는 성경에 기록된 역사적 사건, 그리스도의 난해한 말씀들, 그분의 기적을 다룰 수밖에 없다. 어떤 자연주의자는 성경의 기적에 대해 이성적으로 자연스럽게 해석하고 설명하려 한다. 그러나 반드시 이 방법이 옳은 것은 아니다.

우리는 하나님이 자신을 드러내기 위해 무엇인가를 선택하셨다는 확신이 필요하다. 그리스도에 관해 기록된 이 영감받은 말씀은 사실일 뿐 아니라 그것으로 충분하다. 비록 우리가 복음서를 통해 좀더 사실적으로 변증하는 것을 선호한다 할지라도, 복음서는 그곳에 기록된 사건들에 대해 권리를 가지고 있다. 우리는 순종하는 자로서 본문 아래 자신을 두어야 하고, 결코 완고한 제자들처럼 본문 위에 서려 해서는 안 된다.

● ● 각 복음서는 하나의 종류다

복음서는 내러티브이고, 그중에서도 내러티브 전기다. 거기에는 인간이신 예수 그리스도의 이야기가 있다. 그러나 이 전기는 우리가 예상했던 것과 다르다. 예를 들어, 오늘날의 전기는 사건의 연대기적 순서가 매우 분명하게 나타난다. 전기에 나오는 사건들은 시간과 조화를 이루어 기술된다. 그것은 링컨 대통령과 남북전쟁, 마틴 루터 킹과 흑인인권운동의 예에서 쉽게 알 수 있다. 우리는 복음서에서도 똑같은 것을 기대한다. 또 사실상 복음서의 몇몇 구체적인 역사적 자료, 가령 누가복음 2장 1절과 사도행전에서 정부 당국자들과 얽힌 상황을 통해, 역사적 정황을 알 수도 있다. 그러나 놀랍게도 복음서에는 이런 정보가 많지 않다. 사실상 역사적 배경보다 저자들은 종종 다른 부분에 더 관심이 있다. 그들의 관심은 예수 그리스도의 삶과 시대가 어떻게 예언과 직접적으로 연결되어 완성되는지를 설명하는 데 있다. 따라서 마태는 오늘날의 전기 기술법이 아닌, 긴 유대인 족보로 시작한다. 이 족보는 단순한 족보가 아니다. 다윗 왕과 그리스도의 연관성을 보여주기 위해 잘 선택된 족보다. 여기서 질문이 생길 수 있다. 왜 모든 족보를 쓰지 않았을까? 왜 특정한 방식으로 족보를 말하고, 모든 사람을 거기에 포함하지 않았을까?

마태는 엄밀한 연대기적 의미의 족보에 관심이 없었다. 특정한 관점에 관심이 있었기 때문이다.[88] 마태는 삶이나 시대 자체에 관심이 있었던 것이 아니다. 그는 구체적인 질문에 대답한다. '마리아의 아들인 이 예수님이 메시아인가?' 나중에 논하겠지만, 이 질문에 대해 마태는 내러티브를 선택해 답한다.

그리스도의 전기는 복음서를 설명하는 최고의 방법일 것이다.[89] 물론 복음서들은 전기다. 그러나 그리스도가 누구인지 설명해 주는 전기다. '그리스도'의 완전한 개념은 유대의 신성 문학에서 형성되었지만, 복음서의 저자들은 구약에서 예수님에 대해 예언되었던 모든 것이 그분을 통해 성취되었음을 우리에게 알려주고자 한다. 따라서 실제로 그리스도의 전기다.[90] 즉, 이 전기들은 그리스도가 어떻게 전 구속사의 중심인물인지 보여준다. 우리는 복음서 본문의 질문에 항상 대답해야 한다. '그리스도에 관해 어떻게 말하는가?' 이 질문이 앞에서 본 것같이 마태복음의 본문을 이해하는 데 특히 도움을 준다. 따라서 이런 방법으로 복음서는 자신만의 독특한 장르를 가지고 있다. 이러한 특성은 다른 문학작품과 구별된다. 이 외에 복음서를 독특하게 만드는 요소는 내러티브의 긴장감, 신학, 역사다.

긴장감 복음서는 내러티브처럼 보이고, 실제로 그렇다. 그러나 복음서는 단순한 내러티브로 정의되면 안 된다. 좀더 정확히 말하면, 기독교적 내러티브다. 복음서는 내러티브이므로 이야기로 구성되어 있다. 그것들은 실제적 설명이 있는 내러티브이고 실제 역사다. 그러나 이러한 내러티브는 심오한 영적 진리를 전달한다는 점에서 신학적이다. 우리는 내러티브 장르에 대해 신학을 가르치는 좋은 수단이 아니라고 생각한다. 그러나 빡빡하고, 교훈적이며, 지루한 강의를 좋아하는 소설가를 본 적이 있는가? 나도 보지 못했다. 소설가를 위대하게 만드는 것은 그들의 이야기 능력이다. 그러나 그리스도적 전기로서 복음서는 신학적이고, 역사적이며, 내러티브적인 요소를 모두 가지고 있다. 내러티브는 신학적 가르침을 전달하기 위해 하나님이 선택하신 수단이다. 내러티브와 신학 사이의 긴장감이 우리에게 있을 수 있지만, 내러티브는 하나님이 소통하기 위해 선택하신 방법이다.

복음서는 하나에 대한 네 가지 표현이다. 하나님은 복음서의 메시지 전달을 네 사람의 손을 통해 진행하셨다. 이 사실은 네 가지 다른 설명을 만들어낸다. 복음서 설명은 서로 다른 사실이 아니다. 오히려 동일한 이야기를 하는 네 가지 다른 방법이다.[91] 이에 대한 많은 내용이 있지만, 구체적으로 설교와 연관된 세 가지만 논의해 보자.

●● 각 복음서는 독특한 목적을 가지고 있다

각 복음서의 저자들은 독특한 목적을 가지고 있다. 이 목적은 구체적일 수도 있고, 때로는 암시적일 수도 있다. 요한이 왜 복음서를 기록했는지 구체적인 목적을 생각해 보라. 그의 목적은 다음과 같다. "오직 이것을 기록함은 너희로 예수께서 하나님의 아들 그리스도이심을 믿게 하려 함이요 또 너희로 믿고 그 이름을 힘입어 생명을 얻게 하려 함이니라"(요 20:31). 요한이 자신의 복음서에 포함시킨 모든 것은, 예수님이 실제로 유일한 그리스도이심을 독자들이 믿도록 하기 위함이었다. 그리고 누가도 비슷한 목적을 가지고 있다. 그는 복음서 수신자에게 그 기록 목적이 "이는 각하가 알고 있는 바를 더 확실하게 하려 함이로라(눅 1:4)"고 기술한다. 또 누가는 예수님의 이야기를 더 자세하게 기술한다. 그리고 예수님이 제자들에게 자신이 메시아임을 확인해주는 내용을 포함시킨다.

마가복음에는 이러한 명확한 주제 문장이 없지만, 기자는 독자들에게 왕국이 도래하고 있음을 알리기 원했다(막 1:15). 또 예수님이 만물을 통치하시는 권세를 가지고 계심을 설명하기 위한 이야기들의 진행을 포함시켰다. 마태 역시 분명하지는 않지만 암시적으로 이러한 주제를 담고 있다. 그러나 마태는 독자들에게 수많은 구약의 예언을 통해 예수님이 다윗의 자손 메시아라는 사실을 이해시키려 했다. 따라서 이러한 본문을 읽을 때 우리는, 전체를 구성하고 있는 주제를 이해하기 위해 각 부분이 어떻게 서로에게 기여하는지 생각해야 한다. 또 작은 단위 주해가 넓은 단위 구조에 어떻게 영향을 미치는지 파악해야 한다.

데이비드 잭맨이 언급한 대로, 각 복음서는 노래의 선율이다.[92] 복음서는 많은 이야기를 가지고 있지만, 하나의 노래같이 전체 복음서를 통해 연결된 하나의 선율이 있다. 그 선율을 인식할 때, 각 복음서 이야기들을 들을 수 있다.

●● 각 복음서는 독특한 구조를 가지고 있다

복음서의 구조를 생각할 때, 우리는 종종 복음서의 개요를 생각한다. 개요는 이해를 돕기 위해서는 좋지만, 설교를 위해서는 충분하지 않다. 아래의 구조들을 보면서 하나의 주제를 중심으로 성경이 어떻게 구성되어 있는지 생각해 보라. 잭맨은 성경의 저자들이 각자의 책에서 선율을 어떻게 발전시켰는지에 대해 설명하고 있다. 아래의 개요는 잭맨의 책에서 참조한 것이다.[93]

마태복음[94]

마태복음에는 하나님나라의 주제와 함께 다섯 개의 주요 가르침 단위가 있다. 마태복음의 주된 주제는 하나님나라에서의 삶이다. 예수님이 그 주제를 발전시키는 것을 마태가 어떻게 보여주는지 살펴보라.

하나님나라의 교사 예수님
5:2-7:29　　하나님나라의 출현
10:1-11:1　　하나님나라의 사명
13:1-52　　하나님나라의 특징
18:1-19:1　　하나님나라에서의 생활
24:1-26:1　　하나님나라의 완성

물론 하나님나라의 개념은 메시아가 통치하기 위해 오셔서 그 나라의 왕이 되시는 것이다. 따라서 이러한 목적을 달성하기 위해 마태는 구약의 인용과 참조, 암시를 다른 어떤 복음서 저자들보다 많이 사용했다.

마태복음에 나타난 그리스도의 구약에 대한 생각

1:22-23 / 2:5-6 / 2:15 / 2:17-18 / 2:23 / 3:1-3 / 4:1-11 / 4:14-16 / 8:17 / 11:10 / 12:17-21 / 13:14-15 / 17:10-13 / 21:4-5 / 27:9-10

마가복음

마가복음은 좀더 간략하다. 이야기와 비유, 마태의 가르침 중 많은 부분이 마가복음에 있지만, 짧게 응축되어 있다. 마가복음은 두 개의 부분으로 나뉜다.

전반-예수님은 누구인가?

권위

1:17-20	제자들 위에
1:25-28	악한 영 위에
1:29-34	질병 위에
2:1-12	죄 위에
2:23-28	하나님의 율법을 해석함에서
4:35-41	폭풍과 자연 위에
5:35-43	죽음 위에

논쟁

1:27	회당에서
4:41	제자들 간에
5:42	군중과

답변

2:7   신성모독

3:22   귀신 들린 자

6:14-15 부활한 선지자

6:3   목수

1:24; 5:7 '하나님의 거룩한 자'

후반-어떤 종류의 그리스도인가?

8:31

9:31   십자가형과 부활

10:33-34

복음의 절정[95]
"예수를 향하여 섰던 백부장이 그렇게 숨지심을 보고 이르되 이 사람은 진실로 하나님의 아들이었도다 하더라"(15:39)

누가복음
누가의 관심은 예수님을 구원자로 보는 것이다. 따라서 누가복음에는 그리스도가 구원하러 오신 사람들과 잃어버린 자들에 대한 정보가 다른 복음서보다 많다.

구원자 예수

1:31, 47, 69, 71, 77
2:11, 30

8:48

7:50

8:12

나사렛 회당 설교(눅 4장)에서 예수님은 자신의 사역 성취를 구원의 측면에서 규정하신다.

요한복음

요한의 목적이 모든 복음서 저자 중 가장 분명할 것이다. 요한복음 20장 31절에서 그는 다음과 같이 표현했다. "오직 이것을 기록함은 너희로 예수께서 하나님의 아들 그리스도이심을 믿게 하려 함이요 또 너희로 믿고 그 이름을 힘입어 생명을 얻게 하려 함이니라" 이 목적을 달성하기 위해 그는 메시아 신앙을 불러일으킬 수 있는 많은 기적을 포함시켰다. 요한복음은 복음서 중 가장 강해적으로 응축되어 있는 서막을 가지고 있다.

구조[96]

일곱 가지 기적

1. 물을 포도주로 바꾸신다(2:1-11).

2. 관원의 아들을 고치신다(4:46-51).

3. 베데스다 연못에서 병자를 고치신다(5:1-9).

4. 오천 명을 먹이신다(6:1-14).

5. 물 위를 걸으신다(6:16-21).

6. 날 때부터 맹인 된 자를 고치신다(9:1-7).

7. 나사로를 살리신다(11:1-46).

일곱 번의 '나는 … 이다' 유형의 말씀

1. 나는 생명의 떡이다(6:35).
2. 나는 세상의 빛이다(8:12).
3. 나는 문이다(10:9).
4. 나는 선한 목자다(10:11).
5. 나는 부활과 생명이다(11:25).
6. 나는 길과 진리와 생명이다(14:6).
7. 나는 참 포도나무다(15:1).

요한복음의 서막

1:1	태초에 말씀이 계시니라 이 말씀이 하나님과 함께 계셨으니 이 말씀은 곧 하나님이시니라
1:14상	말씀이 육신이 되어 우리 가운데 거하시매
1:17	율법은 모세로 말미암아 주어진 것이요 은혜와 진리는 예수 그리스도로 말미암아 온 것이라

예수님의 모든 주장의 초점은 예수님 자신이다
3:31-32; 5:24
8:42; 12:49
14:9

예수님의 정체성

2:1-11
예수께서 이 첫 표적을 갈릴리 가나에서 행하여 그의 영광을 나타내시매 제자들이 그를 믿으니라 (2:11)

12:32-33

내가 땅에서 들리면 모든 사람을 내게로 이끌겠노라 하시니 이렇게 말씀하심은 자기가 어떠한 죽음으로 죽을 것을 보이심이러라

두 부분으로 나뉨

1-12장	예수님의 사역
	세상을 향한 말씀의 계시
13-21장	예수님의 죽음과 부활
	세상을 위해 하늘로 올림 받은 말씀

사도행전

폴힐(Polhill)에 의하면, 사도행전은 두 부분으로 나뉜다. 첫 부분은 예루살렘 교회의 사역(1-12장)이고, 두 번째는 바울의 여행과 사역(13-28장)이다. 좀더 자세하게 나누면 다음과 같다. "예루살렘 교회 사역 부분 중 1-5장은 예루살렘 초대교회를 다루고, 5-12장은 예루살렘을 넘어 이루어진 선교를 보여준다. 바울의 사역 부분 중, 13장 1절-21장 16절은 바울의 세 가지 주요 선교와 연관이 있고, 21장 27절-28장 31절은 바울이 자신의 사역을 변호한 내용을 다룬다."[97] 사도행전을 설교하는 데 유익한 것은, 그것이 연대기 순으로 정리되었다는 점이다. 우리는 복음이 예루살렘 중심에서 나머지 세상으로 움직이는 것과 다시 예루살렘으로 돌아오는 것을 보게 된다.

위의 구조에서 살펴본 것같이 복음서의 많은 자료들이 서로 일치하지만, 각 복음서 저자들은 자신의 방법으로 독특하게 자료를 발전시킨다.

●● 이야기들은 대표적이며, 모든 것을 포함하지는 않는다

이러한 각자의 독특한 목적 때문에, 복음서의 저자들은 선택적으로 자료를 사용한다. 즉, 그리스도에 관한 더 많은 것들이 있다. 요한은 자신의 복음서에서, 예수님의 모든 행적을 책에 기록한다면 세상도 그 모든 것을 담을 수 없을 것이라고 강조한다(행 21:25). 따라서 복음서는 예수님이 말씀하신 작은 부분에 불과하다. 예수님이 행하신 모든 기적이 기록된 것이 아니다. 서기관들에 대한 모든 반응, 필요한 사람에게 베푸셨던 모든 긍휼, 잃어버린 양을 찾는 모든 행동이 기록된 것이 아니다. 우리는 매일의 여정과 상세한 자서전적 기록을 가지고 있지는 않다. 요한이 그런 과장된 표현을 통해 설명하고자 한 것은, 우리는 최고의 실례를 성경을 통해 알고 있다는 것이다.

우리는 복음서와 사도행전에 자세한 부분들이 없다는 점에 놀라워해야 한다. 그러나 이에 대한 답이 무용론적 관점으로 발전되면 안 된다. 오히려 제시된 내용들에 초점을 맞추는 것이 훨씬 더 좋은 방법이다. 저자는 각 본문 뒤에 숨어 있는 자신의 동기를 개인적 일기 형식으로 우리에게 전달하지는 않았지만, 그 부스러기를 주었다. 그 길을 따르지 않는 것은 현명하지 못하다.

●● 복음서와 사도행전은 다양한 장르를 포함하고 있다

복음서의 가장 매혹적인 문학적 특징 중 하나는, 복음서 각각이 다양한 장르를 가지고 있다는 것이다. 그것은 앞서 살펴본 바와 같이, 사도행전이 교회의 내러티브처럼 기록되고 복음서의 문학적 전략을 많이 공유하는 반면, 복음서는 자신만의 장르를 가지고 있기 때문이다. 이 독특한 장르가 그리스도적 전기라고 설명한 바 있다.[98] 그리스도의 삶에 관한 큰 그림을 얻기 위해 복음서가 무엇을 포함시켰을지 생각해 보라. 만약 우리가 저자의 입장에서 증언한다면, 그리스도가 걸으신 삶의 행적을 묘사하기 위해 무엇을 취했을지 상상해 보라. 첫째, 몇몇 강해적 문학이 필요할 것이다. 그것은 하나님의 성육신 교리를 설명하는 유형의 문학이다. 예를 들어, 요한복음 1장 1-5절을 보라.

  다음으로 주도적인 장르는 당연히 내러티브가 될 것이다. 우리는 그리스도의 삶을 구성하고 있는 이야기, 즉 출생, 어린 시절, 승천, 제자들에 대한 사명 위임 등의 이야기를 말할 필요가 있다. 또 다른 사람과의 대화나 서술 같은 내러티브의 하부 장르가 필요할 것이다. 진행되고 있는 사건들 간의 간격을 채워야 하기 때문이다.

  그리고 물론 우리는 그리스도의 가르침을 포함시켜야 할 것이다. 그리스도의 가르침은 종종 짧은 문장들로 구성되어 있다. 가령 바리새인들이 하늘의 표적을 요구하는 것에 대한 답(마 16:1-4; 막 8:11-12)과 산상수훈 같은 긴 설교(마 5-7장)다. 그의 가르침 중에서 우리는 비유의 장르를 발견한다. 비유는 그리스도의 가르침을 많이 포함하지만, 장르 자체의 독특한 면 때문에 다음 장에서 좀더 길게 논의할 것이다.[99]

  따라서 복음서는 내러티브지만 그 이상을 포함한다. 전기지만 독특한 형태의 전기다. 그리스도가 행하고 말씀하신 모든 것을 전달하기 위해서는 다양한 장르가 사용되어야 한다. 그렇다면 그것들에 대해 간략하게 논의해 보자.

내러티브[100]

  인물 전개 복음서 저자들은 이야기에서 어떻게 인물이 전개되는지에 대한 단서들을 사용한다. 우리는 삭개오라는 인물에 대해 사회적 위치 이상의 것을 알게 된다. 분명히 그는 예수님을 보기 위해 나무에 올라갈 정도로 충분히 호기심이 있었으며, 예수님이 자기 집에 오시는 것을 환영할 정도로 충분히 마음이 열려 있었다. 그리고 자신의 소유물을 팔겠다고 할 정도로 충분히 회개했다. 그러나 그 인물이 전개되는 것을 알 수 있는 가장 효과적인 방법은 대화를 통해서다.

대화 인물 간의 대화를 통해, 우리는 복음서 저자들이 예수님의 가르침에서 우리가 배우기 원하는 것이 무엇인지 정확하게 알게 된다. 또 예수님이 가르치시는 인물을 어떻게 우리와 동일시할 수 있는지에 대해 좀더 이해할 수 있다. 요한복음 4장에서 예수님이 우물가의 여인과 어떻게 대화하시는지 생각해 보라. 우리는 예수님이 사람들과 대화하는 방식을 알게 된다. 그분은 대화하기 위해 멈춰 서심으로 연민을 보이시고(4절), 그녀에게 다가가기 위해 문화적 장벽을 기꺼이 허무시며(7-9절), 놀랍게도 직설적이시고(18절), 궁극적으로는 그녀에게 진정한 예배를 권유하신다(21-26절). 여인은 예수님이 사마리아에 들르신 것을 의아해하고(9절), 자신의 문화적 환경을 이해하고 있으며(19-20절), 현재 심각한 영적 갈증을 느끼고 있고(15절), 예수님이 실제로 누구이신지 알았을 때 기쁨으로 반응한다(39절). 우리는 이 모든 것을 대화를 통해 알게 된다.

가장 중요한 것은, 우리는 대화를 통해 예수님이 특별한 상황 가운데 어떻게 반응하시는지 이해하게 된다는 것이다. 우리는 대화 속에 있는 예수님의 전략에서, 그분의 명확한 가르침만큼이나 많은 부분을 배운다. 우리는 그분이 어떻게 사람들을 환영하시고 그들에게 도전을 주셨는지, 그리고 불의, 율법, 제자의 역할에 대해 어떤 생각을 가지고 계셨는지 알 수 있다. 따라서 대화를 살펴볼 때 가져야 하는 첫 번째 질문은, '나는 어떤 면에서 이 사람과 같은가?' 등의 정체성에 관한 것이 아니다. 오히려 이해에 대한 질문, 즉 '복음서 저자가 예수님에 대해 전달하고자 하는 것이 무엇인가'다. 두 번째 질문에 답하면, 우리는 설교할 때 첫 번째 질문을 어떻게 할 것인지에 대해서도 이해할 수 있다.

서술 이야기가 움직이게 하기 위해서는, 사도행전의 누가뿐 아니라 복음서 저자들도 어느 정도의 서술을 포함시켜야 한다. 사도행전에는 서술이 많이 나온다. 예를 들어, 사도행전 15장은 다음과 같은 말을 포함하고 있다. "어떤 사람들이 유대로부터 내려와서"(1절) "사도와 장로들이 이 일을 의논하러 모여"(6절) "온 무리가 가만히 있어 … 말을 마치매 야고보가 대답하여 이르되"(12-13절). 이것은 순전히 서술이며, 사건이 흘러가는 속도와 의미를 알려준다. 서술은 기본적인 것이지만 매우 중요하다. 그리고 사건의 연결에서 언어적 고리를 제공한다. 또 우리가 이 사건들을 이해함에서 복음서 저자들이 어떻게 느꼈는지를 가장 분명하게 볼 수 있는 장소다. 따라서 서술을 이해하는 것은 매우 중요하다. 복음서 저자들은 하나님의 영감을 받아 이런 방법으로 그 말들을 기록했다. 어떤 이야기를 포함하고 제외했는지 살펴보는 것은 본문의 이해를 위해 중요하다. 만약 저자가 많은 자세한 내용 제공하기를 멈춘다면(누가복음 14장 25절의 예수님을 따르는 수많은 무리나, 누가복음 17장 15절의 치유된 나병환자의 육체 상태 등), 우리는 그것을 관찰하고 전달해야 한다. 만약 저자가 전혀 자세한 부분을 제공하지 않는다면, 이야기를 해석하는 데 그것이 중요하지 않다는 것을 의미하기에 그냥 거기서 떠나면 된다. 따라서 이제 질문은 '왜 저자가 자세한 설명을 제외했는가?' '저자는 독자가 어디에 관심을 집중하기 원하는가?' 하는 것이다. 자세한 설명은 중요하다. 그것이 생략된 설명일지라도 중요하다. 자세한 설명을 생략한 것도 영감 받은 복음서 저자가 한 것이기 때문이다.

하부 구조 복음서에서 모든 작은 이야기의 구조는 하부 구조로, 책의 더 큰 구조를 이끄는 역할을 함을 기억하는 것이 중요하다. 처음에는 이것이 명확하지 않다. 이야기들은 종종 다른 이야기들과 무리를 짓고,

이렇게 연결된 이야기는 전체를 형성해 책의 전체 이야기 구성을 돕는다. 우리는 저자의 책에 대한 의도를 파악하는 부분에서 이에 대해 더 논할 것이다.

비유

복음서에서 비유는 매우 매혹적이다. 비유 장르는 설교학적으로 다른 접근이 필요하기에 다음 장에서 다룰 것이다.

긴 담화

복음서 안의 어떤 본문들은 그리스도의 좀더 긴 가르침을 포함한다. 아래의 내용을 참조하라.

> 산상수훈(마 5-7장)
> 평지설교(눅 6:20-49)
> 여덟 개의 비유(마 13장)
> 우화적 가르침(막 4:1-34)
> 천국 비유(마 18장)
> 잃어버린 자에 대한 다섯 가지 비유(눅 15-16장)
> 예수 그리스도의 가르침과 대제사장적 기도(요 14-17장)
> 마지막 때에 대한 비유(마 23-25장)
> 경고(눅 12장)

예수님은 항상 가르치셨다. 그리고 모든 내러티브는 가르침과 교화, 권면을 목적으로 사용되었다. 그러나 이것들은 긴 담화를 포함한 일부 본문들의 표본일 뿐이다. 담화에는 독특한 특징이 있다. 그중 두 가지를 살펴보자.

첫째, 담화는 종종 수사적 표시를 가지고 있다. 이것은 우리에게 담화가 어떻게 서로 의지하고 지지하는지 파악하게 해준다. 산상수훈을 생각해 보자. 이 가르침은 예수님이 무리를 보시는 것(마 5:1)으로 시작해, 무리가 놀라는 것으로 마친다(7:28). 우리가 산상수훈의 정보를 어떻게 해석하든지 간에, 상황은 마태에게 중요하다. 그는 우리가 무리의 필요와 반응이라는 측면에서 본문을 생각하기를 기대한다. 동일하게 수사적 표시같이 각각의 담화는 독특한 청중을 가지고 있다. 종종 청중에 대한 표시가 곧 수사적 표시다. 예를 들어, 누가복음 15-16장의 다섯 가지 비유는 15장 1절로 시작된다. "모든 세리와 죄인들이 말씀을 들으러 가까이 나아오니" 또 이후의 비유들은 예수님이 바리새인과 비교해 죄인들에 대해 어떻게 생각하는지 보여준다. 마태복음 13장에서는 예수님이 여덟 개의 비유를 가르치신다. 그중 네 개는 2절에 언급되어 있는 무리에 관한 것이고, 나머지 넷은 10절에 언급된 것같이 제자들을 위한 것이다. 청중의 언급은 해석을 위한 수사적 단서다.

둘째, 긴 담화는 하나의 중심 주제를 가지고 있다. 그 주제는 각각의 복음서 저자가 사건을 기록하는 것에 따라 다른 느낌을 가지게 된다. 이에 대한 논의가 필요한 이유는, 동일한 자료의 구성이 복음서마다 다르게 나타나기 때문이다. 이것은 당황스러운 것이 아니라, 사실 도움이 된다. 각각의 개별적인 구성은 각 복음서 저자가 자신의 글에서 성취하고자 하는 것을 우리가 분명하게 이해하도록 도와준다. 그러나 하나의 중심 주제가 있지만, 여러 개의 다른 주제들도 포함할 수 있다. 대제사장적 기도는 여러 주제를 포함하지만, 기도의 핵심은 요한복음 17장 21절에서 발견된다.[101] 기도의 모든 내용이, 제자들이 그리스도 안에 있고, 그리스도와 아버지가 하나라는 사실을 반영한다는 것이다. 눈으로 확인되는 제자들의 연합이 요한복음의 목적을 보여준다. 즉, 모두가 이 연합을 보고 예수님을 믿는 것이다.[102]

마태복음 13장의 긴 담화를 사용해 두 가지 특성을 생각해 보자. 첫째, 수사적 표시를 주목하라. 예수님은 비유를 통해 많은 것을 가르치신다(3절). 비유를 마치시고 그분은 떠나셨다(53절). 따라서 이것을 통해 우리는, 마태가 13장 3-52절을 하나의 긴 담화로 보기 원한다는 사실을 추론하게 된다. 또 청중을 주목하라. 예수님은 무리를 대상으로 이야기를 시작하지만, 이 담화에는 여러 청중이 있다. 때로는 전체 무리에게 이야기하신다(3절). 다른 곳에서는 제자들에게 직접적으로 말씀하신다(36절). 또 다른 곳에서는 무리와 함께 듣고 있는 제자들에게 이야기하신다(10절).

이러한 담화를 통해 예수님이 가르치시는 모든 비유는 천국에 관한 것이다. 마태복음은 하나님나라에 관한 다양한 사안들을 다룬다. 즉, 누가 천국에 들어가는지, 천국의 적은 누구인지, 천국을 발견했을 때 어떻게 반응해야 하는지 등에 대한 것이다. 많은 사안이 있지만, 하나의 분명한 중심 주제가 있다.

그러나 주제에 대한 또 하나의 중요한 단서가 있다. 첫 번째 땅 비유는, 이해에 관한 것이다. 진정한 신자는 말씀을 듣고 이해한다. 이해라는 것은 단순히 지적인 것만을 의미하지 않는다. 오히려 행동이 뒤따르는 것이다. 두 번째와 세 번째 땅은 지적인 이해의 반응은 충분했다. 그러나 그들의 이해는 인내하고 열매를 맺는 데까지 이르지 못했다. 그들이 진정으로 이해할 수 없었던 이유는, 마음이 굳었기 때문이다. 예수님은 이 비유를 설명하시고, 그 비유의 나머지를 말씀하셨다. 마지막 말씀을 마치시고는 제자들에게 "이 모든 것을 깨달았느냐"(51절)고 물으셨다. 그들의 대답은 중요하다. 만약 그들이 이해하지 못하면 반응하고 순종할 수 없다. 그들은 자신이 이해했다고 확신했다. 주님은 그들에게 비유를 설명하시고, 이런 이해를 가지고 그들도 지식의 창고를 열어 다른 사람들을 가르쳐야 함을 알리셨다(52절). 따라서 마태복음

13장의 모든 비유는 천국에 관한 것이고, 청중으로 하여금 진정으로 듣고(9절) 이해하도록 요청한다.

● ● 하부 장르: 족보

누가복음 3장 23-38절과 마태복음 1장 1-17절의 족보는 저자의 의도가 바탕에 깔린 독특한 목적을 가지고 있다. 그러나 구약에서 이미 예언된 것같이, 모두 예수님이 다윗의 혈통임을 보여준다. 설교자는 이 본문들에 어떻게 접근할지 결정해야 한다. 이 본문들로 설교 전체를 구성해야 할지, 아니면 그와 관련 있는 내러티브로 설교해야 할지를 결정하는 것이다. 또 주해적 관심과 목회적 관심의 측면도 있다. 만약 족보로 설교 전체를 구성한다면, 족보는 내러티브의 한 부분이라는 사실을 기억하는 것이 중요하다. 누가복음에서 족보는 예수 그리스도의 사역을 준비하는 역할을 한다. 마태복음에서는 예수님이 다윗의 혈통을 따르는 왕임을 보여줌으로, 전체 책의 틀을 준비한다. 따라서 족보는 간과하면 안 되는 중요한 것이다. 또 족보는 전체 내러티브의 상황 가운데 설교되어야 한다.

● ● 복음서는 본문들 간의 깊은 연관성이 있다

우리는 복음서 기자들이 본문들 간의 깊은 연관성을 생각하고 있다는 사실을 종종 잊는다. 그것은 곧 그들이 구약을 의지한다는 의미다. 따라서 본문의 의미를 이해하기 위해서는 복음서에서 구약 본문에 대한 암시가 있는지 찾아보아야 한다.

왜 복음서 저자들은 구약을 의지했는가?

예수님이 그들을 그렇게 인도하셨다. 부활 후 예수님은 엠마오로 향하던 몇몇 제자와 길을 걷게 되었다. 누가가 이 사건을 기록했다. 그들이 예수님을 인식하지 못하는 이상한 만남 후, 예수님은 그들의 눈을 열어주셨다. "이에 모세와 모든 선지자의 글로 시작하여 모든 성경에 쓴 바 자기에 관한 것을 자세히 설명하시니라"(눅 24:27). 이후 많은 제자들에게 "그들의 마음을 열어 성경을 깨닫게"(눅 24:45) 하셨다. 이것이 무엇을 의미하는지에 대해 생각해 보라. 첫째, 복음서는 전체 성경을 해석하는 열쇠임을 의미한다. 복음서는 구약을 해설하시는 예수님을 보여준다. 사도행전부터 유다서까지는 그리스도를 따르는 사람들의 말과 행동에 관한 것이고, 요한계시록에는 다시 오실 그리스도의 이야기가 있다. 복음서는 희망이 현실화될 수 있는 지렛대 같은 역할을 하는 중요한 성경이다.

둘째, 이것은 사도적 전통(사도의 가르침)이 성경의 해석을 분명하게 수반한다는 것을 뜻한다. 예수님이 이것을 가르치실 때 그곳에 있었던 베드로는, 첫 번째 기독교 설교(행 2:14-36)에서 그리스도에 관한 설교를 하면서 요엘 2장과 시편 16편, 110편을 사용한다. 첫 번째 기독교 설교는 구약을 통해 예수님을 설명하는 것이었다. 따라서 이것이 직접적인 전통이라면, 우리는 이후 즉 복음서가 기록되고 이 가르침이 교회에서 확고하게 세워진 때를 짐작할 수 있다. 복음서 저자들은 이런 해석학적 가르침의 영향 아래 성경을 기록했다. 그들은 자신이 경험했던 예수님을 우리에게 설명하기 위해 구약의 언어를 사용했다.

당신은 예수님이 왜 세례 요한을 여자가 낳은 사람 중 가장 위대한 사람이라고 언급했는지 궁금하지 않은가? 아래의 본문을 생각해 보라.

> 내가 진실로 너희에게 말하노니 여자가 낳은 자 중에 세례 요한보다 큰 이가 일어남이 없도다 그러나 천국에서는 극히 작은 자라도 그보다 크니라 세례 요한의 때부터 지금까지 천국은 침노를 당하나니 침노하는 자는 빼앗느니라 모든 선지자와 율법

이 예언한 것은 요한까지니 만일 너희가 즐겨 받을진대 오리라 한 엘리야가 곧 이 사람이니라 귀 있는 자는 들을지어다 (마 11:11-15).

이것은 이 땅에 태어난 모든 사람에 관한 도전적인 서술이다. 그러나 요한의 위대함은 그 연대기적 위치보다, 그의 자질과 더 연관이 있다. 모세와 엘리야의 말과 행위, 즉 모든 선지자와 율법은 그리스도 안에서 완성된다. 요한은 마지막 예언자다. 그는 모든 구약 예언의 절정을 이룬 사람이다. 그리고 메시아보다 앞서 올 엘리야다. 요한은 가장 위대하다. 그는 모든 것의 완성을 가져온다. 여기서 논점은 실제적인 우위성을 나타내는 위대함이기보다 위대함에 근접함을 의미한다. 요한은 예수님에게 가장 가까웠다. 다시 말하지만, 복음서는 모든 성경의 전환점이다.

●● 복음서는 믿음을 요구한다

요한복음 20장 31절은 가장 분명하게 믿음을 요구한다. "오직 이것을 기록함은 너희로 예수께서 하나님의 아들 그리스도이심을 믿게 하려 함이요 또 너희로 믿고 그 이름을 힘입어 생명을 얻게 하려 함이니라" 모든 복음서는 예수님을 메시아로 받아들이도록 요구한다. 내러티브 전체의 주제는 변증적이다. 복음서들은 우리를 믿음으로 인도한다.

전달: 복음서에서 음성 되살리기

●● 적절한 시간을 선택하는 것(timing)이 가장 중요하다

복음서는 주로 내러티브이기 때문에, 설교자는 이야기에 많은 시간을 보내게 된다. 구약의 내러티브에서 언급했던 것처럼, 여기서도 요점을 찾는 구조보다 장면의 구조를 사용한다. 따라서 가장 조심해야 할 부분은, 설교자가 이야기를 다 전할 때까지 요점을 말하면 안 된다는 것이다. 청중 가운데는 이미 알고 있는 사람도 있기 때문에, 이 접근이 이상하게 느껴질 수 있다. 그렇다 해도, 설교자는 그들이 알지 못할 것이라고 가정한다. 따라서 젊은 부자 관원의 이야기를 할 때, 우리는 마치 새로운 이야기를 캐내듯이 전개해야 한다. 사람들이 그의 자세에서 자기의를 느끼게 하고, 모든 것을 알고 계신 예수님이 그 사람으로 하여금 스스로 자신의 마음을 살펴보도록 했던 방식으로 자비롭게 바라보게 하라. 예수님은 그 젊은이의 자기의에 감명 받지 않으셨고, 대신 변화할 수 있는 기회를 주셨다. 그분은 자기의에 빠진 사람에게 소망을 주셨다. 이야기를 하는 과정에 쉼이 있다. 이때가 젊은 관원이 회개할 수 있는 위대한 기회다. 이것은 또 우리가 자신의 자기의에 대해 회개할 수 있는 위대한 기회이기도 하다. 청중은 예수님의 꾸지람에 스스로 의무감을 느낀다. 그 부자 청년이 차갑게 거부하고 자신의 물질을 향해 예수님을 멀리 떠날 때, 청중은 동일하게 젊은 부자 관원이 내보인 거절의 무게를 느끼게 된다. 다시 말하지만, 이야기 시작에서 요점을 먼저 말하지 말라. 본문이 서서히 뜨거워지도록 천천히 열을 올려야 한다.

●● 다양성이 필수적이다

내러티브는 복음서에서 필수적인 장르다. 그러나 우리가 앞서 본 것같이, 내러티브 장르 자체의 특성과 함께 그 안에는 많은 내부 장르 유형이 있다. 이것은 우리의 설교 구조에 다양성이 있다는 것을 의미한다. 만약 마태복음을 설교한다면, 족보로 시작해 시험의 내러티브와 산상수훈을 포함한 도전적인 내러티브로 신속하게 이동하게 된다.

또 설교하는 본문의 길이도 다양하다. 마태복음에서 17개의 절을 차지하는 족보는 한 번에 설교하는 것이 지혜롭다. 그러나 5장의 팔복은 한 항목씩 설교할 수 있다. 따라서 설교의 구조는 다양하다. 이것은 설교자나 청중에게 자유와 생명을 주는 것이다. 우리로 참신함을 유지하게 하고 전달함에서 다양성을 허락하기 때문이다.

● ● 화면을 채우라

작은 단위의 본문을 취할 때 생기는 유혹 중 하나는, 본문을 둘러싸고 있는 더 큰 주제와 연결하는 데 소홀해지는 것이다. 대화, 치유, 가르침은 모두 내러티브의 한 부분이다. 이런 내러티브는 좀더 넓은 내러티브의 일부이고, 이러한 그룹의 내러티브는 복음서 저자가 전체의 핵심에서 전달하고자 하는 메시지의 한 부분을 담당한다. 이것을 이해하지 못하면, 우리는 각각의 이야기를 분리시키고 마치 하나의 개별적인 이야기같이 다루게 된다. 그러나 각 이야기는 전체 이야기의 주된 구조 안에서 작은 구조를 형성한다. 그곳이 바로 의미가 발견되는 장소다. 작은 본문의 내부적 구조와 복음서 내러티브의 외부적 구조를 통해 의미를 찾을 수 있다.

이러한 복음서의 역동성을 이해하는 것은 좀더 학문적이다. 그러나 그것을 언제 설교할 것인지 아는 것은 더 기술적인 부분이다. 이것은 문맥 속에서 본문을 이해하는 훈련이, 설교자로 하여금 더 넓은 성경의 주제를 이해하게 한다는 것을 의미한다. 그러나 내러티브 본문에서 각각의 이야기가 더 넓은 주제를 가리킨다는 것이, 각 설교마다 동일한 방법을 고수함을 의미하지는 않는다. 예를 들어, 누가복음을 설교한다면 나는 예수님이 예루살렘으로 향하시는 것을 볼 때마다, 그리스도가 희생의 길을 가고 있음을 이해하게 된다. 이것은 어떤 면에서 모든 내러티브의 궁극적인 '요점'이 될 수 있다. 예수님의 여행 내러티브나 옳지 않은 청지기 비유(눅 16:1-13)를 설교할 때, 위의 요점을 이야기할 수 있다. 그러나 이러한 사실을 만약 이전의 잃었다 다시 찾은 아들 비유 설교에서 이야기했다면, 여기서는 필요하지 않을 것이다. 원칙은 각각의 내러티브를 전체적인 큰 그림에서 보게 하는 것이다. 우리는 반드시 그렇게 해야 한다. 이 원칙 없이는 사람들이 큰 그림을 볼 수 없다. 그러나 얼마나 자주 또는 오랫동안 이 원칙을 실천할지는 각자가 처한 목회 현장의 상황에 따라 달라진다.

●● 긴장감을 가지라

우리가 만든 문장의 영향력을 생각해 보라. 우리가 설교하는 복음서 각각의 본문에는 실제로 있었던 일의 기록인 역사적 요소가 있다. 그리고 명확히 붙잡을 수 있는 진리인 신학적 요소와 이야기로 전해지는 내러티브적 요소가 있다. 복음서를 설교한다는 것은 이러한 긴장감을 갖는 것을 의미한다.

우리는 이야기를 말하는 사람이 되어야 하지만, 단순한 이야기꾼이 되어서는 안 된다. 복음서를 설교할 때 생기는 또 다른 유혹 중 하나는, 의자의 안전장치를 올리고 손을 무릎 위에 올린 채 단지 이야기만 하고자 하는 것이다. 우리는 내러티브의 자세함에 흔들리고, 현대의 유사한 재미있는 이야기로 설교를 구성하고 싶어진다. 사람들을 즐겁게 해서 돌려보내지만, 그들의 삶에는 변화가 일어나지 않는다. 그러나 우리는 이렇게 할 수 없다. 물론 복음서는 내러티브이지만, 신학적인 내용 없이 단지 자극적인 이야기만 한다면, 그런 내러티브는 단지 내러티브일 뿐이다. 물론 어떤 이는 복음서를 단지 신학적 가르침으로만 다루지만, 이 또한 균형을 잃어버린 동일한 실수를 범하는 것이다. 내러티브 설교만 고집하는 것 역시 성경본문을 균형 있게 전하는 것이 아니다.

우리는 신학을 가르쳐야 하지만, 그것이 내러티브 신학은 아니다. 신학적 내용을 제대로 가르치지 않고 내러티브 신학에 기초를 두는 것은, 또 하나의 유혹이다. 우리는 예수님이 행하시는 것을 보았지만, 성경이 그분의 행동에 대해 가르치는 것에 비추어 설명하고자 한다. 이것은 우리가 꼭 해야 하는 일이다. 그러나 우리는 아름다운 내러티브도 취하고, 신학적 강의도 할 수 있다. 만약 마가복음 5장을 통해 악한 세상을 제어하는 예수님의 힘에 관해 가르치거나, 누가복음 15장에서 예수님의 잃어버린 자에 대한 이해를 가르치려 할 경우, 이에 대한 정확한 자료는 그곳에 있다. 그러나 교리적 가르침은 이야기 안에 들어가 있다. 가르침의 내용은 축출된 사실이나 '요점'이 될 수 있다. 우리는 본문에서 교리의 요점들을 끌어낼 수 있지만, 확실히 복음서 저자들은 그것을 의도하지 않았다. 그들은 이야기를 통해 하나의 큰 요점을 만들고자 했다. 따라서 이야기를 둘러싸고 있는 에피소드의 하부 요점을 가르치며 서로 연결하기 위해 힘썼다. 그리고 책의 요점으로 진행하기 위해 모든 것을 사용했다. 오늘날 우리의 내러티브는 이야기보다 강의로 들린다. 그것은 본문을 다시 전달하는 데 무엇인가를 빠뜨리고 있기 때문일 것이다.

우리는 역사를 재구성해야 하지만, 그것은 이야기에 도움이 되는 방식이어야 한다. 본문은 역사적인 내용과 문화적인 내용을 가지고 있다. 빌라도와 헤롯의 시대를 이해한다면, 수난 내러티브(눅 23장)를 완전히 이해할 수 있다. 성전에서 예물을 드리는 예식을 이해한다면, 작은 물질을 드렸던 여인의 이야기가 더욱 실제적이 된다(막 12:41-44). 세족식 관습을 이해하지 않고는 세족식 내러티브의 의미를 이해하기 힘들다(요 13:5-11). 따라서 내러티브 본문에 포함된 역사적·문화적 상황을 이해하지 않고는 내러티브를 제대로 이해할 수 없다. 이러한 문화와 역사는 내러티브나 신학같이 저자가 만들기 원했던 전반적인 요점과 메시지를 위해 필요한 것이다. 그러나 어떤 이는 너무 많은 시간을 역사의 재구성과 문화적 배경을 설명하는 데 보냄으로, 본문이 전달하고자 하는 요점을 잃어버린다. 문화적 배경은 내러티브에 있고, 흥미로우며, 때로는 반드시 알아야 한다. 그러나 우리가 강단에서 말할 때, 어떤 것은 제외할 수 있음을 기억해야 한다. 본문 배경을 이야기하는 반면, 본문 자체를 제외할 수 있다. 우리는 사건을 설교하는 것이 아니라, 본문을 설교하는 것이다. 따라서 본문의 배경 자료를 얼마나 사용해야 하는지에 대한 답은 '오직 이야기가 충분히 진행될 정도'다. 많이 묘사하는 것은 흥미롭지만, 유용하지는 않다. 그것은 설교를 더 산만하게 한다.

이에 관한 짧은 예를 들어보자. 누가복음 2장 1-21절에 기록된 예수님의 탄생 이야기다. 만약 역사와 문화를 재구성하는 데 너무 집중하면, 우리는 목자가 목장을 운영하는 형태나 여인숙의 조건, 당시 정부의 구조 등에 많은 시간을 사용하게 된다. 이러한 자세한 설명과 묘사를 사용할 수는 있지만, 거기에는 이유가 있어야 한다. 즉, 이야기가 진행되는 데 도움이 되어야 한다. 우리의 지적 호기심으로 인해 이야기의 요점을 잃어버리면 안 된다.

또 다른 접근은, 문화를 무시하고 단지 이야기만 다루는 것이다. 이런 설교는 본문 중 19절을 깊이 탐구하는 설교가 되어, 마리아의 마음, 왕의 모순적인 태도, 목자들의 두려움, 그들이 아기 예수님을 만났을 때의 결정적인 장면 등이 정확히 무엇인지 살피게 된다. 내러티브는 충분하지만 이곳에서 좀더 중요한 신학적인 단서를 끌어내야 한다.

왜 예수님은 베들레헴에서 태어나셔야 했는가? 왜 천사들은 자신들이 행한 것을 말했는가? 천사들의 말이 요한계시록 4-5장의 다른 천사의 찬양과 어떤 관계가 있는가? 어떻게 하나님은 스스로 성육신하셨는가? 이러한 큰 신학적 질문이 제기될 수 있다. 이런 질문들은 이야기

자체가 부분적으로 답을 준다. 그러나 내러티브 자체를 소홀히 다루어서는 안 된다. 전달은 중요하다. 그리고 다시 전달하는 것도 중요하다. 따라서 아름다운 내러티브에서 생명력 없는 교훈적 내용을 강요하고자 하는 유혹을 거절하고, 이러한 질문들의 답을 이야기의 흐름에서 찾아야 한다.

●● 주인공을 기억하라

이야기의 인물들을 규정하고자 하는 열망은 지금도 계속되고 있다.[103] 바리새인들이 꾸지람을 들을 때, 우리는 정의의 기쁨을 느낀다. 또 죄인들이 용서받을 때, 용서의 기쁨을 느낀다. 우리는 전에 피부에 흠이 있던 나병환자가 흠 없는 피부를 가지게 되었을 때, 최소한 동정한다. 이러한 인물들은 우리를 이야기로 끌어들인다. 모든 설교자는 본능적으로 그 힘을 안다. 그리고 오직 청중이 고개를 번쩍 드는 것을 보기 위해 인물을 묘사한다. 그들은 그 이야기에서 진행되는 것과 자신을 동일화하고자 한다. 복음서가 그리스도적 전기임을 아는 것은 우리가 설교할 때 인물들에 대해 어떻게 다루어야 할지 알게 해준다. 각각의 인물들은 중심인물인 예수님에 관해 무엇인가 말하려 한다. 모든 내러티브에는 그들의 기능이 있다. 각 인물들과 동일화하는 것은 가능하지만, 자칫 과도한 동일화가 될 수 있다.[104]

마가복음 2장에서 예수님은 지붕을 뚫고 내려온 중풍병자를 고치셨다. 이 이야기는 놀라운 내러티브다. 여기에는 긴장과 행동, 종교적 분파의 언어적 혹평이 있다. 이 내러티브에는 설교할 것이 많이 있다. 그러나 이 본문을 설교할 때, 사람들을 그리스도께 인도하는 전략으로서 본문을 설교하려는 유혹을 받을 수 있다. 즉, 중풍병자의 친구들처럼 끈기 있고, 고집스러워야 하며, 사랑해야 한다는 것이다. 또 치유 받은 사람의 관점에서 설교하고자 하는 유혹도 있다. 그는 자신에게 필요한 것이 걷는 것이라고 생각했지만, 실제로 그에게 필요한 것은 죄 사함이었다는 식이다. 물론 바리새인들은 자기의가 있어 예수님이 죄를 용서할 수 있다는 사실을 실감하지 못한다. 그러나 이 본문에서 중심인물은 바로 그리스도다. 비슬리-머레이는 다음과 같이 말한다.

> 그러나 내러티브의 정신을 관찰해야 한다. 내러티브의 관심은 사람을 고치는 것이 아니라, '인자에게 죄를 사하는 권세가 있다'는 데 있다. 오늘날의 우둔한 관찰과 정반대로, 권세의 더 위대한 행동은 중풍병자를 고치신 것이 아니라, 용서의 기적을 행하신 것이다.[105]

이 모든 것이 우리가 알 수 있는 것들이다. 그러나 인간의 관점으로 단순하게 보는 것에서 우리를 보호해 주는 것은, 주위 상황을 이해하기 위해 이야기를 더 탐구하는 것이다. 우리는 마가복음 2장 10절의 예수님에 대한 '인자'라는 명칭이 28절에서 동일하게 사용된 것을 볼 수 있다. 여기서 '인자'는 안식일의 주인으로 묘사된다. 분명히 이 명칭은 모든 것에 대한 그리스도의 권능을 표현한다. 여기서는 죄와 율법을 이기는 권능을 의미한다. 복음서에서 예수님은 이 명칭으로 불리는 것을 선호하셨다. 만약 우리가 정경의 단계에서 연구하면, 이 명칭이 다니엘 7장 13-14절을 암시하고 있음이 분명함을 알 수 있다. 그 본문에서는 '인자'에게 만물에 대한 모든 권능과 권위가 주어진다.

인간의 관심은 바로 여기에 있다. 그러나 그것은 실존 인물인 예수 그리스도, 곧 모든 권능을 가지고 있는 메시아의 실제 이야기를 뒷받침하는 것이다. 청중이 마지막 찬송을 부르고 삶의 현장으로 돌아갈 때, 물론 우리는 그리스도께서 그들을 이해하고 동일시하신 것에 대해 그들이 이해하기 바란다. 그러나 우리는 더 멀리 나아가야 한다. 내 동생은 내 죄를 알 수 있지만, 그 죄에 대해 어떤 것도 할 수 없다. 청중은 인자이신 예수님이 사람들을 이해할 뿐 아니라 용서하심으로, 죄의 결과를 뿌리까지 뽑아 해결하는 모든 능력이 있음을 알아야 한다. 예수님은 충분히 섬길 가치가 있는 분이시다. 따라서 여러 인물에 대해 설교할 수 있지만, 중심인물이신 예수님, 모든 권능을 가지고 계신 메시아를 나타내도록 설교해야 한다.[106]

●● 간격을 인식하되, 억지로 채우려 하지 말라

복음서가 그리스도적 전기이기 때문에, 저자들은 우리에게 놀라운 것들을 전해준다. 그러나 이를 위해 어떤 것은 삭제해야 했다. 저자들이 복음서에서 제외시킨 것도 중요하다. 왜 우리는 그리스도의 출생에 대해 더 알지 못하는가? 왜 수난에 대한 묘사가 복음서들 간에 일치되지 않는가? 왜 하나 이상의 지상위임명령이 있는가? 이런 것은 저자들의 목적을 말하는 것이다. 물론 우리가 받는 유혹은 간격을 채우려는 것이다. "많은 경우 독자들은 쉽게 잃어버린 정보를 채우려 할 것이다. 그러나 그들은 자신이 하려는 것을 좀처럼 알지 못한다."[107] 만약 본문이 언제 어떤 일이 생겼는지 말하지 않는다면, 우리는 그것을 숙고할 필요가 없다. 복음서 간에는 분명 차이나 간격이 있지만, 어떤 간격은 억지로 채우거나 상상력을 발휘할 필요가 없다.

그러나 간격에는 이유가 있다. 우리는 간격들을 억지로 채우지는 않지만, 그 간격을 염두에 둔다. 정보의 부재는 마치 그것의 존재를 말하는 것과 같다. 우리는 간격이 저자의 큰 목적으로 인도한다는 것을 알 수 있다.

●● 당신 앞에 있는 본문을 설교하라

복음서는 처음 세 권이 비슷한 내용을 많이 담고 있다는 점에서 독특하다. 이 이유로 마태, 마가, 누가 복음서는 공관복음서라고 불린다. 이들은 비슷한 관점을 공유한다. 만약 본문에서 무엇이 이루어지는지 보기 원하면, 모든 복음서의 설명에서 답을 찾으면 된다. 그러나 이러한 접근의 문제는, 우리가 이야기나 어떤 사건을 설교하려 한다는 것이다. 우리는 이야기가 아닌 성경본문을 설교해야 한다. 우리의 책임은 본문이 말하려는 것을, 본문이 말하는 방법대로 하는 것이다. 따라서 우리는 본문에서 '무슨 일이 있는가?'라고 질문하지 않는다. 좀더 구체적으로 '성경 저자는 내가 여기서 일어난 일 중 무엇을 이해하기 원하는가?' 하고 질문한다. 이 차이는 매우 중요하다.

따라서 당신 앞에 있는 본문을 설교하라. 우리는 또 다른 공관복음서가 어떤 사건에 대해 이야기하듯이 제3자적 입장에서 설교하면 안 된다. 그러나 본문들을 비교해야 할 때도 종종 있다.

●● 복음서의 본문을 비교하고 대조하라

이 말이 앞의 내용과 맞지 않는 것처럼 보이지만, 공관복음서를 비교해야 하는 이유가 있다. 첫째, 공관복음서를 비교함으로 우리는 설교를 독특하게 만드는 부분을 정확히 이해할 수 있다. 즉, 우리가 비교하는 이유는 사건들을 합성해 설교하기 위함이 아니다. 비교를 통해 우리가 설교하는 본문의 독특한 점이 무엇인지 이해할 수 있기 때문이다. 예를 들어, 마태복음 5장 3절의 산상수훈에서 예수님은 "심령이 가난한 자는 복이 있나니"라고 말씀하신다. 우리는 이 본문을, 죄를 이해하고 죄로 인해 마음이 부서진 사람은 하나님나라에 들어가는 첫째 조건을 갖춘 것이라고 해석한다. 그러나 누가복음 6장 20절의 평지설교에서는 "가난한 자는 복이 있나니"라고 말한다. 이 말씀을 경제적으로 가난한 사람이 복이 있다고 해석할 수 있다. 예수님의 말씀을 읽을 때, 우리는 어떤 것이 옳은지 관심을 가져야 한다.

실제로 무엇을 말했는가? 우리는 두 말씀이 쉽게 화해될 수 있다고 이해할 필요가 있다. 영적으로 가난하다는 것은 부서진 것이고, 그런 사람들의 문제는 그들이 원하는 것을 방해한다. 이런 일이 그들을 슬픔과 유순함으로 인도한다. 만약 누군가 경제적으로 가난하다면, 이 또한 동일한 문제를 야기할 것이다. 그들의 경제적인 부서짐은 영적인 부서짐의 비유다. 그러나 이것이 동일한 것은 아니다. 여기서 질문은 '왜 누가는 이런 말을 사용했는가?' 하는 것이다. 부분적인 답은, 누가는 사회의 소외된 사람들에게 관심이 있었다는 것이다. 누가복음에는 다른 어떤 복음서보다 여인과 이방인에 대한 언급이 많다.

우리는 개별적인 사건을 해석할 때, 그 사건에 대한 다른 복음서 설명과의 조화를 찾기에 앞서, 저자의 목적이 무엇인지 먼저 살펴보아야 한다.

●● 실제로 있지 않은 부분에 대해서는 정직하라

만약 저자가 문제를 해결하지 않은 상태로 놔둔다면, 우리에게는 그 문제를 꼭 해결해야 할 의무가 없다. 우리는 예수님이 물 위를 어떻게 걸으셨는지 알 수 없다. 예수님이 어떻게 물로 포도주를 만드셨으며, 물고기와 떡을 여러 배로 불어나게 하셨는지도 알 수 없다. 만약 성경 저자가 우리와 이런 부분에 대해 소통하기 원했다면 아마 그렇게 했을 것이다. 이런 상황에서 우리는 무엇인가 답을 만들어 호기심의 가려운 부분을 시원하게 하고 싶은 유혹을 느낀다. 그러나 우리가 기억해야 할 것은, 설교에서 우리의 목적은 사람들을 가르쳐 성경을 읽게 하는 데 있다. 만약 본문에 있지도 않은 해결점을 우리가 움켜잡으면, 우리는 청중에게 동일한 방법을 하도록 가르치는 것이다.

●● 확신을 가지되 조심하라

우리는 설교할 때, 설교하고자 하는 말씀이 진리라는 확신을 가져야 한다. 그러나 모든 사람이 동일한 확신을 갖고 있다고 생각해서는 안 된다. 본문을 향한 우리의 어조와 정신, 태도는 청중에게 성경을 어떻게 보는지에 대한 해석학을 가르치게 된다.

●● 우리는 사람들이 반응할 수 있도록 해야 한다

우리는 복음서를 설교할 때, 언제나 복음적인 호소를 할 수 있다. 사실 나는 모든 설교에 복음이 있어야 함을 확신한다. 이것은 또 다른 논의의 주제가 될 수 있다. 그러나 복음서에서 설교는 복음을 호소해야 한다. 그것은 직·간접적으로 이루어질 수 있다. 그러나 설교의 어떤 지점에서 우리는 사람들에게 마음을 깨뜨림과 회개를 통해 믿음으로 그리스도께 반응하도록 안내해야 한다.

●● 우리는 구약을 의지해야 한다

복음서가 구약을 의지하고 있기에 우리의 전략은 간단하다. 우리는 복음서 저자들이 사용한 그 자료로 돌아가 이해하고, 그것을 설교 중에 보여준다. 마태가 미가서 5장 2절을 인용해 하나님의 백성을 목양하는 분이 바로 예수님이심(마 2:6)을 우리에게 이해시키고, 이 주제를 설명하기 원했다면(마 9:36; 18:12-14; 26:31), 그 구절은 분명 마태의 메시지를 이해하는 데 중요한 구약의 주제다. 그는 메시아 예수 그리스도가 선지서에 예견된 모든 예언을 성취하셨다고 이해했다. 예수님이 정확하게 이스라엘의 진정한 목자처럼 행동하셨기 때문이다. 따라서 이런 본문들의 의미를 전달하기 위해, 우리는 청중에게 그런 상황을 알려주고, 1세기 유대인들이 이것에 대해 어떻게 생각했는지 이해하도록 도와주어야 한다. 하나님은 성경본문에 영감을 주셨다. 그것은 하나님이 자신에 대해 우리가 어떻게 생각하기 원하시는지를 의미한다. 복음서 저자들이 구약성경을 의지한다는 것은 중요한 의미를 가지고 있다.

복음서에서 설교 구성하기

●● 장르를 확인하라

앞서 논의한 바와 같이, 복음서에는 많은 구조가 있다. 따라서 먼저 해야 할 일은 장르를 확인하는 것이다. 그러면 구조는 명확해진다. 내러티브와 강해적 유형의 구조는 각 장에서 나타난다. 따라서 예는 복음서의 하부 장르인 담화 또는 강론에 초점을 맞춘다.

내러티브 구조 만약 장르가 내러티브라면, 장면을 확인하고 그 장면의 구조를 설교의 구조로 삼는다. 이것이 항상 명확한 것은 아니다. 어떤 때는 서너 개의 장면이 나오기도 하고, 또 어떤 경우는 두 개의 간략한 장면이 나온 다음 설명이 뒤따를 수 있다. 비유는 명확한 내러티브 구조를 가지고 있지만, 이것은 다음 장에서 논하고자 한다.

사도행전의 독특한 특징 중 하나는 '우리'라는 형식의 내러티브다. 이에 대한 논쟁이 계속 있음에도, 이것은 누가가 바울과 여행을 같이 했다는 것을 암시한다. 이것이 드라마를 더욱 고조시키며, 우리는 설교할 때 이것을 제시할 수 있다. 이것은 직접적인 설명이다.[108]

강해 많지는 않지만 몇몇 구절에는 주제에 대한 직접적인 논의가 있다. 그런 본문에는 서신서에서 사용하는 동일한 연역적 구조를 사용해도 좋다.

담화 복음서에는 많은 설교가 있다. 그리고 사도행전에도 19개의 설교와 공식적인 연설이 나타난다.[109] 설교적 전략으로, 당신은 본문의 설교자가 구성한 구조로 설교할 수 있다. 구조적으로 이것은 원 저자가 의도한 것같이 자연스러운 진행이 될 것이다. 여기서 어떤 청중을 염두에 두어야 하는지 의문이 있을 수 있다. 즉, 본문을 원래 설교했던 것같이 다시 설교해야 하는지, 아니면 그 설교를 한 사람에 대해 설교해야 하는지 하는 것이다. 물론 둘 다 가능하다. 우리는 마치 첫 청중에게 전달했던 것처럼 설교를 전달할 필요가 있다. 그러나 이를 위해서는, 원 청중이 본문의 메시지를 어떻게 이해했는지에 대해 생각하는 것이 중요하다.[110]

이러한 설교에서는 배울 것이 많다. 사도들은 그들이 경험한 사건을 해석하기 위해 성경을 사용하는 형태로 설교했다.[111] 이런 본문을 설교할 때, 사람들에게 그 부분을 강조하라. 사도들이 자신의 청중에게 말한 것을 현대 청중이 들을 때, 그들은 동일한 전략의 느낌을 얻게 된다. 당신은 사도적 해석 접근으로 청중에게 설교하게 되는 것이다. 성경은 청중에게 하나님의 말씀이 되어가는 것이 아니다. 성경은 이미 하나님의 말씀이다. 사도들은 하나님이 말씀하셨다는 전제에서 자신의 일을 진행한다.[112] 따라서 우리는 새로운 청중에게 설교를 재현하지만, 원 설교자의 동기와 바람을 가리키면서 설교한다.

마지막 부분의 설교 실례에서 베드로의 설교는 세 개의 주요 단위로 나뉘어 구성되어 있다. 구조는 명확해 보인다. 나는 설교의 중심 생각을 찾고, 청중도 그것을 볼 수 있도록 드러낸다. '베드로가 지금 여기서 무엇을 하고 있는지 함께 살펴보자'라는 말을 사용하는 것이 좋다. 이렇게 하는 것은, 어떤 일이 벌어지고 있는지 청중이 제3자의 입장에서 보고 참여하게 하려는 것이다. 그리고 그것이 그들을 향한 메시지임을 명확하게 하기 위함이다.

● ● **합성물을 주의하라**

　복음서가 많은 장르로 되어 있기 때문에, 주어진 본문은 하나 이상의 장르를 포함하고 있다. 사실상 복음서의 많은 본문에서 장르가 합성되어 있다. 마태복음 13장에서 예수님은 여덟 개의 비유를 사용하시며 가르치신다. 마태는 그 다음에 예언을 불쑥 집어넣는다. 그리고 또 이어서 예수님은 자신의 비유를 설명하신다. 이 모든 일이 내러티브 구조에서 이루어진다. 그렇다면 우리는 어디서 시작해야 하는가? 대답은 다음과 같다. 먼저 본서 2장에서 이미 언급했던 것같이 주해적이고 목회적인 잣대로 당신이 선택하고자 하는 본문의 길이를 결정해야 한다. 이것은 당신이 구조에 관해 결정하게 한다. 본문이 작은 단위로 나누어질 수 있기 때문에, 당신은 실제로 하나의 장르를 설교하는 것이 좋다.

　그러나 내러티브에 비유(눅 13:1-20)가 포함되어 있을 때도 많다. 이런 경우는 전체 내러티브(또는 담화)를 설교하고, 비유를 예화로 사용한다. 예수님이 비유를 설명하는 경우도 있다. 이런 본문에서는 먼저 비유를 말하고, 예수님이 하셨듯이 이 본문의 주석을 설명한다. 즉, 만약 본문이 여러 장르로 합성되어 있다면, 본문이 설교 구조를 직접적으로 움직이게 하라. 본문이 다양한 장르를 가지고 있듯, 우리도 다양한 설교 구조를 취할 수 있음을 기억해야 한다. 본문에는 다양한 장르가 있다.

설교 실례

역공학(Reverse Engineering), 행 2:14-41

> **설교 전략**
> 본문은 다음 질문의 답을 제공한다. '우리가 보는 일을 어떻게 설명할 수 있는가?'
> 설교의 전략은 베드로가 이 사건을 어떻게 해석했는지 관찰하고,
> 설교의 마지막 부분에서 우리에게는 어떻게 적용되는지 살펴보는 것이다.

서론

나는 좀처럼 아버지가 화내시는 모습을 볼 수 없었다. 아버지가 화내시는 모습을 딱 두 번 보았는데, 바로 잔디 깎는 기계 때문이었다. 다섯 살 된 내 동생이 잔디 깎는 기계에서 기름통의 뚜껑을 제거했다. 그리고 깎은 잔디를 날려 보내는 기계로 바람을 불어 주위의 잔디 잔해를 날려 보내기 시작했다. 그러다 잔디 깎는 기계의 열려 있는 기름통 안으로 잔디가 들어갔다. 좋지 않은 일이 벌어진 것이다.

아버지는 일 년 전에 최고 성능의 잔디 깎는 기계를 구입하셨다. 동생은 이 놀라운 기계의 성능을 보고 싶어 참지 못했다. 그것을 어떻게 작동하는지 매우 알고 싶어했다.

아버지가 집에 돌아와 잔디 깎는 기계의 모든 부품이 분해되어 집 주차장에 널려 있는 것을 보셨다. 사실 이것은 영리한 방법이었다. 만약 어떤 기계가 어떻게 작동하는지 보고 싶다면, 내부를 해체해 보는 것이 가장 좋은 방법이다. 이러한 방법을 역공학이라 한다. 분해를 통해 어떻게 조립되는지 알 수 있는 것이다.

오늘 아침 우리는 하나의 설교를 역공학할 것이다. 그 설교는 다름 아닌 첫 번째로 선포된 기독교 설교다. 이 설교는 사도행전 2장에서 찾을 수 있다. 함께 성경을 열어 사도행전 2장 14절을 보자.

전환: 기독교 설교의 요소는 무엇인가? 설교의 중심 생각은 36절에서 찾을 수 있다. 예수님은 주와 그리스도시다. 그러나 베드로가 이러한 생각에 도달하는 과정을 함께 살펴보자.

상황

본론

1. 성경적 설명: 베드로는 성경을 이용해 그들이 본 것을 설명한다(14-21절).

베드로는 제자들이 취하지 않았다고 말한다. 사실 성령이 오신 것은 요엘 선지자를 통해 예견된 일이다.[113] 베드로는 지금 무슨 일이 벌어졌는지 설명하기 위해 청중을 성경으로 인도한다. 그리고 이제 그는 그것을 설명한다. 지금 그는 설명에서 직면(도전)으로 이동한다.

> 이 전체 설교는 요엘서로 시작해 세 개의 중요한 구약 본문에 의지한다.
> 이 본문을 관찰하는 것은 중요하다.
> 또 사도들이 구약을 어떻게 의지하는지 볼 수 있는 중요한 기회이기도 하다.

2. 직면(도전): 그의 도전은 간단하다. "여러분이 예수님을 죽였다."(22-36절)

이것은 흥미로운 호소다. 우리는 종종 '하나님이 당신에게 놀라운 계획을 가지고 계십니다'라는 말을 한다. 그리고 하나님이 우리의 삶을 위해 하나의 이야기를 쓰기 원하신다고 이야기한다. 그러나 베드로는 '하나님이 하나의 이야기를 가지고 계신데, 이야기에서 여러분은 나쁜 악당 같은 존재다'라고 말했다. 그러나 당신의 죄는 하나님의 계획을 막지 못했다. 하나님이 어떻게 반응하셨는가? 하나님의 계획은 무엇인가? 베드로는 성경이 지지하는 두 가지 반응을 내놓는다.

1) 여러분은 예수님을 죽였지만, 하나님은 그분을 살리셨다(24-32절).

예수님은 자신의 주장을 지지하기 위해 또 다른 성경구절을 인용하셨다.

다윗이 그분에 대해 다음과 같이 말했다. "내가 항상 내 앞에 계신 주를 뵈었음이여 나로 요동하지 않게 하기 위하여 그가 내 우편에 계시도다 그러므로 내 마음이 기뻐하였고 내 혀도 즐거워하였으며 육체도 희망에 거하리니 이는 내 영혼을 음부에 버리지 아니하시며 주의 거룩한 자로 썩음을 당하지 않게 하실 것임이로다"

하나님은 예수님을 죽음에서 살리셨을 뿐 아니라 높이셨다. 33절을 보라.

2) 여러분은 예수님을 죽였지만, 하나님은 그분을 높이셨다(33-36절).

하나님의 오른손으로 높임을 받으시고, 아버지에게 성령을 약속받은 예수님이 당신이 스스로 보고 듣고 있는 이것을 부어주신 것이다.
즉, 당신은 예수님을 죽였지만, 하나님은 그분을 높이셨다.

> 지금이 청중에게 그리스도에 대한 필요를 느끼도록 도전하기 좋은 때다. 그러나 나는 중심 생각이 제시될 때까지 완전한 적용을 기다릴 것이다.

3. 기대: 회개하고 세례를 받으라(38-41절)

베드로는 그들에게 이렇게 말했다. "너희가 회개하여 각각 예수 그리스도의 이름으로 세례를 받고 죄 사함을 받으라 그리하면 성령의 선물을 받으리니"

결론

우리는 지금 하나의 설교를 분석하고 분해했다. 그것은 곧 설명(성경이 무엇을 말하는지에 대한 것), 도전·직면(당신이 지금 어떤 위치인지 알려주는 것), 하나님의 기대(회개와 세례)로 구분된다.
이것이 잔디 깎는 기계의 부품 같은 구성 요소다. 그런데 여기서 왜 아버지가 잔디 깎는 기계에 대해 화를 내셨는지 알아야 한다. 동생이 그 기계를 분해했기 때문이 아니다. 그 기계를 다시 조립할 수 없었기 때문이다.

따라서 이 설교를 다시 원상태로 조립하자. 베드로의 설교는 하나님의 계획에 관한 것이다. 우리가 이 설교를 다시 원상태로 조립하는 것은, 하나님의 계획을 다시 형성하는 것이다. 이 설교는 우리에 대한 것이다. 우리는 39절에서 이미 그것을 알았다.

> 베드로가 한 일은 직면(도전)이다. 따라서 우리는 이 전략을 따라 청중에게 똑같이 해야 한다. 우리는 객관적으로 장면을 보았다.
> 지금 우리는 하나님의 말씀으로 도전을 받았고, 그에 수반하는 기대를 갖고 있다.
> 선택은 설교 도중에 이루어지는 것이 아니라, 마지막까지 기다려야 한다.
> 이제 중심 생각은 분명하고, 우리는 우리를 향한 하나님의 기대를 다루어야 한다.

설명

이것은 당신 삶의 모든 것에 대한 설명이다. 사도행전 17장은 하나님이 당신을 언제, 어떻게 창조하셨는지 이유를 설명함을 통해 당신이 하나님을 찾게 한다.

직면(도전)

하나님은 당신의 죄 때문에 화가 나셨다. 그리고 그 화를 표출하실 것이다. 그러나 예수 그리스도가 하나님의 진노의 자리에 서셨다. 십자가에서 당신을 위해 하나님의 진노를 흡수하셨다. 만약 그분의 자비에 자신을 던진다면, 당신은 하나님의 진노에서 구원을 얻을 것이다.

기대

하나님의 기대는, 당신이 죄에서 돌이켜 다른 길을 선택하고 세례를 받는 것이다. 하나님은 단지 초대하시는 것이 아니라, 기대하신다. 올바른 반응은 하나밖에 없으며, 그것이 우리 앞에 있다.

토론을 위한 질문

1. 저자의 전체 목적이 본문의 개별적 단위의 의미를 이해하는 데 얼마나 중요한가?
2. 복음서에는 어떤 장르가 있는가?
3. 복음서를 설교할 때 이야기를 말하는 것으로 충분한가?
4. 공관복음서를 서로 비교하는 것은 필요하며, 도움이 되는가?

추천 도서

- Beasley-Murray, George R. *Preaching the Gospel from the Gospels*. Peabody, MA: Hendrickson, 1996.
- Blomberg, Craig L. *Jesus and the Gospels: An Introduction and Survey*. Nashville: B&H Academic: 2009.
- Boice, James Montgomery. *Acts: An Expositional Commentary*. Grand Rapids: Baker, 1997.
- Jackman, David. *Preaching and Teaching New Testament: Gospels, Letters, Acts and Revelation*. DVD. London: The Proclamation Trust, 2008.
- Wirada, Timothy. *Interpreting Gospel Narratives: Scenes, People, and Theology*. Nashville: B&H Academic, 2010.

하나님의 말씀(Word)을
하나님의 어조(Tone)로 전달하라!

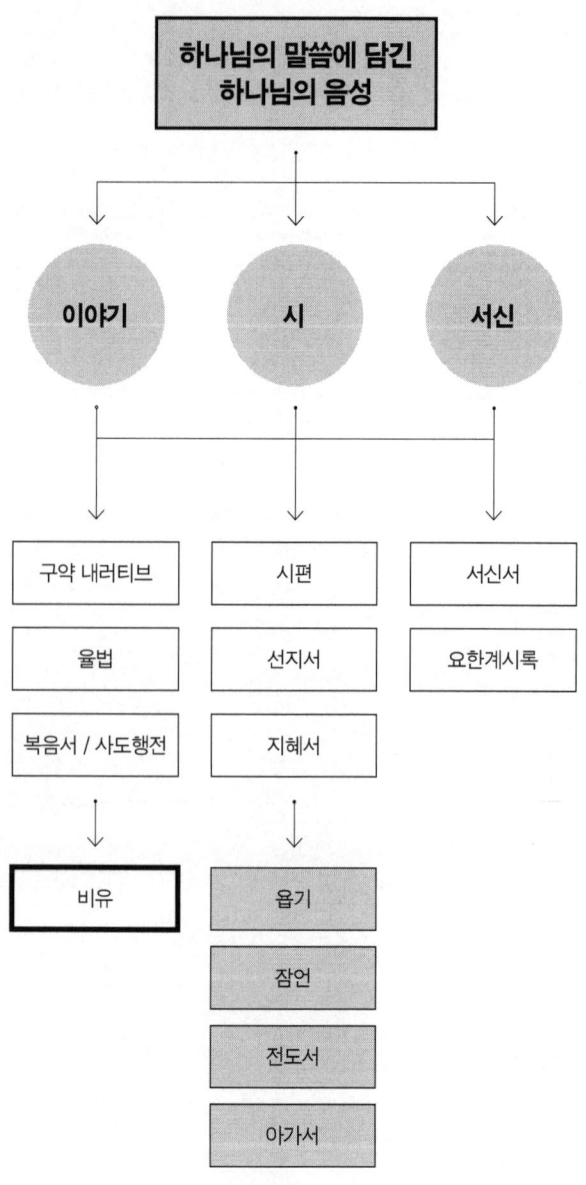

CHAPTER 7

비유에서
하나님 음성 되살리기

진리 비유

비유가 매혹적인 것은 그것이 진리이기 때문이다.

비유는 실제 일어난 일이 아니지만, 그 뒤에 있는 신학은 진리다. 즉, 참된 신학이 가상의 이야기 안에 있는 것이다. 비유 속의 사건은 실제가 아니다. 잃었다 다시 찾은 아들이나 옳지 않은 청지기, 불의한 재판관을 찾아간 여인도 실제 인물이 아니다. 예수님은 지금 과거를 회상하고 있는 것이 아니라 이야기를 하고 있는 것이다. 그리고 이 사실이 비유에 더 호기심을 불러일으킨다. 생각해 보라. 만일 이런 이야기가 실제로 일어난 사건이라면, 마가나 베드로 혹은 요한이 그 이야기들을 말했을 것이다. 그것들은 거의 실제 이야기와 같았다. 그러나 실제 이야기는 아니다. 예수님이 만들어내신 이야기다. 예수님의 비유는 하나님의 상상력에서 나온 것이다.

비유는 "청중에게서 반응을 요구하는 짧은 내러티브"[114]로 정의할 수 있다. 어떤 비유는 다른 것에 비해 짧거나 간단한 은유에 가까운 것도 있다. 따라서 간략하고 실용적인 정의를 내린다면 "내러티브 은유."115 즉 영적 진리에 유사한 이야기라 할 수 있다. 비유는 하나님의 마음에서 찾아낸 진리다. 즉, 모든 자세한 내용이나 뉘앙스, 각각의 인물 전개와 구조는 먼저 하나님의 상상력 속에 있었다는 것이다. 따라서 비유는 단순히 그것이 실제 사건인지 아닌지보다 훨씬 중요하다. 그러므로 우리는 비유에 놀라움과 경외심을 가지고 접근해야 한다. 이것을 명심하면서 이제 비유의 특징을 살펴보고, 그에 부합한 전략으로 나아가 보자.

해석: 비유에서 하나님 음성 듣기

비유는 내러티브다. 그러나 다양한 구조를 지니고 있다.

만일 구조적 측면에 의미가 있는 것이 사실이라면, 비유의 구조는 무엇일까? 즉각적인 답은, 비유는 특별한 형태의 내러티브라는 것이다. 비유는 주요 핵심을 향해 나아가는 귀납적 이야기다. 그러나 비유 속의 내러티브 형식은 다양하다. 어떤 비유는 구조의 엮임과 인물 전개를 지닌 완전한 형태의 이야기다. 또 다른 비유는 단순히 두 절에 그치기도 한다. 즉, 이런 내러티브들은 다양한 구조를 지니고 있다. 우리는 본문의 구조가 반드시 설교의 구조에 반영되어야 한다는 사실을 주장하고 있기에, 비유들을 분류하는 가장 좋은 방법도 내용보다 구조를 따르는 것이다. 한 부류는 '완전한 내러티브 구조'를 가진 비유, 즉 배경, 구조, 인물 전개, 분명한 요점을 갖춘 것들이다. 또 다른 주요 부류는 '짧은 내러티브 구조'를 가진 것들이다. 이렇게 분류할 수 있는 것은, 그것들이 비록 길이는 짧으나, 인물과 장면이 완전히 전개되지 않고 많은 자세한 내용을 제공하지 않고도 제 기능을 다하고 있음을 뜻한다. 따라서 이런 짧은 비유는 때로 한두 절로 제 역할을 감당하므로 더 간결하고, 정확하며, 직접적이다. 마지막 부류는 이중 비유다. 이중 비유는 두 개의 짧은 비유를 연속적으로 이야기하는 것으로, 이들은 그 구조와 목적에서 서로를 비추어준다. 그것들은 서로 완전히 동일하지는 않지만, 매우 흡사하다.

내러티브 구조에 따른 비유

완전한 내러티브 구조

1. 잃었다 다시 찾은 아들(눅 15:11-32)
2. 열 처녀(마 25:1-13)
3. 알곡과 가라지(마 13:24-30,36-43)
4. 부자와 나사로(눅 16:19-31)
5. 달란트(마 25:14-30; 참조. 눅 19:12-27)
6. 포도원 품꾼들(마 20:1-16)
7. 씨 뿌리는 자(막 4:3-9,13-20)
8. 선한 사마리아인(눅 10:25-37)
9. 큰 잔치(눅 14:15-24; 참조. 마 22:1-14)
10. 용서하지 않는 종(마 18:23-35)
11. 옳지 않은 청지기(눅 16:1-13)
12. 악한 포도원 농부(마 21:33-41; 막 12:1-12)
13. 바리새인과 세리(눅 18:9-14)
14. 두 건축자(마 7:24-27; 눅 6:47-49)
15. 무익한 종(눅 17:7-10)
16. 어리석은 부자(눅 12:16-21)
17. 불의한 재판관(눅 18:1-8)

짧은 내러티브 구조

18. 두 빚진 자(눅 7:41-43)

19. 두 아들(마 21:28-32)

20. 충성된 종과 악한 종(마 24:45-51; 눅 12:42-48)

21. 그물(마 13:47-50)

22. 장터의 아이들(마 11:16-19; 눅 7:31-35)

23. 은밀히 자라는 씨(막 4:26-29)

24. 열매 없는 무화과나무(눅 13:6-9)

25. 밤중에 찾아온 친구(눅 11:5-8)

26. 집 주인과 도둑(마 24:43-44; 눅 12:39-40)

이중 비유

27. 잃어버린 양과 드라크마(눅 15:4-10; 참조. 마 18:12-14)

28. 숨겨진 보화와 값진 진주(마 13:44-46)

29. 망대 건축자와 전쟁을 준비하는 왕(눅 14:28-33)

30. 겨자씨와 누룩(마 13:31-35; 눅 13:18-21)

이것이 비유를 분류하는 일반적인 방식은 아니다. 더 일반적인 방식은 주제별[116] 혹은 신학적 주제[117]로 나누는 것이다. 크레이그 블롬버그(Craig Blomberg)는, 모든 비유에는 그 비유 속의 주요 인물 숫자만큼의 많은 논지가 있다는 통찰력 있는 제안을 한다. 따라서 그는 비유를 그 안에 있는 주요 주제들의 숫자대로 분류한다.[118] 이런 제안들은 매우 유용하며, 분류도 논리적이다. 그러나 우리가 추구하고 있는 바는 설교의 구조다. 우리는 어떻게 설교의 형태가 본문의 형태에 의해 결정되는지를 보고자 노력 중이다. 즉, 어떻게 비유를 분류할지가 아니라, 비유의 구조가 설교에 어떤 영향을 미치는지 이해하고자 한다. 그러므로 위의 분류는 주제별 혹은 신학적 내용별이 아닌 구조별로 이루어진 것이다.

●● 비유는 초반에 그 의미를 제시하지 않는다

비유는 귀납적이다. 우리는 이야기가 종결될 때까지 요지를 알지 못한다.[119] 따라서 우리는 설교의 마지막 부분을 향한 어떤 지점에 이르기까지는 청중이 설교의 요지를 알지 못하게 해야 한다. 비유가 귀납적이라는 말은, 그 의미가 마지막 부분이나 장면에서 드러나는 것을 의미한다. 비유는, 예수님이 어떤 명제로 여러 개의 요지를 주시는 강의가 아니다. 청중을 명백하게 평범한 이야기에서 놀라운 결론으로 움직여 가는 이야기다.

여기서 설교의 전략은 분명해진다. 설교 초반에 요지를 제시하지 말라. 특히 긴 비유를 설교할 때는, 그 의미가 무엇인지 비유의 진행 과정에서 청중으로 애태우게 한 다음 마지막에 제시하라. 이것이 예수님의 전략이었기에, 우리는 그것을 따라야 한다.

●● 비유는 '요지'(Point)가 아닌 장면을 따라 움직인다

'요지'라는 말에 대해 잠시 생각해 보라. 이 단어는 우리가 가리키는(Pointing) 진리가 있음을 전제로 한다. 이는 마치 우리가 여행 가이드로서 청중에게 익숙하지 않은 지역을 안내하는 것과 같다. 우리는 그 길을 따라가며 그곳에 있는 것들을 설명한다. 성경본문에 충실하지 않은 설교자는, 먼저 요지를 정한 다음 그것을 본문에 결부시킨다. 또 본문에 어느 정도 충실한 설교자는, 본문에 나타난 진리를 설명한다. 그러나 본문의 흐름을 따라가지 않을 수 있다. 반면 성경에 충실한 설교자는, 본문이 말하는 요지만을 전하려 한다. 그는 그 외의 어떤 것도 가리키지 않는다.

구약의 내러티브처럼, 넓은 의미에서 비유는 많은 설교 요지를 제공한다. 그러나 나는 하나의 이야기에는 하나의 핵심 진리가 있다고 확신한다. 즉, 그 이야기를 한 이유가 있다는 것이다. 물론 우리는 많은 진리를 전달할 수 있다. 그 진리들도 궁극적으로는 진리인데 전달하지 않을 이유가 어디 있겠는가? 그러나 내가 이렇게 믿는 이유는, 각 본문에 있는 단서들이 본문의 어떤 진리는 다른 진리보다 우선하며 우위에 있다는 것을 확신하도록 우리를 이끌기 때문이다. 즉, 진리 간에 차등이 있다는 것이다.[120] 하나의 비유에 하나 이상의 진리가 있을 수 있다. 비록 많은 관찰이 필요할지는 모르지만, 거기에는 주도적으로 보이는 하나의 진리가 있다. 즉, 비유에는 모든 다른 관찰이 가리키는 하나의 목적이 있다. 이것이 우리가 찾는 중심 생각이다. 그 진리를 찾는 실마리는 구조에 있다.

그러므로 우리는 요지를 만드는 설교자가 아니라, 이야기를 하고 있는 성경 기자같이 생각해야 한다. 영화는 이야기 흐름이 장면을 따라 전개된다. 두 시간짜리 영화에는 수많은 장면이 있지만, 그중에는 이야기의 흐름을 바꾸는 소수의 주요 장면이 있다. 예수님은 이런 이야기를 단 몇 분 안에 해야 했기에, 그 이야기에서 주요 장면을 강조하신다. 대부분의 자세한 내용은 생략되거나 전제되는데, 이런 재료는 이야기를 계속 이끌어가는 데는 필요하지 않은 부분이다. 필요한 것은 어떤 특정 궤도로 이야기를 움직여가는 장면들이다. 따라서 비유에서 이런 장면들을 찾아내는 것이 매우 중요하다.

●● 배경은 중요하지만 간략하다

비유를 위한 설정은 독특하다. 예수님은 이야기를 짧게 하시기에, 정황에 대한 분량은 기대에 못 미친다. 예수님은 단지 청중이 무언가를 짐작하게 하신다. 그러나 이것이 주어진 배경이 중요하지 않음을 의미하는 것은 아니다. 배경은 성경 저자가 중요하게 여기는 예수님의 접근 방식을 이해하는 데 도움이 되기에, 세심한 관심을 갖는 것이 필요하다.

●● 비유는 특정 청중이 있다

누가복음 15장의 세 비유를 생각해 보라. 이 비유들은 서기관과 바리새인들을 향한 것이다(1-2절). 그 다음 예수님은 제자들을 향해 다른 비유를 이야기하신다(16:1). 그러나 서기관과 바리새인들은 그곳에서 계속 듣고 있었다(16:14). 이에 예수님은 마지막 비유를 그들을 향해 하셨다(16:19). 누가가 이 구절들을 포함시키고 있다는 것은, 이 비유들을 해석하는 데 매우 중요하다. 처음 세 비유는 바리새인들을 향한 것이고, 네 번째 비유는 제자들, 그리고 마지막 비유는 다시 바리새인들을 향한 것이다. 각각의 경우에 청중이 누구였는지가 그 의미의 윤곽을 만든다.

설교 전략을 세울 때, 그 비유의 청중이 누구인지 파악하는 것은 매우 중요하며, 그 정보가 설교를 어떻게 전할지에 영향을 미치게 해야 한다. 그것이 오늘날의 청중이 예수님의 전략을 이해하도록 도울 것이다.

●● 비유는 특정 목적을 가지고 있다

비유는 양면 효과를 지니고 있다. 들을 귀가 있는 사람들에게 비유는 하나님나라가 어떤 모습인지 이해하도록 돕는다. 반면 들을 귀가 없는 사람들에게는 그들의 믿음 없음을 드러낸다. 대부분의 비유는 믿음, 즉 구체적으로 하나님나라의 방식(마 13:10-16; 막 4:10-12; 눅 8:9-15)을 이해함에 관한 것이다. 비유에 대한 해석은 그리스도가 지닌 이 두 가지 목적, 즉 믿는 자가 이해하게 하는 것과 불신앙을 드러내는 것을 유지해야 한다.

● ● **비유를 이야기하는 것은, 이야기하는 사람에 관한 이야기를 하는 것이다**

결국 이런 내러티브 이야기는, 이 비유가 단순한 이야기가 아님을 보여준다. 복음서 기자는 사실 이야기하시는 예수님에 대한 이야기를 하고 있는 것이다. 하나님이 복음서 기자들로 이런 이야기들을 기술하도록 하셨기에, 그들이 말하고자 하는 의미의 실마리를 비유 주변 내용 속에 두었다는 것은 놀라운 일이 아니다. 마치 카메라로 사물을 멀리서 넓게 찍는다고 생각해 보라. 본문을 그런 식으로 볼 때, 비유의 의미에 대한 실마리를 제공하는 주위의 문학적 정황 속에서 그 비유의 위치를 파악하게 된다. 따라서 우리는 '왜 예수님이 이것을 말씀하셨는가?'라는 질문과 더불어, '왜 복음서 기자가 이것을 여기에 위치해 두었는가?' 혹은 '이 비유가 이 책의 주요 주제를 어떻게 비추어주고 있는가?' 물어보아야 한다. 비유의 위치는, 저자가 예수님에 관해 우리가 알기 원하는 주요 주제를 더 잘 알도록 우리를 인도한다. 그 비유들은 예수님이 바로 그때 말씀하신 것이며, 예수님에 대해 우리에게 가르쳐 준다.

비유가 항상 은유적인 역할을 하는 것은 아니다.[121] 그리스도가 전달하고자 하는 대부분의 신학은 각각의 인물을 통해 전개된다. 구약의 내러티브와 달리 모든 인물은 위대한 이야기 전달자가 만든 완전한 가공의 인물이다. 따라서 우리는 정확하게 왜 그리스도가 그 인물을 그런 방식으로 그려내고 있는지 알기 위해 등장인물을 주의 깊게 살펴보아야 한다. 이런 식으로 비유는 은유의 기능을 한다. 즉, 등장인물은 다른 사람이나 진리와 일대일의 상응관계를 지닌다. 잃었다 다시 찾은 아들 이야기가 바로 그 예라 할 수 있다. 그 비유에서 아버지는 그리스도를 대표하며, 작은아들은 죄인을 그리고 큰아들은 바리새인을 대표한다(눅 15:11-32).

그러나 재미있는 사실은, 예수님은 단 두 개의 비유, 즉 씨 뿌리는 자 및 알곡과 가라지 비유(마 13:18-30,36-43; 막 4:1-20)만 이런 식으로 풀이하신다는 점이다. 그러면 우리는 비유를 어떻게 해석해야 하는가? 비유에서 항상 각각의 등장인물이 지닌 상응관계를 찾아야 하는가, 아니면 단순히 하나의 중심 생각을 찾아야 하는가? 나는 등장인물들이 다른 것들과 상응한다고 보아도 괜찮다고 생각한다. 그러나 우리의 주요 목적은 어떻게 등장인물들이, 비유를 통해 예수님이 전달하시고자 했던 핵심 주제에 기여하고 있는지 확인하는 것이다. 따라서 우리는 등장인물들과 지나치게 동일시하는 것과 다른 비유를 해석할 때 일대일의 상응관계로 연결하는 것을 조심해야 한다. 비유의 핵심 요지는 어떤 사건이나 인물과의 직접적인 상응관계 속에 있는 것이 아니다. 오히려 전체에서 말하는 하나의 주제를 적용함에 있다. 즉, 먼저 은유를 파악한 다음에는 예수님이 전하고자 하는 일대일의 상응관계를 넘어서야 하는 것이다.[122]

그러나 최소한 이야기의 주요 등장인물이 어떤 사람이나 부류와 유사한 관계를 드러낸다는 생각은 정당하게 보인다.[123] 즉, 등장인물이 누구이며, 그들이 누구를 대표하는지, 그리고 오늘날에 그런 사람들이 누구인지 파악하는 것이 가장 좋은 방법일 것이다. 잃었다 다시 찾은 아들 비유를 생각해 보라.

잃었다 다시 찾은 아들 비유(눅 15:11-32)

인물	대표하는 사람	유사한 사람
잃었다 다시 찾은 아들	세리와 죄인	회개가 필요한 불의한 사람
큰아들	바리새인	회개가 필요한 스스로 의롭다 여기는 사람
아버지	예수님	예수님

위에서 각 인물은 구체적인 사람을 대표한다. 그러나 항상 이런 식으로 되는 것은 아니다. 기억하라. 비유의 진의는 중심 생각 또는 핵심 주제를 지지하는 것이다. 인물들의 기능은 그 주제를 세워가는 것이다. 어떤 비유에서는 직접적인 상응관계가 다른 경우에서는 그렇지 않을 때가 있다. 따라서 설교할 때, 각 등장인물의 존재 이유를 풀어내려는 압박감을 갖지 말고, 오히려 중심 주제를 강조하라. 예를 들어, 옳지 않은 청지기 비유에서 빚진 자들과 청지기가 누구를 대표하는지는 분명하지만, 그 사업의 소유주가 누구를 말하는지는 그리 명확하지 않다. 일대일 대응이 깔끔하게 이루어진 것처럼 보이지 않는다. 따라서 일대일 대응을 억지로 하기보다, 조연을 감당하는 인물이 자신의 역할, 즉 이야기에서 무엇이 이루어지고 있는지 보조적으로 보여주는 역할을 하도록 허용하는 것이 최선의 방식이다.

예: 눅 16:1-9

인물	대표하는 사람	유사한 사람
주인	?	?
주인에게 빚진 자들	불신자	돈을 신뢰하는 잃어버린 사람
청지기	예수님을 따르는 사람	복음전파를 위해 자신의 소유를 관리하는 그리스도인

이 비유에서는 마치 본문의 등장인물들이 그 요지인 것처럼 각 인물에 대해 설교할 수는 없다. 우리는 이 비유의 진의를 찾아 그 핵심 주제를 명확하게 설교해야 한다.

●● **비유는 문화적으로 멀리 떨어져 있다**

이야기 자체가 현대 청중과 멀리 떨어진 문화 속에 위치하고 있다는 사실은 분명하다. 만일 주해가 잘 이루어졌고, 내용이 신학적으로 탄탄하며, 본문의 문화와 오늘날의 문화를 나란히 놓고 직접적으로 비교하는 것이 아니라면 별 문제가 없다.

만일 오늘날의 청중이 1세기의 목자, 지주 계급, 결혼 잔치 등을 이해하지 못하면, 그 비유들은 그들에게 잘 와 닿지 않는다. 예수님은 자신의 청중에게 친숙한 이미지를 사용하셨기에 설명할 필요가 없었다. 그분은 그들이 이해하리라 생각하고, 그대로 단숨에 말씀하셨다. 뛰어난 신학적 진리가 일상의 이야기를 통해 드러난 것이다. 문제는 이런 이야기가 지닌 문화적 효과가 우리의 시간과 공간에서 멀리 떨어져 있다는 것이다. 따라서 그 문화적 배경을 이해하는 것이 매우 중요하다.[124]

그러나 여기에는 내재된 유혹이 도사리고 있다. 문화적 배경과 그 배경이 지닌 매혹에 너무 깊이 빠져, 그 이야기의 세부 내용이 아니라 그리스도가 전달하시고자 하는 성경본문의 신학적 요점을 놓칠 수 있다. 성경적 문맥보다 문화적 배경에 집중하는 설교는, 1세기 문화에 대한 충분히 흥미로운 범주의 교훈은 될 수 있지만, 도움이 되지는 않는다. 우리가 설교해야 할 것은 본문이지, 사건이 아니다.

이 위험을 피하기 위해, 어떤 사람은 문화적 배경을 모두 부정하고 이야기를 완전히 오늘날의 이야기로 다시 고쳐 전달하기도 한다. 이런 극단적인 방법도 위험하다. 설교자가 비유를 오늘날의 이야기로 바꾸기 위해서는, 그 비유의 배경을 충분히 알아야 하기 때문이다. 비유가 지닌 문화는 우리와 많이 떨어져 있기 때문에 풀이가 필요하다. 그러나 오늘날과 닮은 내용으로 풀어야 한다. 문화적 뉘앙스와 더불어 오늘날의 배경 모두가 필요한 것이다. 그리고 만일 그것이 잘 되었을 경우, 그 설교는 비유의 의미와 효과를 오늘날의 상황에 잘 전달할 수 있다. 이 부분에 대해서는 아래에서 다루고자 한다.

●● 비유에는 깜짝 놀랄 만한 요소들이 등장하기도 한다

어떤 비유에 등장한 영웅은 당시 미움을 받던 사마리아인이다. 아버지는 자신이 죽기를 바랐던 아들이 돌아온 것을 기쁨으로 환영한다. 주인이 자신의 것을 도둑질한 청지기를 칭찬한다. 겨우 몇 시간 일한 일용직 일꾼이 온종일 일한 사람들과 동일한 삯을 받는다. 놀라움의 요소가 강한 경우, 그 이야기에서 수사적 효과를 얻는 유일한 방법은, 그 이야기를 충격적으로 만든 배경을 이해하는 것이다. 데이비드 웬함(David Wenham)은, 이런 놀라움의 요소들은 모두 하나님나라의 놀라운 효과와 기존 종교에 대한 하나님나라의 급진적 반대에 관한 것이라고 주장한다.[125]

놀라움은 의미에 실마리를 제공하는 수사적 도구다. 따라서 이는 설교를 위한 수사적 도구이기도 하다. 우리는 가능한 한 많은 이야기 장면을 청중에게 보여줌으로, 그들이 그 이야기의 뜻밖의 전개로 놀라며, 이야기의 끝에 이를 때 확고한 결의를 가지게 해야 한다. 즉, 우리는 예수님이 이야기할 때 전달하시고자 했던 수사적 효과를 재생하도록 노력하는 것이다. 다음 부분을 읽기 전, 본 장의 마지막에 있는 설교를 세밀하게 살펴보라.

전달: 비유에서 음성 되살리기

●● 오늘날의 청중을 향한 비유로 번역하라

비유의 의미에는 문화적 뉘앙스가 있다. 이 세상의 땅을 이해하지 않고서 어떻게 우리가 돌밭과 가시밭에 씨 뿌리는 것을 이해할 수 있겠는가? 따라서 비유를 설교할 때, 1세기 당시 일꾼이 품삯 받는 방법, 유산을 분배하는 방식,[126] 아버지와 아들의 관계,[127] 바리새인들이 생각하는 돈의 가치 등을 포함한 많은 것을 이해해야 한다. 이런 문화적 실마리는 우리가 어떻게 1세기의 청중이 이 비유를 이해했는지 알게 한다. 그러나 제한된 시간에 이런 주제를 어떻게 다룰 것인가? 위에서 언급한 대로, 그 전략은 비유를 오늘날의 정황으로 번역하는 것이다. 이것은 다양한 방식으로 이루어질 수 있다. 가장 바람직하지 않은 방법은, 번역 자체를 전체 설교로 만드는 것이다. 궁극적으로 우리는 이야기를 하는 것이 아니다. 사람들에게 성경을 어떻게 읽을 것인지 가르치려는 것이다. 간혹 가장 좋은 방식은, 이야기에 있는 하나의 문제나 장면을 오늘날의 말로 표현하는 것이다. 이것은 직관적인 일이다. 동시에 우리는 이것을 의도적으로 해야 한다. 마지막 부분의 설교 실례를 보면, 첫 번째 장면이 끝나는 곳에서 현대적 정황으로 번역해, 아들의 불순종에 관해 현대적으로 다시 이야기하고 있다. 바로 그 시점에서 하는 이유는, 그 이야기가 너무 친숙해 아버지에 대한 아들의 반역이 얼마나 큰 것이었는지를 우리가 놓칠 수 있기 때문이다. 그것은 단순한 경시보다 더 강력한 반역이었다. 즉, 아들로서의 자기 정체성을 부정한 것이었다.

이런 사실은 우리가 반드시 문화적 배경을 알아야 함을 전제한다. 이에 도움을 주는 다양한 자료나 주석이 많이 있다. 더 많은 자료를 위해서는 부록을 참조하라.[128]

현대적 번역에 너무 열중해 신학이 부록이 되지 않도록 주의하라. 아무리 청중의 이목을 끌어도 그 핵심으로 나아가지 않는다면, 우리가 하는 일이 무슨 의미가 있겠는가? 우리는 개리슨 킬러(Garrison Keeler)나 폴 하비(Paul Harvey) 같은 이야기꾼이 아니라, 설교자다. 우리는 저자이신 하나님이 의도하신 신학적 의미를 찾기 위해 본문을 파헤치며, 진리의 핵심을 발굴해 사람들에게 보여주기 위해 노력한다. 이야기를 하면서 그 점을 놓치지 말라. 이야기는 수단이지 목적이 아니며, 그 자체가 목적이 될 수 없다.[129]

●● 그리스도의 전략을 파악하라

그리스도가 이야기를 하실 때 사용하신 전략을 찾아보라. 다시 말하지만, 성경의 저자는 우리에게 그 실마리를 제공한다. 이야기의 세부적 내용은 어떤 목적을 위해 그 자리에 있기 때문에 매우 중요하다. 이 말은 비유를 과도하게 풍유화하라고 부추기는 것이 아니다. 예수님이 비유를 이야기하신 방식이 그분이 가르치는 정황 속에서 이루어졌다는 것이다. 오늘날의 적용을 위해 모든 세부적인 내용을 파헤칠 필요는 없다. 그러나 그것들은 이야기를 하시는 예수님의 방식에 관한 실마리를 제공한다.

따라서 비유 설교의 전략은, 이야기를 하시는 그리스도의 전략과 일치되게 하는 것이다. 아래의 예들을 살펴보라.

누가복음 15장 1절 누가는 죄인들과 식탁교제를 나누었던 예수님에 대한 바리새인들의 의심을 이야기하는 것으로 시작한다. 그래서 예수님은 세 가지를 이야기하신다. 그것은 모두 무엇인가 잃어버린 것을 간절히 찾는 이야기다. 당신은 이런 이야기들을 훌륭하게 설교할 수 있을 것이다. 그러나 만일 목자, 여인, 아버지가 예수 그리스도에 대한 은유라는 분명한 암시를 발견하지 못하면, 이 세 이야기의 핵심을 놓친 것이다. 각각 좋은 이야기는 될 수 있어도 그 핵심은 놓치고 만 것이다. 이 이야기들은 합당한 문맥에 둘 때 더 정확하게 이해되며, 따라서 더 강력한 이야기가 된다.

마태복음 13장 1-23절 마태는 예수님의 여덟 개 비유를 다시 이야기하면서 '그날'이라는 말로 시작한다. 이런 연대기적 표시는 그날이 시작된 12장의 첫 부분으로 돌아가게 만드는데, 그 본문은 바리새인들의 적대감으로 가득 차 있다. 바리새인들은 믿지 않았다. 즉, 말씀을 받지 않는 길가 밭이었다. 이런 문맥은 이 비유를 해석하는 데 많은 영향을 미친다. 더불어 2절에서 마태는 예수님이 씨 뿌리는 자 비유를 이야기하실 때 큰 무리가 그분에게 모여들었다고 언급한다. 예수님은 그곳에 있는 모든 사람이 진리를 얻는 것은 아님을 그 무리에게 훈계하고 계셨던 것일까?

마태복음 20장 1-16절 포도원 품꾼 비유에 대한 설명은 소위 부자 관원 이야기의 문맥으로 둘러싸여 있다.

누가복음 10장 29, 36절 어떤 율법교사가 가장 중요한 계명이 무엇인지 물음으로 예수님을 시험한 다음, 자신의 이웃이 누구인지 질문함으로 스스로를 정당화하려는 것이 이 비유의 정황이다. 예수님은 선한 사마리아인의 비유로 대답하시며, 율법교사의 질문을 역으로 바꾸어 누가 강도 만난 사람의 이웃인지 물어보신다. 이 비유는 어떤 질문에 대답하도록 만든 것인가? 당신의 판단은 어떻게 이 비유를 설교할 것인지를 극적으로 바꿀 것이다.

●● 이중 비유는 주의를 기울여 설교하라

이중 비유를 다룰 때는 다음 두 가지를 찾아보라. 첫째, 이 두 비유의 유사점이 무엇인가? 둘째, 상이점은 무엇인가? 긴 비유는 그 의미를 찾기까지 긴 시간이 필요하다. 그러나 이중 비유는 아니다. 이런 비유는 매우 빠르게 진행되기 때문에 짧아서 효과적이다. 마치 권투에서의 원투 펀치 같다.

이중 비유 중 가장 잘 알려진 것이 누가복음 15장의 잃어버린 양과 동전 비유다. 실제로는 같은 장의 잃었다 다시 찾은 아들 비유와 함께 삼중 비유라고 할 수 있다. 두 가지 질문을 통해 이것을 예로 들어 살펴보자.

무엇이 유사한가? 아래의 세 비유가 모두 비슷한 구조를 가지고 있다는 사실을 살펴보라. 무언가 잃어버렸고, 되찾았으며, 그리고 그곳에 기쁨이 있다. 이 세 비유의 유사성은 다음과 같은 도표로 정리할 수 있다.

잃어버린 양	잃어버린 동전	잃어버린 아들*
목자가 잃어버림(4절)	여인이 잃어버림(8절)	아버지가 잃어버림(13절)
목자가 찾아 나섬(4절)	여인이 찾아 봄(8절)	아버지가 찾아 나섬(20절)
목자가 찾음(5절)	여인이 찾음(9절)	아버지가 찾음(20절)
목자가 친구들과 함께 기뻐함(6절)	여인이 친구들과 함께 기뻐함(9절)	아버지가 친구들과 함께 기뻐함(24절)

*이 세 비유 사이의 의미론적 관계와 교차적 구조에 관해서는 Kenneth E. Bailey, *Poet and Peasant and Through Peasant's Eyes* (Grand Rapids: Eerdman's 1976), p.144,156을 참조하라.

이처럼 예수님은 잃어버린 것을 찾음으로 기뻐한다는 교훈을 가르치려 하신 것이다. 우리 설교자들은 이 세 이야기의 비교를 바탕으로 앞서 관찰한 내용들을 설교하려는 경향이 있다. 그러나 이 도표에는 다소 의문점이 있다.

무엇이 다른가? 이 세 이야기는 거의 유사한 구조를 가지고 있지만, 같은 것은 아니다. 위의 도표는 세 번째 비유 중 25-32절의 마지막 장면을 잘라낸 경우에만 유효하다. 마지막 장면은 큰아들이 동생을 거부하는 것과 아버지가 큰아들을 찾아 나오는 것을 보여준다. 여기에 예수님의 핵심 주제가 있다. 예수님은 자신이 잃어버린 사람들을 어떻게 바라보는지(아버지처럼)와 바리새인들이 그들을 어떻게 바라보는지(큰

아들처럼) 그 차이를 드러내고 있다. 따라서 이 비유를 좀더 정확하게 표현하면 다음과 같다.

잃어버린 양	잃어버린 동전	잃어버린 아들
목자가 잃어버림(4절)	여인이 잃어버림(8절)	아버지가 잃어버림(13절)
목자가 찾아 나섬(4절)	여인이 찾아 봄(8절)	아버지가 찾아 나섬(20절)
목자가 찾음(5절)	여인이 찾음(9절)	아버지가 찾음(20절)
목자가 친구들과 함께 기뻐함(6절)	여인이 친구들과 함께 기뻐함(9절)	아버지가 친구들과 함께 기뻐함(24절)
		아버지가 아들을 잃어버림 (25-30절)
		아버지가 찾아 나섬 (26-32절)

　마지막 비유가 이상하게 끝나고 있음을 유심히 살펴보라. 이 이야기는 기뻐하는 모습으로 끝나지 않는다. 해결이 되지 않았다. 큰아들은 여전히 집 밖에 서 있다. 이 이상한 부분은 앞선 비유들의 구조에 덧붙여져 있다. 앞서 두 비유에서 예수님은 잃어버렸던 것을 찾은 것에 대해 이야기하셨다. 양을 잃어버렸고, 되찾았으며, 기뻐했다. 동전을 잃어버렸고, 되찾았으며, 기뻐했다. 아들을 잃어버렸고, 되찾았으며, 기뻐했고, 그리고 아들을 잃어버렸다. 이 마지막 이야기는 다 알려주지 않고 끝나버린다. 과연 큰아들은 회복되었을까? 이 구조는 우리에게 흥미로운 사실을 알려준다. 즉, 이런 구조가 의미의 실마리가 된다.

　잃었다 다시 찾은 아들 이야기는, 작은아들보다 큰아들에 관한 이야기처럼 보인다. 만일 예수님이 무엇인가 잃어버린 것을 찾는 것에 대한 이야기를 하고자 했다면, 잃어버린 양에 대한 이야기만 하고 그만두셨을 것이다. 이런 모습은 실제로 마태복음 18장 12-14절에 나타난다. 그러나 예수님은 잃어버린 동전에 대한 이야기를 계속 나가셨다.

그분은 성가신 이중 비유를 이야기함으로 '잃어버림'이라는 요지를 분명히 이해하도록 하셨다. 다시 말하지만, 만일 이것이 그분이 말씀하시려던 요지였다면, 그 이야기들에서 멈추었을 것이다. 그러나 그분은 더 나아가 잃어버린 아들의 이야기로 밀어붙이신다. 또 만일 예수님이 무언가 잃어버린 것에 관한 생각만을 강조하고자 했다면, 두 번째 장면에서 그만두셨을지 모른다. 그러나 예수님은 그렇게 하지 않고 놀라운 끝 장면을 덧붙이신다. 그리고 청중에게 자기의로 가득 차 동생을 집으로 들여 환영하지 못하는 큰아들에 관해 말씀하신다. 이것이 이 비유의 의미를 가리키는 실마리다.

이제 관점을 넓혀 그 장 전체의 정황을 살펴보자. 누가복음 15장 1-2절은 "모든 세리와 죄인들이 말씀을 들으러 가까이 나아오니 바리새인과 서기관들이 수군거려 이르되 이 사람이 죄인을 영접하고 음식을 같이 먹는다 하더라"는 말씀으로 시작한다.

이 비유는 정황이 없는 진공상태에서 시작되는 이야기가 아니다. 종교 당국이 죄인들을 친구로 삼는 예수님을 비판하고 있는 것이 이 이야기의 정황이다. 예수님은 잃어버린 양과 동전의 이중 비유를 이야기하시면서 그 비판에 반응하신다. 예수님의 반응은 잃어버린 사람들에 대한 그들의 관점과 예수님의 관점을 서로 경쟁시킨다. 그들은 잃어버린 죄인들을 거부한다. 예수님은 잃어버린 죄인들을 받아주실 뿐 아니라, 그들을 찾고 계신다. 얼마나 예수님의 은혜를 잘 드러내는 장면인가!

이중 비유를 들은 후, 그들은 그 메시지를 분명하게 이해했어야 했다. 그것은 곧 그들이 거부한 자들을 예수님은 찾고 계신다는 사실이다. 그러나 그것으로 충분히 분명하게 전달된 것 같지 않자, 예수님은 잃었다 다시 찾은 아들 이야기를 하심으로 칼끝을 돌리신다. 이 세 번째 이야기는, 무언가 잃어버리고 다시 찾은 이야기만이 아니라, 큰아들이 잃어버렸다 되찾은 것을 거부하는 모습도 담고 있다. 그러므로 이제 이 이야기의 핵심이 분명히 눈에 들어온다. 이 이야기는 잃어버리고, 찾고, 기뻐함에 관한 것이다. 그러나 이 비유가 다른 비유들과 다른 점은 마지막 장면에 있다. 자기의로 가득 찬 큰아들이 주위의 문맥에서 의문점으로 도드라지게 드러난다. 이 비유는 잃어버린 자(작은아들)를 찾으시고, 또 잃어버린 자를 찾지 않는 자(큰아들)도 찾으시는 예수님(아버지)에 관한 이야기다. 이 마지막 장면은, 죄인을 미워해 집 밖에 서 있는 자들을 향한 초대이자 동시에 경고의 말씀인 것이다.

지금까지 우리가 한 작업은 내적인 구조와 외적인 구조를 살펴보는 것이었다. 이제 우리는 매우 흥미로운 결론에 이르렀다. 이 잃었다 다시 찾은 아들 이야기의 핵심 요지는 이 마지막 장면에서 발견되는 것으로 보인다. 그것은 '자기의에 대한 경고'다. 예수님이 전하고자 하신 주요 요지는, 내적 구조인 틀과 그것이 어떻게 구성되었는지를 뜻하는 외적 구조 모두에서 나온다. 내적·외적 구조 모두 자기의에 대한 개념을 주요 주제로 가리키고 있다.

비유에서 설교 구성하기

●● 내러티브 구조를 찾으라

가장 분명한 전략은 내러티브 구조를 찾는 것이다. 분명히 배경, 등장인물, 플롯 등을 포함한 구조에 대한 실마리가 있을 것이다. 그중 가장 중요한 것은 장면 구조다. 우리의 목적은 이야기 자체를 위해 그저 극적으로 그 이야기를 펼치는 것이 아님을 기억하라. 핵심은 요약된 짧은 이야기를 함으로 메시지를 전달하는 것이다. 설교 실례로 누가복음 15장을 선택한 것은 장면 구조가 명확하기 때문이다.

●● 비유의 독특한 구조를 따라 설교를 창조적으로 만들어가라

각 비유가 독특한 구조를 가지고 있다면, 우리는 '어떻게 설교에 그 구조를 반영할 것인가?' 하고 질문할 것이다. 가장 잘 활용할 수 있는 분명한 구조는 이야기 전체 구조를 반영하는 것이다. 이때는 앞서 내러티브 구조에 관해 논의했던 모든 내용을 고려해야 한다.[130] 우리는 내러티브의 흐름을 따라가며, 그 본문의 흐름을 타고 오르내려야 한다. 이 점은 매우 분명하다. 그러나 비유 속에 있는 모든 변형은 어떻게 해야 하는가? 어떤 비유는 매우 짧아 온전한 내러티브 구조로 발전시키는 데 많은 추측이 동반될 것이다. 비유 설교에 사용 가능한 다섯 가지 구조는 다음과 같다.

1. 전개된 내러티브 이 구조에서는 전체 설교가 이야기의 장면을 따라 움직인다. 구약의 내러티브 설교같이 설교자가 배경을 제공하면, 각 장면이 비유가 끝날 때까지 전개되어 나간다. 이것이 그리스도가 이야기에 사용하신 방법이기에, 길이가 긴 대부분의 비유에 대한 기본적인 구성이 될 것이다. 이 방법은 잃었다 다시 찾은 아들, 착한 사마리아인, 옳지 못한 청지기, 부자와 나사로 등 각각의 장면이 있는 온전한 내러티브에 더 잘 적용된다.

2. 먼저 번역하기 이 방식에서는 이야기가 여전히 귀납적으로 전개될 수 있다. 그러나 설교는 이야기의 정황이나 전통적인 서론보다 번역에서 실제적으로 시작된다. 즉, 오늘날에 비추어 비유를 개작해 이야기하는 것이다. 이처럼 현대적 번역으로 시작함으로 청중을 사로잡아 비유의 이야기 속으로 들어가게 하는 방식이다. 이 방식은 비유가 짧거나 그 비유가 더 큰 가르침에 대한 예화 같은 기능을 하는 경우의 설교에 유용하다. 또 이야기의 장면들이 곧바로 설명되지 않는 것처럼 보이는

비유에 좋은 접근 방식이다.

예를 들어, 잃었다 다시 찾은 아들 이야기에서 짧은 정황은 이야기 전개에 중요한 역할을 한다. 청중은 물론 아버지와 아들의 관계에 대해 이미 어느 정도 이해하고 있을 것이다. 그러나 옳지 않은 청지기 비유(눅 16:1-8)를 생각해 보라. 이 비유에서 청지기는 관리 책임자로 부름 받았다. 당시의 문화적 정황은, 청지기란 땅 주인을 위해 일하는 자로, 주인 땅의 작은 구획을 얻은 몇몇 사람들이나 가족들을 지주로 섬기는 자임을 알려준다. 이런 이야기를 오늘날의 문화적 정황에 이르도록 설교의 전면에서 다리로 연결하는 것은, 청중을 좀더 쉽게 이야기로 끌어들인다. 즉, 어떤 문화적 장벽은 현대적 번역을 설교 전반에 둠으로 다리를 놓아 초반에 극복할 수 있다.

3. 번역을 마지막이나 중간에 두기 이것은 우선 비유를 이야기하고 번역을 다음에 제공하거나, 번역이 설교를 통해 마치 주석처럼 따라 나오게 하는 방식이다. 만일 전체 비유가 초반에 번역되었다면, 그 설교의 남은 부분은 적용이나 비유의 핵심 요지들이 된다. 이것은 비유의 마지막 부분 외에 다른 모든 곳에서 제공함으로 가능하게 된다. 비록 모든 내용을 초반에 제공하더라도, 우리는 그 의미를 펼쳐내 결국 핵심 생각을 마지막에 두기 원한다.

4. 개요 형식 이 설교 형식은, 설교자가 비유에서 요지를 찾아 중심 생각을 가지고 그것들을 연역적으로 전달하는 것이다. 일반적으로 이 형태는 권장할 만하지 못하다. 그러나 내가 여기에 포함한 이유는, 어떤 비유에서는 이론적으로나마 활용 가능한 방식이기 때문이다.

예를 들면, 씨 뿌리는 자 비유(마 13:1-23)는 온전한 내러티브 구조를 가지고 있다. 그러나 예수님은 그 비유가 무엇에 관한 것인지 정확하게 설명하신다. 따라서 설교자는 이런 질문을 할 수 있다. '이 세상에 속한 사람들은 예수님에 대해 어떻게 반응하는가?' 그때 다음과 같은 요지들을 제공할 수 있다.

1. 어떤 사람은 굳은 마음을 가지고 있다.
2. 어떤 사람은 얕은 마음을 가지고 있다.
3. 어떤 사람은 가시가 많은 산만한 마음을 가지고 있다.
4. 어떤 사람은 비옥한 마음을 가지고 있어 말씀이 자라 열매를 맺는다.

이런 개요가 가능한 것은 예수님이 이 비유를 해석해 주셨기 때문이다. 이 경우 본문의 첫 번째 부분을 먼저 읽어주고, 예수님의 설명을 각 장면이 전개됨에 따라 읽어준다. 동일한 방식이 이 본문 뒤에 나오는 알곡과 가라지 비유(마 13:24-30, 36-43)에도 적용 가능하다.

그러나 이 예에서도 예수님은 복음에 대한 사람들의 반응을 어떻게 다룰 것인지에 관한 전략을 주시지 않았음을 아는 것이 중요하다. 그것은 적용의 하나이며 필요한 부분이다. 그러나 그것은 그분의 성취이지 우리의 전략이라 할 수 없다. 예수님의 직접적인 요지는, 하나님나라는 방해가 있어도 성장한다는 것이다. 비록 사람의 완악함이나 얄팍함, 산만함이 하나님나라를 거절하더라도, 결국 그 나라는 그것을 받아들이는 사람들의 마음 안에서 기하급수적으로 자라난다. 따라서 단순히 요지들의 주제를 선택해 그것을 개요로 사용하는 것은 주의해야 한다. 이것은 본문에 대한 하나의 관점을 갖도록 우리를 유혹해, 결국 전체 본문 안에서 무슨 일이 일어나고 있는지 반영하지 못할 수 있다.

5. 정황 속의 비유 이 경우 비유는 설교에서 전체의 한 부분이 된다.

설교자는 정황적으로 더 큰 본문을 설교하며, 따라서 예수님이 하셨던 것처럼 설교를 도와주는 예화로 비유를 사용한다. 여기서 위험한 점은, 청중이나 설교자가 그것이 무엇을 의미하는지 이미 알고 있는 것처럼 생각함으로, 중요한 세부 요소를 너무 자세하게 주해하는 것이다.

예를 들어, 누가복음 14장 25-33절의 경우를 생각해 보라. 이 본문의 내용은 제자 됨의 대가에 대한 논의다. 예수님은 마지막 구절에서 "이와 같이 너희 중의 누구든지 자기의 모든 소유를 버리지 아니하면 능히 내 제자가 되지 못하리라"는 핵심 개념을 주신다. 그리고 이 땅에서의 소금에 대한 짧은 비유로 결론을 맺으신다. 이 비유에서 우리는 많은 적용점을 찾을 수 있다. 그러나 이 정황에서는 경고를 뜻한다. 만일 우리가 하나님나라의 왕을 거절하고 세상에 영향을 미치는 기능을 수행하지 않는다면, 거기에 두 번째 기회란 없다는 것이다. 따라서 이 상적인 접근은, 이 비유를 예수님이 사용하신 방법대로 설교하는 것이다. 즉, 제자 되기를 거절하는 자들에 대한 경고로 사용해야 한다.

나는 설교자가 정황을 벗어난 비유를 설교하지 말아야 함이 당연하다고 생각한다. 예를 들어, 숨겨진 보화와 값진 진주에 관한 하나님나라 비유는 하나의 설교로 다루는 것이 가장 좋은 방법일 것이다. 이 두 비유는 모두 마태복음 13장의 정황과 그 나라에 대한 세부적인 사항들에서 하나의 요지를 보여주고 있기 때문이다. 만일 그 비유들이 이 정황에서 벗어난다면, 그것들은 수많은 다른 의미로 전달될 수 있다.

● ● 어디에서 중심 생각을 설명할지 정하라

대부분의 경우, 중심 생각은 가장 마지막에 와야 한다. 다음의 설교 실례에서도, 전체 중심 생각은 세 번째 장면에서 분명해진다. 따라서 바로 그곳이 설교에서 중심 생각이 위치해야 할 곳이다. 그러나 다시 말하지만, 일단 중심 생각을 전달했으면 반드시 풀이를 해야 한다. 따라서 중심 생각을 제시한 다음 설명할 여지를 남겨 두어야 한다.

●● 예수님의 주석을 위해 공간을 남겨두라

때로는 예수님이 비유에 대한 주석을 더하기도 하신다. 그러므로 우리는 비유를 이야기할 때 그분의 해석과 통찰을 존중해야 한다.

이때 본문은 주석이 뒤따르는 내러티브처럼 보일 것이다. 우리는 설교에 이런 접근을 반영할 수 있다. 즉, 먼저 전체 내러티브를 가르친다. 그 후 마지막에 예수님의 주석을 덧붙인다. 이야기를 결말로 이끌어 오면서 예수님의 주석을 끝부분에 덧붙이는 것이다.

●● 짧은 비유를 설교할 때, 예수님의 전체 가르침을 설교하라

매우 짧은 비유가 몇 개 있다. 앞서 언급한 것같이, 이 경우 본문의 전체 범위를 따라 설교를 구성하라. 그리고 비유를 보충적인 내용으로 사용하라.

설교 실례

눅 15:11-32

> **설교 전략**
> 본문이 제기하는 질문은, '예수님은 죄인을 어떻게 대하시는가?' '나는 죄인을 어떻게 대해야 하는가?'인 듯하다.

서론

F-16 전투기가 적지에 떨어졌다. 비행기 조종사는 적국의 병사들에게 쫓기는 신세가 되었다. 그에게 탈출의 소망은 없었다. 그는 완전히 잃어버린 자가 되었다.

아군이 자신을 발견하도록 하기 위해 그가 할 수 있는 것은 아무것도 없었다. 예수님은 지금 그 무언가 잃어버린 바 되면 다시는 자기 스스로 돌아올 수 없는 것에 대한 이야기를 시작하신다.

> **서론**
> 이 서론은 완결된 이야기가 아니다. 갑자기 이야기가 중단된다.
> 나는 단지 청중의 마음에 잃어버림에 대한 생각을 심어주고자 한 것이다.
> 예수님이 잃어버린 아들 비유로 진행하면서 잃어버린 것에 대한 두 가지 다른 이야기를
> 하시기 때문이다. 나는 예수님이 사용하셨던 수사적 효과를 되살리려는 노력으로,
> 청중이 잃어버린 상태에 대한 무게감을 느끼기 원한다.

배경: 11절

예수님은 세리들 및 죄인들과 함께 식사를 했다는 사실로 비난을 받고 있다. 그러므로 예수님은 지금 그들에게 자신이 잃어버림에 대해 어떻게 느끼시는지 말하기로 작정하신다. 예수님은 그들에게 세 개의 이야기를 말씀하신다. 잃어버린 양, 잃어버린 동전, 그리고 잃어버린 아들 이야기가 그것이다.

장면 1: 작은아들이 떠나다(12-20상).

이 이야기는 작은아들의 반역 이야기다. 그 내용은 이런 것이다.

> 현대적 번역을 여기서 제시한다. 사람들은 이 이야기를 잘 알고 있다고 생각하지만,
> 일반적으로 그 반역의 깊이에 대해서는 제대로 이해하지 못한다.
> 따라서 그의 반역을 현대적 정황으로 묘사하는 것이 도움이 된다.

장면 2: 아버지가 돌아오는 아들을 찾아나선다(20하-24절).

이 아들은 기꺼이 모든 사회적 통념을 깨고 달려와 안아주는 아버지에 의해 회복

된다. 따라서 이 이야기는, 아들의 죄가 아니라 아버지의 사랑을 보여준다. 예수님은 이 아버지처럼 죄인들을 찾으러 오신 분이다.

> 죄인들을 찾으시는 예수님에 대한 개념이 유일한 요지인 것 같다.
> 사실 이 내용은 다음 장면을 준비하고 있다. 그러나 이 생각을 발전시키는 것이 매우 중요하다.
> 아버지의 아들에 대한 사랑이 얼마나 풍성한지에 대해 더 많이 설명해야 한다.

장면 3: 큰아들이 항의하다(25-32절).

이 장면은, 아버지가 사랑하는 것을 사랑하지 못하는 큰아들에 대한 이야기다. 그러나 아버지는 여전히 집 밖으로 나가 그를 찾는다. 아버지가 집 밖으로 나가 작은아들을 찾아가는 모습과 마지막에 큰아들을 찾아가는 모습을 살펴보라. 이 점은 이야기의 핵심으로 안내한다.

중심 생각: 예수님은 불의한 자를 찾으실 뿐 아니라, 스스로 의롭게 여기는 자도 찾으신다.

> 중심 생각은 여기서 분명해진다. 따라서 이 중심 생각이 제시된 다음에는
> 그것을 풀이해 주는 것이 필요하다. 바로 지금이 적용을 위한 최적의 때다.
> 우리가 바로 이 지점에 도달하기 전까지는 무엇을 적용할지 모르기 때문이다.

결론

공군이 잃어버렸던 조종사의 위치를 알게 되었을 때, 어떻게 했을까? 그들은 그 조종사를 무시해 버릴 수 있었다. 그 조종사가 격추당한 대가를 받고 있다고 말할 수도 있었고, 그를 비난하면서 버려둘 수도 있었다. 당신은 공군이 어떻게 행동했을 것이라고 상상하는가? 그들은 그 조종사를 찾으러 나섰다. 대여섯 대의 항공기

와 수십 명의 해병대를 파견했고, 수백만 원의 돈을 지불했다. 이 모든 것이 한 명의 격추된 조종사, 즉 자신의 힘으로는 돌아올 수 없는 그 사람을 위한 것이었다. 예수님은 죄인들을 찾아오신 분이다. 그리고 우리가 만일 죄인을 찾아나서지 않는다면 우리는 자기의로 살아가는 자들이며, 예수님은 그런 우리 또한 찾으신다. 이 이야기는 어떻게 끝나는가? 그 형제들은 서로 화해했을까? 우리는 알 수 없다. 이 이야기 무대의 커튼이 닫힐 때, 작은아들은 집 안에, 큰아들은 집 밖에 있다. 아버지는 이 둘을 모두 찾는다. 이 이야기는 끝이 맺어지지 않은 하나의 비유다. 예수님은 이런 방식으로 그 주제에서 청중에게 돌아와 이렇게 물으신다. '당신은 어떤 사람인가? 회개가 필요한 불의한 자인가, 아니면 회개가 필요한 스스로 의롭다고 생각하는 자인가?'[131]

토론을 위한 질문

1. 비유가 일반적인 내러티브와 다른 점이 무엇인가?
2. 짧은 비유는 어떻게 다루어야 하는가?
3. 비유의 현대적 번역이란 무엇인가?
4. 예수님은 비유를 말씀하시면서 진리를 드러내고자 하시는가, 감추려고 하시는가?
5. 이중 비유에 대해 답해야 할 두 가지 질문은 무엇인가?

추천 도서

- 크레이그 블롬버그. 『비유해석학』. 김기찬 역. 서울: 생명의말씀사, 1996.
- Arnot, William. *Parables of Our Lord*. Grand Rapids: Kregel, 1981.

- Bailey, Kenneth. *Poet and Peasant and Through Peasant Eyes: A Literary-Cultural Approach to the Parables in Luke*. Grand Rapids: Eerdmans, 1976.
- Kistomsaker, Simon. *The Parables: Understanding the Stories Jesus Told*. Grand Rapids: Baker, 1980.
- Snodgrass, Klyne. *Stories with Intent: A Comprehensive Guide to the Parables of Jesus*. Grand Rapids: Eerdmans, 2008.
- Wenham, David. *The Parables of Jesus*. Jesus Library. Downers Grove: InterVarsity, 1989.

시와 지혜서

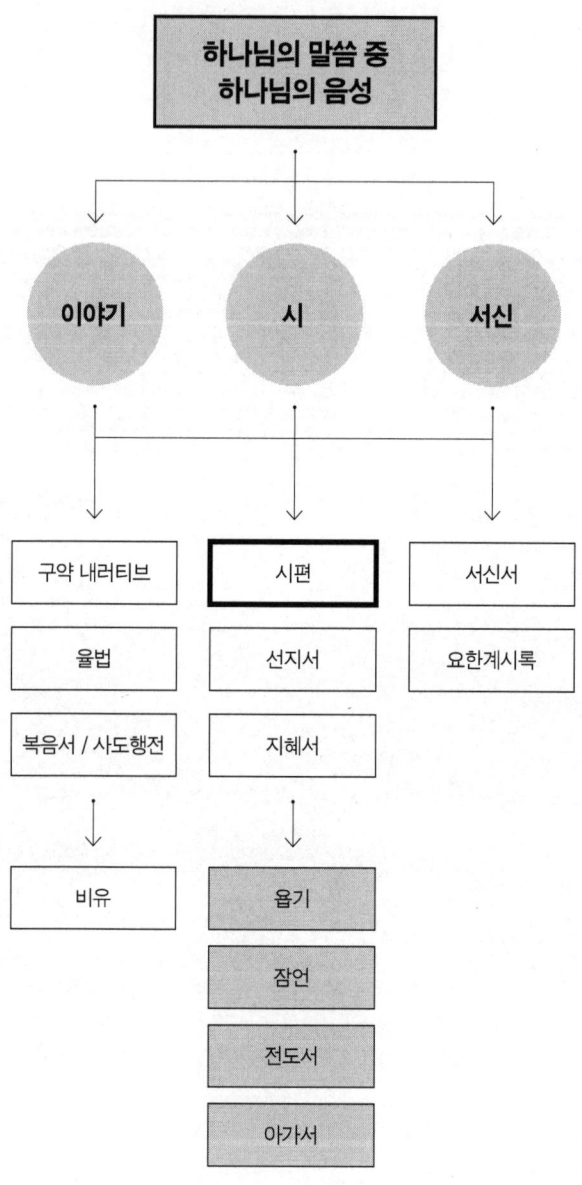

CHAPTER 8

시편에서
하나님 음성 되살리기

가장 다가가기 쉬운 진리는 시적인 것이다. 영적 여정 중에 있는 우리는 책이나 설교를 통해 영적 진리를 얻으며, 그것은 우리의 여정을 다른 궤도 위에 올려놓는다. 이런 순간은 그것을 잊지 않게 하기 위해 우리로 계속 영적 일지를 쓰도록 촉구한다. 즉, 우리는 삶의 다른 한 지점에서 그 기록을 다시 찾아보기 원한다.

그러나 가장 강력한 진리 중에는 우리가 적어놓을 필요가 없는 것들이 있다. 일지에서 그 진리를 끄집어낼 필요가 없다. 그런 진리에 쉽게 접근할 수 있는 이유는, 어떤 사람이 수고스러운 노력을 다해 이미 그것을 음악으로 만들어 놓았기 때문이다. 일단 노래를 부르면 그 노래는 우리의 마음에 깊이 자리 잡게 된다. 따라서 우리는 하나님을 찬양하기 원할 때 굳이 책을 찾을 필요가 없다. 우리는 기꺼이 우리의 위로, 은혜, 도움, 격려, 훈계의 원천이 되는 찬송이나 노래를 찾는다. 음악에 붙여진 진리는 결코 강력하지 못한 것이 아니다. 단지 더 쉽게 접근할 수 있게 된 것이다.

이것이 구약성경의 많은 부분을 시 형태로 주신 이유일 것이다. 본

장은 시편을 설교하는 것에 집중한다. 그러나 시편의 히브리 시에 대해 논하는 것은 구약의 다른 시들에서도 적용 가능할 것이다. 시편과 예레미야애가는 대부분이 시다. 그러나 욥기, 전도서, 아가, 이사야, 예레미야, 아모스, 호세아 등도 많은 부분이 시로 되어 있다. 이 장르는 매우 강력해 성경에서 중요한 부분을 차지한다. 따라서 우리가 일반적으로 노래가 어떤 기능을 하는지 파악하면, 특히 시편이 어떻게 작용하는지 이해할 수 있다.

노래에 대해

노래가 어떤 작용을 하는지 생각해 보라.

나는 노래를 들을 때, 그 노래에 동화되면서 그것을 감상한다. 시편에서 우리는 두려움, 승리, 역겨움, 후회, 고통, 환희를 읽는다. 시편은 매우 개인적이다. 시편을 읽을 때, 당신은 마치 자기 인식을 하지 않는 사람 옆에서 노래를 부르는 것처럼 된다. 우리는 누가 지켜보든 말든 몸을 젖혀가며 하나님을 찬양한다.

따라서 시편은 느슨한 신학적 끄트머리에 매여 시간을 쏟지 않는다. 시편은 깊고 다함없는 진리들의 작은 표현이다. 전임사역자인 우리는 가끔 예배의 노래와 찬양의 가사에 너무 민감하다. 목회자들은 더 그렇다. 회중으로 하나님의 말씀을 알게 해야 하는 책임이 있기 때문이다. 음악을 통해 말씀을 이해하게 하는 '까다로우면서도' 가장 쉬운 접근 방식은, 회중이 부르는 내용이 신학적으로나 성경적으로 정확한지 책임감 있게 확인하는 것이다. 따라서 그 내용이 정확해야 진리에 대한 접근에 도움이 된다. 그러나 시편이 그렇게 모든 것을 엄격하게 다룸으로 우리의 열망을 만족시키는 것은 아니다. 시편은 가장 열정적인 신학자를 기쁘게 하는 방식으로, 하나님에 대한 모든 내용을 우리에게 말하기 위해 기록된 것이 아니다. 이 점은 우리가 시편에 대해 겁을 먹는 부분이기도 하다. 우리는 자신의 적들에 대한 복수를 간구하는 다윗의 기도를 듣는다(시 35:3). 그러면서 '그래 이해해. 그런데 용서에 대해서는 어떻게 하지?'라고 질문한다. 우리는 그가 악인들의 팔이 부러지기를 구하며(시 37:17), 그들이 다른 사람을 죽이는 데 사용한 그 칼이 그들의 심장을 찌르기 바라는(시 37:15) 기도를 듣는다. 그러면서 우리는 모든 민족을 향한 하나님의 구원 계획에 대해 의아해 한다. 사실 시편의 절반은 불평으로 분류될 수 있다.[132] 그러나 이런 시편도 진리다. 즉, 이런 시편들 속에서 시인은, 엄격한 신학적 범주로 모든 것을 얽매는 것과 관련 없이 목청껏 노래를 부르고 있는 것이다.

시편은 이런 방식으로 작용한다. 그것들은 하나님을 이해하는 우리의 틀에 맞지 않으며, 하나님을 찬양하는 깔끔한 설교적 형태에도 적합하지 않다. 시편은 인간의 상태같이 어수선하며 어렵다. 그러나 그것들은 완벽하게 영감으로 기록된 하나님의 말씀이다. 시편은 요한복음 3장 16절과 똑같이 진리의 말씀이다.

시편을 효과적으로 설교하기 원한다면 그것을 있는 그대로 설교해야 한다. 시편 그대로 이해하기 전에 신약의 신학을 주입해 읽음으로, 시편을 엉망으로 만들지 말라. 우리는 신학적 구조물로 설교함과 동시에, 청중을 그 신학으로 인도하기 위한 시간을 가져야 한다. 그들로 먼저 앞문을 통과해 걷게 하라. 그 다음 그들에게 기초를 보여주라. 청중으로 시편을 경험하게 하라. 그들이 원수에 대한 하나님의 분노를 느끼고, 다윗의 혼란과 근심을 경험하며, 하나님의 신실하심을 열거하며 부르는 이스라엘 백성의 노래를 듣게 하라. 이 모든 것에 청중이 관여하게 하되, 시적으로 하게 하라. 그들이 말씀의 무게를 느끼게 하라. 반드시 그런 다음에, 그것들을 기독교 신학의 틀 속에 두라. 목표는 거기에 수반된 신학을 멀리서 넓게 보기 전에 본문 안으로 가까이 들어가

게 하는 것이다. 만일 우리가 옛 언약을 다루기 전에 새 언약을 설교한
다면, 연대기적으로 무언가 빠트린 것이다. 왜 우리에게 시편 자체가
필요하겠는가?

설교자에게 선택권이 주어질 때 자연스럽게 서신서에 더 무게를 두
는 것은 다소 모순적인 면이 있다.[133] 나는 그 충동을 이해한다. 서신서
는 깨끗하고 깔끔하며 설교를 위해 구조적으로 자연스럽게 보인다. 그
리고 볼품없는 인간 감정의 꾸러미가 그리 많지 않다. 그러나 그와 동
일한 이유로 서신서는 접근이 용이하지 않다. 따라서 목적은, 정경적
정황 속에 있는 노래들을 각 노래에 수반되는 모든 성경신학적·조직
신학적 내용으로 설교하는 것이다. 그러나 먼저 시가 숨을 쉬게 하라.
우리가 노래를 성경 전체의 정황에서 설교하는 것은, 청중에게 접근
가능한 진리의 귀한 선물, 즉 내면의 여행을 제공할 것이다. 노래로 인
해 기독교 진리에 접근하기가 쉬워졌다. 시편을 통해 성경에 더 가까
이 가기가 쉬워졌다. 연결점을 만들어 사람들로 귀한 선물을 받게 하
라. 이것이 특별한 것은, 앞으로 살펴보겠지만, 시편이 궁극적으로 그
리스도에 관한 것이기 때문이다.

숙련된 목자 그리스도

시편 78편은 몇 가지 이유로 매우 놀라운 시다. 이 시는 이스라엘
의 역사를 이야기하면서 그것을 점진적으로 펼쳐나가는 측면에서 매
우 놀랍다. 모든 사람이 경청하도록 부르짖는 것으로 이 시는 시작한
다. "우리의 조상들이 우리에게 전한 바라 … 여호와의 영예와 그의 능
력과 그가 행하신 기이한 사적을 후대에 전하리로다"(3-4절). 2절은 매
우 놀라운 구절이다. "내가 입을 열어 비유로 말하며 예로부터 감추어
졌던 것을 드러내려 하니" 그 말들은 매우 신비스럽고 '은밀한' 것처럼

보이지만, 이제 더 이상 감추어진 것이 아니다. 그가 지금 그 말씀들을 드러내고 있기 때문이다. 이 시편 기자는 야곱을 부르시는 것부터 애굽에서의 구원, 땅의 정복, 다윗의 통치에 이르기까지 이스라엘의 역사를 이야기한다. 다윗의 리더십은 이렇게 묘사된다. "이에 그가 그들을 자기 마음의 완전함으로 기르고 그의 손의 능숙함으로 그들을 지도하였도다"(72절). 따라서 온갖 완고한 반역에도, 하나님은 이스라엘과의 언약을 지키셨고, 심지어 그들에게 다윗 같은 위대한 용사와 왕을 주셔서 그들을 인도하게 하셨다는 것이, 예로부터 감추어졌던 진리다. 그러나 그것은 단지 이야기의 첫 부분일 뿐이다.

이 이야기의 나머지 부분은 마태복음 13장에서 찾을 수 있다. 그 본문에서 예수님의 사역에 전환이 일어나고, 비유가 가르침의 주요 방식이 된다(1-3, 10절). 제자들이 예수님에게 왜 비유를 사용하시는지 물었을 때, 예수님은 하나님나라의 비밀이 어떤 자들에게는 여전히 숨겨진 것이며, 반면 제자들은 그것을 볼 수 있기에 복이 있다고 말씀하신다(10-17절). 그 후 예수님은 여덟 개의 연속적인 비유를 가르치신다. 서술자로서 마태는 그 비유의 한가운데 다음 구절을 끼워놓았다.

> 예수께서 이 모든 것을 무리에게 비유로 말씀하시고 비유가 아니면 아무것도 말씀하지 아니하셨으니 이는 선지자를 통하여 말씀하신 바 내가 입을 열어 비유로 말하고 창세부터 감추인 것들을 드러내리라 함을 이루려 하심이라 (34-35절)[134]

이 말씀은 물론 시편 78편에서 인용한 구절이다. 따라서 사실 지금 우리는 무슨 일이 이루어지고 있는지 알고 있다. 시편 78편은 다윗에 관한 말씀이다. 그러나 이 말씀은 어린 목동이 아닌 선한 목자에 관한 것이다. 시편 기자는 이스라엘 역사를 통해 다윗이 가장 훌륭한 인간적 왕이라는 사실을 알았다. 그러나 소위 말하듯, 사람이 아무리 뛰어나도 사람일 뿐이다. 이스라엘은 메시아가 오셔서 자신의 백성을 목양하시기까지 진정한 왕을 얻을 수 없다. 따라서 예로부터 내려온 가장 훌륭한 이야기(시 78:2)는 예수님에 대한 것이다. 예수님이야말로 올바른 마음으로 이끄시는 유일한 분이시다. 그분만이 능숙한 손길로 우리를 인도하시는 목자시다. 그러므로 하나님이 자신의 백성을 기르고 돌보도록 선택하신 바로 그분이 예수님이시다.

분명하고 간단하게 말하면, 명시적인 메시아적 관련성이 있든 없든 시편은 예수님에 관한 노래다. 이 점이 골로새서 3장 16절을 더 의미 있게 만든다. 바울은 "그리스도의 말씀이 너희 속에 풍성히 거하여 모든 지혜로 피차 가르치며 권면하고 시와 찬송과 신령한 노래를 부르며 감사하는 마음으로 하나님을 찬양하고"라고 기록한다. 마크 푸타토(Mark Futato)는 바울이 사용한 범주(시, 찬송, 신령한 노래)가 칠십인 역에서 시편에 사용된 모든 범주임을 밝혀냈다. 따라서 시편은 하나님께 감사를 표현하며, 내주하시는 그리스도를 드러내는 매개체로 사용된다.[135]

마지막 목적

시편 설교의 미묘함은 장르가 서로 섞여 있다는 점에 있다. 우리는 노래를 설교한다. 설교문은 설교로 하고, 노래는 노래로 하는 것이 더 자연스럽다. 이 점이 시편 설교가 주는 도전이다. 어떻게 노래를 말로 표현할 것인가? 기억하라. 시편은 성경의 다른 부분처럼 구원을 주시는 하나님의 말씀이다. 즉, 시편은 원래 노래로 부르도록 만들어진 것이지만, 하나님은 그 말씀들을 우리가 설교하도록 디자인하셨다.[136] 우리가 노래들을 설교하는 것이 하나님의 바람이었다. 이제 우리의 사명을 안다면, 우리 앞에는 '어떻게 노래를 설교할 것인가?'라는 질문이 놓인다.

이쯤에서 잠시 숨을 돌리면서 우리의 마지막 목적을 기억해야 한다. 우리는 본문의 의미를 찾고자 한다. 그리고 단순한 모방이 아닌 재생을 추구한다. 즉, 시편의 구조가 본문의 의미에 어떤 영향을 미치고 있는가 하는 것이다. 반복과 평행법은 그 시가 취하는 방향에 큰 영향을 미친다. 만일 그 노래가 효과적이라면, 운율, 리듬, 가사 모두가 그 기자가 전달하고자 하는 내용을 강조한다. 우리는 시편의 구조가 드러내고 강조하는 의미를 찾아야 한다. 따라서 오래된 시라는 점에 대한 걱정은, 어떤 본문이라도 우리가 이 책에서 동일한 접근법을 사용하고 있다는 점을 생각한다면 다소 진정될 수 있다. 즉, 본문의 구조를 취해 그것이 그 핵심 주제를 어떻게 뒷받침하고 있는지 보여주는 것이다.

● ● **시편은 노래 그 이상이다**

존재하는 모든 시 중 성경의 시편은 영감으로 기록된 무오한 시들이다. 이것들은 아브라함의 언약을 확증하고, 이스라엘의 역사를 이야기하며, 궁극적으로는 그리스도를 가리킨다. 시편은 그리스도인의 신앙을 가장 잘 묘사하는 노래다. 그리고 물론 성경의 이야기들은 노래로 끝난다. 요한계시록 4장과 5장은 하나님 아버지와 어린 양 예수 그리스도가, 이 땅의 모든 사람이 부르는 새 노래로 영원히 찬양 받으시는 한 장면을 묘사한다. 어느 날 모든 세상이 부를 노래를 기록하신 분이 바로 하나님이다.

이제 시편의 해석과 전달에 대해 이야기해 보자.

해석: 시편에서 음성 듣기

●● 시편은 시다

히브리 시를 해석하는 것은 위협적인 과제일지 모른다. 그 이유는 두 가지 측면에서 찾을 수 있다. 첫째, 우리는 각 구절이 어떻게 '작용'하는지 모른다. '정확하게 무엇이 그것을 시로 만드는가?' 둘째, 우리는 종종 시 안에 있는 움직임을 보지 않는다. '정확하게 이 시는 어디로 향해 가고 있는가?' 우리가 만일 에드가 앨런 포(Edgar Allen Poe)의 「갈가마귀」(The Raven) 같은 전통적인 시를 읽는다면, 이런 문제가 생기지 않는다. 포의 시 첫 번째 연은 다음과 같다.

> 언젠가 쓸쓸한 한밤중(Once upon a midnight dreary),
> 내가 피로와 슬픔에 젖어(while I pondered, weak and weary),
> 잊혀진 전설의 기묘하고 신비로운 이야기 책을 떠올리다가
> (Over many a quaint and curious volume of forgotten lore-)
> 선잠이 들어 머릴 꾸벅일 때(While I nodded, nearly napping),
> 갑자기 문 두드리는 소리가 들려왔지(suddenly there came a tapping),
> 누군가 살며시 내 방문을 두드리는 소리(As of someone gently rapping, rapping at my chamber door).
> "누가 왔나 봐" 난 혼자 중얼거렸지("'Tis some visitor," I muttered, "tapping at my chamber door-)
> "방문을 두드리기만 하며 딴 짓은 않고"(Only this and nothing more").[137]

이 시에서 우리에게 익숙한 것을 찾아보라. 각운(dreary/weary, napping/tapping, door/more)이 시를 시답게 만들고 있다. 사실 각 단어가 이렇게 운을 맞추고 있지 않아도, 율동감 있게 함께 흘러가고 있다. 물론 이 시는 포가 의도적으로 운을 만든 것이다. 우리도 이 시에서 그 움직임을 볼 수 있다. 이 시는 그가 사색하는 모습으로 시작하며, 곧이어 문 두드리는 소리가 들린다. 그리고 이 시는 전개해 나가면서 이야기를 전해주고 있다. 포는 매우 추상적인 것을 추구하는 작가다. 그러나 이런 추상적인 형태에서도 우리는 시적 형식과 움직임을 느낄 수 있다. 그러나 히브리 시는 다르다.

  히브리 시는 평행법으로 이루어지는데, 이는 각 행의 개념과 이전 행의 관계로 특징지어진다. 히브리 시의 평행법은 영시의 각운 같은 것이다. 따라서 히브리 시에서 강조점은 어떤 비슷한 소리를 가진 단어들이 아니라 비슷한 의미에 있다. 첫 행 다음에 오는 행은 첫 행에 대한 설명, 확장, 대조를 이룬다. 그러므로 히브리 시에서 가장 영향을 미치는 것은 운율이 아니라 평행법이다.

  마틴 루터의 찬송 "내 주는 강한 성이요"[138]의 첫 연을 생각해 보자.

> 내 주는 강한 성이요(A mighty fortress is our God)
> 방패와 병기 되시니(A bulwark never failing)
> 큰 환난에서 우리를(A helper he among the flood)
> 구하여 내시리로다(Of mortal ills prevailing)

이 노래가 지니고 있는 비슷한 리듬에 주목하라. 각 행의 단어 선택이 균형을 이루고 있다. 각운도 살펴보라(failing/prevailing 등). 시의 전개도 논리적으로 매우 훌륭하다. 그것은 아마 시편의 영향을 받았을 것이다. 루터의 이 노래는 시편 46편에 기초한다.

하나님은 우리의 피난처시오 힘이시니

환난 중에 만날 큰 도움이시라 (1절)

이르시기를 너희는 가만히 있어 내가 하나님 됨을 알지어다

내가 뭇 나라 중에서 높임을 받으리라

내가 세계 중에서 높임을 받으리라 하시도다

만군의 여호와께서 우리와 함께하시니

야곱의 하나님은 우리의 피난처시로다 (10-11절)

평행법을 살펴보라. 1절에서 두 번째 행은 첫 번째 행을 이해하도록 돕는다. 어떻게 하나님이 우리의 피난처이시며 힘이신가? 그는 환난 중에 우리를 도와주시는 분이시다. 10절에서는 우리가 가만히 있어 그분이 하나님이심을 알아야 하는 이유를 알게 된다. 그분이 뭇 나라와 세계 중에서 높임을 받을 것이기 때문이다. 이 시에서 각운은 보이지 않는다. 그러나 뒤에 따르는 행이 앞선 행의 의미를 설명하는 평행 구조가 있다. 이처럼 히브리 시를 규정짓는 특징은 평행법의 사용이다. 따라서 시편을 읽을 때는 평행법을 찾아보라. 이것이 시를 시답게 만드는 것이다. 이제 평행법의 본질과 시편의 또 다른 주요 특징인 이미지(imagery)[139]에 대해 살펴보자.

●● 평행법

평행법은 시편과 성경의 다른 시적인 책의 히브리 시를 규정짓는 특징이다. 이런 식으로 생각해 보라. 즉, 시인은 하나의 생각을 먼저 제시한 다음 그에 대한 주석을 달아준다. 첫째 행은 무언가를 말하고, 둘째 행은 그에 대한 의견을 덧붙이는 것이다. 이것이 매우 이상한 문학적 수단인 것처럼 보이지만, 일단 그 방법을 잘 파악하면, 시편의 주요 문학적 장치를 이해하게 된다. 이 평행법 속에 의미가 담겨 있다.

데이비드 잭맨은 평행법이 세 단계에서 작용한다고 지적한다.[140] 즉, 시편 기자는 평행법을 통해 어떤 생각을 보강하거나 설명하며 또는 대조한다. 이 세 단계에는 움직임이 있다. 이제 각각의 예를 살펴보자.

보강

주의 말씀은 내 발에 등이요
내 길에 빛이니이다
(시 119:105)

이 두 행은 기본적으로 같은 것을 말한다. 즉 후자가 전자를 보강한다.

설명

여호와는 그들의 힘이시요
그의 기름부음 받은 자의 구원의 요새이시로다
(시 28:8)

주님은 어떤 방법으로 자신의 백성에게 힘이 되시는가? 좀더 구체적으로, 그는 구원하시는 요새시다. 시편 기자는 다른 새로운 것을 말한 것이 아니라, 더 발전된 설명으로 그 생각을 반복한다.

대조

악인들이 나를 멸하려고 엿보오나
나는 주의 증거들만을 생각하겠나이다
(시 119:95)

첫 행은 명제를 제공하고, 둘째 행은 첫 행에 대한 대조적인 의미를 보여준다.

시편이 설교하기 어렵게 보일 수 있지만, 평행법의 본질을 제대로 파악하면 바르게 다룰 수 있다. 평행법을 다르게 표현하면, 모든 시편은 움직임을 가지고 있다는 것이다.

●● 움직임

푸타토는 평행법에 관해, 거기에는 단순한 반복 이상이 이루어지고 있는데 그것이 바로 움직임이라고 말한다.[141] 즉, 평행법을 읽을 때, 행의 첫 부분에서 둘째 부분으로 진행되는 것에 미세한 차이가 있는지 살펴보라. 그 차이는 의미상 의도적으로 가미된 변화다. 따라서 행의 두 번째 부분을 단순히 첫 부분의 주석으로만 이해해서는 안 된다. 행의 두 번째 부분[142]이 첫 부분을 뒷받침하는 것이 아니라, 두 번째 부분의 기초를 놓는 측면에서 첫 부분이 두 번째 부분을 뒷받침하는 것이다. 시편 25편 16-17절을 생각해 보라.

> 1행 주여 나는 외롭고 괴로우니
> 　　내게 돌이키사 나에게 은혜를 베푸소서
>
> 2행 내 마음의 근심이 많사오니
> 　　나를 고난에서 끌어내소서

왜 하나님이 은혜를 베푸셔야 하는가? 시편 기자가 고통받고 있기 때문이다. 왜 하나님이 그를 고난에서 건지셔야 하는가? 그의 마음에 근심이 많기 때문이다. 이 경우 행의 두 번째 부분은 첫 부분에서 일어나고 있는 것을 반복하지 않고, 그에 대한 더 풍성한 의미를 제공한다. 또 다른 예로 시편 27편 5-6절을 살펴보자.

여호와께서 환난 날에 나를 그의 초막 속에 비밀히 지키시고
그의 장막 은밀한 곳에 나를 숨기시며
높은 바위 위에 두시리로다

이제 내 머리가 나를 둘러싼 내 원수 위에 들리리니
내가 그의 장막에서 즐거운 제사를 드리겠고
노래하며 여호와를 찬송하리로다

5절 첫 부분에서 시편 기자는 초막에 대한 확신을 갖고 있다. 행의 두 번째 부분에서 그 초막의 종류를 좀더 분명히 말한다. 이 부분을 통해 우리는 그의 머리가 정확하게 어떻게 높이 들릴지 알 수 있다. 그리고 기쁨의 함성을 노래로 만들 것임을 알게 된다. 그러므로 여기에 쓸데없는 반복이란 없다. 그것은 움직임일 뿐이다.

결론적으로, 평행법은 아름다운 방식으로 진리를 강화하는 수단이라는 사실을 아는 것이 중요하다. 때로 나는 과도한 주해적 안경을 쓰고, 단어가 위치하고 있는 절에서 매우 어렴풋한 그 의미를 찾아내려 하는 자신을 발견한다. 그러나 그 단어의 풍성한 의미는 종종 거기에 의미를 덧붙이는 것이 아니라, 그것이 또 다른 진리를 재확언하는 데서 드러난다. 이에 관해 리랜드 라이큰은 이렇게 말한다. "성경의 시를 즉시 실용적인 방향으로 표현할 필요는 없다. 그것은 그 자체로 아름답고 유쾌한 것이다."[143]

이제 성경에서 시편을 펼쳐 평행법을 찾을 수 있는지 확인해 보라. 그것이 보이는가? 그러면 이제 시편의 두 번째 주요 특징에 대해 살펴보자.

● ● 이미지

시편에서 이미지를 발견하는 것은 어렵지 않다. 각 시편의 시작하는 행을 생각해 보라. 1편에서 복 있는 사람에 대해 시편 기자는 이렇게 묘사한다.

> 그는 시냇가에 심은 나무가
> 철을 따라 열매를 맺으며
> 그 잎사귀가 마르지 아니함 같으니
> 그가 하는 모든 일이 다 형통하리로다
> 악인들은 그렇지 아니함이여
> 오직 바람에 나는
> 겨와 같도다

시인은 우리에게 이미지들을 제시하고 있으며,[144] 그것들은 추상적이지 않다. 이 점이 시가 효과적으로 전달되며 쉽게 기억되는 이유다.

시가 어떻게 작용하는지 잠시 생각해 보자. 시의 목적은 신학적 개념을 자세히 규명하는 것이 아니다. 오히려 특정한 것에 대한 개념을 시적으로 표현하는 기능을 한다. 그것은 어떤 것이든 가능하다. 그러나 핵심은 그것들이 더 큰 개념들에 대한 작은 그림이라는 점이다. 시가 다루는 작은 개념들은 하나의 감정이나 사건일 수 있다. 그러므로 설교자는 어떻게 이런 구체적인 것에서 일반적인 것으로 움직여갈지 생각해야 한다. 즉, 이 사건이나 순간이 하나님의 성품과 그분이 세상에서 하시는 사역에 대해 어떻게 이야기하는지 살펴보는 것이다. 이런 방법 중 하나가 주의를 기울여 예화와 결합하는 것이다.

시편 이미지와 설교 예화의 관계는 중요하다. 본문의 이미지는 예화가 떠오르게 한다. 가장 전통적인 예가 시편에서 가장 잘 알려진 23편

1절이다. "여호와는 나의 목자시니…" 설교자가 직관적으로 해야 할 가장 중요한 일은, 이 비유를 온전한 예화로 바꾸어 하나님이 목자이시라는 점을 보여주는 것이다. 예화를 통해 하나님이 그의 양을 돌보시고 보호하시며, 쉴 곳을 제공하신다는 것을 전달한다. 심지어 하나님은 선한 목자로, 길을 벗어난 양들을 찾아 다시 우리로 데리고 오심을 보여줄 수 있다. 이 구절을 읽는 동안, 우리는 농업문화와 관련된 비유를 사용해 수많은 방식으로 이것을 생각해 볼 수 있다. 이미지는 이렇게 사용해야 한다. 즉, 이미지는 상상력 있는 예화를 자극한다. 그러나 여기서도 주의할 점이 있다.

우리는 이미지가 보여주는 진리가 아닌, 이미지에 대한 예화 자체를 설교하려는 유혹에 빠질 수 있다. 이런 종류의 설교는 다음과 같다.

"이 본문에는 하나님에 대한 진리가 있습니다…."
"여기 그 본문이 제시하는 이미지가 있습니다…."
"여기 그 이미지에 대한 예화가 있습니다…."
"여기 하나님이 어떤 분이신지에 대한
내 예화가 있습니다…."

예화 사용에서의 이런 실수는 미묘한 것 같지만, 그 대가는 치명적이다. 예화에 너무 치중해 본문의 이미지가 아닌, 예화가 주목받게 될 수 있다. 예화는 반드시 청중을 본문에서 멀어지게 하는 것이 아니라, 본문으로 돌아가게 해야 한다.

시편 23편을 설교한다고 상상해 보라. 먼저 양에 대한 매우 훌륭한 예화를 찾는다. 그리고 설교의 나머지 시간에 그 예화에서 나오는 적용을 설교한다. 그러나 그것은 본문의 요점에서 벗어나는 것이다. 목자 되시는 주님에 대한 핵심은 공급하심이다. "여호와는 나의 목자시니 내게 부족함이 없으리로다" 교훈은 공급하심이지만, 이런 방식은 어떻게 이미지가 예화를 부추겨 본문의 핵심에서 벗어나게 하는지 보여준다.

예화는 본문의 이미지를 확인해 주는 것이어야 한다. 즉, 이미지를 확장해 그것이 보여주는 진리를 좀더 분명하게 하는 것이다.

"여기 본문의 진리가 있습니다…."
"여기 그 본문의 이미지가 있습니다…."
"여기 그 이미지에 대한 예화가 있습니다…."
"여기 그 예화가 확인해 주는 진리가 있습니다…."

중요한 것은, 예화가 본문에서 멀어지는 것이 아니라, 본문의 이미지가 보여주는 진리를 확증해야 한다는 점이다. 앞의 예를 사용하면, 시편 23편을 설교하는 설교자는 양을 기르는 이미지를 뒷받침해 주는 짧은 예화를 사용한 다음 다시 본문으로 돌아와야 한다. 예화가 본문을 뒷받침해 주는 것이 아니라, 본문보다 더 크게 보이는 것을 주의해야 한다.

●● 감정적인 면

시는 순수하게 인지적 단계에서 작용하지 않는다. 시인이 사용하는 단어들과 그것들이 움직이는 방법은, 청중에게서 감정적 효과를 자아내기 위해 의도적으로 구성한 것이다. 이것이 시의 감정적 영역이라고 알려진 것이다.[145] 다시 시편 23편으로 돌아가 보자. 시인은 부족함이 없고, 인도받고, 회복되고, 두려움이 없고, 위로받으며, 선함과 인자하심이 그를 따른다고 고백한다. 시의 진행과 움직임은 모두 감정적인 것과 연결되어 있다.

설교할 때 우리는 먼저 마음을 움직이기 원한다. 그러나 시인은 마음에서 의지로 나아가는 것이 아니라, 마음에서 심장으로, 그 다음 의지로 나아간다. 이 궤도는 설교에서 본받을 만하다.[146] 시편 23편에 대한 설교는 하나님의 공급하심에 대한 진리를 가르치고, 감정적 연결을 통해 그것이 진리임을 보여줌으로, 청중에게 일평생 그분을 따를 것을 요청해야 한다. 시편의 속성을 고려한다면, 설교가 감정에 호소해서는 안 된다고 주장하기는 힘들다.

●● 시편은 독특한 구조를 가지고 있다

시편은 몇 개의 범주로 나뉘는데, 곧 찬양, 비탄(공동체적 또는 개인적), 감사의 노래, 영적인 노래다.[147] 시편은 각 마지막 부분이 영광송으로 끝나는 다섯 개의 책으로 나뉜다.

1권: 1-41편
2권: 42-72편
3권: 73-89편
4권: 90-106편
5권: 107-150편

다윗이 대부분의 시를 썼고, 고라 자손의 시도 다수 있으며, 다른 시들은 아삽이 썼다.[148] 그러나 시편의 거시적 구조는 복음서 같은 내러티브 장르에서만큼 각 본문의 의미에 큰 영향을 주는 것은 아니다. 그럼에도 이것이 본문 간의 관계성이 없다는 뜻은 아니다. 시편을 설교할 때의 실제적인 도전은 각 시가 지닌 미시적 구조에 있다.[149] 푸타토의 글을 참고해 시편 1편을 예로 삼아, 먼저 소통의 가장 작은 단위를 살펴보고 가장 큰 단위로 나아가 보자.[150]

> 복 있는 사람은 악인들의 꾀를 따르지 아니하며
> 죄인들의 길에 서지 아니하며
> 오만한 자들의 자리에 앉지 아니하고 (1절)

기본적으로 한 행은 "사상에 대한 하나의 완전한 평행법적 표현"[151]이다. 행은 영어성경에서 주로 절(verse)로 구성되지만, 한 행을 하나의 절로 혼동하지 말아야 하는데, 때로 한 행은 한 절의 범위를 넘어 확장되기 때문이다. 그러나 평행법을 이야기할 때, 우리는 주로 각 행 안에서 발견되는 평행법에 대해 논한다.

행들은 하나의 절(strophe)을 형성하는 그룹으로 묶인다. "절은 하나의 공통된 주제에 초점을 맞춘 여러 행이 모인 것이다."[152] 여러 행이 모인 절은 히브리 시에서 사상의 기본 단위다. 시에서 하나의 절은 산문의 문단과 같다. 대부분의 영어성경은 빈 칸을 두어 각 절을 구분한다. 따라서 서신서를 문단이나 인용구로 나누는 것처럼, 시편은 절 단위로 나눈다. 그러면 이해에 매우 도움이 된다.

시편 1편의 예를 다시 생각해 보자. 1편 전체를 읽고, 이 본문을 어떻게 구분할 수 있는지 살펴보라. 이 시는 감각이나 의미로 나눌 수 있다. 처음 두 절은 복 있는 사람이 가진 삶의 방식을 묘사한다. 두 번째 두 절은 복 있는 사람의 결말과 악인의 결말을 대조한다. 그리고 마지막 두 절은 악인의 운명에 대해 묘사한다. 따라서 이 시 자체는 움직임을 갖고 있다. 그 움직임은 연속적인 여러 절 위에 세워진 것이다.

절들은 연들(stanzas)을 형성하는 그룹으로 묶일 수 있다. 보통 분량이 더 긴 시에서는 연이 특정 주제에 따라 모인 절들로 되어 있다. 따라서 긴 시를 읽을 때, 각 절이 주제별로 배열되어 있다는 사실을 발견할 수 있다. 시편에 대한 이런 거시적 안목은 시 전체의 구조를 좀더 잘 이해하도록 돕는다. 시편 20편을 살펴보라. 이 시는 두 개의 절, 즉 1-3절과 4-5절로 구성되어 있다. 그러나 그 기도들은 모두 의미적으로 '원합니다'(may)라는 말로 함께 묶여 있다.

●● 시편은 구속적 찬양을 보여준다

시편 기자들은 불평을 표현하는 것에 두려움을 느끼지 않는다. 그러나 그들은 하나님을 찬양하는 것에도 열정적이다. 어떤 점에서는 이 둘이 같은 책에서 동시에 강렬하게 울려 퍼지는 것이 이상하게 보일지 모른다. 그러나 열정적 찬양과 고난의 시간 사이에는 관련성이 있다.

월터 브루그만(Walter Bruegemann)은 시편이 특정한 유형으로 진행된다고 주장한다. 즉, 시편은 삶의 정황에서 시작하고, 문제를 제시하며, 구속하고 구원하시는 하나님의 성품과 본질에서 절정을 이루며 끝을 맺는다는 것이다.[153] 브루그만은 이것을 각각 정위(orientation), 상실(disorientation), 새 정위(new orientation)라고 부른다.

가장 유명한 목자 시인 시편 23편을 통해 이런 움직임을 생각해 보자.

정위
여호와는 나의 목자시니 내게 부족함이 없으리로다
그가 나를 푸른 풀밭에 누이시며
쉴 만한 물가로 인도하시는도다
내 영혼을 소생시키시고
자기 이름을 위하여 의의 길로 인도하시는도다

상실
내가 사망의 음침한 골짜기로 다닐지라도

해를 두려워하지 않을 것은 주께서 나와 함께하심이라
주의 지팡이와 막대기가 나를 안위하시나이다

새 정위

주께서 내 원수의 목전에서 내게 상을 차려 주시고
기름을 내 머리에 부으셨으니 내 잔이 넘치나이다
내 평생에 선하심과 인자하심이 반드시 나를 따르리니
내가 여호와의 집에 영원히 살리로다

분명히 이 노래는 신약의 신자들에게 깊은 공감을 자아냈을 것이다. 이 모두가 우리의 경험이기 때문이다. 우리는 자신의 인생이 확실한 걸음과 분명한 방향으로 나아가기 기대한다. 그러나 실제는 그렇지 않다. 상황이 변한다. 그리고 우리는 방향을 잃는다. 그때가 모든 근심을 그리스도께 맡겨야 할 때다. 그분은 우리를 이전에 있던 곳으로 되돌리시지 않는다. 그러기에는 지나치게 자상하시다. 오히려 그분은 우리가 새로운 현실의 빛 속에서 살아가게 하신다. 그리고 우리가 전에 보지 못했던 것을 보게 하신다. 우리는 삶에 대한 새로운 방향을 얻은 것이다. 즉, 이 모든 것이 새로운 방향을 통해 얻은 복이다. 이것이 그리스도인이 겪는 삶의 밀물과 썰물이다. 동시에 시편의 밀물과 썰물인 것이다.

● ● **시편은 인격적이며, 실제적으로 하나님에 대한 것이다**[154]

앞서 살펴보았듯이 시편의 반 정도는 불평이다. 많은 시가 개인적 비탄, 좌절, 감사, 기쁨을 표현한다. 그것들은 인격적인 면이 매우 강하다. 현대 설교자는 언뜻 보아 성경에 매우 다양한 음조가 있다는 사실에 용기를 얻을 수도 있다. 이것들이 완전한 하나님 말씀의 한 부분이라는 사실은 우리에게 위로가 된다. 그리고 우리가 하나님께 쉽게 나아갈 수 있게 한다. 그러나 동시에 그런 다양성이 도전을 준다. 시편이 우리에게 주신 하나님의 말씀처럼 보이지 않는다. 즉, 하나님께 드린 사람들의 말로 보인다. 시편은 실제로 어떤 사람의 기도다. 마치 우리가 영적 일기의 페이지를 훌훌 넘기는 것처럼 보인다. 어떻게 우리가 다른 사람의 생각을 설교할 수 있을까? 어떻게 기도를 설교할 수 있을까? 시간을 들여 본문을 번역해 보면, 그것이 어떤 사람의 불평이라는 것을 알게 된다. 과연 우리가 그것을 어떻게 다루어야 할까? 그러나 시편은 교훈을 주지 않을 때도 교훈적이다. 이런 점에서 시편은 강의보다 증언 같은 기능을 한다.

다윗이 "여호와여 내 기도를 들으시며 내 간구에 귀를 기울이시고 주의 진실과 의로 내게 응답하소서 주의 종에게 심판을 행하지 마소서 주의 눈앞에는 의로운 인생이 하나도 없나이다"라고 울부짖을 때, 그는 실제로 자신의 기도를 하나님이 들어주시도록 간청하고 있는 것이다. 그는 하나님에 대해 우리가 알기 원하는 것을 말하고 있는 것이 결코 아니다. 단지 그는 기도하고 있다. 그러나 궁극적으로 다윗이 결코 이 본문의 유일한 저자가 아님을 기억하라. 성경에 포함된 기도는 하나님에 의해 기록된 것이다. 따라서 기도를 포함시킨 이는 다윗이 아니라 하나님이다. 그러므로 우리가 분명히 던져야 할 질문은 '하나님은 이 시편을 통해 내가 하나님에 대해 무엇을 배우기 원하시는가?' 하는 것이다. 또 우리는 '내가 어떻게 하나님께 나아가야 할지에 대해 그분은 내가 무엇을 알기 원하시는가?' 하고 물어야 한다. 이 시를 통해 우리는 하나님이 실제로 자비로운 분이심을 배운다. 또 하나님께 나아가는 것에 대한 많은 것을 배운다. 하나님께 나아갈 때, 우리는 그분이 원하시는 것은 무엇이든 할 수 있음을 인정하게 된다. 또 이 기도를 통해, 그분께 무엇이든 구할 수 있다는 것을 배운다. 더 정확하게 말하면, 하나님은 무엇이든 할 수 있으시기에, 우리는 무엇이든 구할 수 있다. 비록 어떤 시들은 도움을 바라고 불평하며 눈물로 호소하지만, 그 시들은 궁극적으로 하나님의 성품과 관련되어 있다. 하나님이 구원하실 수 있는 능력이나 그럴 의사가 없다면 이런 간청들을 그분께 올리겠는가? 시편 143편을 다시 살펴보라.

> 하나님의 성품을 인식하는 간청 (1-2절)
> 고통에 대한 증언 (3-6절)
> 구체적인 요구 (7-11절)
> 구원에 대한 소망 (12절)

시편이 수많은 불평으로 가득 차 있어도, 그 불평은 희망적이다. 우리는 불평과 푸념을 혼동하지 말아야 한다. 푸념은 자신을 싫어하는 것에서 시작된다. 시편의 불평은, 시인 자신을 구원할 수 있는 하나님의 능력에 초점을 두면서 자신의 정황에 대해 평가한 것이다. 왜 그런가? 하나님은 정의로우시면서 위대하시기 때문이다. 하나님은 의로우시기에 그 의로움으로 우리의 영혼을 고난에서 건져내실 수 있다(12절). 우리를 적들에게서 보호하시고(시 141:9), 우리의 원수를 갚으실 수 있다(시 35:23). 또 그분은 응답하실 수 있다(시 4:1). 따라서 불평은 그 상황을 변화시킬 수 있는 유일한 분에게 올려드린 것이라는 측면에서 찬양의 표현이다. 이런 식으로 불평은 찬양이 된다.

●● 시편은 신약의 기초가 된다

시편은 신약에서 가장 많이 언급되는 구약의 책이다. 예수님은 산상보훈으로 사역을 시작하셨다. 그 세 번째 복과 시편 37편을 비교해 보라.

> "온유한 자는 복이 있나니 그들이 땅을 기업으로 받을 것임이요."(마 5:5)

> "그러나 온유한 자들은 땅을 차지하며 풍성한 화평으로 즐거워하리로다"(시 37:11)

신약에서 가장 많이 인용된 시편은 110편으로, 히브리서는 이 시를 기초로 한다. 이 시는 마태복음 22장 44절, 사도행전 2장 34-35절, 히브리서 1장 13절에서 인용된다. 또 마태복음 26장 64절, 마가복음 14장 62절과 16장 19절, 누가복음 22장 69절, 로마서 8장 34절, 고린도전서 15장 25절, 에베소서 1장 20절, 골로새서 3장 1절, 히브리서 1장 3절, 8장 1절, 10장 12절에도 암시되어 있다.[155] 더욱이 전체 성경의 마지막을 장식하는 극적인 전쟁 장면(계 19장)은 시편 2편의 성취다. 신약 전체는 시편을 참조하고 있다. 더 분명한 예는 물론 메시아 시편인 2,22,110편이다. 목자 사상이 시편 전반에 흐르고 있다는 점(23편; 28:9; 49:14; 78:71-72; 80:1)과 이것이 그리스도와 연결되어 있다는 점(요 10:1-18; 마 13:34-35)은 말할 나위가 없다.

전달: 시편에서 음성 되살리기

●● 이야기가 아닌 시를 설교하라

이 점은 이미 2장에서 논의했지만, 반복하고자 한다. 우리는 본문을 설교하는 것이지 본문 뒤에 있는 것을 설교하는 것이 아니다. 시편 뒤에 있는 이야기는 매우 흥미로우며, 그 의미에 빛을 더해 줄 수 있다. 그러나 만일 저자가 그 이야기만을 다시 하고자 했다면, 시가 아닌 이야기로 전달했을 것이다. 그러나 그는 그렇게 하지 않았다. 그는 노래를 썼다.

시편 78편은 출애굽부터 다윗 시대까지의 이스라엘 역사를 다시 이야기한다. 이것은 매우 훌륭한 이야기로, 이 본문을 설교하려면 역사적 정황을 다소 알아야 한다. 그러나 그 목적은 분명하다. 시편 기자는 6-8절에서 하나님이 율법을 주신 목적에 대해 분명하게 말한다.

> 이는 그들로 후대 곧 태어날 자손에게 이를 알게 하고…
> 그들로 그들의 소망을 하나님께 두며
> 하나님께서 행하신 일을 잊지 아니하고 오직 그의 계명을 지켜서
> 그들의 조상들 곧 완고하고 패역하여
> 그들의 마음이 정직하지 못하며
> 그 심령이 하나님께 충성하지 아니하는 세대와 같이 되지 아니
> 하게 하려 하심이로다

이 시에서 과거의 이야기는 과거의 바로 그곳으로 간다. 과거의 이야기는 우리에게 설교의 적용에 대한 실마리를 제공한다.[156] 그러나 이것이 설교의 전면으로 확장되어 설교가 그곳에만 머물러 있으면, 본문의 의미는 제외한 채 본문 배후에 있는 의미만을 설교하게 된다. 예를 들면, 시편 142편은 다윗이 사울을 피해 동굴에 숨어 있던 때의 기도다. 여기서 사무엘상 22장 1-2절의 내러티브를 설교하고자 하는 유혹이 생길 수 있다. 그러나 본문 뒤에 있는 것은 우리를 본문으로 인도하고, 그 본문을 우리 삶에 적용하게 해야 한다. 즉, 본문의 의미를 설교해야 하는 것이다. 시의 정황을 불러올 때는, 그 정황이 이야기 전체를 주도하지 않게 해야 한다.

● ● **하나님과 사람을 향하라**

　시편 78편이나 그 비슷한 시편을 설교할 때, 우리는 기도의 언어들을 표현하는 것으로 시작한다. 이런 시는 사람이 하나님께 올린 기도다. 그러므로 우리는 같은 식으로 접근한다. 그러나 시편은 영감으로 기록된 기도다. 각 시편에 대해 우리가 던져야 할 질문을 다시 상기시켜 보라. '이 시는 하나님에 대해 내게 무엇을 가르치는가?' '이 시는 하나님께 어떻게 나아가야 하는지에 대해 내게 무엇을 가르치는가?' 우리는 하나님에 대해 배우는 것을 마치 개요처럼 만들 수 있으므로 조심해야 한다. 시는 '하나님에 대해 알아야 할 네 가지' 등으로 표현될 수 없다. 시들은 어떤 개요가 아니라 시적인 기도다. 앞서 살펴본 예에서, 다윗은 하나님의 성품을 인정하는 것(1-2절)에서 고통에 대한 증언(3-6절)과 구원을 향한 구체적인 기도(7-11절)로, 그리고 마지막으로 하나님이 구원해 주실 것이라는 소망을 선포하는 것(12절)으로 진행을 바꾸어간다. 우리는 사람들이 이러한 방향으로 하나님께 나아가도록 격려한다. 시편은 푸념할 수 있는 허가증을 주는 곳이 아니다. 오히려 소망에 대한 약속이다. 시편은 정의에 대한 우리의 질문을 털어놓는다. 우리는 왜 하나님이 우리에게 더 귀 기울이지 않으시는지 의아해 한다. 그 질문에 대해 모든 것을 하실 수 있는 유일한 분에게 우리가 왜 질문하지 못하겠는가? 큰 질문을 더 크신 하나님께 물어봄으로, 당신은 그 요구의 크기만큼 하나님께 영광 돌릴 수 있다.

　그렇다면 이 시편은 누구에 관한 것인가? 하나님인가, 다윗인가? 이 시편은 하나님의 성품에 기초한 구원을 향한 정직한 소망의 기도다. 이 둘 모두가 시편에서 주목을 받아야 한다.[157]

● ● **청중이 영광을 보게 하라**

　시편의 영광은 그리스도다. 우리가 언급했던 궤도는 그리스도의 궤도뿐이기 때문이다. 하늘에 위치한(oriented) 예수님은 기꺼이 이 땅으로 내려오셨고(disoriented), 부활하시고, 승천하시며, 영광 받으심으로 새로운 위치(a new orientation)를 경험하셨다. 그분의 영광은 이 궤도 속에서 드러났다. 그러므로 우리도 마찬가지다. 우리에게 이런 영광을 보여주기 위해, 하나님은 야곱의 축복받은 자손으로 약속의 땅에서 하나님을 향해 살아가던 이스라엘 자손들의 이야기를 하신다. 그들은 애굽과 광야에서 방향을 상실했으나, 약속의 땅에서 다시 바른 방향을 잡았다. 그러나 마치 우리의 삶처럼 그들은 또 다시 상실한다. 그럼에도 메시아 그리스도 안에서 새로운 위치에 대한 궁극적인 소망을 발견한다. 우리 역시 그렇다.

그러므로 시편을 설교할 때, 우리는 복음의 궤도를 설교해야 한다. 하나님이 우리 그리스도인의 경험에서 이 유형을 어떻게 사용하시는지 청중에게 보여주라. 그리고 그들을 사랑하시는 하나님이 그들의 방향을 새롭게 하셔서, 영원한 새 삶으로 고치기 원하신다는 말씀으로 격려하라. 또 이런 삶이 매일 복음을 닮아가는 삶의 방식임을 보여주라. 죽음에서 생명으로 이어지는 전형은 그리스도인에게 숨을 쉬는 것과 같다. 우리는 끊임없이 크거나 작은 방식으로 상실하고 다시 새로운 방향을 찾아간다. 이것이 삶에 교차되는 복음의 유형이다. 그리고 이것이 바로 영광이다.

●● 보여준 다음 말하라

이 전략은 전달보다 해석과 관련 있다. 본문의 의미를 분별할 때, 평행법을 살펴보라. 설교하면서 청중에게 평행법이 그 개념을 어떻게 강화, 설명, 대조하는지 보여주라. 시편으로 시리즈 설교를 할 때는, 평행법이 어떻게 그 시들을 열어주는지 제시하라.

더불어 시편의 감정적 요소를 청중에게 보여주라. 시편의 감정적 디자인이 심원한 방식으로 본문을 강화하고 있다는 것을 보여줄 때, 그들은 시편이 감정적 디자인을 가지고 있다는 것의 의미를 이해하게 될 것이다. 그 다음 우리는 청중에게 성령이 이런 감정적인 디자인에 영감을 불어넣으셨다는 것, 즉 그것이 하나님이 주신 것임을 가르친다. 이는 그들이 지금 씨름하고 있는 감정을 확인해주고, 성경이 우리가 어떻게 느끼기를 바라는지 가르쳐주는 놀라운 효과를 가져온다.

●● 본문을 따라가라

푸타토는 시편에서 설교를 구성하는 두 가지 접근법, 즉 분석적 방법과 주제적 방법을 제안한다.[158] 그의 제안을 활용해 두 가지 접근법에 대해 논해보자.

분석적 접근 이 방식은 설교자가 본문에 접근할 때, 사상의 단위를 취하는 것이다. 설교자는 우리가 추구하는 본문이 이끄는 설교 방식을 사용해, 본문의 형태가 설교의 형태를 결정하게 한다. 본문의 자연스러운 절(strophe)들의 구분이 설교의 구분이 되는 것이다. 그러므로 그 과정은 신약의 서신서를 주해하는 것과 비슷하다. 본문의 단위를 구분하고, 그것을 번역한 다음, 의미를 찾는 것이다. 그러나 이 접근은 긴 시적인 본문을 다룰 때 실용적인 문제를 유발한다.

주제적 접근 시편 119편과 105편 같은 긴 본문을 설교할 때는, 주제별로 배열하는 것이 더 지혜롭다. 여기서 '주제적'이라는 단어는 다소 오해를 불러일으킬 우려가 있다. 우리는 여전히 주제가 아니라 본문을 설교해야 한다. 대체로 주제 설교란, 하나의 주제를 다루기 위해 여러 성경구절을 선택하는 설교를 말한다. 그러나 여기서 주제적 배열은 그런 것이 아니다. 오히려 우리는 먼저 본문을 선택한다. 그리고 본문을 완전히 연구해 구조를 이해한다. 그 다음 중심 생각이 드러나도록 한다. 일단 중심 생각이 드러나면, 그것을 전달하는 방법을 가장 잘 보여주는 생각들을 본문에서 취한다. 따라서 본문의 개요는 완전히 임의대로 취하는 것이 아니다. 우리는 전달해야 할 것을 가장 잘 드러내는 본문을 택하고자 노력한다. 설교의 목적은 본문의 주제를 규명하는 것이 아니라, 본문이 그 주제에 대해 말하고자 하는 것을 전달하는 것이다. 이것은 잠언을 설교하는 방식과 비슷하다. 잠언의 많은 부분이 연대기적으로 기록되지 않았기에, 설교문 자체는 가장 대표적인 표본이 된다.

●● 연결하라

신약성경이 언급하는 시편을 발견할 때, 우리는 그것들을 서로 분명하게 연결해야 한다. 여기에는 성경의 통일성에 대한 감각을 청중에게 심어주기 위한 부수적인 목적도 있다. 이는 비교할 수 없는 보화다. 그리스도를 믿게 된 한 중학생이 고등학교를 졸업하기까지 6년간 당신에게 가르침을 받고 있다고 상상해 보라. 당신은 그가 이야기 수집물만을 가지고 대학에 가기 바라는가, 혹은 '정경적으로' 준비되어 진급하기 바라는가? 그것이 바로 성경이 우리에게 성경을 가르치도록 존중하는 것이다. 하나님은 우리를 매우 사랑하셔서 그분의 말씀 자체로 말씀을 이해하도록 우리를 인도하셨다. 이것은 놀라운 자비이자 신비다. 우리는 청중에게 그 연결점을 보여주어야 한다.

그러나 가장 중요한 목적은 본문의 메시지를 전달하는 것이다. 하나님이 우리에게 완전한 정경을 주셨다면, 특정한 구절의 번역은 반드시 전체 성경과 관련해 의미를 지니고 있다. 번역은 본문이 무엇을 말하는지 말하고, 해석은 그것이 무슨 의미인지를 말한다. 그리고 해석은 반드시 전체 성경에 비추어 이루어져야 한다.

따라서 우리가 시편 110편을 설교할 때, 신약성경과 연결하는 것은 필수적이다. 신약성경은 그 시편에 온전한 의미를 제공한다.

●● 그리스도와 연결하라

물론 메시아 시편은 자연스럽게 그리스도와 연결된다. 그러나 다른 본문들은 어떤가? 사실 모든 본문이 기독론적인지는 여전히 논쟁의 주제다. 그러나 논쟁할 수 없는 사실은, 시편이 언약 백성들의 하나님을 향한 열정적 사랑을 반영하고 있다는 점이다. 이 노래들은 하나님을 기다리는 백성들의 고난, 실패, 소망을 대변한다. 그리고 우리도 그런 사람들이다. 그들은 구원을 소망하며 살아갔고, 우리 역시 그렇다. 따라서 시편이 슬픔, 아픔, 기쁨, 고난, 복수 같은 드러난 주제를 다룰 때, 기독교 신학에 근거해 그것들을 설교하라. 그 시편들을 그들과 상응하는 신약의 본문과 연결하라. 그리고 자연스럽게 연결된 교리를 설교하라. 즉, 시편을 설명한 다음 그것이 어떻게 신약의 교리와 부합되는지 설교하라. 앞서 지적한 대로 이 순서가 중요하다. 우리는 교리를 설교하는 것이 아니다. 이 시가 신약의 신학과 어디에서 만나는지를 설명하는 것이다.

시편에서 설교 구성하기

●● 본문의 길이

2장에서 우리는 본문 길이 정하는 것에 대해 간략하게 다루었다. 시편은 어떻게 이것을 장르에 맞게 결정해야 하는지를 보여주는 구체적인 예다. 그 길이는 목회적 관심과 주해적 관심으로 결정된다. 시편 78편이나 118편같이 긴 시도 한 편의 설교로 만들어야 한다는 것에 논리적 근거를 제시할 수 있을 것이다. 이 시편들 전체에 유기적 흐름이 있다는 점이 이것을 더욱 호소력 있게 만든다. 그러나 그 모든 것을 다루기는 힘들다는 점도 분명하다. 따라서 좀더 실제적인 것은, 본문의 길이를 당신이 모두 다룰 수 있는 정도의 절(strophe)들로 구성하는 것이다. 설교 실례에서 우리는 시편 24편을 예로 선택했다. 이 시에는 세 개의 주요 절이 있다. 이것은 통상적인 길이의 설교 시간에 다룰 수 있는 분량이다.

적당한 길이의 본문을 결정하기 위해서는 좀더 많은 읽기와 생각이 필요하다. 본문 읽기는 항상 중요하지만, 시편의 경우 특히 더 그렇다. 시 장르인 시편은 무언가를 말하며, 또 무언가를 의미한다. 시들은 막연하지 않고 이미지와 뉘앙스로 가득 차 있다. 그러므로 한 번 읽는 것으로 모든 의미를 다 파악할 수 없기에, 의미에 가까이 가기 위해서는 더욱 많이 읽어야 한다. 이것이 라이큰이, 시편을 잘 읽은 사람은 그 시를 공유하는 것에 두려워하지 않는다고 말한 이유다.[159] 묵상 없이 의미의 열매를 맺을 수 없으며, 읽기 없이는 묵상할 수 없다.

●● 본문을 절(strophe)별 구조로 나누라

성경의 절(verse) 구조는 후대의 관례에 따른 것인 반면, 히브리 시의 절(strophe)은 그보다는 덜 임의적이다. 이것이 설교자에게 큰 도움이 된다. 푸타토가 제시한 시편 설교를 위한 구조의 두 종류, 분석적 방법과 주제적 방법[160]에 대해 생각해 보자.

분석적 방법 이것은 본문의 구조를 설교의 구조로 삼는 것으로, 설교자는 자동적으로 기본적인 구조를 취하게 된다. 본문의 절(strophe)을 파악하라. 그리고 주해적 작업을 각 절에서부터 세워나가라. 이 절들은 자연스럽게 본문이 구분되게 해주며, 따라서 곧 설교의 구조가 된다.

주제적 방법 하나의 주제를 다루는 다른 시들도 있다. 시의 의미는 단순히 그것을 따라가면서 파악할 수 있다. 또 어떤 주제별로 본문의 구분을 쉽게 할 수도 있다. 어떤 방식이든 가능하다. 핵심은, 설교의 구조가 시의 느낌과 의미를 담을 수 있어야 한다는 것이다.

가장 좋은 예는 시편 119편이다. 이 시는 176개의 절로 된 성경에서 가장 긴 장이다. 그 주제는 하나님의 말씀을 즐거워하는 것이다. 그러나 절(verse)별로나 행 단위로 강해하면, 이 한 장 연구에 한 해가 걸릴지도 모른다. 따라서 이 경우, 분석적 방법은 도움이 되지 않는다. 더불어 이 시는 히브리 알파벳 순서로 각 행이 시작되도록 배열되어 있다. 따라서 본문의 구조를 볼 때, 저자가 이 시를 주제별로 배열한 것이 아님이 분명하다. 그러나 시의 길이를 고려하면 주제별로 배열해 설교하는 것이 가장 좋다. 이 장의 주요 주제로 시리즈 설교를 한다면 성경의 권위, 성경을 향한 우리의 사랑, 우리의 삶을 향한 성경의 규범적 통찰 등을 포함할 것이다. 이런 주제를 설교할 때, 본문들은 이 장 안의 서로 다른 부분에서 선택하게 된다. 그러나 이것 역시 강해이다. 그 설교는 본문에 있는 진리의 보고를 드러낸 것이기 때문이다. 이것은 시의 순서를 어긴 것이기에, 설교자는 그 전체의 의미를 잘 파악해야 한다.

●● 어조에 맞추라

성경의 모든 문학적 장르가 지닌 어조를 전달하는 것은 매우 중요하지만, 특히 시편은 더 그렇다. 시의 구조 자체가 어조를 자아낸다. 시편 23편에는 공급하심에 대한 점진적 발전이 있다. 시편 24편의 어조는 엄밀한 자기 성찰에서 시작해, 영광의 왕의 충만한 영광으로 나아간다. 설교의 개요를 정할 때, 나는 이것을 내 단어 선택에 반영하기 원한다.

이 점이 내가 설교 실례에서 '요지'들을 사용하지 않고, '움직임'이라는 단어를 선택한 이유다. 이것은 시이지 강의가 아니기 때문이다. 비록 청중이 내 설교 노트를 보지 못하더라도, 그 차이는 내가 전달하는 방식을 통해 드러난다. 나는 설교문이 목록처럼 느껴지지 않게 하고, 설교에서 '자, 이제 다음 요지를 살펴봅시다' 같은 말을 사용하지 않을 것이다. 그렇게 강의처럼 설교하면 본문에 있는 고조되는 긴장감을 놓칠 위험이 있기 때문이다.

내 목표는 청중이 설교의 구조보다 본문의 구조를 감지하게 하는 것이다. 설교문의 하부 구조는 본문의 구조를 전달하기 위해 사용되는 수단일 뿐이다.

●● 서론과 결론에 관한 한마디

복음은 성경 전반에 걸쳐 모든 곳에 있다. 그러므로 설교는 반드시 그리스도에 대한 기대와 소망으로 끝나야 한다. 많은 시편이 정위, 상실, 재정위의 궤도에 놓여 있다는 점과 삶의 실제들을 정직하고 진심 어린 방법으로 다루고 있다는 점을 다시 상기해 보라. 그런 가공되지 않은 정직함이 청중에게도 정직하도록 명령한다. 설교의 서론은 주제를 정하는 것과 더불어 설교 나머지 부분의 어조를 정한다. 예화나 개인적인 이야기를 통해 청중이 자신의 정황에 정직해지게 하는 서론이 효과적이다.

마찬가지로 모든 것을 복음으로 끝내는 결론이 가장 효과적이다. 이것은 설교의 결론이 항상 예측 가능해야 한다는 뜻이 아니다. 그렇게 해서는 안 된다. 사실 이것은 시편의 취지와는 일치하지 않는다. 시편은 예측 가능하지도 깔끔하게 끝나지도 않는다. 이 점이 시편 설교를 복음과 연결해 끝마치는 것이 자연스러운 이유다. 마지막을 산뜻하게 마치기 위해 복음이 필요한 것이 아니다. 시편이 산뜻하게 끝나지 않기 때문에 복음이 필요한 것이다. 복음은 삶을 다시 원래의 자리로 되돌리지 않는다. 오히려 옛 삶을 초월하는 새로운 실재를 창조한다. 그것이 바로 결론이다.

······················· 설 교 실 례 ·······················

> **설교 전략**
> 이 본문은 '누가 하나님 앞에 설 수 있는가?'라는 질문을 하고 있는 듯하다.

서론

신약성경은 천국을 한없는 기쁨과 행복, 즐거움이 있는 곳, 그리고 단지 제한된 사람들을 위한 곳으로 가르친다. 예수님을 따르는 사람들은 무리를 이루었다. 그러나 진정한 제자들은 몇 명뿐이었고(마 5:1), 심지어 그중 한 명이 진정한 제자가 될 수도 없었다. 또 예수님은 제자들 속에도 가짜가 있을 것이라고 끊임없이 경고하셨다. 그러므로 이 점은 우리에게 한 가지 질문을 불러일으킨다. '정확하게 누가 과연 천국에 들어갈 수 있는가?' 당신은 혹 '그건 쉽지. 천국에 가기 위해 기도하는 사람이 아니겠어'라고 생각할지 모른다. 그러나 오늘 우리의 본문은 그렇게 말하지 않는다. 그렇다면 과연 누가 천국에 갈 수 있는가?

> 서론은 보충 설명 없이 주제만 제시한다.
> 그 목적은 단순히 '누가 천국에 가는가?'라는 질문을 불러일으키는 것이다.
> 대부분의 청중은 그 질문의 답을 자신이 알고 있다고 느낀다.
> 바로 이 점이 이 시에 대해 관심을 갖게 한다.

움직임 1: 하나님은 세상을 다스리신다(24:1-2).

누가 천국에 가는지에 대한 질문은, 1-2절에 비추어 보면 더욱 심오해진다. 이 구절은 우리에게 하나님이 창조하신 모든 것을 소유하고 계신다고 말한다. 모든 창조물은 다 하나님의 것이다. 그분은 무한한 능력으로 이 땅을 창조하셨다.

그렇다면 하나님의 권위에 기초해 우리는 '여호와의 산에 오를 자가 누구인가?'라고 질문한다. 성전을 짓기 전에는 제단이 산 위에 있었기 때문에, 그들은 높은 곳으로 올라가 예배를 드렸을 것이다. 따라서 더 엄밀하게 말하면, 이 질문은 '모든 세계가 하나님의 것인데 누가 그곳에 올라갈 수 있는가?'라는 뜻이다. 즉, '누가 하나님의 임재 안으로 들어가 예배할 수 있는가?', 현대적 정황으로 말하면 '누가 구원받을 수 있는가?'라는 질문이다. 그 대답은 두 부분으로 되어 있다.

> 이 도입부의 절들은 뒤따르는 질문에 매우 중요한 정황을 제공한다.

움직임 2

1. 완전히 성결한 자가 천국에 들어간다(4상).
   그들은 깨끗한 손과 청결한 마음을 지니고 있다.

2. 완전히 정직한 자가 천국에 들어간다(4하).
   그들은 뜻을 허탄한 데 두지 않고 거짓 맹세하지 않는다.

3. 하나님의 의를 얻고, 그분의 얼굴을 구하는 자가 천국에 들어간다(5-6절).
   그들은 복을 받고, 의를 얻으며, 하나님의 얼굴을 구하는 자다.

따라서 핵심은 이것이다. 천국에 들어가는 자는 반드시 완전한 성결과 정직함을 가진 자다.

> 은혜의 교리만을 믿으며 자란 복음주의자들은 이 말에 난처함을 느낄 것이다.
> 그리고 사실 그것이 핵심이다. 설교의 이 지점에서 가장 최악의 일은,
> 그들로 하여금 너무 일찍 올가미에서 벗어나게 하는 것이다.
> 하나님이 바라시는 바에 대한 무게감을 그들이 충분히 느끼게 하라.
> 이 시점에 그들이 가진 하나님의 은혜에 대한 갈망이 더 커지는 때다.
> 하나님의 요구를 만족시킬 수 없는 무능력의 비참함을 실제로 맛보기 전에는,
> 결코 은혜의 달콤함을 맛볼 수 없기 때문이다.

움직임 3

그러나 문제는 우리 중 누구도 순전하지 못하다는 것이다. 누구도 하나님께 나아갈 수 있는 길이 없다. 감사하게도 시편 기자는 아직 이야기를 끝내지 않는다. 7-10절을 보라. 도시의 문들을 의인화하고 있다. 그 문들은 전쟁에서 승리하고 돌아오는 왕을 맞이할 정도로는 크지 않다. 이 모습은 언약궤가 다시 도시로 들어오는 그림인지도 모른다.

그러나 우리는 더 이상 언약궤를 가지고 있지 않다. 하나님의 임재가 성령을 통해 우리 안에 있기 때문이다. 예수님이 십자가에서 죽으셨을 때, 언약궤가 놓인 곳의 안과 밖을 갈라놓았던 휘장이 찢어짐으로, 우리가 하나님께 나아갈 수 있게 되었다. 우리로 하나님 아버지께 나아갈 수 있게 해주신 분은 바로 죽임당한 예수님이다.

이처럼 하나님 앞에 설 때, 우리는 완전한 성결과 정직함을 지니지 못하리라는 것을 안다. 만일 그렇게 되어야만 한다면, 천국에는 사람이 아무도 없을 것이다. 그래서 예수님이 자신의 완전한 성결과 정직함을 우리에게 주신 것이다. 그리스도가 친히 우리가 진 빚을 제거하시고, 결코 소진되지 않는 은혜로 우리를 채워주셨다. 이것이 바로 우리가 완전한 성결과 정직함을 가지고 천국에 들어간다는 의미다. 영광의 왕이 하늘의 성에 들어가실 때, 나는 그분과 함께 영광의 행진을 따를 것이다.

> 여기서 자연스럽게 그리스도와 연결된다.

결론

당신이 수천만 원의 빚을 지고 있다고 상상해 보라. 당신의 상황에 대해 간청해 보려고 은행에 간다. 은행 직원이 당신의 계좌를 꺼내 내민다. 계좌 페이지를 살펴보다 당신은 두 가지를 발견한다. 당신의 계좌에 그 어떤 빚도 남아 있지 않다. 그리고 당신이 쓸 수 있는 것보다 더 많은 돈이 그 계좌에 들어와 있다. 이런 일은 당신의 삶에서 결코 일어나지 않는다. 그러나 이것이 예수 그리스도가 우리를 위해 하신 일이다. 영광의 왕이신 그분이 우리의 죗값을 모두 지불하시고, 결코 사라지지 않는 풍성한 은혜를 우리의 계좌에 채워주신 것이다.

토론을 위한 질문

1. 히브리 시에서 가장 두드러진 특징은 무엇인가?
2. 이 특징이 작용하는 세 가지 방법은 무엇인가?
3. 히브리 시의 가장 기본적인 세 가지 단위는 무엇인가?
4. 시편에서 설교를 구성하는 두 가지 효과적인 방법은 무엇인가?
5. 이 두 방법 중 가장 적합한 방식을 결정하도록 돕는 잣대는 무엇인가?

추천 도서

- 데이빗 A. 돌시. 『구약의 문학적 구조: 창세기-말라기 주석』. 류근상 역. 서울: 크리스챤, 2003.
- Bateman, Herb, and Brett Sandy. *Interpreting the Psalms for Preaching and Teaching*. Atlanta: Chalice, 2010.
- Brueggemann, Walter, *The Message of the Psalms: A Theological Commentary*. Augsburg Old Testament Studies. Augsburg, 1984.
- Firth, David G. *Preaching Praise Poetry*. Reclaiming the Old Testament for Christian Preaching. Downers Grove: InterVarsity Academic, 2010.
- Futato, Mark D. *Interpreting the Psalms: An Exegetical Handbook*. Handbooks for Old Testament Exegesis. Grand Rapids: Kregel, 2007.

하나님의 말씀(Word)을
하나님의 어조(Tone)로 전달하라!

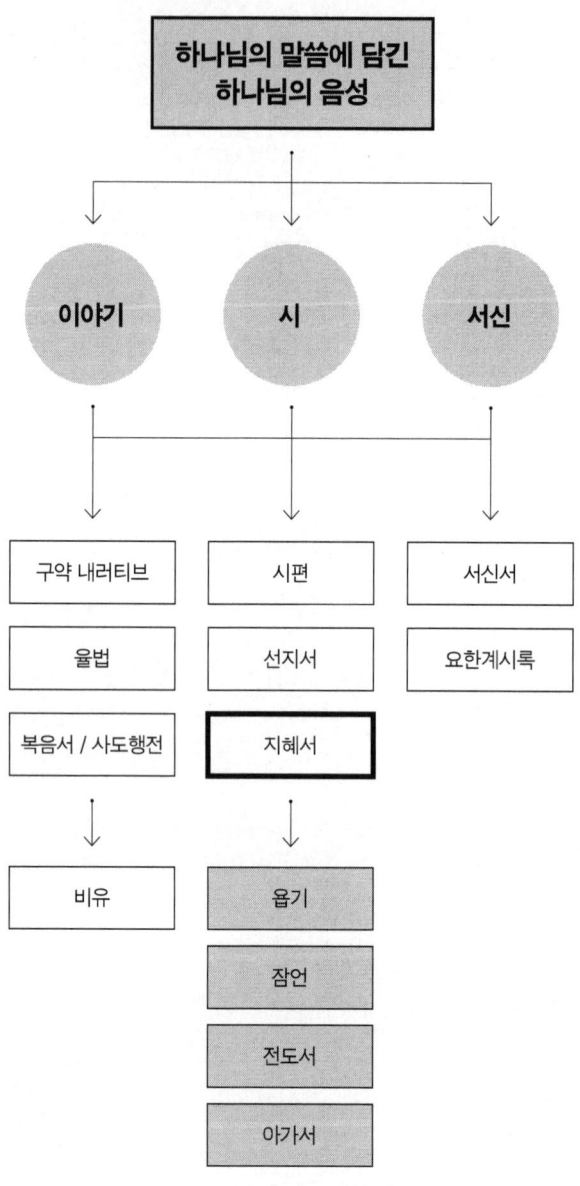

CHAPTER 9
지혜서에서 하나님 음성 되살리기

 전통적인 우화『천로역정』은 존 번연의 작품으로, 두 명의 순례자 크리스천과 소망이 함께 겪는 모험 이야기다. 그들은 순례의 길을 가면서 아첨꾼의 말에 속지 않도록 경고를 받았다. 그러나 그들은 그 경고를 듣지 않았다. 아첨꾼은 그들의 발 앞에 그물을 쳤고, 그들은 잡히고 말았다. 그때 빛나는 분이 오셔서 그들을 그물에서 꺼내주신다. 그들이 가던 길로 되돌아가기 전, 번연은 꿈에서 한 장면을 더 본다. 그는 이렇게 적고 있다.

> 나는 그분이 그들에게 땅에 엎드리라고 명령하는 것을 꿈에서 보았다. 그들이 엎드리자, 그분은 회초리로 그들을 세게 때리면서 그들이 가야 할 바른 길을 가르쳐주었다. "나는 내가 사랑하는 자일수록 책망도 하고 징계도 한다. 그러므로 너는 열심히 노력하고 네 잘못을 뉘우쳐라." 그리고 그분은 그들을 떠나보내면서 목자가 가르쳐 준 방향을 잘 기억하라고 당부한다. 그래서 그들은 그분이 보여준 모든 친절에 감사하며 바른 길을 따라

걸어갔다. 그리고 이런 노래를 불렀다.

"이리 오라, 그대 길 가는 나그네여,
길 잃은 순례자가 어떤 고통을 당하는지 와서 보라!
그들은 선한 충고를 가볍게 잊었다가
그물에 걸려들고 말았지.
그들이 다시 풀려난 것은 사실이나
덕분에 매를 맞았지.
이것으로 당신의 교훈을 삼으라."[161]

이 내용은 우리를 어리둥절하게 만든다. 빛나는 분이 실제로 매질을 하셨다는 것이나, 순례자들이 그것을 감내했다는 점도 이상하고, 무엇보다 그들이 그분에게 감사하며 노래를 불렀다는 점은 더 부자연스럽게 보인다. 그러나 이 노래는 자학적인 정신병자가 부른 노래가 아니다. 오히려 지혜의 소중함을 깨달은 사람들의 노래다. 지혜는 우리의 신원을 밝히는 머리에 쓴 아름다운 관이다(잠 1:9). 그리고 우리의 가장 친한 친구여야 한다(잠 7:4). 또 지혜는 항상 우리 마음에 새겨 지니고 있어야 한다(잠 6:21). 그러므로 순례자들은 큰 은혜를 깨닫게 하고, 위험에서 보호해준 그 상처들에 대해 감사할 수 있었던 것이다.[162]

성경에서 지혜서는 잠언, 전도서, 욥기, 아가서를 가리킨다. 각 책이 독특한 점을 가지고 있기에 우리는 그 각각을 다룰 것이다. 그러나 그것들을 모두 지혜서로 만드는 특징은, 우리의 여정에 함께하며 우리를 인도하는 격언식의 방법에 있다. 구약의 직접적인 명령이나 신약 신학 위에 세워진 명령법과는 달리, 지혜서는 생명으로 인도하는 여행안내서 같은 역할을 한다.

그러나 다른 여행안내서와 다르게 여기에는 많은 위험 요소가 있다.

생소한 도시의 여행안내서는 당신에게 많은 '보아야 하는' 광경과 그에 대한 제안을 할 것이다. 그러나 그것들이 실제로 다 보아야 할 것들은 아니다. 만일 당신이 로마에서 판테온(Pantheon) 신전 보기를 거절해도, 그곳에서 숨 쉬고 살아가는 데는 문제가 없다. 그러나 지혜를 무시하면, 어떤 면에서 당신은 실제로 생명을 잃는다. 심지어 이렇게 울부짖을지도 모른다.

> 말하기를 내가 어찌하여 훈계를 싫어하며
> 내 마음이 꾸지람을 가벼이 여기고
> 내 선생의 목소리를 청종하지 아니하며
> 나를 가르치는 이에게 귀를 기울이지 아니하였던고
> 많은 무리들이 모인 중에서 큰 악에 빠지게 되었노라
> 하게 될까 염려하노라 (잠 5:12-14)

결국 지혜로운 자와 어리석은 자의 구분은 훈계를 따르는지의 여부에 있다.

> 여호와를 경외하는 것이 지식의 근본이거늘
> 미련한 자는 지혜와 훈계를 멸시하느니라 (잠 1:7)

또 위험이나 보상이 매우 크다.

> 어리석은 자의 퇴보는 자기를 죽이며
> 미련한 자의 안일은 자기를 멸망시키려니와
> 오직 내 말을 듣는 자는 평안히 살며
> 재앙의 두려움이 없이 안전하리라 (잠 1:32-33)

따라서 지혜서는 여행안내서다. 즉, 다른 여행안내서처럼 여행을 위해 실제로 사용할 때만 유용한 것이다. 지혜서는 일련의 제안들이 아니다. 그것은 지혜의 기준선을 보여준다. 기쁨 또는 후회의 삶은 그 지혜를 따르는지, 무시하는지에 따른 결과물이다.

이 책들은 우리가 경험하는 매일의 삶(직장, 가정, 결혼 관계 등)에 대해 말한다. 그러나 이것들이 실제적인 것에 관해 말하고 있기에, 다른 책들만큼 신학적이지는 않다고 생각하는 경향이 있다. 진리에서 더 멀리 떨어져 있는 것이란 없다. 잠언 전체를 설교하다 보면, 설교자는 8장에서 지혜의 화신을 다루어야 한다. 전도서에는 모든 삶에 대한 가시 돋친 비관과 허무가 있다. 욥기의 신정론에 대한 문제는 더 말할 나위가 없다. 지혜서에서 우리는 다른 순례자들에게 충고를 주는 한 순례자의 매력과 더불어, 그 지혜 뒤의 신학적 문제도 보게 된다. 그 이면의 신학 없이 실용적인 지혜만 설교하는 것은 이 본문을 잘못 대변하는 접근이며, 결국 전혀 사람들에게 도움을 줄 수 없다. 지혜서를 설교하는 것은 신학과 실제를 모두 다루는 것으로, 과거를 진단할 뿐 아니라 미래를 예측하는 것이다.

이제 각 책들의 특징에 대해 이야기하면서, 이것들을 어떻게 설교할지에 관한 기본 틀을 다루어보자.

해석: 욥기에서 음성 듣기

●● 구조가 하나의 이야기다

욥기는 내러티브 같은 느낌이 있다. 그러나 내러티브는 훈계, 정죄, 자비를 위한 탄원, 욥과 세 친구의 대화, 욥과 하나님의 대화에 사용된 시에 가려진다. 데렉 키드너(Derek Kidner)는 다음과 같은 개요를 제안한다.

욥기의 개요

1. 산문으로 된 서론(1-2장): 고소자의 조롱

    사탄은 욥처럼 번창하는 사람의 믿음은 단순히 자신의 이익을 위한 것이라고 주장한다. 하나님은 한계점까지 욥을 시험하도록 허용하신다.

2. 시적인 대화(3:1-42:6): 고난당한 자의 분노, 도덕주의자의 편견, 하나님의 위대한 지혜

    1) 욥의 탄식(3장)
    2) 욥 친구들의 세 번에 걸친 연설과 욥의 항변에 의한 중단(4-27장), 지혜를 찾는 사람의 시(28장), 욥의 해명(29-31장)
    3) 엘리후의 중재(32-37장)
    4) 주님이 욥의 지평을 넓혀 주신다(38-41장).
    5) 욥이 주님의 의지에 굴복한다(42:1-6).

3. 산문으로 된 결말(42:7-17): 욥의 정당함이 밝혀지고 회복된다.[163]

이 책의 처음 두 장은 내러티브로 시작한다. 사탄이 하나님에 대한 욥의 신실함을 시험하기 위해 하나님의 보좌 앞으로 나아온다. 처음 몇 장은 우리에게 이 책 전체에 대한 탁월한 통찰을 제공한다. 우리는 이 내러티브의 배경, 구조, 등장인물을 모두 알 수 있다. 더불어 욥의 고백을 듣는다. "내가 모태에서 알몸으로 나왔사온즉 또한 알몸이 그

리로 돌아가올지라 주신 이도 여호와시요 거두신 이도 여호와시오니 여호와의 이름이 찬송을 받으실지니이다"(1:21). 또 욥의 성품에 대해서도 알 수 있다. "이 모든 일에 욥이 범죄하지 아니하고 하나님을 향하여 원망하지 아니하니라"(1:22).

이 책의 대부분은 욥과 그 세 친구의 시적인 대화로 되어 있다. 그리고 욥의 정당성과 회복에 대한 짧은 이야기로 끝을 맺는다.

●● 욥기는 내러티브 시다

욥기의 독특한 특징 중 하나는, 책 대부분이 시라는 점이다. 우리는 앞 장에서 시가 따르는 유형에 대해 논했다. 그것은 히브리 시의 평행법이다. 욥기는 평행법 형식 중 특히 종합적 평행법을 자주 사용한다. 즉, 행의 두 번째나 세 번째 부분이 어떤 식으로든 그 첫 부분을 수식한다. 그 예로 3장에 기록된 시의 첫 번째 부분을 살펴보자.

> 내가 난 날이 멸망하였더라면,
> 사내 아이를 배었다 하던
> 그 밤도 그러하였더라면,
>
> 그날이 캄캄하였더라면,
> 하나님이 위에서 돌아보지 않으셨더라면,
> 빛도 그날을 비추지 않았더라면 (3-4절)

첫 행을 뒤따르는 행들이 그 행의 첫 부분에서 말한 것을 단순히 반복하고 있지 않다는 점을 주목하라. 그 행들은 묘사를 통해 의미를 더하며 강화하고 있다.

또 그 행들이 절(strophe)을 형성하고 있다는 점을 주목하라. 3장에 기록된 욥의 탄식을 다시 살펴보라. 이 장은 세 단위의 절로 구성되어 있으며, 모든 내용이 자신이 태어난 날에 대한 비탄(3-10,11-19,20-26절)이다. 이 구조에는 다소 재미있는 특징이 있다. 첫째, 회상의 물결이 외부를 향하고 있다는 점을 주목하라. 출생을 탄식하는 욥 자신에서 시작해(3절), 세 번째 절에서는 왜 하나님이 '둘러싼' 어떤 사람에게 빛을 주셨는지 묻는다. 따라서 그의 묵상은 '자신'에게서 '그들'에게로 옮겨간다.

또 전반적으로 엮여 있는 빛과 어둠에 대한 은유를 주목해 보라.

  첫 번째 절: 3-7절-그날이 캄캄하였더라면; 9절-별들이 어두 웠더라면
  두 번째 절: 16절- 빛을 보지 못한 아이들 같았을 것이라
  세 번째 절: 20절- 어찌하여 고난당하는 자에게 빛을 주셨으며

그러므로 빛과 어둠의 비유는 '왜 내게'에서 '왜 그들에게'로 옮겨가며 저주에서 묵상으로 이야기를 이끌어가는, 욥이 사용하는 하나의 방식이다.

해석: 잠언에서 음성 듣기

잠언을 설교하는 기쁨은, 설교자에게 넓은 범위의 주제를 설교할 수 있는 기회를 준다는 데 있다. 그러나 이것은 기쁨이자 도전이다. 설교자는 본문을 충실히 전달하기 위해 충분히 다양한 방법으로 그 주제를 다루어야 한다. 먼저 잠언의 구조에 대한 논의에서 시작해 보자.

●● 잠언의 구조는 주제적이며 집합적이다

잠언은 흥미로운 구조로 되어 있다. 키드너가 제공한 아래의 구조를 보라.

1-9장	부성적 접근: 젊은이에 대한 훈계
10:1-22:16	일반 사람의 접근: 솔로몬의 문장으로 된 금언 모음집
22:17-24:22	삶의 규칙들, 기묘함, 위험과 즐거움, 경고, 비교, 평가
24:23-34	더 많은 부성적 가르침: 두 그룹의 지혜로운 자의 훈계들
25-29장	더 많은 문장으로 된 금언: 히스기야의 신하들이 수집한 솔로몬의 교훈
30장	관찰자적 접근: 숨겨진 창조주와 창조물의 특징에 대한 묵상
31장	모성적 접근: 어머니의 가정사에 담긴 진리(1-9절), 아내의 표본(10-31절)[164]

9장 다음에는 분명하게 드러나는 단절이 있다. 연속적인 1-9장은 일반적으로 모두 지혜의 주제를 다루며, 왜 우리가 지혜를 얻어야 하는지에 대해 말한다. 10장은 "솔로몬의 잠언이라"(1절)라는 전환 문구로 시작한다. 이런 분명한 표시는 우리의 주의를 1-9장의 여는 말씀에서 금언을 모아놓은 부분으로 옮겨 놓는다. 따라서 우리는 9장까지 사용했던 설교의 구조를 여기서 조정해야 한다는 점을 인지해야 한다. 1-9장과 31장은 좀더 구체적인 주제로 배열되어 있다. 책의 다른 부분들은 모든 범위의 주제를 포함하는 잠언을 모아놓은 것이다. 전체적으

로 흩어져 있는 주제들의 모음도 있지만, 이 책의 주된 부분은 금언들의 모음으로 배열되어 있다. 이 점이 잠언 전체를 똑같은 방식으로 설교하기 힘든 이유다.

●● 이 책은 특정 연령 대상이 있다

잠언은 젊은이들을 위해 기록된 책이다. 이것이 다른 사람들은 이 책에서 유익을 얻을 수 없음을 의미하는 것은 아니다. 기혼이든 미혼이든 우리 모두는 아가서의 교훈과 고린도전서 7장에서 말하는 바울의 결혼에 대한 지혜에서 유익을 얻는다. 그러나 원래의 청중을 기억하는 것이 중요하다. 젊은이는 자칫 미련해질 수 있다(잠 22:15). 따라서 교정이 필요하다. 그러나 어리석음은 특정한 나이에만 있는 것이 아니다. 우리 모두가 지혜가 필요하다.

●● 잠언은 간결하며, 축약되어 있다

잠언은 "가장 필수적인 것만 남긴 진리"[165]다. 따라서 잠언을 읽을 때, 우리는 그 문제에 대한 가장 진실하고 단순한 말을 읽는 것이다. 또 어떤 주제에 대한 가장 간략한 진술을 접하는 것이다. 이런 간결함은 정보를 가능한 한 가장 간명한 방식으로 전달한다.[166] 따라서 잠언은 다시 기억하기 수월하다는 장점이 있다. 이것이 잠언의 기능이다. 잠언은 우리의 기억에 갈고리를 걸어 기능하는, 움직이는 가르침이다.

그러나 이 놀라운 특징에는 잠재적 책임이 따른다. 즉, 어떤 것에 대한 가장 마지막 말로 잠언의 관찰을 다루어야 한다는 것이다. 가장 자주 인용되는 예는 22장 6절이다. "마땅히 행할 길을 아이에게 가르치라 그리하면 늙어도 그것을 떠나지 아니하리라" 잠언과 약속의 다른 점은, 잠언은 일반적인 진실을 말한다는 것이다. 그러나 이것은 하나의 노력이 항상 하나의 결과를 만들어낸다는 약속은 아니다. 잠언은 진리이지만, 그 본질은 하나님의 말씀 안에서 어떻게 성공적으로 살아갈 것인지에 대한 일반적이고 금언적인 진리다. 이것을 자녀 양육법으로 수식하거나, 거기에 자녀들의 자유의지에 대한 토론을 포함하는 것은, 갈고리를 느슨하게 만들어 잠언이 제 효과를 내지 못하게 한다. 잠언을 잘 기억하게 하는 것은 단순함에 있다. 그리고 그 단순함은 간결함과 축약을 요구한다.

●● 잠언은 모세의 언약을 반영한다

잠언은 모세의 언약 아래 기록된 것이다. 하나님의 법을 지키는 것에는 복이 약속된다(신 28:1-14). 따라서 잠언은 물질적 번영에 관해 아버지가 자식에게 주는 지혜를 포함한다. 그러나 새 언약 아래, 물질적 복은 그리스도가 자신의 왕국을 완성하는 그날에 모두 실현될 것이다. 따라서 새 언약의 관점에서 세상의 복은, 우리가 앞으로 완성될 왕국을 사모하는 것보다 가치가 덜하다(마 6:19-24). 잠언의 모든 약속은 사실이지만, 그 복들은 새 언약 아래서 다르게 보아야 한다.

해석: 전도서에서 음성 듣기

●● 일의 마지막

전도서는 삶의 무익함이 그 핵심이다. "모든 것이 헛되도다"(1:2). 이것은 겉으로 보기에는 염세적일지라도, 결코 소망 없음에 대한 선포가 아니다. 이 책을 닳아 없어지는 삶의 무의미에 대한 호언으로 생각해서는 안 된다. 오히려 우리보다 앞서 삶의 현장을 지나가면서 그 영토를 지도로 보여주고, 우리가 건너갈 수 있도록 통찰을 제공하는 안내서로 생각해야 한다.

결국 삶은 훌륭한 추구처럼 보이는 것으로 가득 차 있지만, 마지막에는 공허만을 남긴다. 그렇다면 바로 그 점을 알고 싶지 않은가? 이 책은 잠언처럼 연령에 관해 구체적이지 않지만, 역시 "청년의 때"(12:1)에 하나님을 기억하라는 특별한 훈계를 담고 있다. 따라서 우리는 이 경고를 따라, 젊은 사람들이 추구하는 대부분, 즉 쾌락과 물질적 소유물 획득에 대한 것을 다루고 있는 이 책의 정황을 반드시 고려해야 한다.

● ● **주제적 발전**

이 책은 연대기적 흐름을 가지고 있지 않다. 오히려 격언과 사상을 모아둔 것이다. 키드너는 이 책을 이렇게 분류한다.

A. 하나님에 대한 진리
   1. 창조주
   2. 감독자
   3. 신비스러운 분
   4. 모든 것의 심판자
   5. 경외하고 순종해야 할 분

B. 삶에 대한 진리
   1. 절망에 대한 암시
      a. 계속되는 반복
      b. 결실 없는 추구
      c. 파악할 수 없는 유형
      d. 다루기 힘든 것: 무질서, 불운, 죽음
   2. 완화시키는 것
      a. 단순한 기쁨
      b. 상식

      c. 일과 기업

   3. 안식의 핵심

하나님은 모든 행위와 은밀한 일을 선악 간에 심판하신다.[167]

비록 주제별로 배열되었지만, 잠언과 달리 이 책은 주제에 대한 점진적 발전을 보여준다. 삶이 허무하다는 일반적 평가에서 시작해, 그 간략한 문구의 의미를 확장해 나간다. 그 요소들에 대해 철저히 다룬 후, 결국 저자는 다시 원래의 평가로 돌아온다. 삶이 허무하다는 것으로 일축하며, 저자는 다음과 같이 결론을 맺는다.

> 일의 결국을 다 들었으니 하나님을 경외하고 그의 명령들을 지킬지어다 이것이 모든 사람의 본분이니라 하나님은 모든 행위와 모든 은밀한 일을 선악 간에 심판하시리라 (12:13-14)

●● 시가 매우 훌륭하다

전도서의 시는 한마디로 훌륭하다. 이 시는 히브리 시의 전형적 특징인 간결함으로 가득 차 있다.[168] 동시에 이미지들이 아름답다. 사실 전도서에서 얼마나 많은 구절이 일반적 격언으로 사용되고 있는지 생각해 보라. 그 예는 다음과 같다.

> 범사에 기한이 있고 천하 만사가 다 때가 있나니 (3:1)
> 다 흙으로 말미암았으므로 다 흙으로 돌아가나니 다 한 곳으로 가거니와 (3:20)
> 죽은 파리들이 향기름을 악취가 나게 만드는 것같이 적은 우매

가 지혜와 존귀를 난처하게 만드느니라 (10:1)

사람들은 "흙은 흙으로" 혹은 "향 기름에 파리"라는 말을 많이 사용하지만, 그것이 솔로몬의 말을 인용한 것임은 잘 알지 못한다. 또 다른 훌륭한 시적 표현도 많다. 예를 들어, 12장 1-8절의 아픈 몸에 대한 묘사나 11장 1-10절의 "네 떡을 물 위에 던져라" 같은 도전이 그런 것이다.

●● 수고

무의미함이라는 주제가 이 책 전반에 깔려 있기에, 독자는 전도서에 있는 흥미로운 주제를 놓칠 수 있다. 그것은 일하는 즐거움이다. 이 주제는 본문에 매우 강렬하면서도 넓게 적용되어 있다. 수고하는 것에는 문제가 있다. 수고가 헛될 수 있기 때문이다(2:11). 모든 수고의 결과가 다른 사람에게 주어질 수 있다(2:18-23). 또 수고하는 것이 시기를 촉발할 수도 있다(4:4). 그러나 저자는 수고의 기쁨에 대해 말한다.

> 사람이 먹고 마시며 수고하는 것보다 그의 마음을 더 기쁘게 하는 것은 없나니 내가 이것도 본즉 하나님의 손에서 나오는 것이로다 (2:24; 참조 3:13, 22; 5:18)

수고의 진정한 기쁨은 수고하는 것 자체에 있다. "나의 모든 수고를 내 마음이 기뻐하였음이라 이것이 나의 모든 수고로 말미암아 얻은 몫이로다"(2:10).

해석: 아가서에서 음성 듣기

솔로몬의 노래인 아가서는 다양한 해석의 역사를 가지고 있다. 역사적으로는 이 책을 비유 문학으로 다루어왔지만, 오늘날에는 문자적으로 설교하는 것을 더 받아들이고 있다. 비유적 접근이 이 책을 다른 신학적 실재를 대표하는 예로 이해한 것이라면, 문자적 접근은 진정한 사랑을 묘사하는 내러티브로 보는 것이다. 사실 이 둘 모두 맞다.

●● 이 책은 상징적이다

아가서에 대한 다양한 해석적 접근이 있다. 벌럭(Bullock)은 이를 네 가지로 파악한다.[169] 비유적 접근은, 사랑 이야기의 면모가 깊은 신학적 의미를 대표한다고 보는 것이다. 이 방식에서 사랑 이야기의 인물들은 구체적인 교리들을 이해하는 수단이 된다.

예표론적 방식은, 솔로몬을 보통 자신의 신부를 위해 다시 오실 그리스도의 예표로 본다. 이 책 자체를 비유로 이해하지는 않지만, 여전히 이 책의 궁극적 목적은, 인간 저자의 의도와 반드시 부합되지는 않는 미래의 실재를 우리에게 보여주는 것이다. 설교에 전혀 도움이 되지 않는 신화적 접근은, 이 책의 사건들에 대해 과거의 의식을 보여주는 것으로 이해한다. 마지막으로 문자적 방식은, 이 책을 한 남자와 여자의 사랑을 축하하는 것으로 이해한다. 이것이 대부분의 현대 주석가들이 취하는 방식이다.[170]

분명한 것은, 아가서는 그리스도에 관한 것이라는 점이다. 그것은 이 책에 저자의 숨겨진 의도가 있어서가 아니라, 이 책이 결혼에 관한 것이기 때문이다. 부부 간의 사랑은, 그리스도의 교회에 대한 사랑과 교회가 그리스도께 보여주는 응답적인 사랑을 드러내기 위한 것이다(엡 5:22-33). 결혼 의식은 그리스도 안에서 약속된 것이 완성되는 궁극적인 사랑에 대한 그림이다(계 19:1-10).

아가서를 비유적으로만 이해하면, 교회에 적용할 수 있는 풍성함을 빼앗긴다. 또 오직 문자적으로 이해하면, 결혼 속에 있는 그리스도의 영광을 놓친다. 따라서 우리는 이 책을 문자적으로 설교하면서도 그 속에 담긴 상징에 주목해야 한다.

●● 이 책은 내러티브 흐름을 지니고 있다[171]

아가서의 구조는 매우 매력적이다. 어떤 이들은 아가서 설교가 매혹적인 이유에 대해, 각 설교의 단위가 다양한 실제적 적용을 할 수 있다는 점에서 비길 데가 없기 때문이라고 말한다. 이 책은 배경에서 출발해 구애, 결혼식, 결혼생활에 이르고, 마지막 결론으로 끝을 맺는다.[172]

아가서를 이해하는 또 다른 방식은, 교차대구 구조를 살펴보는 것이다.[173] 그러나 설교자에게 가장 적합한 방식은 아래서 언급하는 내러티브와 진행적 구조다. 따라서 아가서에 대한 설교는 내러티브 구조를 지닌다. 아가서를 시리즈로 설교하는 것은, 이 책의 내러티브 흐름을 암시하면서 그 거시적 구조를 전달하게 된다. 긴스버그(Ginsburg)는 이 책을 다섯 개의 내러티브 부분, 즉 1:1-2:7, 2:8-3:5, 3:6-5:1, 5:2-8:4, 8:5-14로 구분한다.[174]

●● 지혜서는 그리스도에 관한 것이다

기적을 원하던 서기관과 바리새인들에게 예수님은 다음과 같이 말씀하셨다. "심판 때에 남방 여왕이 일어나 이 세대 사람을 정죄하리니 이는 그가 솔로몬의 지혜로운 말을 들으려고 땅끝에서 왔음이거니와 솔로몬보다 더 큰 이가 여기 있느니라"(마 12:42).[175] 솔로몬의 지혜를 듣기 위해 부유한 여왕이 먼 거리를 여행해 찾아왔으며, 그의 발 앞에서 배웠다. 그러나 솔로몬보다 더 큰 분이신 예수님의 임재가 여기에 있다. 결국 그리스도는 하나님의 지혜다(고전 1:24).[176] 그러므로 지혜서 안의 어떤 지혜도 오직 그리스도 안에서 발견할 수 있는 진정한 지혜의 전조다. 예수 그리스도 그분이 지혜이시다.

전달: 지혜서에서 음성 되살리기
욥기 설교

●● **전략**

내러티브를 설교하라. 내러티브 구조를 활용하는 하나의 방법은, 한 번에 그 책 전체를 설교하는 것이다. 이것은 성경 어떤 책에도 가능한 좋은 방법이다.[177] 욥기를 이런 식으로 접근하면, 비록 전체가 하나의 이야기이지만, 이 책의 개관을 단지 세 장(1-2장; 42:7-17)만 가지고도 간결하게 전달할 수 있다는 장점이 있다. 그 드라마는 배경(하늘 보좌)과 인물들(하나님, 사탄, 욥, 친구들 또는 가족)이 있고, 대화에서는 아주 훌륭한 인물 전개가 나타난다. 또 이것은 무대, 긴장, 긴장 해결, 새로운 상황이라는 전통적인 내러티브 구조를 지닌다.

이 책을 한 번에 설교하든 그렇지 않든, 이 이야기가 지닌 긴장이 고조되게 하면서 설교에 내러티브의 느낌을 활용하라. 이 이야기의 신학이 주는 도전은 매우 힘들다. 그러므로 내러티브의 흐름을 사용해 청중이 그 속에 들어오게 하라. 악의 문제를 설명하고자 할 때, 내러티브의 흐름은 큰 도움이 된다. 또 이야기들은 귀납적이라는 사실을 기억하라. 이것은 이야기가 지닌 두드러진 특징이며, 욥기도 마찬가지다. 이야기가 오르락내리락 하면서 마지막 장의 마지막 구절에 이르기까지 문제가 해결되지 않는다. 따라서 욥의 모든 것이 마지막에 회복되어(42:10) 끝나기 전까지, 모든 내러티브에서 이 이야기가 흘러나오게 하라.

절(strophe)을 설교하라. 본문을 설교하기 위한 가장 논리적인 접근 방식은 본문의 절들을 살피는 것이다. 위의 예에서 한 장의 절들에 기초한 설교는, 그 장의 절들을 파악하는 것으로 시작된다. 영어성경에서 절들은 주로 빈칸으로 구획되어 있다. 절들의 구분은 결국 설교의 구분이 된다. 주해적 작업은 이 구분들 속에서 진행된다. 주제적인 접근을 통해 두 개의 절을 하나로 합치거나 각각의 절을 따로 두는 것은 언제든 가능하다. 이 방식은 본문의 모방이기보다 재생이지만, 여전히 이런 접근도 본문이 설교를 채우는 식이 된다. "그러므로 시적 형식이 안내를 하지만, 그것이 반드시 설교의 개요를 제공하는 것은 아니다."[178]

다양성을 고려하라. 거시적 구조에 주의를 기울이지 않으면, 욥기를 설교하는 것은 설교자에게 도전이 된다. 욥기에서 시로 된 부분은 3-42장으로 이 책의 대부분을 차지한다. 겉으로 보기에 이 부분은 빠지면 헤어 나오기 힘든 수렁같이 보인다. 여기서는 이 책의 주요 주제들을 파악하고 나누어, 그 주제별로 시리즈 설교를 만드는 것이 하나의 가능한 방법이다. 정의, 의로움, 정당함, 결백 같은 모든 주제는 하나님과 고난이라는 개념의 주위를 돌고 있다. 또 절(verse)별로 책 전체를 설교하는 것도 가능하다. 그러나 이 방법은 그 길이와 반복적인 특징으로 인해 매우 도전적이다. 욥의 친구들에게서 고난에 대한 주요 반응을 끌어내 설교하는 것도 가능하다. 이 방법은 그 반응들의 핵심을 추출해 시리즈 설교 안의 개별 설교로 분류하는 것을 포함한다. 그러나 그 반응들에 대한 직접적이고 정경적인 정황을 반드시 기억해야 한다.

이처럼 주해적 측면에서 욥기의 시 장르 부분을 설교할 때는, 다양한 선택 사항을 고려해야 한다. 또 목회적 측면에서 회중에게 가장 적합한 방식을 선택해야 한다.

잠언 설교

● ● **책을 연속으로 설교할 때는 구조를 다양하게 사용하라**

처음 9장까지는 절(verse)이나 장별로 설교할 수 있다. 9장까지의 전체를 더 큰 단위로 나누어 설교하는 것도 가능하다. 그러나 10장부터는 어떻게 할 것인가? 10장은 지혜로운 아들, 부정한 이익, 하나님의 공급, 부지런히 일하는 것, 하나님의 복, 지혜, 성실, 어리석은 행동에 대해 다룬다. 그것도 1절부터 10절 안에 이 모든 것이 들어 있다. 그러므로 여기서는 절별보다 절과 더불어(verse with verse) 설교하는 것이 필요하다. 성경의 책들을 따라 설교하기를 선호하는 사람은, 처음부터 끝까지 본문을 따라 설교하는 것 외의 방법을 사용하는 것에 깜짝 놀랄지도 모른다. 우리가 본문을 절별로 설교하는 이유는, 거시적 구조 속에서 각 단어의 의미들을 이해하기 위한 것임을 기억하라. 그러나 잠언 10장에는 본문에 의미를 부여하는 분명한 거시적 구조가 없다.

그러므로 우리는 스스로에게 '잠언은 돈에 대해 무엇을 가르치는가?' '잠언은 인간관계에 대해 무엇을 가르치는가?'라고 물어보는 편이 더 나을지 모른다. 이런 식으로 생각해 보라. 내가 자라는 동안 아버지는 어떤 주제에 대해 강의하기 위해 나를 앉혀 놓으신 적이 거의 없다. 그러나 나는 차 안에서나 여행을 가면서 또는 저녁을 먹으면서, 틈틈이 모은 지혜로 아버지가 내게 하신 돈에 대한 가르침을 당신에게 이야기할 수 있다. 아버지가 돈에 대해 말씀하신 것을 이해하려면, 나는 몇 년에 걸쳐 아버지가 하신 말씀들을 수집해야 한다. 솔로몬이 자신의 생각들로 한 일이 정확하게 이와 같다. 잠언은 아버지가 아들에게 말하고자 한 모든 것을 수집해 기록한 가장 긴 도시락 쪽지다. 그러므로 어떤 주제에 대해 수집된 지혜는 시리즈 설교를 가능하게 한다.

요컨대, 1-9장과 31장은 본문의 연대기적 순서를 따라 문단이나 절

(strophe)별로 나누는 것이 필요하다. 10-30장의 경우는, 특정 주제에 대해 잠언이 말하는 것을 모아 대표적인 구절들과 함께 설교하는 것이 지혜로운 방법이 될 것이다.

대표 구절로 설교하는 것에는 주의할 점이 있다. 대표로 뽑은 구절이 반드시 정당해야 한다. 즉, 만일 분노에 대해 설교한다면, 뒷부분의 설교 실례처럼 우리는 청중에게 "여기 잠언이 분노에 대해 말한 모든 것이 있습니다."라고 말한다. 우리는 자료를 수집하고, 축약하며, 요약한다. 이런 종류의 설교에서 부딪치는 도전은, 한 편의 설교에 그 책이 그 주제에 대해 말하는 모든 것을 담아야 한다는 것이다. 이 점이, 대표적인 본문을 설교의 '기지'로 삼아 거기서 가지를 뻗어 나오는 것이 가장 좋은 방법인 이유다. 그 주제에 대해 가장 많은 것을 말하는 대표적인 본문을 선택하라. 그리고 나머지 본문을 거기에 첨부해 나가라. 이 방법은 핵심적인 대표 구절이 있다는 것을 전제로 한다. 만일 그런 경우가 아니면, 더 많은 본문이 포함되어야 하기에, 설교 중 청중이 너무 많은 본문을 찾게 하지 않도록 주의해야 한다.

●● 전체에 비추어 설교하라

잠언을 설교할 때, 우리는 본문을 성경 전체에 비추어 설교해야 한다. 예를 들어, 22장 6절을 설교한다면, 본문에서 멀리 나와, 신명기 6장과 우리가 가르쳐야 하는 아이들의 영구한 본성을 논해야 한다. 만일 부모들이 이런 내용을 듣지 못하면, 그들은 자녀 양육을 단순히 어떤 죄를 금기하거나, 교회 일에 참여시키는 것으로 생각할 수 있다. 우리는 반드시 정황을 넓게 보면서, 에베소서 6장 1-4절에서 말하는 부모와 자식 간의 관계와 성령 충만한 가정의 기초에 대해서도 다루어야 한다.

잠언을 대표적인 짧은 발언으로 생각하라. 잠언에는 풍성한 신학이 있다. 그러나 각각의 단위는 성경의 다른 진리들을 대표한다. 그러므로 잠언을 각 주제에 대한 성경신학의 지식으로 설교하라.

●● **젊은이들에게 설교하라**

우리가 일반적으로 특정 연령에 맞춘 설교를 하는 것은 아니지만, 잠언은 젊은이들에게 설교할 수 있는 좋은 기회가 된다. 이 점을 모든 설교에서 언급하는 것은, 설교에 대한 다른 사람들의 관심을 저하시킬 수 있기에 지혜롭지 못하다. 그러나 미리 언급하는 것은 좋은 방법이 될 수 있다. 시리즈 초반에 별도의 모임으로 학생들과 만나, 그들이 무엇을 듣게 될 것인지 소개하고, 시리즈를 설교하는 동안 자세히 듣도록 도전하는 것은 더 지혜로운 방법이 될 것이다.

전도서 설교

●● **흐름대로 설교하라**

전도서를 설교할 때는, 본문 진행의 흐름을 따라 설교하는 것이 도움이 된다. 그러므로 한 편의 설교에서 전체 책을 설교하는 것이, 청중으로 한걸음 뒤로 물러나 전체의 흐름을 통해 본문을 볼 수 있게 한다는 점에서 이점이 있다. 전도서로 시리즈 설교를 할 때의 힘든 점은, 삶의 허무가 지닌 함의를 풀어내되 모든 문제를 들추어내지 않고도 소망을 주는 것이다.

●● **시를 보여주라**

전도서 전체를 설교한다면, 반드시 시를 보여주라. 전도서의 시는 매우 아름답다. 절로 구성된 훌륭한 행들을 단순한 명제로 축약하기 위해 억지로 애쓰지 말라. 더불어 그 시들을 읽어가면서 해석해야 할 것을 기억하라. 따라서 전도서에서 시를 다룰 때는 반드시 시의 의미를 강조하는 방식으로 읽으라. 이것은 극적인 역량이 부족한 사람들에게 부담이 될지도 모른다. 그러나 우리는 극적 읽기가 아니라, 구두적 해석을 제안하는 것이다. 구두적 해석은 단어의 의미가 그것을 읽는 방법을 강조하게 하는 것이다.

본문을 천천히 읽어나가면서 단어들을 강조하거나, 적절한 위치에서 잠시 쉬는 것, 또는 목소리의 빠르기를 조절하는 것으로 청중이 그 의미를 이해하게 하는 것이 중요하다. 이런 구두적 실마리는 실제로 의미를 전달한다. 이것은 연기를 하는 것이 아니라, 본문의 아름다움을 보지 못하게 하는 자연적 장벽들을 제거하는 것이다. 설교는 산만하게 하는 모든 것을 제거해, 청중이 본문을 보고 이해하게 하는 것이다. 이 경우 산만하게 하는 것은, 시가 단순히 시답게 되는 것을 스스로가 억제하는 것일지 모른다.

●● 노동 연구

일에 대한 본문을 연구함으로, 청중에게 수고하고 일하는 것에 대한 가치를 보여주라. 우리로 일에서 즐거움을 얻게 하신 것이 하나님의 즐거움이다. 이것은 일하는 것을 불평하거나, 단순히 노동을 더 많은 것을 소유하는 수단으로 보는 현대인들에게는 놀랄 만한 것이다. 대부분은 일을 즐긴다는 개념을 거부한다. 자신의 일을 즐기는 사람은 분명히 일을 잘하는 사람임에 틀림없다. 그러나 여기서 말하는 것은 이런 현대적인 의의가 아니다. 오랜 하나님의 지혜에서 우리가 발견하는 훈계는, 일생 동안 일하는 것을 즐거워하는 것이다. 따라서 수고의 허무함에 대한 모든 정보와 함께, 일하는 즐거움에 대한 풍성한 가르침을 청중에게 보여주어야 한다.

아가서 설교

●● 상징을 설교하라

아가서에 접근하는 가장 훌륭한 방법은, 우선 문자적으로 접근하는 것이다. 즉, 이 책이 결혼을 얼마나 귀하게 여기고, 우리의 잘못을 어떻게 교정해 주며, 참된 낭만적 사랑의 기준을 어떻게 제기하는지 보여주라. 이런 적용을 제시한 다음 신약성경을 펼쳐 어떻게 이런 것들을 실천할 때 복음이 확증되는지 설명하라.

●● 내러티브 구조를 사용하라

아가서의 각 설교 단위에는 설교하기에 적합한 각 절(strophe)에 따른 분명한 구분이 있다. 여기에는 장면에 따른 구조가 있다는 사실을 기억하라. 전체 이야기 속에 있는 각각의 이야기를 설교할 때, 그것들이 그 책의 더 큰 주제를 가리키고 있음을 분명히 보여주어야 한다. 본 장의 구조 부분에 이에 관한 더 많은 내용이 있다.

지혜서에서 그리스도 설교하기

지혜서와 그리스도를 연결하는 많은 방법이 있다. 그리스도를 아는 것은 '여호와를 경외하는 것'이다. 여호와를 경외하는 것이 지식의 근본이고(잠 1:7), 지혜 자체이며(욥 28:28), 만사의 목적이다(전 12:14). 따라서 설교할 때, 그리스도와의 연결을 보여주는 가장 중요한 방법은, 신약성경에서 그리스도인이 되는 것이 지혜서에서 여호와를 경외하는 것과 동등한 것임을 이해하게 하는 것이다. 실제로 지혜를 실천하는 것은 여호와를 경외하는 자가 하는 일이다.

그리스도는 지혜서의 설교자였다. 그분의 산상보훈은 지혜서 같은 느낌의 서론으로 시작한다(마 5:1-11). 하나님나라에 있는 자가 '복 있는 자'다. 그는 반직관적이고 반문화적인 하나님의 지혜를 따르기에 결국 복 있는 자다. 따라서 설교할 때, 지혜서를 설명하는 몇 가지 방법을 사용할 수 있다.

언약적 접근 이 본문이 어떻게 언약을 성취하거나 반영하고 있는가? "이 지혜는 솔로몬에게 주신 것이다. 그는 영원히 끝나지 않는 왕권을 가진 아버지 다윗이 받은 약속을 따르는 자였다. 이것은 결국 그리스도 안에서 성취되었다."

성취적 접근 이 본문은 그리스도만이 완전하게 행하실 수 있음을 어떻게 보여주는가? "잠언은 분노를 통제하라고 요구한다. 우리는 분노를 완벽하게 통제할 수 없다. 오직 그리스도만이 그것을 하셨다. 따라서 우리에게는 그분의 의로움이 필요하다."

신약과의 연결 이 지혜서 본문과 상응하는 신약의 본문이 있는가? 더글라스 오도넬(Douglas O'Donnell)은 이것이 어떻게 직접 인용과 언어적 연결, 혹은 주제적 연결로 가능한지 보여준다.[179]

인용 이 본문이 신약에서 인용되고 있는가? 이 경우는 사실 매우 드문데, 신약에서 인용된 지혜서는 단지 여덟 개밖에 없기 때문이다. 예를 들면 다음과 같다.

"진실로 그는 거만한 자를 비웃으시며 겸손한 자에게 은혜를 베푸시나니"(잠 3:34). "그러나 더욱 큰 은혜를 주시나니 그러므로 일렀으되 하나님이 교만한 자를 물리치시고 겸손한 자에게 은혜를 주신다 하였느니라"(약 4:6).

언어적 연결 지혜서와 신약성경 사이에 있는 언어적 연결을 영어 번역에서 찾아보라.

"내 아들아 만일 네 마음이 지혜로우면 나 곧 내 마음이 즐겁겠고"(잠 23:15). "이는 내 사랑하는 아들이요 내 기뻐하는 자라 하시니라"(마

3:17).

주제적 연결 지혜서 본문에 있는 주제가 신약에 반영되거나 함축되어 있는지 살펴보라.

"지혜가 그의 집을 짓고"(잠 9:1-6). "누구든지 나의 이 말을 듣고 행하는 자는 그 집을 반석 위에 지은 지혜로운 사람 같으리니"(마 7:24). 예수님은 산상보훈을 지혜로운 건축자와 어리석은 건축자에 대한 짧은 비유로 마치신다. 즉, 지혜로운 건축자는 그 집을 예수님의 가르침 위에 세운 자다.

한 가지 주의 사항이 있는데, 이는 특히 성취적 접근과 관련된 것이다. 그리스도가 자신의 의를 우리에게 주시기 위해 오셨다는 사실과 오직 그분만이 완전하게 의로우시다는 사실이, 우리에게 윤리적 의무를 면제해 주는 것은 아니다. 사실 그리스도 안에서 그 윤리적 책임은 더욱 강해진다. 모든 성경은 우리를 그리스도께 인도하기 때문이다(딤후 3:14-17).[180]

●● 지혜서에서 설교 구성하기

어떤 면에서 지혜서의 범주는 복합적이다. 각각의 책이 매우 다르기 때문이다. 잠언은 지혜서이지만, 아가서나 욥기처럼 내러티브의 느낌을 가지고 있지 않다. 전도서는 내러티브 흐름을 가지고 있지만, 훈계와 지혜의 긴 본문도 있다. 그러므로 지혜서에 한 가지 구조를 제안하는 것은 적당하지 않다. 위의 논의들에 기초해, 여기서는 지혜서의 범주 안에 있는 서로 다른 책을 위한 몇 가지 구조적 선택 사항을 제시한다.

●● 잠언의 구조를 결정하라

분석적 방법 당신은 시편처럼 어떤 본문에서 절(strophe)를 발견할 것이다. 그러면 각 절을 따라 주해적 작업을 세워나가라. 앞서 언급한 대로, 이는 잠언의 처음 10장에서 주로 효과적인 방식이다. 그러나 책 전체의 많은 부분에서는 이 방식이 효과적이지 못하다.

주제적 방법 잠언을 설교할 때, 본문들을 묶는 것도 자주 사용되는 방법이다. 그렇게 하면 당신이 선택한 대표적인 본문이 구분되지 않을 수도 있다. 뒤에 나오는 설교 실례 "분노에 대한 잠언"을 위해 나는 잠언의 분노와 화에 대한 구절들을 모두 읽었다. 그 구절들은 분노에 대한 문제(이는 위험한 취약점을 드러낸다)와 그 해결책을 제시한다. 이 과정 후, 개요는 더 분명해진다.

1. 잠언은 분노에 대해 무엇이라고 말하는가? 분노는 건강하지 못하다는 취약점을 보여준다.
2. 통제되지 않는 분노에 대한 답은 무엇인가? 그 치료책은 참된 지혜다.

개요의 목적은 인공적인 장식을 하는 것이 아니라, 본문이 하는 일을 수월하게 하는 것이다. 잠언에서 분노에 대한 본문들은 두 가지 질문을 하고 있다. 왜 분노가 나쁜 것인가? 그 해결책은 무엇인가?

●● 욥기

욥기는 내러티브 구조를 사용해 한 편의 설교에 전체 책을 설교할 수 있다. 비록 지혜서로 구분되어 있지만, 욥기는 긴 예언적 담화를 지닌 구약의 내러티브다. 그러므로 욥기에 관한 설교는, 장면 구조를 가진 구약 내러티브와 선지서의 설교 규칙을 모두 따라야 한다. 욥기에서 긴 담화는 시적 구조로 되어 있기에, 시편의 절(strophe)과 같이 설교적으로 구성할 수 있다.

욥기에 대한 또 다른 구조적 선택 사항은, 긴 담화를 한 장씩 설교하는 것이다. 어떤 담화는 두 장에 걸쳐 있다(29-30장 등). 절(strophe)들을 따라 구조를 구성하는 것이 긴 담화를 설교하는 데 도움이 된다.

●● 전도서

욥기처럼 전도서도 한 편의 설교로 효과적으로 전달할 수 있다. 솔로몬의 지혜와 부에 대한 문화적 배경을 바탕으로, 한 편의 내러티브같이 펼쳐지게 하는 것이다. 그러나 전도서 전체를 한 편의 설교로 할 때, 장면 구조를 취하는 것이 최선은 아니다. 오히려 솔로몬이 무한한 지혜와 부로 깨달은 교훈들을 배열하는 것이 더 좋은 구조가 된다.

잠언처럼 전도서는 많은 주제로 되어 있기에 주제별로 설교하기에 적합하다. 예를 들면, 전도서는 노동에 대한 주제가 지배적이다. 일과 수고에 대한 여섯 개의 구절이 있으며, 이것을 네 가지 범주로 구분할 수 있다.

1. 우리는 일을 통해 기쁨을 보상받는다(2:10,24; 5:13-20).
2. 그 일을 우리 뒤를 이을 다른 사람에게 넘겨주게 되기에 허무하다(2:18).
3. 일하는 것은 하나님의 선물이다(3:12-13).
4. 그러므로 힘을 다해 일하라. 그것은 무익하다(9:10).

보다시피 이 목록은 유기적으로 연결된다. 만일 전도서에서 일에 대해 살펴본다면, 거기에는 일종의 진행이 있는데, 그것은 다음과 같이 진술할 수 있다. "우리는 이 순간 우리가 하는 일을 통해 기쁨을 얻는다. 결국 이 일은 다른 사람에게 넘겨주게 될 것이기 때문이다. 지금 이 순간 우리가 일하는 것은 하나님의 선물이다. 그러므로 열심히 일하라."

이 문장은 그 자체로, 그리고 이것만으로 설교를 위한 좋은 구조를 만들 수 있다. 이런 접근 방식의 가장 큰 장점은, 설교자가 이 책을 주의 깊게 읽고, 그 내용을 묵상하게 하는 데 있다.

● ● **아가서**

아가서는 매우 흥미로운 해석의 역사를 가지고 있다. 오늘날에는 지나친 비유적 해석을 대부분 거부하며, 좀더 문자적인 접근을 선호한다. 그러나 구조적으로는 본문의 흐름이 마치 장면에서 장면으로 이어지는 내러티브 같은 느낌이다. 구조는 다음에 오는 내러티브를 암시한다는 것이 해석의 열쇠다. 따라서 아가서 설교에서는, 그 책의 전반적인 내러티브에 고정된 설교에 장면별 내러티브 접근을 고려하라.

--- **설 교 실 례** ---

분노에 대한 잠언 (잠 14:16-17)

> **설교 전략**
> 이 설교는 다음 질문에 답하고자 한다. '잠언은 분노에 대해 무엇이라고 말하는가?'

서론

> 서론의 첫 부분은 분노에 대해 말하지 않는다.
> 그러나 잠언에 드러난 분노에 대한 이러한 접근 방식에 정당성을 제공한다는 면에서 도움이 된다.

당신이 여행 중 정글에서 어떤 추방된 부족을 우연히 만난 탐험가라고 상상해 보라. 당신은 그 부족의 모든 사람을 만나지 않는다. 단지 그 부족을 대표하는 가장 중요한 한 사람이 당신을 만나러 온다. 이 아침에 우리는 잠언에 있는 분노에 대한 모든 구절을 살피지는 않을 것이다. 그러나 그중 가장 중요한 구절로 전체를 파악하고자 한다.

분노 자체는 때로 정당해 보인다. 예수님도 분노를 보이셨다(요 2:13-22). 그러나 그 분노는 자신을 방어하기 위한 것이 아니라, 다른 사람을 섬기기 위한 것이었다. 언제나 예수님은 다른 사람의 필요를 돌아보는 것의 궁극적 모본이 되신다(빌 2:1-11). 그러나 잠언에서 다루고 있는 분노의 종류는 다르다. 이 분노는 다른 사람을 사랑하는 것보다, 자신을 사랑하는 것에서 나오는 분노다. 사실 잠언은 이런 분노의 결과에 대한 목록을 제공한다. 왜 분노가 위험한지 잠언의 몇 구절을 통해 살펴보자(작은따옴표는 내가 강조한 것이다).

1. 분노가 지닌 위험은 무엇인가?

① 지혜로운 자는 두려워하여 악을 떠나나 어리석은 자는 방자하여 '스스로 믿느니라 노하기를 속히 하는 자는 어리석은 일을 행하고 악한 계교를 꾀하는 자는 미움을 받느니라 (14:16-17)

② 노하기를 더디 하는 자는 크게 명철하여도 '마음이 조급한 자는 어리석음을 나타내느니라' (14:29)

③ 유순한 대답은 분노를 쉬게 하여도 '과격한 말은 노를 격동하느니라' (15:1)

④ '분을 쉽게 내는 자는 다툼을 일으켜도' 노하기를 더디 하는 자는 시비를 그치게 하느니라 (15:18)

⑤ '다투는 시작은 둑에서 물이 새는 것 같은즉' 싸움이 일어나기 전에 시비를 그칠 것이니라 (17:14)

⑥ 노하기를 맹렬히 하는 자는 '벌을 받을 것이라' 네가 그를 건져 주면 다시 그런 일이 생기리라 (19:19)

⑦ 자기의 마음을 제어하지 아니하는 자는 성읍이 무너지고 성벽이 없는 것과 같으니라 (25:28)

⑧ '노하는 자는 다툼을 일으키고 성내는 자는 범죄함이 많으니라' (29:22)

이 책에는 전체 생각을 다루는 데 도움이 되는 두 가지 그림 언어가 있다.

물 새는 둑 (17:14)

성벽 없는 성읍 (25:28)

분노의 위험성은 우리를 취약하게 만드는 것이다.

전환: 그렇다면 치료책은 무엇인가?

2. 무엇이 잘못된 분노에 대한 치료책인가?

분노는 신중, 지혜, 인내, 이해, 지식, 온유함, 존경과 대조된다(참조. 12:16; 14:16-17, 29). "지혜로운 자는 두려워하여 악을 떠나나 어리석은 자는 방자하여 스스로 믿느니라 노하기를 속히 하는 자는 어리석은 일을 행하고 악한 계교를 꾀하는 자는 미움을 받느니라"(14:16-17). "노하기를 더디 하는 자는 크게 명철하여도 '마음이 조급한 자는 어리석음을 나타내느니라'"(14:29).

따라서 잘못된 분노의 반대는 인내와 배려가 아니다. 분노의 반대말은 지혜다. 그러므로 잘못된 분노의 치료책은 참된 지혜다.

> 이것이 중심 생각이다. 질문으로 시작한 이 '요지'는 이제 답을 주고 있다.
> 다시 질문하고 이에 대한 답을 함께 묶는 것은 설교학적으로 매우 중요하다.
> 매우 기초적인 것이지만, 반복은 명확성을 더한다.

적용

지혜는 당신이 지금 영화의 첫 장면을 보고 있더라도, 마치 끝부분을 본 것같이 행동하는 것이다.

우리는 '하나님, 내게 인내를 더해 주소서'라고 기도한다. 이제는 '하나님, 내게 지혜를 더해 주소서'라고 기도해야 한다.

> 적용이 중심 생각을 뒤따르고 있는 것을 주목하라.
> 그러므로 설교의 흐름은, 질문하고, 질문에 답하고(중심 생각으로), 적용하는 것으로 진행된다.

결론

하나님이 왜 요셉에게 복을 주셨는지 궁금했던 적이 있는가?

왜 하나님이 요셉에게 복을 주셨을까? 하나님이 내게 진노하셨기 때문이다. 알다시피 그분은 요셉이 고통받게 하셨다. 그래서 예수님은 아브라함에게 주신 약속을 성취하시러 이 땅에 오셨다.

예수님은 완전한 삶을 사셨고, 생의 마지막에 양팔을 벌리고 죽으셨다. 바로 그 순간 하나님은 위에서 예수님을 바라보셨다. 내 죄를 바라보시며 그분은 손을 들어 나를 벌하시고자 했다. 그러나 예수님이 그 가운데 서셨다. 나를 향한 하나님의 모든 진노를 자신이 감당하셨다. 그리고 그분은 하나님의 온전한 정의를 이루셨다.

이것이 바로 하나님이 요셉을 구원하신 이유다 … 그분이 내게 진노하셨기 때문이다.

예수님은 지금 여기 계신다. 육체가 아니라 영으로 함께하신다. 예수 그리스도의 성령이 이곳에 거하시며, 당신 안에 거하신다.

그리고 갈라디아서 5장은, 성령이 우리 안에 거하시면 거기에 사랑, 희락, 화평, 오래 참음, 자비, 양선, 충성, 온유, 절제가 있다고 말한다.

하나님의 성령은 그분의 말씀을 통해 역사하신다.

예수님은 정말 놀라운 분이 아닌가? 하나님이 요셉을 구원하신 이유는, 내게 진노하셨기 때문이다. 그리고 그분이 아브라함에게 하신 약속을 지키셨기에, 나는 죄에서 구원받았으며, 화를 절제하지 못하는 무능력함에서 구원받았다.

그분의 성령은 내가 자연적으로 할 수 없는 것을 초자연적으로 할 수 있도록 능력을 주신다.

그러나 요셉은 이것을 다 알지 못했다. 그는 단지 작은 그림의 일부만 보면서, 마치 마지막 큰 그림을 아는 것처럼 살아가야 했다.

> 요셉의 삶을 의도적으로 선택해 사용한 것은, 상황에 합당한 반응을 예로 보여주고, 복음을 전달하기 위한 것이다.

토론을 위한 질문

1. 잠언에는 구조가 있는가?
2. 잠언이 간결하다는 것은 어떤 의미인가?
3. 전도서는 노동(일)에 대해 무엇이라고 말하는가?
4. 아가서는 문자적으로 해석(설교)해야 하는가, 상징적으로 해야 하는가?

추천 도서

- 트렘퍼 롱맨 3세. 『어떻게 잠언을 읽을 것인가』. 전의우 역. 서울: 한국기독학생회출판부(IVP), 2013.
- Kidner, Derek. *The Wisdom of Proverbs, Job, and Ecclesiastes*. Downers Grove: InterVarsity, 1985.
- Kitchen, John A. *Proverbs*. Mentor Commentary. Inverness, Scotland: Mentor, 2006.
- Köstenberger, Andreas J., and Richard D. Patterson, *Invitation to Biblical Interpretation: Exploring the Hermeneutical Triad of History, Literature, and Theology*. Grand Rapids: Kregel, 2011.
- O'Donnell, Douglas Sean. *The Beginning and End of Wisdom: Preaching Christ from the First and Last Chapters of Proverbs, Ecclesiastes, and Job*. Wheaton: Crossway, 2011.

하나님의 말씀(Word)을
하나님의 어조(Tone)로 전달하라!

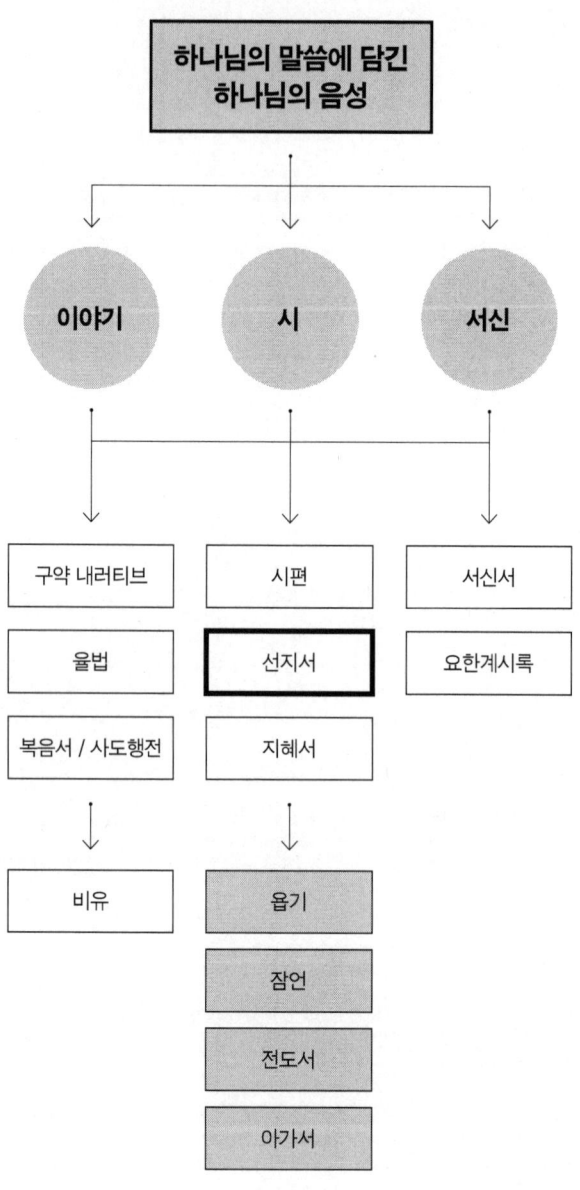

CHAPTER 10

선지서에서 하나님 음성 되살리기

서론

선지자들은 "성경 중 선지서의 예언적 저자로, 메시지는 모세의 책을 기초로 하며, 비전은 믿음의 복음인 '새 언약'을 향한다."[181] 존 세일해머(John Sailhamer)의 선지자에 대한 정의는 우리의 논의를 시작하는 좋은 출발점이 된다.

먼저 언약적 연결을 살펴보라. 선지자들은 모세 언약의 정신과 말씀을 반영하고 있었다. 그리고 이스라엘이 언약에 다시 충성하도록 요구했다. 그러나 그들은 또 새로운 언약을 기대했다. 이 점이 바로 메시아에 대해 기대하는 예언적 본문들과 관련된다. 그러나 광의적 의미에서 이것은 새 언약의 산물이 될 성화와 연결된다. 이스라엘 백성에게 주어진 옛 언약에 충실할 것에 대한 요구는, 새 언약 속에서 그리스도에게 신실할 것에 대한 요구가 된다. 우리를 구원하시고, 거룩하게 하시는 은혜로 지키시는 분은 그리스도시다. 이처럼 선지서는 기독교 설교를 위한 무르익은 재료다. 이는 하나님의 언약적 관계를 확언하며, 우리를 새 언약의 그리스도에게로 인도한다.

이제 어떻게 선지서가 우리를 그리스도에게로 인도하는지 살펴보자.[182]

●● 선지자로서의 그리스도

예수님이 사역을 시작하셨을 때, 사람들은 그분을 선지자로 인식했다. 그들은 처음에 세례 요한을 선지자로 생각했다. 마가복음 11장 32절은 "모든 사람이 요한을 참 선지자로 여기므로"라고 말한다. 사도 요한은 이렇게 적고 있다. "이는 참으로 세상에 오실 그 선지자라 하더라"(요 6:14). "이 말씀을 들은 무리 중에서 어떤 사람은 이 사람이 참으로 그 선지자라 하며"(요 7:40). 스데반은 사도행전 7장 37절에서 신명기 18장 15-22절을 이렇게 해석한다. "이스라엘 자손에 대하여 하나님이 너희 형제 가운데서 나와 같은 선지자를 세우리라 하던 자가 곧 이 모세라" 또 예수님이 제자들에게, 사람들이 자신에 대해 누구라 하는지 물으신 것을 기억하라. 그들은 "더러는 세례 요한, 더러는 엘리야, 어떤 이는 예레미야나 선지자 중의 하나라 하나이다"(마 16:14)라고 대답한다. 이는 중요한 질문을 불러일으킨다. 왜 사람들은 예수님을 선지자라고 생각했을까? 무엇이 사람들로 이런 연관성을 생각하게 한 것일까? 가장 중요한 이유는 분명 그분의 가르치심에 틀림없다.

선지자들은 기본적으로 세 가지 메시지를 선포했다.[183] 첫 번째 메시지는 회개다. 사람들이 자신의 죄에 대해 회개하도록 촉구했다. 그들이 하나님의 법을 어기고, 약속의 땅을 잃어버린 위기에 처했기 때문이었다. 또 이것은 예수님의 주요 메시지이기도 했다. 하나님의 나라가 도래했다. 우리는 그 왕국에 들어가기 원한다. 그러나 그 왕국에 들어가는 길에는 회개가 예고되어 있다. 그분의 첫 메시지는 "회개하라 천국이 가까이 왔느니라"다.

선지자들의 두 번째 메시지는 심판이다. 이것 역시 그리스도의 메시지다. 예수님은 하나님의 나라가 여기에 임했다는 선포와 함께 오셨다. 그리고 그 왕국의 심판이 오고 있다고 선포하셨다. 어떤 이에게 그 왕국은 생명을 주는 것이지만, 다른 이들에게는 심판이다. 우리는 이 점을 그리스도의 사역 전반에서 발견한다. 회개하지 않는 도시들을 향해 외치는 예언적 저주를 생각해 보라(마 11:20). 가장 분명한 왕국에 대한 설명과 도래하는 왕국에 대한 표현은 알곡과 가라지 비유다(마 13:24-30,36-43). 알곡인 사람들은 모두 곳간에 모여 구원받을 것이다. 반면 모든 가라지는 버려져 불타버릴 것이다. 심판에 대한 예언적 메시지는 이보다 더 분명할 수 없다.

선지자들의 마지막 메시지는 소망이다. 심판이 있다는 사실은 구원이 가능하다는 것을 암시한다. 그리고 분명히 그리스도는 소망의 메시지를 가지고 계셨다. 그분은 심판의 메시지와 함께 치유의 메시지를 가지고 오셨으며, 이방인들이 그 이름을 소망하게 될 것이다(마 12:15-21).

따라서 여기에 모든 핵심 요소가 다 모여 있다. 예수님은 급진적이며, 기적을 일으키는 설교자였다. 그리고 그 메시지는 정확하게 선지자들과 같았다. 사람들이 그분을 선지자로 여긴 것은 전혀 이상하지 않다. 모든 성경이 그리스도에 관한 것임을 알기에, 우리는 이것을 다른 방식으로 말할 수 있다. 즉, 그리스도가 선지자처럼 말씀하신 것이 아니라, 모든 선지자가 그리스도처럼 말했던 것이다. 예수님은 선지자들의 메시지를 메아리처럼 재현하신 것이 아니다. 선지자들이 그리스도를 기대하고 있었다. 이제 구조와 관련된 주제와 어떻게 메시지를 해석하고 전달할지에 대해 논의해 보자.

해석: 선지서의 문학적 특징에서 하나님 음성 듣기

●● 선지서는 각각 독특한 역사적 정황을 가지고 있다

많은 선지서들의 배경은 이상하게 보인다. 그들은 더 이상 존재하지 않는 나라들을 다루고 있다. 이는 문화적 다리 건너는 것을 힘들게 만든다. 우리가 선지서 설교하기를 주저하는 또 다른 이유가 있다. 과연 누가 메시지의 반은 문화적 주제를 설명하고, 나머지 반은 심판을 이야기하는 설교를 듣고자 하겠는가! 그러나 이것을 강력하고도 쉽게 할 수 있는 방법이 있다.

●● 선지서는 특정한 문학적 장치를 사용한다

선지서는 주로 시적으로 기록되어 있다. 거친 예언적 메시지가 시로 전달되었다는 것이 이상하게 보일지 모른다. 그러나 이것이 얼마나 자극적인지 생각해 보라. 메시지 자체는 매우 강하고 다루기 힘들다. 그러나 시의 사용은 그 메시지를 뚜렷하게 전달한다. 이 형식은 메시지의 내용에 집중하게 한다. 히브리 시는 우리가 시에 대해 생각하는 것과 달리 독특하다. 그것을 두드러지게 만드는 특징이 평행법이라는 사실을 다시 상기해 보라.[184] 선지서는 평행법과 함께 은유, 과정, 반복 같은 다른 문학적 장치를 사용하는 것으로 잘 알려져 있다.

●● 선지서는 예언적이다

선지서 중 다수가 미래의 사건을 예고한다. 문제는 '이런 예고가 직접적인 정황에 국한된 것인가, 아니면 그들의 어떤 미래에 완성될 것인가?' 하는 것이다. 첫째, 우리는 선지서를 이해하는 데 어떤 '비밀'이 있는 것이 아님을 분명히 해야 한다. 그런 비밀이 있다고 믿을 때, 우리는 오늘날의 사건에 비추어 선지서를 이해하려는 유혹처럼, 전혀 도움이 되지 않는 사색으로 끝나고 마는 호기심으로 기우는 경향이 있다. 그러나 이런 방식은 선지서를 비밀스런 메시지로 이해하려는 사람들에게 특권을 주는 격이 될 뿐이다. 다시 말하지만, 비밀이란 없다. 궁극적인 메시지는 언약에 충실하며, 그 언약은 결국 그리스도 안에서 성취된다. 그것이 전부다. 좀더 구체적으로 말하면, 선지서는 이스라엘에 대한 교정적인 경고와 토라를 특정한 정황에 적용하는 것으로 그 역할을 한다고 할 수 있다.

대부분의 예언 문학은 예고적인 것이 아니다. 그것은 예고(foretelling)가 아니라 선포(forth-telling)다. 그러나 선지서가 예고할 때, 우리는 그것을 어떻게 설교해야 하는가? 우리가 가장 먼저 기억할 것은, 선지서는 이스라엘 백성이 하나님을 신뢰하도록 믿음을 굳건하게 하는 역할을 한다는 사실이다. 따라서 설교할 때, 그 예언이 어떻게 실현되었는지 보여주라. 하나님이 역사하시는 손을 보는 것은 이스라엘 백성의 믿음을 굳건하게 했듯이, 우리의 믿음도 견고하게 한다. 따라서 어떻게 예언들이 성취되었는지 보여줄 때, 우리는 청중의 믿음을 굳건하게 할 수 있다. 힘든 본문을 다룰 경우 베드로전서 1장 12절은 우리에게 격려가 된다. "이 섬긴 바가 자기를 위한 것이 아니요 너희를 위한 것임이 계시로 알게 되었으니 이것은 하늘로부터 보내신 성령을 힘입어 복음을 전하는 자들로 이제 너희에게 알린 것이요 천사들도 살펴보기를 원하는 것이니라" 그러므로 선지서를 읽을 때, 우리는 격려를 받는다. 이 말씀들은 우리의 믿음을 굳건하게 하기 위해 주신 것이기 때문이다.

●● 선지서는 메시아적이다

고린도후서 1장 20절은 하나님의 모든 약속이 그리스도 예수 안에서 성취되었다고 보증한다. 그러므로 "해석자들이 선지서를 그리스도와 연결하는 데 실패한다면, 선지서의 핵심을 놓치는 것이다."[185] 중요한 점은, 심지어 본문에 명백한 메시아적 암시가 없는 경우에도, 선지서는 다가올 새 언약에 대한 단서를 제공한다는 것이다. "이런 관점에서, 선지서를 설교하는 것과 신약을 설교하는 것 사이에는 의미상 상당한 일치점이 있다."[186] 이는 우리가 예언의 성취에 대해 설교하기 때문이다.

●● 선지서는 정황적인 조건이 있을 수 있다

이제 당신 스스로 매우 강력하고 직접적인 선지서의 본문을 설교해 보라. 장르가 지닌 역동성을 반영함으로, 당신은 그처럼 강력한 설교를 하기 원할 것이다. 물론 당신은 그렇게 할 수 있다. 그것이 본문에 있기 때문이다. 그러나 본문에는 '만약'이라는 말이 종종 등장한다는 사실을 기억하라. 예레미야의 말씀은 고무적이다. "내가 어느 민족이나 국가를 뽑거나 부수거나 멸하려 할 때에 만일 내가 말한 그 민족이 그의 악에서 돌이키면 내가 그에게 내리기로 생각하였던 재앙에 대하여 뜻을 돌이키겠고"(렘 18:7-8). 하나님은 그들에게 순종하며 살아갈 기회를 주신다. 이 점이 선지자가 하는 일을 이해하는 데 핵심적이다.

이것은 좋은 소식이면서, 나쁜 소식이기도 하다. 좋은 소식이란, 심판의 선지서들은 회개에 관련해 조건적이라는 것이다. 따라서 만일 사람들이 회개하면, 그 심판의 예언들은 일어나지 않을 것이다. 나쁜 소식이란, 축복의 약속도 마찬가지라는 점이다. 이에 관해 떠오르는 가장 유명한 구절은 역대하 7장 14절이다. "내 이름으로 일컫는 내 백성이 그들의 악한 길에서 떠나 스스로 낮추고 기도하여 내 얼굴을 찾으면 내가 하늘에서 듣고 그들의 죄를 사하고 그들의 땅을 고칠지라" 이 약속은 백성의 겸손이라는 조건 아래 이루어지는 것이다. 사실 이것은 좋은 소식이다. 겸손은 항상 우리가 원하는 모습이다. 겸손함에 따르는 복은 복 있는 자라는 하나님의 확증이다.

이런 선지서의 내용은 분명히 조건적이다. 그러나 그 조건들을 이해하는 것은, 선지서들이 기록된 상황에 대한 이해와 함께한다. 따라서 선지서들은 '정황적으로 조건적'이다.

●● 선지서는 소망을 담고 있다

부모가 자녀에게 경고하는 것은 보호하기 위한 것이지, 저주하고자 하는 것이 아니다. "차를 그렇게 몰지 말란 말이야. 그렇지 않으면 죽어"라는 말은, 어쩔 수 없는 필연성을 말한 것이 아니라, 보호하기 위한 것이다. 부모는 자녀를 보호하고자 한다. 선지서는 하나님의 인자하심이 곳곳에서 스며 나오는 명령들이다. 앞에서 인용한 예레미야 18장 7-8절을 기억하라. 만일 나라들이 회개하면, 하나님은 작정하신 재앙을 누그러지게 하실 것이다.

따라서 약속은 확장된 소망의 한 방편이다. 그 소망은 순종을 조건으로 한다. "심판에 대한 하나님의 말씀은, 미래를 수갑에 채워 그것이 결과로 결정된 듯이 내던진 것이 아니다. 하나님은 말씀을 통제하시며, 인간의 회개와 기도에 반응하시기 때문이다."[187] 이처럼 우리는 말씀의 내용과 목적을 구별할 수 있다. 말씀 자체는 저주처럼 보이지만, 그 목적은 회복이다. 즉, 우리는 본문을 전체 책에 비추어, 그리고 저자의 목적 아래서 읽어야 한다.

이것은 왜 선지서가 복음 지향적인지 보여준다. 즉, 선지서는 자신의 제자들에게 구약의 깊은 의미를 명확하게 설명하셨던 예수님께 나아가며, 또 어떻게 각 페이지가 메시아를 만나고자 달려가고 있는지 보여준다. 모든 것이 선지서에 담겨 있다. 비록 우리가 선지서의 모든 것을 알지는 못하더라도, 이것은 알고 있다. 즉, 선지서는 회개라는 동전의 뒷면에 있는 소망을 제공한다. 그리스도는 회개의 이면에 있는 소망을 주시는 분이시다(마 4:17). 따라서 선지서가 말하는 메시지는 오늘날 설교자가 전하는 것과 같다. 우리는 그리스도 안에 있는 소망을 사람들에게 말한다. 결국 첫 번째 기독교 설교는 선지서 요엘에 근거한 말씀이었다(행 2:16-21). 거기에는 소망이 있다. 선지서를 설교할 때, 우리는 소망의 흐름 안에서 설교하는 것이다.

●● 선지서는 독특한 문학적 구조를 가지고 있다

각 책의 구조는 연대순보다 주제별로 되어 있다. 에스겔, 학개, 스가랴 같은 책은 좀더 연대기적이다. 그러나 대부분의 책은 엄격하지 않은 연대순이나 주제별로 배열되어 있다. 어떤 경우든 모두 주제적 발전이라는 통일성을 지니고 있다.

선지서는 메시지를 전달하기 위해 주로 시를 사용한다. 해설과 기도도 포함하고 있지만, 실제 예언들은 시로 된 설교나 연설의 형식을 취한다. 이것은 앞서 시에 대해 토론한 것들이 여기서도 적용된다는 의미다. 즉, 선지서의 특징은 히브리 평행법을 사용한다는 것이다. 그러므로 평행법의 기능을 이해하면, 많은 선지서가 작용하는 방식을 풀이해 설교문을 구성할 수 있다.[188]

전달: 선지서에서 하나님 음성 되살리기

●● 본문 뒤의 사건이 아닌 본문을 설교하라

당신은 설교에 실제적으로 얼마나 많은 역사적 정황을 포함시키는가? 이 질문에 대한 답은 성경 자체의 본성에 달려 있다. 기억하라. 우리의 설교 철학은 설교 신학에서 나온다. 우리는 성경이 하나의 문학적 단위라고 믿는다. 이것은 매우 놀라운 말이지만 사실이다. 하나의 문학적 단위로서 성경이 지지하는 하나의 주도적인 생각이 있다. 그리고 신구약, 각 책, 각 장들은 모두 더 큰 주도적 생각을 지지하는 작은 생각들을 가지고 있다. 다시 질문으로 돌아가자. '우리는 얼마나 많은 배경을 설교에 포함시켜야 하는가?' 그 답은 청중의 의식을 흩트리지 않으면서 본문의 중심 생각을 충분히 전달할 수 있는 정도다. 즉, 우리의 책임은 성경적 배경을 강의하는 것이 아니라, 배경을 무시하지 않고 함께 전달하는 것이다. 어떤 청중은 배경에 관심을 가질 수 있다. 그러나 우리는 의도적으로 다음과 같은 질문을 하면서, 배경에 대해 말할 것을 다듬어간다. '이 정보가 본문의 중심 생각을 전달하는 데 얼마나 중요한가?' 배경에 대한 정보는 설교에 주는 도움 없이 흥미만 끌게 하는 것으로 우리를 유혹할 수 있다.

다음으로 주의할 부분은, 청중이 뒤따라오는 본문을 이해하는 데 얼마나 많은 정보가 필요한가 하는 것이다. 만일 책 전체를 설교해 나간다면, 우리는 한 번의 설교에 필요한 것보다는 더 많은 배경 내용을 포함시킬 것이다. 그것이 청중으로 하여금 앞으로 있을 설교를 잘 따라가도록 돕기 때문이다.

본문의 의미는 역사적 배경에서만 얻는 것이 아님을 기억하라. 우리는 사건이 아니라 본문을 설교한다. 따라서 우리의 질문은 '어떤 문화적 사건이 이 본문에 의미를 제공하는가'가 아니라, '성경이 이 본문에서 무엇을 말하는가?' 하는 것이다. 물론 성경적 배경과 역사적 정보는 해석에 도움을 준다. 그것들은 가치가 있다. 그러나 만일 요나를 삼킨 물고기가 어떤 종류인지, 당시 니느웨에서 유행하던 의복이 어떤 것인지, 박 넝쿨을 먹은 곤충이 어떤 종류인지 알더라도, 그 자세한 정보가 본문의 의미를 제공하는 것은 아니다. 왜 그런가? 요나서의 의미는 마태복음 12장 38-41절의 그리스도가 주신 말씀을 통해 얻을 수 있기 때문이다. 요나서가 지닌 의미의 핵심은, 그 본문의 배경을 깊이 파헤치는 것이 아니라, 다른 성경본문이 그 본문에 대해 말하는 것에서 나온다. 이것이 바로 온전히 성경적이라는 것이다. 따라서 우리의 주요 질문은, '이 본문이 그 답을 찾도록 성경본문에서 더 깊이 보게 하는 것은 무엇인가?' 하는 것이다. 결국 우리는 성경적 배경을 알지 못한 채 생을 마칠 수도 있다. 그러나 성경을 모르고 생을 마치기보다, 성경의 배경을 모르고 마치는 편이 낫다. 성경의 배경은 성경본문을 뒷받침하는 것이다. 우리는 성경을 가장 우선으로 보아야 한다. 따라서 본문을 취할 때, 우리는 어떻게 이 본문이 그 책의 흐름과 부합되는지 물어야 한다. 그 다음 그 책이 구속사와 어떻게 부합되는지 질문해야 한다. 우리는 먼저 미시적으로 본 다음 거시적으로 보아야 한다. 이것이 반드시 필요한 이유는, 신약성경이 우리를 위해 선지서를 해석해주기 때문이다.

● ● **은유(metaphor)를 이용하라**

은유는 성경 저자들이 무엇을 중요하게 생각하는지 보여주면서, 우리에게 그들의 마음을 볼 수 있는 창문을 제공한다. 예를 들어, 예레미야 15장 16절에서 예레미야가 사용한 은유를 보라.

> 만군의 하나님 여호와시여
> 나는 주의 이름으로 일컬음을 받는 자라
> 내가 주의 말씀을 얻어 먹었사오니
> 주의 말씀은 내게 기쁨과
> 내 마음의 즐거움이오나

왜 그는 하나님의 말씀을 자신이 소화하는 음식처럼 묘사하는가? 그것이 더 강력하기 때문이다. 그는 이렇게 말할 수도 있었다. "당신이 말씀하시는 방식이 내게 너무 중요하므로, 나는 그 말씀을 사랑하고 기꺼이 그에 순종하겠나이다." 이것이 그가 말한 내용이다. 그러나 그것을 은유로 전달한다. 은유는 실제로 그것을 더 잘 전달하고 있다. 이처럼 우리는 은유를 통해 더 적은 말로도 더 잘 말할 수 있다.

미가서 6장 1-2절의 놀라운 은유를 살펴보라.

> 너희는 여호와의 말씀을 들을지어다
> 너는 일어나서 산을 향하여 변론하여
> 작은 산들이 네 목소리를 듣게 하라 하셨나니
> 너희 산들과 땅의 견고한 지대들아
> 너희는 여호와의 변론을 들으라
> 여호와께서 자기 백성과 변론하시며
> 이스라엘과 변론하실 것이라

하나님이 자신의 백성을 재판에 회부하신다. 이 고소장은 실재가 되고, 모든 산이 그것을 듣는다. 온 세상이 알게 된다. 이것은 그 공격의 격렬함에 대해 말하는 것이다. 하나님이 매우 진노하셔서 산들을 증인으로 부르신다. 그것을 보고 듣고 있는 산들은 실제로는 아무것도 '모르지만' 의인화되어, 하나님이 죄를 얼마나 깊이 미워하시며, 심판을 얼마나 널리 알리실지 드러내는 역할을 한다. 따라서 이 문학적 장치에 새겨놓은 모든 의미를 찾으라. 그리고 그것을 설명하라.

● ● **즉각적인 성취를 살펴보라**

선지서가 앞으로 일어날 구체적 사건을 지칭할 때, 실제로 일어난 역사적 사건을 찾아 그것을 보여주라. 잠시 생각해 보라. 만일 앞으로 일어날 사건이 있을 때, 하나님이 그것을 말씀하시는 목적이 무엇인가? 그것이 비극적 사건이라면, 그 예고적인 예언은 경고의 기능을 한다. 즉, 그들에게 회개할 기회가 있다는 것이다. 만일 회개하지 않는다면, 재앙이 도래할 때 그들은 선지자가 말한 내용과 그 재앙을 연결하게 된다. 사람들은 회개하면서 임박한 심판으로 인해 하나님을 믿는다. 또 회개를 거부하면서는 그 심판의 결과로 인해 하나님을 믿게 된다. 하나님은 그들의 믿음을 굳건하게 하신다!

●● 더 나중의 성취를 살펴보라

어떤 경우에는 예언이 이중으로 성취된다. 그것은 현재 일어나는 것과 나중에 일어날 것을 동시에 지칭한다. 특히 메시아적 예언이 그렇다. 이 경우 그 점을 청중에게 보여주어야 한다. 전형적인 예가 이사야 7장 10-17절이다. 악한 왕 아하스는 하나님이 그에게 징조를 구하라고 말씀하셨음에도 그렇게 하지 않았다. 그러자 하나님은 이렇게 말씀하셨다. "그러므로 주께서 친히 징조를 너희에게 주실 것이라 보라 처녀가 잉태하여 아들을 낳을 것이요 그의 이름을 임마누엘이라 하리라"(사 7:14). 마태는 이 메시아적 예언을 예수님이 그리스도이심을 알리는 데 인용했다. 그러나 이 본문은 당시의 직접적인 상황에서도 의미를 지니고 있었다. 청중에게 먼저 그 상황을 보여준 다음, 나중에 성취된 내용으로 나아가라.

●● 선지서를 성경 전체에 비추어 설교하라

메시아적 예언을 설교할 때는 청중에게 신약의 병행 구절을 보여주라. 청중은 일반적으로 성경의 통일성이나 성경이 어떻게 유기적으로 하나의 전체를 이루는지 잘 이해하지 못한다. 본문들 사이의 관계를 보여주는 것은 청중이 그것을 이해하도록 돕는다. 우리가 설교하는 목적 중 하나는, 청중에게 어떻게 성경을 읽어야 하는지 가르치는 것이다. 그들이 신약성경, 특히 복음서를 이해하고자 한다면, 구약성경이 신약의 배경이 된다는 사실을 알아야 한다.

여기서 주의할 점이 하나 있다. 당신이 다루고 있는 본문을 잊지 말라. 만일 신약의 병행 본문을 설교한다면, 그곳에만 머물러 있지 말라. 단순히 그 연관성과 그것이 어떻게 그리스도 안에서 성취되었는지만 보여주라. 그 다음 다시 본문으로 돌아와 설교를 마무리하며, 그 본문의 메시지를 청중에게 적용하라.

● ● 넓은 관점으로 보라

우리는 문맥을 어떻게 이해하는가? 먼저 우리는 저자가 이 선지서를 어떻게 사용하는지 묻는다. 즉, '이 본문이 그 책의 어떤 주제를 말하고 있는가?' 하는 것이다. 전형적인 예로, 예레미야 29장 11절을 잠시 생각해 보라. "여호와의 말씀이니라 너희를 향한 나의 생각을 내가 아나니 평안이요 재앙이 아니니라 너희에게 미래와 희망을 주는 것이니라" 이것은 놀라운 소망의 메시지다. 이 구절은 현재 아무런 소망 없이 고난당하고 있는 각 개인에게 읽어주고 적용하도록 유혹하는 본문이다. 그러나 문맥에서 이 소망은 부분적으로만 직접적이다. 하나님은 바벨론으로 추방하겠다는 심판으로 경고하신다. 그들은 하나님의 도움을 소망했을 것이다. 그러나 10절은 그 궁극적 소망이 나중, 즉 70년의 심판 기간이 지난 후 성취될 것이라고 말한다.

예레미야 31장 31-34절을 넓은 관점에서 살펴보면, 우리는 모든 약속 중 가장 큰 약속, 즉 하나님이 새로운 일을 행하실 것이라는 사실을 보게 된다.

> 그들이 다시는 각기 이웃과 형제를 가르쳐 이르기를 너는 여호와를 알라 하지 아니하리니 이는 작은 자로부터 큰 자까지 다 나를 알기 때문이라 내가 그들의 악행을 사하고 다시는 그 죄

를 기억하지 아니하리라 여호와의 말씀이니라 (34절)

궁극적으로 이것이 가장 큰 소망이다. 그러므로 선지자는 설교자로서 청중을 이 여정으로 인도한다. 그들이 회개한다면, 그는 이 본문에 있는 직접적인 소망을 보여준다. 우리도 회개하면, 그리스도 안에 있는 소망을 얻는다. 그리고 심지어 우리가 회개한 다음 또 죄를 짓고 회개할 때도, 하나님과의 관계를 회복할 수 있다. 그러므로 과거의 이스라엘과 오늘날의 그리스도인은 이 본문의 두 가지 다른 신학적 설계에 반응한다. 즉, 하나는 옛 언약에 관련해 반응하고, 다른 하나는 새 언약에 관련해 반응한다. 이 본문은 여전히 적용 가능하다. 그러나 설교자는 어떻게 신약의 그림자 속에서 옛 언약의 선지서를 청중에게 적용할지 주의를 기울여야 한다.

●● 소망을 가지고 설교하라

선지자들은 강인한 사람들이었다. 이스라엘을 다시 언약으로 돌아오게 하는 일에 부름 받았기 때문이다. 때로 이 일은 극적인 말씀으로 이루어졌다. 동포에게 불의를 행하는 자들에게 하나님은 '그들의 목이 벗어나지 못할 재앙을 계획하고' 계셨다(미 2:3). 그러면 과연 이런 본문을 소망 안에서 설교할 수 있는 방법이 있을까? 그 답은 이 책이 선지서라는 사실에 내포되어 있다. 회개를 촉구하는 선지자적 요구는 돌아오는 자에게 소망이 있음을 함의한다. 우리는 선지서의 예리함이 무뎌지지 않게 하면서도, 회개의 기쁨을 제시하고 순종을 통해 굴복하도록 설교해야 한다. 그들이 옛 언약의 조건에 순종해야 했다면, 우리는 새 언약의 자비로움에 스스로를 맡긴다.[189]

●● 구속의 그림자 아래서 설교하라

선지서를 읽을 때, 우리는 그것이 궁극적으로 그리스도에 관한 것임을 이해한다(눅 24:44). 어떻게 그렇게 되는가? 성경은 그리스도가 모든 본문에 언급되어 있다고 말하지 않는다. 그러나 구속의 그림자가 성경 전체에 드리워져 있다고 주장한다. 과거의 영원 속에 계시다 하늘에서 내려오신 그리스도를 생각해 보라. 하나님의 보좌에서 비추는 빛이 창조부터 타락, 노아 홍수, 옛 언약, 새 언약, 완성까지 그 일어나는 모든 일에 그림자를 드리운다.

따라서 선지서에서 그리스도를 설교할 때, 관련 없는 추가 표현으로 그리스도의 이야기를 부가하는 것은 지혜롭지 못하다. 마찬가지로 존재하지 않는 곳에서 그리스도를 향한 메시아적 또는 문학적 암시를 찾는 시도 역시 지혜롭지 못하다. 더 적합한 방식은 강단에서 분명한 구두적 연결을 하는 것이다.

> "이 선지서는 이스라엘 백성이 하나님의 옛 언약에 이런 방식으로 반응하도록 요구합니다…."
> "그러나 우리는 그리스도 안에서 새 언약을 가지고 있습니다…."
> "따라서 이와 동일한 의미로 신약은 이 진리를 이렇게 확언합니다…."
> "그리스도는 우리에게 이 신약의 약속을 지킬 수 있는 능력을 주십니다…."

이런 접근은, 신약의 촉구에 순종할 수 있는 능력은 오직 그리스도에게서 나온다는 사실을 가르치면서, 구약 선지자의 요구를 신약과 병행하여 적용할 수 있도록 연결한다. 궁극적으로 그 촉구를 존중하도록 우리에게 은혜를 베푸시는 그리스도의 영광을 증언하면서, 구약 선지서의 진리는 이처럼 간결한 방식으로 확인되고 적용된다.

●● 전체를 조망하라

대선지서나 소선지서를 연속으로 설교할 때는, 시작 전에 그 책 전체의 경관을 아는 것이 지혜로운 방법이다. 주제적 배열은 청중이 따라오기 힘들 수 있다. 그러나 설교하는 책의 전체 구조를 보여준다면, 그들은 잘 따라올 것이다. 물론 이를 위해 설교자는 그 구조를 잘 파악할 때까지 그 책을 여러 번 읽어야 한다.[190]

선지서에서 설교 구성하기

●● 시적 구조를 활용하라

선지서를 설교할 때, 우리가 다루어야 할 가장 흔한 장르는 예언적 시다. 어떤 책은 전체가 예언적 시다. 이것은 우리가 시편 부분에서 논의했던 절(strophe)별 구조를 따라야 함을 의미한다. 절의 구분은 하나의 주제를 지지하는 '요점' 같은 역할을 한다.[191]

여기서 한 가지 주의할 점이 있다. 절별 구조가 요점 같은 역할은 하지만, 그것이 신약 서신서의 요점들과 동일한 것은 아니다. 때로 선지자들은 검사 같은 역할을 한다. 마지막 논점을 마치기 전, 그들은 고소할 내용을 일일이 말하면서 그 사건에 대해 논쟁한다. 전형적인 예가 이사야 1장으로, 이사야는 18-20절에서 격려의 말을 하기 전 이스라엘에 대해 신랄하게 고소한다.

> 여호와께서 말씀하시되
> 오라 우리가 서로 변론하자

너희의 죄가 주홍 같을지라도
눈과 같이 희어질 것이요
진홍같이 붉을지라도
양털같이 희게 되리라
너희가 즐겨 순종하면
땅의 아름다운 소산을 먹을 것이요
너희가 거절하여 배반하면
칼에 삼켜지리라
여호와의 입의 말씀이니라

설교는 본문의 움직임을 따라 그것을 재현해 중심 생각으로 이어지게 해야 한다. 중심 생각이 전달되면, 거기서 적용이 나올 수 있다. 뒤에 나오는 설교 실례에서는, 네 개의 움직임이 설교 끝부분에서 중심 생각으로 연결된다. 그 다음, 적용이 그 중심 생각에서 나온다.

●● 혼합 장르에 주의하라

선지서를 설교할 때, 때로 히브리 시와 다른 장르가 혼합되어 나타나기도 한다. 가장 흔한 장르가 내러티브다. 따라서 설교에 내러티브나 '장면' 구조를 사용해야 할 때가 있다. 비록 내러티브 구조가 선지서 설교를 위한 일반적인 구조는 아닐지라도, 이 형식을 잘 사용할 필요가 있다. 선지서는 구체적이고 한정적인 정황에 대해 반응하고 있기 때문이다. 호세아 1장과 3장은 거의 내러티브다. 그러나 그 책의 나머지는 시적 형식이다. 요나서는 2장 요나의 기도를 제외하고 대부분이 내러티브다. 이런 경우 설교자는 같은 시리즈 설교를 하면서도 본문의 장르에 기초해 설교 구조를 변경해야 한다. 심지어 시적이며 예언적인 담화를 설교할 때도, 설교자는 각각의 설교에서 그것이 내러티브 정황에서 형성되었다는 사실을 설명할 수 있다.

다른 경우, 시는 분명한 명령법과 혼용되거나 그것으로 구성되어 있다. 뒷부분의 설교 실례에서는, 미가 6장 8절의 분명한 명령에 대한 여러 이유(미 6:1-7)가 주어진다. 따라서 이 장르는 점진적 내러티브로, 원래의 청중(이스라엘 백성)이 이미 알고 있는 것을 기억하게 한다. 저자는 하나님이 청중에게 원하시는 정의, 인애, 하나님과 겸손히 동행하는 것을 실행하도록, 즉 그들이 이미 알고 있는 하나님이 원하시는 것들을 기억하도록, 처음 세 부분을 빠른 속도로 다루면서 그 결정을 내리게 한다.

●● 소선지서는 한 편으로 설교할 것을 고려하라

간결하고 빠른 걸음으로 소선지서를 다루는 방법은, 그것을 한 편으로 설교하는 것이다. 이 방법은, 중요한 구분들에 주의하고, 책의 핵심 주제를 향한 구분들의 움직임을 따라가면서, 그 전체 책을 요약하는 것이다.[192] 가장 적합한 예가 요나서다. 내러티브의 움직임은 빠르게 극적 절정에 다다르며, 다소 도발적이고 갑작스런 결말로 이어진다.

-------- 설 교 실 례 --------

반응하는 순종의 마음, 미 6:8

> **설교 전략**
> 이 본문은 다음 질문을 야기하는 것처럼 보인다.
> '하나님이 우리에게 원하시는 것은 무엇인가?' 그러나 이 질문에 대한 답은 8절에서 제시되며, 이것은 앞선 여러 절에 비추어 더욱 중요하게 드러난다.
> 따라서 접근 방법은, 이 예언적 시의 구조를 따라가 8절의 절정에 이르는 것이다.
> 8절 이후 중심 생각은 분명해진다. 그 다음 적용이 주어진다.

서론

고등학생 때, 나는 방학 동안 윈드서핑을 배운 적이 있다. 그때 나는 훌륭한 운동선수처럼 그림 같은 실력을 뽐내는 수준이 아니라, 물에 떠 있기 위해 안간힘을 쓰는 홀쭉한 사춘기 학생일 뿐이었다. 그러나 방학을 마치고 돌아왔을 때, 나는 곧장 자신이 윈드서핑 선수인 것처럼 자랑하기 시작했다. 알다시피 나는 그런 종류의 사람이다. 윈드서핑 선수라는 내 새로운 지위는, 친구가 호수에서 윈드서핑을 하자고 하는 바람에 위기에 처했다. 나는 곤경에 빠지게 되었다. 윈드서핑 보드에 올랐을 때, 나는 실제로 내가 그 위에 머물 수 있다는 사실에 놀랐다. 그리고 더 놀란 것은, 내가 실제로 보드에 올라타고 있으면서, 아무런 노력도 없이 호수 가운데로 미끄러지듯 흘러가고 있었다는 사실이다. 그러나 나는 곧 어떻게 돌아가야 할지 모른다는 사실을 알게 되었다. 바람이 내 뒤에 있을 때는 괜찮았다. 그러나 바람이 나를 거슬러 불어올 때는, 내가 할 수 있는 것이 아무것도 없었다. 그때 내게는 두 가지 선택 사항이 있었다. 보드에 주저앉아 있든지, 혹은 계속 진행함으로 다른 사람들의 놀림감이 되지 않으면서 마치 내가 완전히 통제하고 있는 척하는 것이었다.

때로 나는 하나님에게서 멀어져 떠내려가는 자신을 발견하곤 한다. 일은 점점 힘들어지고, 바람은 더 이상 등 뒤에서 불지 않는다. 이때 두 가지 유혹이 생긴다. 아무 문제 없는 척하고 계속 살아갈 수 있다. 혹은 회개하는 것이 두려워 아무것도 하지 않고 자리에 앉아 있을 수도 있다. 이런 유혹은 내가 인정하는 것보다 더 빈번하게 일어난다. 그리고 이것은 이스라엘의 문제이기도 했다. 바람은 더 이상 이스라엘 편이 아니었다. 이스라엘 백성은 회개해야 했다. 그러나 그들은 회개하기를 원하지 않았다.

정황: 미가는 특히 사회적 정의의 측면에서 나라 전체가 불순종하는 시기에 이스라엘 백성에게 하나님의 말씀을 전한다.

전환: 따라서 이런 불순종으로 인해, 하나님은 그들을 법정에 세우신다.

> 법정 이미지가 본문에서 암시된다. 그리고 여기서 그것을 활용한다.

움직임 1(1-2절)

그들이 하나님에게서 너무 멀리 떠나 있었기에, 하나님은 모든 산을 배심원으로 삼아 그들을 재판에 세우신다.

움직임 2(3-5절)

여러 풍자를 사용하시면서 하나님은 자신이 이스라엘 백성을 도운 것을 상기시키신다. 그리고 하나님의 풍성한 은혜에도 이스라엘 백성이 왜 그분을 거절했는지 물으신다.

움직임 3(6-7절)

피고는 표준 이하의 희생제물로 하나님을 진정시키려고 노력한다. 이것은 마치 누가복음 18장의 부유한 청년 이야기와 다름이 없다. 그는 자신의 가장 값진 것을 제외한 모든 것을 하나님께 드리고자 했다. 하나님이 이런 희생제물을 받지 않으신 사실은, 그분이 실제로 원하시는 것이 무엇인지 보여준다. 그분은 우리의 마음을 원하시는 것이다.

> 처음 세 개의 움직임은 다소 빠른 영상같이 전달될 수 있다.
> 결국 내가 진정으로 원하는 것은 중심 생각에 도달하는 것이며, 거기서 적용이 일어난다.
> 그러므로 여기서는 주의를 유지할 수 있을 정도로 빨리 진행하는 반면,
> 본문에 충실하면서도 청중의 흥미를 끌 수 있을 정도로 충분히 느리게 진행한다.

움직임 4(8절)

이것이 하나님이 원하시는 모든 것은 아니다. 그러나 마치 야고보서 1장 27절이

나 마태복음 22장 40절 같은 요약 진술이다. 우리는 여기서 하나님은 마음을 원하시며, 더 구체적으로 순종의 마음을 원하신다는 것을 알게 된다. 무엇이 순종의 마음인가?

    1. 순종의 마음은 정의를 행한다.
    2. 순종의 마음은 역경 속에 있는 자들에게 신실하다.
    3. 순종의 마음은 주의를 기울여 하나님과 동행한다.

선지자가 '하나님이 원하시는 것을 너희가 안다'는 말로 시작한 것을 살펴보라. 즉, 그들은 이미 그것을 알고 있었다. 따라서 이제 우리는 전체 그림에 다가간다. 하나님은 순종을 원하신다. 그러나 그 순종은 하나님의 은혜에 반응하는 순종이다.

중심 생각: 하나님은 반응하는 순종의 마음을 원하신다.

그러나 만일 그들이 이것을 이미 알고 있었다면(8절), 과연 어디에서 배운 것일까? 이 본문에는 '주' '이스라엘' '내 백성' 같은 언약과 관련된 단어들이 나온다. 이 모든 것은 언약의 용어다. 그들은 하나님이 순종의 외적 표현이 아니라 마음을 원하신다는 것을 언약을 통해 알아야 했으며, 대표하는 희생제물로 확증받았다. 마찬가지로 우리는 하나님이 우리의 마음을 원하신다는 사실을 새 언약을 통해 알아야 하며, 그리스도의 대속적인 희생으로 확증 받는다. 우리는 반드시 이것을 알아야 한다.

결론

우리는 하나님의 훈계를 거절하지 않고 들음으로 그분께 반응해야 한다. 하나님은 우리가 그분의 책망을 받고, 반응하는 순종의 마음으로 응답하기 원하신다.

토론을 위한 질문

1. 왜 사람들은 예수님을 선지자로 여겼는가?
2. 어떻게 선지서에서 소망을 가지고 설교할 수 있는가?
3. 문학적 장치는 어떻게 의미를 지니는가?
4. 하나의 선지서 전체를 한 편으로 설교하는 것이 가능한가?
5. 선지서를 설교하면서 하나의 설교 단위 안에서 발견할 수 있는 장르는 어떤 것이 있는가?

추천 도서

- 데스먼드 알렉산더. 『에덴에서 새 예루살렘까지』. 배용덕 역. 서울: 부흥과개혁사, 2012.
- 로버트 치즈홀름. 『예언서 개론』. 강성열 역. 서울: 크리스천다이제스트, 2006.
- 스캇 깁슨. 『구약을 설교하기』. 김현회 역. 서울: 디모데, 2009에 실린 존 세일해머. "선지서를 설교하기."
- Köstenberger, Andreas J. and Richard D. Patterson. "Guidelines for Interpreting Prophey." Pages 346-358 in *Invitation to Biblical Interpretation: Exploring the Hermeneutical Triad of History, Literature, and Theology*. Grand Rapids: Kregel, 2011.
- Lo, Allison. "Preaching the Minor Prophets." Pages 212-214 in *Reclaiming the Old Testament for Christian Preaching*. Edited by Grenville J. R. Kent, Paul Kissling, and Laurence A. Turner. Downers Grove: InterVarsity, 2010.

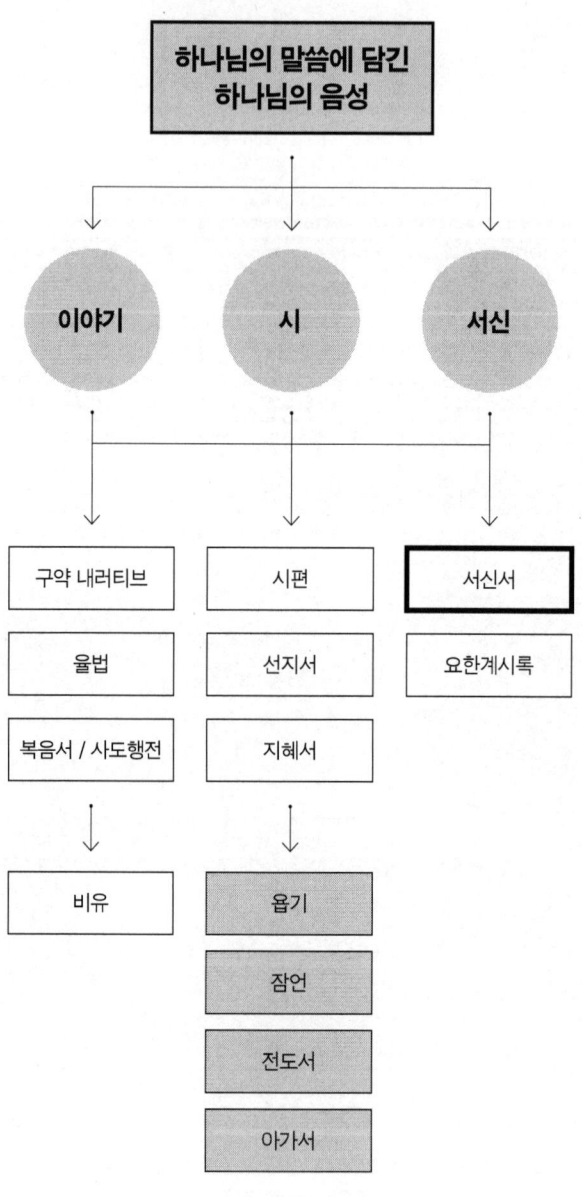

CHAPTER 11

서신서에서
하나님 음성 되살리기

의사소통은 최소 다섯 개의 중요한 기간으로 구분된다. 구두, 문자, 문학, 출판, 전자적 소통이 그것이다.[193] 이 다섯 기간을 한 페이지에 두고 살펴보라. 가장 극적인 변화는 출판에서 전자 소통으로 이어지는 마지막 기간에 있는 듯하다. 나는 지금 이것을 전자 화면에 입력하고 있다. 사실 이 문서가 어디에 있을지 나는 알 수 없다. 분명히 존재하지만, 어떤 형태로 어디에 존재하는지 나는 정확하게 알 수 없다. 이것이 전자 소통의 세계이며, 현재 이것이 없는 세상을 상상하기란 어렵다. 혹 당신은 이 글을 전자 매체를 통해 읽고 있는지도 모른다. 그 경우 당신은 책이 아니라 이 글을 전달하는 매체를 들고 있을 것이다. 그리고 당신은 나와 같은 처지일 것이다. 당신은 이 책이 어디에 있는지 모른다. 이 경우 일반적으로 사람들은 어디에 책이 있는지 혹은 문서들이 보관되는지 생각하지 않는다. 매체는 순전히 실용적이다. 그들은 목적을 달성한다. 책은 점점 더 그것이 무엇인지에 대한 것이 아니라, 무엇을 하고 있는지에 관한 것이 되고 있다.

그러나 출판에서 전자적 매체로 급진적인 변화를 거쳐 왔지만, 이것이 의사소통 기간 중 가장 큰 변화는 아니다. 오래전 과거에 일어난 가장 큰 변화는, 구두 의사소통에서 문자로 변화한 것이다. 구두 문화는 다른 문화가 할 수 없는 일을 한다. 어떤 사람이 언어를 귀에 실시간으로 전달할 때, 거기에는 항상 언어를 동반하는 피할 수 없는 실재가 있다. 따라서 어떤 것이 처음 기록되어 다른 사람에게 전달되었을 때, 메시지의 전달자와 메시지 자체가 처음으로 떨어지게 되었다. 모든 내용이 있지만, 실재하지는 않는다. 처음으로 의사소통이 누가 그 의사소통과 관계되어 있는지(who was attached to it)가 아니라, 순전히 그것이 무엇이었는지(what it was)가 된 것이다.

이런 변화는 다른 모든 것이 따라가야 할 무언가를 만들어냈다. 즉, 거리를 만들어낸 것이다. 처음으로 전달자가 함께 있지 않아도 의사전달이 가능하게 된 이래, 메시지는 전달자에게서 거리를 두게 되었다. 비언어적으로 전달되던 모든 것이 문서의 형태 속에서 보이지 않게 되어버렸다. 따라서 구두 의사소통이 아닌 다른 소통에는 거리감이 존재한다.[194] 본문이 이끄는 설교는 본문을 다시 재현하고, 우리의 생각을 그 본문에 강제로 주입하지 않음으로, 이 간격을 줄이기 위해 노력한다.[195]

이런 거리감이 존재한다는 사실을 서신서가 정확하게 표현하고 있다. 우리는 글을 적으면서 그 글의 수신자들과 함께 있기를 간절히 바라는 바울을 보게 된다.[196] 그러나 하나님의 섭리에 의해 그것이 방해된다. 따라서 그는 편지라는 매개체를 통해 자신의 현존을 재생하려고 노력한다. 그러나 그 편지들은 다른 매개체들과 같지 않다. 우리에게 익숙한 방식으로 작가가 일시적인 감정을 따라 자기 마음대로 써내려간 것이 아니다. 그 편지들은 신학과 실천에 대한 매우 잘 구성된 표현들로 되어 있다.[197]

밥과 반찬

서신서는 대부분의 복음적·목회적 설교의 밥과 반찬 같은 주식이다. 결국 우리는 사실 신약의 교회 안에 있으며, 새 언약의 이편에서 생명을 표현하는 본문에 자연스럽게 기울게 된다. 그러나 우리를 서신서로 몰아가는 또 다른 이유가 있다. 서신서는 매우 실천적이다. 바울이 성적인 문제(고전 7장)나 예배에서의 은사 남용(고전 14장), 심지어 다투기 좋아하는 교인을 다루는 법(딛 3:9-11)에 대해 분명한 명령을 나열할 때, 서신서는 그것을 실천하라고 우리를 향해 외친다. 이 두 가지 이유로 우리 대부분은 서신서를 설교의 주요 본문으로 삼는다.

강단에서 서신서를 가장 많이 설교하기 때문에, 우리에게는 두 가지 유혹이 발생한다. 첫째, 서신서를 주로 설교하는 것에서 더 나아가, 서신서만을 설교하게 되는 경향이 생긴다. 이는 매우 위험하다. 서신서는 반드시 구약의 신학이나 언약적 내러티브를 동반한 상태에서 읽도록 만들어졌기 때문이다. 바울의 갈라디아 교인들에 대한 격려를 생각해 보라. 그는 그리스도를 통해 아브라함의 복이 이방인들에게 전해진 것이라고 말한다.

또 히브리서의 논쟁을 생각해 보라. 히브리서는 많은 측면에서 시편 110편에 대한 설명이다.[198] 이 시편은 히브리서 1장 3,7절, 8장 1절, 10장 12절에서 언급된다. 이 시편을 이해하지 않고서는 히브리서 전체를 어떻게 이해할지 모를 수 있다. 또 출애굽의 은유가 이 책 전반에 흐르고 있는 것과 제사장적 암시들, 믿음의 사람에 관한 11장의 전체 명부는 더 이상 거론할 필요조차 없다. 그러므로 구약을 제외한 채 서신서에만 머물러 있는 것은, 사실 청중이 서신서를 이해하지 못하게 하는 것이다. 서신서 자체가 구약을 인용하고 있을 뿐 아니라, 구약의 주해적이며 신학적인 틀 위에 세워져 있다.

앞에서 언급한 예는 특히 적절하다고 할 수 있다. 시편 110편은 신약성경에서 가장 많이 인용된 시편이기 때문이다. 메시아이자 왕이신 예수님의 승리가 지닌 풍성함은 신약의 그리스도인들에게 놀라운 격려가 된다. 비록 그들이 로마 정부 아래서 핍박받을지라도, 예수 그리스도는 메시아다. 그 모든 적들은 언젠가 그분 아래 굴복하게 될 것이다. 얼마나 놀라운 구세주인가! 구약을 배경으로 삼을 때 이런 풍성함이 그들에게 잘 전달될 수 있었다.

신약에서 가장 분명한 설교에 관한 구절은 디모데후서 4장 1-2절일 것이다. "하나님 앞과 살아 있는 자와 죽은 자를 심판하실 그리스도 예수 앞에서 그가 나타나실 것과 그의 나라를 두고 엄히 명하노니 너는 말씀을 전파하라" 여기서 질문이 생겨난다. 이 구절에서 디모데가 전해야 할 '말씀'은 과연 무엇인가? 분명히 그것은 신약성경이 아니었다. 그때까지는 디모데가 우리가 이해하는 온전한 정경을 가지고 있지 못했다. 그 대답은 3장 15절에 있다. "또 어려서부터 성경을 알았나니 성경은 능히 너로 하여금 그리스도 예수 안에 있는 믿음으로 말미암아 구원에 이르는 지혜가 있게 하느니라"

여기서 이 성경은 정확하게 무엇인가? 그것은 신약성경이 아니라 구약성경이다. 얼마나 놀라운 말씀인가! 바울은 디모데에게 구약성경이 사람들을 그리스도 안에 있는 믿음으로 인도함을 알고 있다고 전했다. 그러므로 그가 "말씀을 전파하라"고 했을 때, 그는 구약성경에 대해 말한 것이다. 더 정확하게 말하면, 그는 '구약에서 그리스도를 전하라'고 가르친 것이다.

우리는 디모데가 가지지 못했던 것, 즉 온전한 정경인 성경을 가지고 있다. 따라서 우리는 신약을 설교하고, 그것이 어떻게 구약을 완성하는지 가르친다. 그러나 비록 우리는 디모데가 가지지 못했던 것을 가지고 있지만, 정작 디모데가 가지고 있던 것을 우리는 가지고 있지 못하다. 그것은 바로 구약에 대한 온전한 이해다. 따라서 우리는 서신서의 가치에 대한 깃발을 높이 흔들면서도 그것이 구약의 기초 위에 있다는 사실을 기억해야 한다. 서신서는 우리 설교의 밥과 반찬이다. 그러나 서신서만 설교하는 것은 전체 이야기를 제공해 주지 못한다. 사람은 밥과 반찬만으로는 살아가지 못한다.

더불어 서신서는 그 본질상 미래지향적이다. 서신서는 신자들에게 현재 경험하는 것 너머에 존재하는 것을 보라고 요구한다. 예수님은 천국이 가까이 왔다고 설교하기 위해 오셨다(마 4:17). 마찬가지로 제자들은 그들에게 그때가 왔음을 확신했다(행 1:1-8). 따라서 베드로는 "그러므로 너희 마음의 허리를 동이고 근신하여 예수 그리스도께서 나타나실 때에 너희에게 가져다주실 은혜를 온전히 바랄지어다"(벧전 1:13)라는 말씀으로 우리를 격려한다.

오순절 이후, 그리스도인들은 예수님의 다시 오심을 기대하게 되었다. 그 최초의 그리스도인들은 그분의 오심을 달력에 기입된 다음 사건으로 믿었고, 기대와 소망으로 살아갔다. 그리고 많은 시련 속에서도 다음의 말씀처럼 살아갈 수 있었다. "그러므로 형제들아 주께서 강림하시기까지 길이 참으라 보라 농부가 땅에서 나는 귀한 열매를 바라고 길이 참아 이른 비와 늦은 비를 기다리나니 너희도 길이 참고 마음을 굳건하게 하라 주의 강림이 가까우니라"(약 5:7-8).

마음이 낙심될 때는, 다음의 말씀을 기억했다.

> 형제들아 자는 자들에 관하여는 너희가 알지 못함을 우리가 원하지 아니하노니 이는 소망 없는 다른 이와 같이 슬퍼하지 않게 하려 함이라 … 그러므로 이러한 말로 서로 위로하라 … 하나님이 우리를 세우심은 노하심에 이르게 하심이 아니요 오직 우리 주 예수 그리스도로 말미암아 구원을 받게 하심이라 예수

께서 우리를 위하여 죽으사 우리로 하여금 깨어 있든지 자든지 자기와 함께 살게 하려 하셨느니라 그러므로 피차 권면하고 서로 덕을 세우기를 너희가 하는 것같이 하라 (살전 4:13,18; 5:9-11)

신약의 성도들은 매우 혹독한 핍박 아래 살아갔다. 그들은 백마를 타고, 말씀 한마디로 원수들을 멸망시킬 자신들의 메시아를 간절히 기다렸다(계 19:11-21). 만일 서신서에 대한 우리의 설교가 그리스도의 다시 오심에 대한 기대와 소망을 굳건하게 하는 것이 아니라면, 우리는 중요한 것을 놓치는 셈이다. 더욱 신랄하게 말하면, 우리는 다른 것을 옮겨 심은 것이다. 우리가 침묵하는 것은, 이 땅에서의 생명을 위해 살아가는 것이 전부라고 생각하는 헷갈리는 그리스도인들과 더불어, 현 시대보다 더 중요한 삶은 없다는 말에 동의하는 것이 되고 만다. 그런 신자들은 흔들어 깨워 실제로 다시 돌아오게 해야 한다. 그 실제란 우리가 볼 수 없는 진정한 세계를 말한다. 진정한 소망은 다른 어떤 것에서도 찾을 수 없는 소망이다.

해석: 서신서에서 음성 듣기

●● 서신서는 거시적 구조를 가지고 있다

대부분의 서신서는 분명한 구조를 가지고 있다.[199] 이것은 종종 교리적 부분과 실천적 부분으로 나뉜다. 가장 분명한 구조를 지닌 서신서는 에베소서일 것이다. 처음 교리적 부분의 세 장은 그리스도 안에 있다는 것이 무엇인지를 잘 풀어준다. 실천적인 부분으로 이어지는 이 책의 연결고리는, "그러므로 주 안에서 갇힌 내가 너희를 권하노니 너희가 부르심을 받은 일에 합당하게 행하여"(4:1)라는 구절로 시작한다.

이런 구조는, 비록 규모는 더 작지만, 분량이 적은 책인 빌레몬서, 요한일서, 요한이서, 유다서에서도 마찬가지다. 그러나 여기에는 주목할 만한 예외들도 있다.

히브리서는 다른 서신서들이 지닌 구조가 없다. 대신 이 책은 좀더 설교문처럼 되어 있다. 앞서 언급한 대로 어떤 사람은, 히브리서는 긴 설교문으로, 시편 110편에 대한 강해라고 주장하기도 한다.

또 다른 주목할 만한 예외는 야고보서의 구조다. 야고보서는 잠언처럼 읽게 된다. 일반적으로 다섯 가지 주제가 이 책을 엮어가고 있는데, 그 구조는 논지에 그리 중요하지 않은 것처럼 보인다. 사실 각 부분을 따로 떼어내어, 정황에 대한 최소한의 설명으로도 큰 의미의 훼손 없이 그 부분들을 설교할 수 있다. 다른 서신서에서는 이렇게 하는 것이 바람직하지 않지만, 야고보서에서는 가능하다고 본다.

●● 서신서는 미시적 구조도 가지고 있다

서신서를 설교하면서 얻는 기쁨 중 하나는, 작은 부분에서도 붙잡을 것이 많다는 점이다. 신학의 거대한 문들은 주해적 뉘앙스라는 작은 경첩들에 달려 있다. 이것이 본문을 정확하게 다루는 것이 매우 중요한 이유다. 그러나 다른 어떤 장르보다 서신서는 그 의미를 구조적 단계에서 전달하고 있는 점이 두드러진다. 따라서 본문의 구조는 매우 중요하며, 때로 본문의 의미에 대한 실마리가 된다. 그 예를 한번 살펴보자.

디도서를 설교하면서 나는, 장로는 반드시 자녀를 두어야 한다는 조건에 대해 씨름했다. "방탕하다는 비난을 받거나 불순종하는 일이 없는 믿는 자녀를 둔 자라야 할지라"(딛 1:6). 우리는 교회 안의 리더십에 대한 자질을 알아보기 위해, 장로는 "자기 집을 잘 다스려 자녀들로 모든 공손함으로 복종하게 하는 자"라야 한다는 디모데전서 3장 4절의 말씀에서 도움을 얻을 수 있다. 이것은 완벽하게 의미가 통한다. 그러나 디도서의 자격은 더 엄격해 보이고, 구원받는 믿음이 없는 자녀를 둔 잠재적 목회자는 자격 미달임을 함의하는 것처럼 보인다.[200] 과연 이것이 정확하게 어떤 의미인가? 나는 그 해답이 이 본문의 미시적 구조에 있다고 믿는다.

이 본문의 긍정적인 것과 부정적인 것의 구성, 즉 '신자들'과 '방탕하다고 비난받거나 불순종하는 일이 없는 자'라는 구성을 살펴보라. 그들은 신자가 되어야 한다. 즉, 난폭한 생활이나 불순종으로 비난받지 않아야 한다. 이런 구조는 직접적 문맥에서 최소 두 번 더 사용되고 있다.

    1:7 하나님의 감독   제 고집대로 하지 않아야 함 등
    2:3 거룩   모함하지 말아야 함 등

이 경우 뒤에 따라오는 '아니하며'라는 내용은 긍정에 대한 정확한 반대다. 따라서 우리는 6절의 의미와 그 자녀가 반드시 '믿는 자'여야 한다는 언급에 대한 어떤 언어적인 실마리가 있는지 질문해 보아야 한다. 불순종의 반대가 무엇인가? 그것은 그리스도인의 믿음이다. 그리고 그에 대한 하나의 구체적인 적용이, 자녀가 아버지(이 경우는 목사)의 리더십을 따르는 것이다. 따라서 이 본문은 그리스도인의 믿음을 의미하지만, 그것보다 더 강한 의미를 지닌다. 이 본문은 장로의 자녀들은 구속받은 자이며, 아버지가 하는 일을 신뢰하는 자여야 함을 말하고 있는 듯하다. 이것이 바로 이 본문의 의미론적 구조에서 얻은 논지다. 즉, 이 본문의 미시적 구조에서 얻은 논점인 것이다.

●● 서신서는 목적이나 주제를 가지고 있다

서신서의 구조는 그 책의 신학적 혹은 실천적 목적과 관련이 있을

수 있지만, 그 책의 목적은 저자와 수신자의 인격과 관련된다. 복음서의 목적은 각 저자에 의해 충분히 분명하게 표현되어 있다. 그러나 서신서의 경우는 덜 분명하다. 그것들은 어떤 모습을 교정하거나 다른 실천을 격려하기 위해, 혹은 더 충만한 믿음으로 인도하기 위해 쓴 글이다.

갈라디아서가 이 점에서 가장 분명한 책인 것은 다음과 같은 바울의 언급에서 나타난다. "그리스도의 은혜로 너희를 부르신 이를 이같이 속히 떠나 다른 복음을 따르는 것을 내가 이상하게 여기노라"(갈 1:6). 갈라디아서의 나머지 부분은, 그들이 사랑으로 따라야 할 원칙을 떠나 다른 것을 따름을 이상하게 여기는 데서 흘러나온 것이다.

때로 주제는 초반에 언급되지 않고, 책 전반에서 드러나기도 한다. 예를 들어, 목회서신들은 디모데와 디도의 소명에 대한 확신으로 시작한다(딤전 1:1-3; 딤후 1:1-6; 딛 1:1-4). 이는 아버지가 아들에게 하는 개인적인 권고다. 이런 경향은 책 전반에서 나타난다. 또 마치 자녀를 진정으로 사랑하는 아버지처럼, 바울은 그 교회 안의 신학적이고 실천적인 문제에 대해 맹렬히 질책하는 것을 두려워하지 않는다. 따라서 흥미롭게도, 이런 따뜻한 서론을 가장 엄격한 경고로 이어지도록 한 것은, 디도를 모든 면에서 훌륭한 일꾼의 표본으로 보이게 하고, 디모데가 자신의 소명에 충실해 자신과 다른 사람을 구원하도록 권고하기 위한 것이다(딤전 4:16).

많은 경우, 주제가 그림 언어를 통해 나타나기도 한다. 서신서가 얼마나 은유적인지 생각해 보라. 바울은 교회를 신인동형적으로 몸과 신부로 묘사한다. 또 세상이 우리를 그들의 모형에 집어넣지 못하게 산 제물로 드리라고 요구하며, 사용하기에 적합한 그릇이 되라고 격려하기도 한다. 이 모든 놀라운 그림 언어들은 그 의미를 위해 활용되어야 한다.[201] 그러나 설교에서의 유혹은 '은유를 과하게 사용하는 것'이다.

예를 들어, 사용하기 적합한 그릇에 관해 설교하면서, 1세기 그릇의 모든 사용에 대해 추적해 저자가 의도한 것보다 더 많은 의미를 이 은유에서 끄집어내는 것이다. 은유의 의미는 문맥에 의해 통제되어야 하며, 문맥은 책의 주제에 의해 통제되어야 한다. 그것이 편지를 이끌어가는 것이다.

앞에서 말한 각각의 경우에는 목회적 방향이 있다. 서신서는 잘못된 것을 바로잡고(고전 1:11), 격려하며(엡 1:3-14), 때로는 교리를 가르치기 위한 것이다(빌 2:5-11). 이런 실제가 우리가 어떻게 설교할지에 대한 역동성에 영향을 미친다. 핵심은, 은유는 진리를 뒷받침하기 위해 존재한다는 것이다. 은유 자체는 무언가의 뒷받침을 받기 위해 있는 것이 아니다. 문맥에서 요구하는 것 밖에 있는 은유에 대한 정보는 도움이 되지 못하며, 오히려 우리의 생각을 산만하게 한다.

●● **서신서는 대개 교훈적이다**

서신서는 종종 하나의 신학적 개념이나 그 개념의 적용을 명확하게 말한다. 따라서 설교 자체는 교훈적인 경향이 있다. 이에 대한 질문은, 우리가 그런 강력한 교훈적 성향의 설교를 생생하고 활력 있게 전달할 수 있는가 하는 것이다.

성경의 서신서가 교훈적인 이유 중 하나는, 어떤 의미에서 저자들이 자신의 현존을 재현하고자 노력하기 때문이다. 바울은 자신이 그들과 함께 있을 때는 약하고, 글에서는 강하다고 고린도후서 10장 8-11절에서 말한다. 이 말은 바울의 약점에 대한 단서가 아니라, 그의 의사소통은 실제적으로 재현하는 것이었다는 개념에 대한 단서다. 바울은 수신자가 그의 편지를 읽음으로, 그가 실제로 방에 있는 것처럼 경험하기 원한 것이다. 따라서 서신서의 대부분은 구두적 양상을 띠고 있다. 즉, 서신서는 교훈적이며, 청중이 눈으로 볼 뿐 아니라 귀로 듣도록 쓰인 것이다. 결국 그 서신들은 전체 교회를 위해 한 사람이 읽도록 한 것이며, 그 교회 전체는 그 서신을 듣게 되는 것이다.[202]

●● 서신서는 서론과 결론이 있다

서신의 서론은 해석의 실마리를 제공한다. 서론에서 의도된 청중, 책의 목적, 전개될 신학적 주제 등을 발견할 수 있다. "신약의 저자들은 종종 그 서신의 초반에 자신의 목적에 대한 강력한 신호를 보낸다. 따라서 그 부분에 특별한 주의를 기울여야 한다."[203] 결론의 내용은 주로 개인적인 것으로, 설교자에게 독특한 도전을 준다.

의미론적 구조에 주의하며 서신서를 처음부터 연속으로 설교한 설교자는, 다정스럽고 개인적인 축복이나, 심지어는 개인의 이름들로 가득 찬 책의 마지막 부분에서 주저하게 된다. 설교자는 '도대체 이 본문으로 무엇을 할 수 있을까?' 하며 의아해 한다. 그러나 거기서 주해적으로 얻을 것이 없다고 생각하는 것은 잘못이다. 결론은 그 책의 한 부분이며, 그 책의 모든 주제와 목적에 부합하기 때문이다.

●● 명령은 근거 위에 세워져 있다

서신서들은 종종 명령법을 사용한다. 즉, '술 취하지 말라' '성령으로 충만하라' 같은 명령을 제시한다. 이런 명령을 설교할 때, 우리는 그것을 올바른 행동을 위한 독립된 것으로 설교하고자 하는 유혹을 받는다. 그러나 모든 명령법은 직설법 위에 세워져 있다. 명령법은 명령 자체이며, 직설법은 그 명령에 대한 이유다. 그러므로 설교는 반드시 이 두 개의 실재 사이에서 균형을 유지해야 한다. "상호관계 없이 주어지는 규칙은 반항으로 이어진다"는 자녀 양육에 관한 오래된 금언은, 설교의 순간에도 적용할 수 있다. 만일 우리가 청중에게 그 뒤에 있는 이유를 제시하지 않은 채 규칙만 이야기한다면, 순종의 동기를 주지 못한다. 더 중요한 것은 성경 자체가 이런 식으로 기록되어 있다. 우리와의 관계를 원하시는 하나님은, 우리와 맺은 사랑의 관계 위에 자신의 규칙들을 세우신다. 이것은 그분이 얼마나 선하신 분인지를 보여준다.[204]

●● 서신서는 특별한 경우에 쓴 편지다

서신서의 풍성한 교리, 강력한 명령, 그리스도를 향한 찬양은 모두 상황적이다. 서신서는 우리가 말하는 '정황적 서신'이다. 이것은 저자의 삶에 어떤 구체적인 일이 진행되고 있었고, 편지를 써야 할 동기를 제공한 청중이 있었다는 말이다. 예를 들어, 고린도전서는 교회 안의 몇 가지 중요한 남용을 교정하기 위해 쓴 것이다. 베드로전서는 고난 중에 있는 자들을 격려하기 위한 것이며, 갈라디아서는 율법주의의 남용을 교정하기 위함이었다. 모든 서신서는 실제 1세기의 정황에서 살아가는 실제적인 성도들에게 쓴 글이다. 이 점이 서신서를 오늘날의 청중을 위해 번역하는 작업을 어렵게 만든다. 우리는 머리에 수건을 쓰는 것과 우상에 바친 고기에 대해 정확히 어떻게 다루어야 하는가? 서신서들은 특정한 정황에서 쓴 것인데, 이것을 어떻게 21세기에 적용할 것인가? 이는 매우 정당한 질문이다. 이제 몇 가지 전략을 다루도록 하자.

전달: 서신서에서 음성 되살리기

●● 책을 체계적으로 설교하라

연속적 강해, 즉 책들의 순서를 따라 설교하는 것은 매우 큰 장점이 있다. 이렇게 함으로 설교자는 설교마다 정황을 자세히 설명할 필요 없이, 이전에 다룬 주제를 간단하게 언급할 수 있다. 한 편을 설교할 때도, 만일 성경 저자가 특정한 교리적 부분이나 실천적 영역을 계속 다루고 있다는 사실을 이해하면, 청중은 많은 유익을 얻게 된다. 따라서 각 설교에서 메시지는 그 주제로 돌아가 연결되어야 한다.[205] 앞에서 언급한 예를 사용해, 만일 에베소서 4,5,6장의 어떤 부분을 설교한다면, 당신은 종종 이것이 앞선 1-3장의 중요한 주제인 '그리스도 안에' 있는 것의 결과물이라는 것을 언급하기 원할 것이다. 바울은 이 책 전반을 통해 이 주제로 다시 돌아갈 것을 가리키면서 우리를 돕는다. 처음 세 장은 교리적이며, 나머지 세 장은 실천적이라는 사실을 기억하라. 실천적인 부분을 통해 바울은 '합당하게 행하라'는 말을 반복함으로, 이 모든 실천적 적용이 본문의 교리적 부분에 대한 열매임을 우리에게 상기시킨다. 아래의 에베소서에 대한 간단한 개요를 살펴보라.

1-3장: 교리
연결고리: "너희가 부르심을 받은 일에 합당하게 행하여"(4:1).

4-6장: 실천
이방인과 같이 행하지 말라 (4:17)
사랑으로 행하라 (5:1)
빛의 자녀처럼 행하라 (5:8)
어떻게 행할지 자세히 주의하여 보라 (5:15)

'행한다'(walking)는 은유가 반복되어 사용된 것은, 우리로 신학은 실천으로 살아내는 것이라는 사실을 이해하도록 돕는다. 바울은 에베소 교인들이 이것을 이해하기 원했으며, 따라서 이 은유를 반복적으로 사용한 것이다. 우리도 이런 훌륭한 효과를 가지고 동일하게 할 수 있다. 비록 그 주제가 명확하게 보이지 않더라도, 청중이 이 책의 거시적 구

조로 다시 돌아가 살펴보게 하는 것이 최선의 방책일 것이다.[206]

●● 본문의 어조에 귀를 기울이라

서신서를 설교할 때는 설교하는 본문의 어조에 유의하는 것이 중요하다. 청중은 사도가 신학적 매듭을 명료함과 은혜로 풀어나가면서 보여주는 엄한 질책, 온화한 격려, 수사적 열정을 느껴야 한다. 이 모든 것을 청중이 느끼게 해야 한다. 이런 감정들이 주관적으로 보이지만, 나는 이보다 더 분명하게 말할 수 있는 방법이 있는지 확신할 수 없다. 구두적 해석을 가르치는 사람들은, 우리가 시편을 구두적으로 해석하거나 성경을 읽을 때, 단어들을 음의 높낮이, 속도, 음량을 가지고 그 정황에 있는 의미를 강조하는 식으로 읽어야 한다고 가르친다. 이것이 정확하게 우리가 본문을 설교할 때 노력하는 것이다. 이런 것들은 단순히 예술 작품에서 제거된 조각들이 아니라, 개인적인 서신의 한 부분이다. 진리를 전달하는 가운데 청중이 이런 것들을 느껴야 한다.

그러면 우리는 어떻게 본문의 어조를 살려낼 수 있는가? 그 대답은 매우 간단하다. 우리가 본문을 충분히 연구하고 묵상하면, 저자가 느끼고 있는 것을 느낄 수 있으며, 그가 말하고자 하는 것과 그 방법도 알게 된다. 성경 저자들은 명제적 진리를 전달하는 데 능숙했을 뿐 아니라, 자신의 말을 통해 감정을 전달하는 데도 뛰어났다. 현저하게 솔직하고 강력한 본문을 다룰 때, 우리는 그 본문의 힘이 그대로 전해지게 해야 한다. 우리는 단순히 사도의 생각에만 접근하는 것이 아니다. 우리는 그의 가슴에 접근한다. 장르는 이것을 요구한다. 이것이 바로 서신서이며, 서신서는 개인적인 것이다.

이 전략의 한 부분으로, 때로는 되돌아가 이 책의 주제를 성경의 주제와 연결하는 것이 도움이 된다. 성경의 내러티브를 설교할 때, 직관적으로 우리는 이렇게 이야기할 것이다. "바로 이런 이야기입니다. 그러나 이것이 어떻게 성경 전체 이야기와 하나가 되는지 살펴봅시다." 이런 종류의 서술로 지시하는 것은, 청중으로 하여금 모든 이야기가 바로 그 하나의 이야기로 이어진다는 사실을 놓치지 않게 한다. 그러나 이 점은 서신서에서도 마찬가지다. 주제를 펼쳐 나갈 때, 종종 이 주제가 전체 서신서와 어떻게 들어맞는지, 또 성경의 전체 내러티브와는 어떻게 조화를 이루는지 보여주는 것이 도움이 된다. 서신서는 구속을 바라는 흩어진 교회의 관점에서 기록된 것이다. 모든 주제는 바로 이 위대한 이야기로 연결된다.[207]

●● 설교의 구조 가운데 중심 생각을 효과적으로 배치하라

설교 초반에 중심 생각을 말하는 것도 가능하다. 연역적 설교는 중심 생각에서 설교를 해 나간다. 초반에 중심 생각을 말하는 것이다. 그러나 만일 우리가 설교를 매번 동일한 구조로 구성한다면, 그 설교는 예측 가능하게 된다. 지겹지 않게 하면서 동일한 형식을 반복적으로 사용하는 것은 의사전달의 대가만이 할 수 있는 일이다. 그러나 평범한 전달자인 우리에게는 그 반대가 더 적합할 것이다. 즉, 우리는 다양한 구조를 사용함으로 유익을 얻을 수 있다. 그렇다면 서신서를 설교하면서 그런 다양성을 어떻게 유지해 나갈 수 있을까? 우리의 궁극적인 목적은 다양성이나 독창성이 아니라 명확성이다. 우리는 우선적으로 본문을 올바르게 이해하고, 그 다음 그 메시지를 가장 매력적인 방식으로 전달하기 원한다. 일단 전달할 개념이 분명해지면, 구조를 좀더 매력적이고 흥미롭게 만들기 위한 두 가지의 선택 사항이 있다. 중심 생각을 다양하게 전달하는 것과 본문의 흐름을 따라가는 것이 그것이다. 아래의 예에서 이 두 가지를 논의해 보자.

이 예들은 모두 연역적 방식이기에, 가장 확실한 접근 방법은 중심 생각을 초반에 전달하는 것이다. 이에 대한 가장 일반적인 방식이, 해돈 로빈슨이 말한 '주제-완성형'의 개요를 사용하는 것이다.[208] 로빈슨의 방식은 본 장 마지막 부분의 설교 실례에서 구조를 세우는 데도 사용될 것이다. 이것은 주제를 먼저 초반에 제시한 다음, 각 요지로 그 주제를 보충해 완성하는 방식이다. 이 방식의 가장 큰 장점은 명확성이다. 반면 가장 큰 단점은 예측 가능성이다. 주제-완성형의 개요는 다음과 같이 된다.

본문: 골로새서 1장 15-18절
주제: 예수님이 전부다.
1. 예수님은 아버지의 형상이기 때문에 전부다(15 상반절).
2. 예수님은 모든 것을 창조하셨기 때문에 전부다(15 하반절-17절).
3. 예수님은 죽은 자 가운데서 부활하셨기 때문에 전부다(18절).

각 요지가 주제를 완성하고 있다는 사실을 살펴보라. 초반에 주제가 제시되는 것은, 하나의 주제에 초점을 맞추기 때문에 설교를 흥미롭게 만든다. 더 중요한 것은, 주제-완성형의 방식은 바울이 자신의 논지를 전개하는 방식을 반영한다는 것이다. 설교에 본문의 구조를 복사하는 것이 혹 '비독창적'으로나 '지겨워' 보일 수 있다. 그러나 본문이 하고 있는 일을 하는 것이 우리가 하는 설교의 목적이다.

이제 완전히 다른 유형의 본문을 생각해 보자. 디도서 3장 9-11절을 살펴보자.

그러나 어리석은 변론과 족보 이야기와 분쟁과 율법에 대한 다툼은 피하라(avoid) 이것은 무익한 것이요 헛된 것이니라 이단에 속한 사람을 한두 번 훈계한(warning) 후에 멀리하라 이러한 사람은 네가 아는(knowing) 바와 같이 부패하여 스스로 정죄한 자로서 죄를 짓느니라

이 본문에서 우리에게 유혹이 되는 부분은, 개요가 분명한 세 개의 요점을 가진 것처럼 보인다는 점이다. '피하라'(avoid), '훈계하라'(warn), '알라'(know)가 그것이다. 그러나 마지막 요지인 '알라'는 사실 '알면서'라는 분사구문으로 훈계를 수식하는 말이다. 즉, 바울은 피하고, 훈계하고, 알라는 세 단계의 처방전을 주고 있는 것이 아니다. 오히려 그는 우리가 피해야 할 것이 있다는 사실과, 이미 스스로 정죄한 사람들로서 우리가 맞서야 할 사람이 있다는 것을 말하고 있다. 즉, 여기서 지식은 맞서는 것의 동기가 된다. 이런 개요가 가능할 것이다.

본문: 디도서 3장 9-11절
주제: 분열을 일으키는 사람을 어떻게 다루어야 하는가?
1. 어떤 것들을 피하면서 분열을 다루어야 한다(9절).
2. 정당하게 맞섬으로 분열을 다루어야 한다(10-11절).

때로 우리는 서론, 본론, 결론의 세 가지 요점이 보이는 개요를 좋아한다. 그러나 이 경우, 그런 개요는 본문을 제대로 재현할 수 없다. 따라서 세 요점이 본문에 분명하게 나타나지 않을 때는, 깔끔하고 분명한 개요를 구성하려는 유혹을 피해야 한다.

이제 좀더 다양한 예로, 짧은 서신인 디도서 전체를 설교할 때 활용 가능한 설교의 다양성을 살펴보자.

1:1-4 바울의 부르심과 이 책을 기록하는 동기. 설교의 형태: 이것은 간단한 한두 개의 요지 설교가 될 것이다.

1:5-9 장로의 자격. 설교 형태: 여기에는 자격에 대한 길고 거대한 목록이 있다. 명확성을 위해, 자격에 대한 큰 범주 위주로 그룹을 지어 설교하는 것이 권할 만하다.

2:1-10 바울은 구체적인 성별과 나이에 따라 어떻게 신학대로 살아갈 것인지에 관한 긴 훈계 목록을 적고 있다. 설교 구조: 가장 자연스런 구분은 성별, 늙은 남성, 늙은 여성 등으로 하는 것이다.

2:11-14 신약에서 가장 놀라운 기독론적 본문 중 하나다. 이 본문은 하나님이 그리스도를 이 땅에 보내심으로 나타난 결과에 대해 설명한다. 설교 구조: 이 본문은 세 개의 분사 구문으로 자연스럽게 구분된다.

우리는 이렇게 계속 진행해 나갈 수 있다. 핵심은 이것이 모두 연역적인 서신서 본문이지만, 각 본문이 독특한 구조를 지니고 있다는 점이다. 따라서 우리의 설교도 그와 같아야 한다. 이런 식으로 우리는 스스로 창조적이고자 하지 않고, 본문 안에 있는 창조성을 빌려온다. 따라서 우리는 청중에게 성경을 가르치는 우리의 목적을 달성하게 된다. 그러므로 본문이 스스로 말하도록 하되 다양성을 활용하라. 다시 말하지만, 대부분의 경우 그 다양성은 억지로 부과할 필요 없이, 본문 자체에서 스며 나온다.

●● 서론과 결론에 유의하라

서신서의 서론은 시리즈 설교를 할 때, 그 책 전체를 소개하는 가장 자연스러운 시간이다. 어려운 점은, 본문에 충실한 중심 생각을 발전시키면서 동시에 청중의 관심을 끄는 것이 될 것이다. 어떤 책에서는 이것이 그리 어렵지 않다. 로마서의 서론은 그 책에 관한 하나의 신학적 논의이며, 히브리서, 요한일서, 갈라디아서, 디도서의 서론도 마찬가지다. 따라서 하나의 개념을 찾고, 온전한 설교를 만들 수 있는 구조를 찾는 것이 어렵지 않을 것이다. 그러나 서론이 짧을 때는 더 어려워진다.

이 경우에는 전체 책의 주제를 소개하고, 그 다음 그것을 살펴볼 수 있다. 이 방식으로 우리는 책 전체를 소개하면서 서론을 다룬다.

서론과 결론을 설교할 때, 본문에 나오는 인간의 속성이 드러나게 하는 것은 아무런 문제가 없다. 우리는 왜 두기고, 세나, 아데마가 디도서의 마지막 부분에서 언급되는지 알 수 없다. 심지어 우리는 그들이 누구인지도 정확하게 모른다. 그러나 그들이 그곳에 등장한 것은, 이 편지를 받는 직접적인 청중이 있었다는 사실과 그들 가운데 있는 모든 장엄한 교리가 인간이 살아가는 삶의 정황에서 항상 자리 잡고 있었다는 사실을 우리에게 알려준다. 로마서는 서신서 중 가장 신학적으로 든든한 책일 것이다. 그러나 16장에서 바울은 30개가 넘는 이름을 거명한다. 이 점은 설교자에게 신학이 결코 삶과 동떨어지지 않는다는 사실을 확연하게 보여준다. 신학교의 수업이나 신학 연구에서 얻는 내용은, 세상에서 반드시 살아내야 하는 것이라는 점을 상기시킨다. 인간에 대한 관점이 없는 교리는 열기와 빛이 없는 불과 같다. 서신서에서 서론과 결론은 사람들과 설교자에게 이런 필수적인 진리를 전하기에 가장 적합한 시간이다.

이와 동일한 방식으로, 서론과 결론은 교회의 본질과 교회가 지녀야 할 전략에 대해 말한다. 초기 그리스도인들은 "지혜로우신 하나님"(롬 16:27) 안에 있는 소망이 필요했다. 격려는 교회의 본질이다. 바울이 성도의 삶에 개입하고 있다는 점을 배제한 채 그의 축복을 읽는 것은 불가능하다. 바울은 놀라울 정도로 사람들의 삶에 관련되어 있었다. 바울이 때를 얻든지 못 얻든지 항상 준비해야 했던 것에는 목회적 가르침, 세상 지도자들에 대한 설교, 하나님이 그의 삶에 허락하신 관계들을 세심한 관심과 은혜로 돌보는 것들이 포함되었다. 바울은 성도 개개인과는 물론 많은 대중과 관계를 맺는 것도 두려워하지 않았다. 우리는 이런 것을 서론과 결론 부분에서 알게 된다.

따라서 서론과 결론을 설교할 때는, 먼저 그 속에 있는 신학과 성도들의 삶에 대한 그 신학의 적용점을 찾아야 한다. 그 다음 그 신학에 손과 발을 제공하는 인간의 속성에 주목해야 한다.

●● 직설법과 명령법을 구분하라

서신서의 논지 속에 있는 직설법과 명령법을 분명하게 구분하는 것은 간단한 설교 전략이다. 균형을 맞추고, 직설법을 피하지 말라. 명령과 그 명령에 순종할 수 있게 하시는 하나님의 능력에 대한 성경적 기반을 무시하는 설교는, 성도들을 무기력하게 하며 낙심시킨다. 그러나 명령법을 피하는 실수 또한 하지 말아야 한다. 계속적으로 직설법을 사용함으로, 성경의 진리를 즐기게 하지만 그 진리에 대한 함의를 주지 않는 설교는, 그것이 사람의 의지가 아니라 마음에 관여할 수 있다는 생각을 전제로 하는 것이다. 그러나 성경 자체가 그렇게 기능하지 않는다. 성경은 도전하고 책망하며 훈계한다. 따라서 우리 설교자는 바로 그 동일한 일을 하도록 명령받은 것이다(딤후 4:2).

갈라디아서 5장 16절의 예를 보자. "내가 이르노니 너희는 성령을 따라 행하라 그리하면 육체의 욕심을 이루지 아니하리라" 이 명령은 강력하다. 이것은 몇 절 후 수동의 형태로 다시 반복된다. "만일 우리가 성령으로 살면 또한 성령으로 행할지니"(5:25). 그러나 이것은 독립된 명령이 아니라 24절 다음에 뒤따르는 말씀이다. "그리스도 예수의 사람들은 육체와 함께 그 정욕과 탐심을 십자가에 못 박았느니라" 이제 우리는 성령 안에서 행하고 육체로 행하지 말아야 하는 이유를 알게 된다. 그것이 진정한 회심, 즉 그리스도 안에서 육체를 못 박은 사람이라는 증거이기 때문이다. 이제 시야를 넓혀 5장의 첫 구절을 살펴보라. "그리스도께서 우리를 자유롭게 하려고 자유를 주셨으니 그러므로 굳건하게 서서 다시는 종의 멍에를 메지 말라" 직설법과 명령법의 조합이 우리로 16절과 25절의 말씀을 이해하도록 돕는다. 성령으로 행하고 육체를 십자가에 못 박은 동기는, 예수 그리스도가 우리를 속박에서 구원해 주셨다는 점에 있다. 왜 우리가 그 속박으로 다시 돌아가기를 원하겠는가? 그 어떤 것으로도 말이 되지 않는다.

앞서 언급한 대로, 우리는 직설법 없이는 결코 명령법을 설교하지 말아야 한다. 약속 없이는 결코 명령을 설교하지 말아야 한다.[209] 약속과 직설법의 기초 없이는 반드시 율법주의로 기울 수밖에 없다.

● ● **이해하는 것과 실천하는 것을 구분하라**

이해하기 힘든 본문이 있는 반면, 실천하기 힘든 본문이 있다. 실제로 어떤 본문은 이해하기 힘들기 때문에 다루기가 힘들다. 또 어떤 본문은 이해하기는 쉽지만 실천하기가 어렵기 때문에 다루기 힘들다. 예를 들어, 고린도전서 6장 12절에 있는 바울의 훈계가 그런 것이다. 오늘날의 문화에서 성적 부도덕을 피하라는 말씀은 따르기에 힘든 점이 있다. 정직한 설교자라면, 음란물에 쉽게 접근할 수 있으며, 음란성이 수용될 뿐 아니라 요청되고 있는 현실을 받아들여야 한다. 더 심각한 것은 성적 부도덕을 더 이상 죄로 여기지 않고, 오히려 자신에 대한 온전한 표현으로 생각한다는 점이다. 이는 자신의 성적 표현에 실패하면, 그것은 곧 자신의 영혼, 즉 인간성을 제한하는 것으로, 오늘날 문화에서 인간이 저지르는 악한 죄악 중 하나라는 논리다. 이 본문은 실로 다루기 어렵다. 그것은 이해하기 어려워서가 아니라, 실천하기 힘들기 때문이다.

우리는 문화적으로 상응하는 적용을 찾기 힘든 본문을 다룰 때도 있다. 바울은 고린도전서 8장에서 우상에게 바친 고기를 먹지 말도록 가르쳤다. 그는 훌륭하게 신학적 논리를 펼쳤다. 그의 논지는 사실상 우상에게 바친 고기란 없다는 것이다. 우상 자체가 없기 때문이다(8:4).

이 말씀의 함의는, 고기를 오염시킨 것이 아니기 때문에 고기 자체가 문제가 되지는 않는다는 것이다. 문제는 모든 사람이 이것을 이해하지는 못한다는 점이다(8:7). 독자들은 바울의 논리를 따르면서, 그가 그 해답을 알지 못하는 사람들에게 이것을 알리는 것이라고 생각한다. 그러나 바울은 정반대로 말한다. 우리가 만일 지식을 가지고 있으면서 그 지식이 없는 사람을 존중하지 않는다면, 그 결과가 이렇게 된다고 지적한다. "그러면 네 지식으로 그 믿음이 약한 자가 멸망하나니 그는 그리스도께서 위하여 죽으신 형제라"(8:11). 우리는 설교할 때, 이 역사적 정황을 풀이해야 한다. 만일 거기서 중단하면, 우리는 우리의 신학에 대한 예화를 제공했을 뿐, 청중을 실제적으로 도운 것이 아니다. 설교자는 '이것이 오늘날의 문화와 상응하는 것이 무엇인가?'라는 질문을 해야 한다. 본질적으로는 옳고 그름이 없지만, 정황에 따라 옳고 그름을 말할 수 있는 '회색 지역'이 있는가? 나는 혹시 자유를 추구한다는 전제로 형제를 실족하게 할 뻔하지 않았는가? 성도들이 다른 사람들을 위한 사랑의 깃발보다 자유의 깃발을 더 높이 흔들도록 유혹하는, 문화적으로 민감한 주제들이 많이 있다. 적절하거나 부적절한 오락거리, 음주 섭취, 돈 관리 등이 그런 것이다. 우리의 목적은 과거의 문제를 현재의 문제에 연결해 적절한 적용을 하는 것이다.

반면 가정의 관례나 개인적 훈계(딛 2:1-10), 사역자의 자격(딤전 3:1-7)같이 실천하기보다 이해하기 힘든 본문이 많이 있다. 이런 경우, 전략은 간단하다. 명료하게 하는 것이다. 명료함이 없어지면 교회가 고통을 겪는다. 성경이 이혼, 도덕적 순결성, 성별 역할, 그 외의 많은 어려운 주제를 다룰 때, 성도들이 명료하게 이해하게 하라. 일단 명료함을 보여준 다음에는 그 뒤를 따르는 두 친구, 즉 사랑과 이해가 동반되게 하라. 이것은 설교자가 명료한 메시지를 사랑과 확신의 어조에 담아야 함을 말한다. 그 어조는 또 현대인들이 그런 메시지를 얼마나 이상하게 생각할지에 대한 이해를 포함해야 한다. 그에 대해 정직한 것이 문제가 되지는 않는다. 사랑 없이 명료함만 추구하는 설교가 있다. 이것은 교회를 섬기지 못한다. 오히려 율법주의로 기울게 만든다. 한편 명료함 없이 사랑만으로 설교하는 유형도 있다. 이것은 청중을 불순종의 노예로 내버려두는 것이다. 이 양 극단은 교회를 섬기지 못한다.

서신서에서 설교 구성하기

● ● **거시적 구조에서 미시적 구조로 움직이라**

어떤 본문을 준비하든, 거시적 구조에서 미시적 구조로 움직여가는 것이 가장 좋은 방식이다. 이렇게 함으로 단어나 문장에 억지로 의미를 집어넣거나, 그 책의 정황을 무시하는 것을 방지할 수 있다. 카터, 듀발, 헤이즈는 서신서를 설교할 때, "가장 큰 함정은 역사적 또는 문학적 문맥을 무시하는 것"이라고 주장한다.[210] 이 함정은 본문을 볼 때, 거시적 관점에서 미시적 관점으로 옮겨감으로 피할 수 있다. 만일 하나의 책 전체를 설교한다면, 당신은 그 전체를 여러 번 읽음으로 정황에 대한 어려운 작업들을 이미 마쳤을 것이다. 각 설교 본문을 다룰 때, 이 작업은 좀더 자연스럽게 된다.[211] 따라서 우리는 책의 주요 주제를 살펴보는 것에서 시작한다. 그리고 그 책의 구조적 구분과 설교하는 각 단위 본문의 문맥을 살펴본 다음 문장과 절 단위를 연구하고, 마지막으로 단어 단위의 연구로 이어간다. 이 방식은 또 우리가 단어의 문맥을 무시하고 단지 단어 자체만 연구하는 것을 바탕으로 설교를 구성하지 않도록 지켜준다.

● ● **중심 생각이 위치할 곳을 선택하라**

서신서는 일반적으로 연역적이기에, 전체 중심 생각을 설교 초반에 제시하는 것이 충분히 가능하며, 그 경우 주로 서론의 마지막 부분이 그 위치가 된다. 서론은 귀납적으로 그 설교의 중심 생각으로 인도하는 역할을 하고, 설교는 서론에서 제시한 그 생각에서 진행된다. 그러나 서신서는 앞에서 살펴본 주제-완성형 방식이 매우 효과적이다. 이것은 설교의 주제를 서론에서 제시하고, 각 요지로 그 주제에 대한 보충어를 제공하는 것이다. 나는 이것이 골로새서 1장 15-19절에 가장 적합한 방식이라 생각한다. 주제는 '왜 그리스도가 가장 우월하신 분인가?' 하는 것이다. 바울은 이 질문에 네 가지 이유로 답한다. 따라서 설교는 서론에서 이 질문을 제기하고, 본문이 그 질문에 답하게 해야 한다.[212]

●● 장르 속에 있는 장르에 주의하라

우리가 언급한 장르들은 대부분 혼합적으로 사용된다. 혹 서신서의 경우는 그렇지 않다고 생각할지 모른다. 그러나 서신서도 마찬가지다. 서신서에는 내러티브 배경이 있어 해석에 영향을 준다(빌레몬서 등). 또 종종 찬송이 등장한다. 서신서는 각각 가정 규례, 구호, 악과 덕의 목록 같은 하부 장르를 포함하고 있다.[213] 대부분의 주석가는 골로새서 1장 15-20절을 초기 그리스도인의 찬양이라고 믿는다. 이 본문은 절(strophe)별 구조로 되어 있으며, 이는 반복되는 주요 수사적 표시들, 즉 "먼저 나신 이"(15, 18절), "하늘과 땅에서 보이는 것들"(16, 20절) 같은 구절로 뒷받침되고 있다. 앞서 살펴본 대로, 이는 그 의미를 찾는 실마리가 되어 우리의 해석을 도와준다.[214]

······ 설 교 실 례 ······

예수님이 전부다, 골 1:15-18

> **설교 전략**
> 이 본문은 '왜 그리스도가 모든 것보다 우월하신 분인가?'라는 질문을 제기한다.
> 그 대답은 넷 또는 다섯 개의 간단한 명제로, 15-20절 안에 들어 있다.
> 이 설교는 처음 세 가지 명제만 다룬다.

서론

코페르니쿠스가 우주의 중심이 지구가 아니라 태양이라는 사실을 발견했을 때, 그는 '코페르니쿠스적 혁명'이라 불리는 것을 시작하게 되었다. 지구가 중심이 아니라는 사실을 믿지 않거나 동의하지 않는 많은 사람이 있었다. 그러나 그에 동의하지 않는 사람들이 실제로 태양의 자리를 얼마나 바꿀 수 있을까? 단 한 눈금도 그렇게 할 수 없다.

우리는 종종 "그리스도를 내 인생의 주인으로 모셨습니다." 같은 이상한 진술을 한다. 나는 그것이 무엇을 의미하는지 안다. 지금 의미를 가지고 장난을 하자는 것이 아니다. 그러나 사실 하나님이 이미 그리스도가 어떤 분인지 선포한 것 말고는 우리 스스로 그리스도를 어떤 분으로 만들 수 없다. 그리스도는 주인이다. 하나님이 그렇다고 이미 선포하셨다. 그분은 우리의 중심이다. 문제는 내가 그리스도를 무엇으로 만들지 않는 것이 아니라, 과연 내가 내 삶을 그분의 우월성에 따라 재배열하고 있는가 하는 것이다. 내 삶이 전부가 아니고 사역이 전부가 아니며, 돈, 지위, 직장, 인정 등을 얻는 것이 전부가 아니기 때문이다. 그리스도 그분이 전부다.

> 서론은 본문의 신학을 준비시킨다.
> 이는 어떤 질문에 직면한 골로새 교인들의 정황으로 자연스럽게 인도한다.
> 그 질문은, '예수님을 그저 훌륭한 분으로 믿을 것인가, 전부로 믿을 것인가?' 하는 것이었다.

정황

전환: 그렇다면 왜 그리스도가 전부인가?

본문: 골로새서 1장 15-18절

> 설교의 구조는 간단하다. 본문이 간단한 방식으로 전개되고 있기 때문이다.
> 그러나 첫 번째 요지가 한 절의 반 정도밖에 되지 않는 것에 주의하라.
> 나는 15절의 하반절이 16, 17절과 묶여 있다고 믿는다.

1. 예수님은 아버지의 형상이기 때문에 전부다(15절).

바울은 흥미로운 단어인 '형상'(eikon)이라는 단어를 사용한다. 이는 하나님을 반영하는 완벽한 거울이라는 뜻이다. '형상'과 '보이지 아니하는' 이 단어들은 우리가 볼 수 있는 것과 볼 수 없는 것을 병렬하고 있다. 따라서 예수님은 볼 수 없는 것을 볼 수 있는 분이다. '먼저 나신 이'는 다른 모든 사람에 대한 그리스도의 우월성을 말한다. 이것은 장자가 모든 권리를 소유한다는 히브리 문화적 개념을 언급한 것이다. 예수님은 먼저 존재하신 분이기도 하지만 우월하신 분이기도 하다. 요한복음 1장 1-5절을 보라. 예수님은 자신의 우월성을 증명하신다. 그분은 볼 수 없는 하나님을 정확하게 보여주시는 분이기 때문이다.

2. 예수님은 세상을 창조하신 분이기 때문에 전부다(16-17절).

'만물'(panta)이라는 말이 네 번이나 사용되었다. 따라서 모든 것은 그리스도의 다스림 아래 있다. 바울은 상반되는 개념들, 즉 하늘과 땅, 보이는 것과 보이지 않는 것을 붙여놓고 있다. 예수님은 우월하신 분이다. 모든 것이 예수님에 의해, 예수님을 위해 창조되었기 때문이다.

3. 예수님은 죽은 자 가운데서 부활하신 분이기 때문에 전부다(18절).

예수님은 교회에서도 우월하시다. 죽은 자 가운데서 부활하심으로 모든 것의 처음이 되셨기 때문이다.

결론

결혼 전 하나님은 내가 결혼이 전부가 아니라는 사실을 이해하도록 독신을 활용하셨다. 예수님이 전부다. 반드시 결혼할 필요는 없다는 사실을 하나님이 내게 가르쳐주신 바로 그때, 나는 내 인생에서 그리스도가 전부임을 인정해야 했다. 결혼은 전부가 아니다. 예수님이 전부다. 자녀도 전부가 아니다. 그리스도만이 우리의 전부다.

···

토론을 위한 질문

1. 연속 강해의 장점은 무엇인가?
2. 서신서의 거시적 구조에 유의한다는 의미는 무엇인가?
3. 서신서의 미시적 구조에 유의한다는 의미는 무엇인가?
4. 서론과 결론 부분은 어떻게 설교해야 하는가?
5. 왜 중심 생각의 위치가 중요한가?

추천 도서

- Abernathy, David. *An Exegetical Summary of 1 Peter*. Dallas: Summer Institute of Linguistics, 2008. (이 시리즈의 어떤 책이든 권장할 만하다.)
- Banker, John. *Semantic Structural Analysis of Titus*. Dallas: Summer Institute of Linguistics, 1994. (이 시리즈의 어떤 책이든 권장할 만하다.)
- Blailock, Edward M. "The Epistolary Literature." Pages 545-556 in *Expositor's Bible Commentary*, vol 1. Grand Rapids: Zondervan, 1979.

- Harris, Murray. Colossians and Philemon. Exegetical Guide to the Greek New Testament. Grand Rapids: Eerdmans, 1991.
- Polhill, John B. *Paul and His Letters*. Nashville: B&H Academic, 1999.

하나님의 말씀(Word)을
하나님의 어조(Tone)로 전달하라!

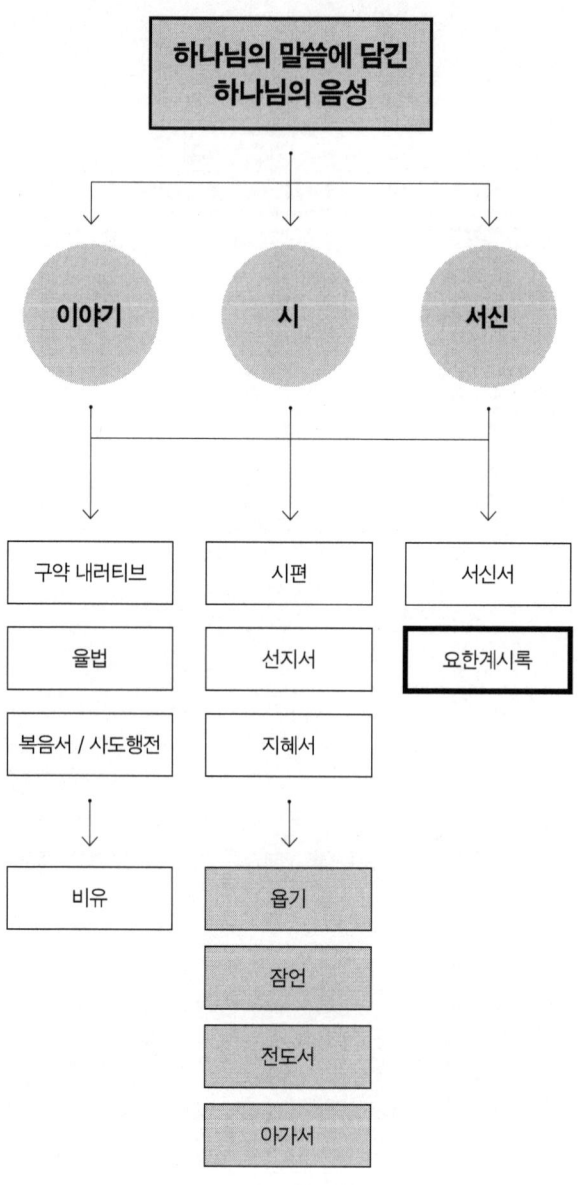

CHAPTER 12

요한계시록에서 하나님 음성 되살리기

성경의 마지막 책은 놀라운 책이다. 어떤 사람은 이 책을 현대의 사건들을 안내하는 지도처럼 본다. 따라서 그들은 천천히 움직인다. 그 책에 있는 놀라운 광경(vision)을 유심히 보기 위해 멈춰서며, 그것을 응시하면서 정확하게 왜 이런 방식으로 기록되었는지 의아해 한다. 그들은 그 광경에서 끄집어낸 것이 사색과 기대로 흐릿해진 현대 사건들과 조화를 이룰 때까지 찌르고 쑤시고 쥐어짜고 섞어본다. 그들 외에는 나머지 우리 온건파들이 있다. 대체로 그리스도인들은 요한계시록의 마지막 부분을 보고, 자신들이 승리한다는 것을 이해한다. 그것으로 충분하게 여긴다. 끝을 안다면 왜 그것을 읽어야 하는가? 결국 이상한 이미지들은 어차피 해석의 영역을 넘어선다. 이런 이유로 요한계시록은 오늘날 가장 많이 무시를 당할 것이다. 이 책은 무관심과 알지 못하는 것에 대한 두려움으로 인해 간과되고 있다. 청중이 이 기괴한 책에 관심도 없는데, 왜 시간을 들여 그 내용을 이해하고 풀이해야 하는가? 요한계시록을 이해하는 것이 실제적으로 어떻게 청중을 돕는가? 왜 우리는 성가시게 이 일을 해야 하는가? 우리는 이런 질문의 대답을 첫 번째 절에서 발견한다.

요한계시록은 처음부터 끝까지 예수님에 관한 책이다. 이 책은 첫 번째 절인 "예수 그리스도의 계시라"라는 구절을 결코 지나치지 않는다. 즉, 이 책은 예수님이 계시하신 것이다. 당신은 요한계시록을 사랑하기 위해 마지막 때에 관한 예언을 사랑할 필요는 없다. 단순히 예수님을 사랑하면 된다. 예수님을 사랑하는 것은 계시된 그분을 사랑하는 것이다.

전치사 '~의'(of)가 의미하는 바는, 이 요한계시록이 예수 그리스도가 주신 것이라는 사실이다.[215] 즉, 이 책은 그리스도가 요한에게 말씀하신 것이다. 그러나 그리스도가 말씀하신 것은 모두 그리스도에 관한 것이다. 따라서 요한계시록은 그리스도에 관한 것이다. 예수님의 자화상이다. 이 얼마나 매혹적인가? 저자이신 예수님이 주신 그 내용에서 사랑하지 않을 것이 무엇이 있겠는가? 설교자에게 도전이 되는 것은, 그 내용을 어떻게 캐내는가 하는 것이다. 당신은 어떻게 청중에게 내용의 너무 세부적인 그림으로 압박하지 않으면서도, 온전한 전체 그림을 보여주는 방식으로 요한계시록을 설교할 것인가? 이런 질문에 대한 답은 설교 구조에 있다.

마지막 때를 살아가면서, 오늘날의 설교자는 사람들이 예수님을 상상하는 방식을 극복하도록 도와주어야 한다. 사람들은 예수님을 어떤 식으로 상상하는가? 교회력이 부활절과 성탄절 위주로 되어 있어, 사람들은 그리스도를 우선 어린 아기로 상상한다. 힘없이 건초 위에 누워 계신 갓 태어난 부드러운 아기, 베들레헴의 아기 예수님의 모습이다. 두 번째 방식은 십자가에 못 박히신 예수님을 떠올리는 것이다. 로마의 희생자, 채찍에 맞으신 갈보리 예수님의 모습이다. 만일 그들이 예수님을 다른 방식으로 그린다면, 종종 평화를 추구하는 히피 같은 모습일 것이다. 예수님은 폭스바겐 밴에서 막 나와 제자들과 갈릴리 언덕에 앉아 계신다. 예수님이 갈릴리에서 재활용의 가치에 대해 강의하시는 동안, 베드로는 어쿠스틱 기타를 치고 있다. 그러나 그 어떤 것도 예수님의 모습이 아니다. 예수님은 아기가 아니다. 그리고 죽어가시지 않는다. 또 지적인 지도자로 언덕을 거니는 유대 소농민이 아니다. 이런 이미지는 우리 마음에 강하게 새겨져 있으며, 실제로 일어난 사건들과 연결되어 있다. 문제는, 그 이미지들이 진실이 아닌 점에 있는 것이 아니라, 시대에 뒤떨어진 것이라는 데 있다. 결과적으로 청중은 지금이 아닌 과거의 예수님에게 고정되어 있다는 것이다. 사실 예수 그리스도는 과거나 현재나 영원히 동일한 분이시다. 그분의 성품은 변하지 않는다. 그러나 하나님의 주권적 통치와 계획 속에서 그분은 스스로를 시간에 종속시키셨다. 그분은 어린 아기였지만, 자라났다. 그리고 성장해 어른이 되셨고, 죽으셨다. 또 그분은 죽으셨지만, 부활하셨다. 그리고 지금 그분은 우리가 그분의 현재 모습, 즉 모든 영원을 다스리는 왕으로 이해하기 원하신다. 이것이 바로 현재의 그분이시다. 이 점이 그리스도가 우리로 그분에 대해 알기 원하는 것이다. 또 우리가 요한계시록을 설교하지 않을 때, 사람들이 놓치는 것이기도 하다. 그러면 우리는 우리를 기다리는 소망을 온전히 응시하는 것에 실패한다(벧전 1:13). 장차 오실 예수님의 자기 계시는 우리에게 이제 어떻게 살아야 하는지를 이야기하기에, 매우 중요하다.

예수님 소개하기

요한계시록의 서론은 신약성경 중 가장 묘사적일 것이다.

> 예수 그리스도의 계시라 이는 하나님이 그에게 주사 반드시 속히 일어날 일들을 그 종들에게 보이시려고 그의 천사를 그 종

요한에게 보내어 알게 하신 것이라 요한은 하나님의 말씀과 예수 그리스도의 증거 곧 자기가 본 것을 다 증언하였느니라 이 예언의 말씀을 읽는 자와 듣는 자와 그 가운데에 기록한 것을 지키는 자는 복이 있나니 때가 가까움이라 (1:1-3)

1절에서 명시했듯이, 이 책은 '계시'로 설명된다. 이 책은 예수님이 주신 계시이자, 예수님에 대한 계시다. 그러나 거기에는 더 중요한 것이 있다. 이 책은 증언으로도 묘사된다(2절). 따라서 다시 말하지만, 이 책은 단순한 계시가 아니다. 이것은 자기 계시다. 이 증언에서 전달 과정을 살펴보라.

하나님에게서 예수님에게
예수님에게서 천사에게
천사에게서 요한에게
요한에게서 우리에게

이 증언은 확실하다. 하나님 자신이 주신 것이기 때문이다.
마지막으로, 이 책은 예언이다(3절). 이 책에는 마지막 때의 모습에 대한 예고가 있다. 그러나 거기에도 더 중요한 것이 있다. 구약성경이 일종의 안내서라면, 예언서는 전형적으로 예고보다 선포를 더 많이 포함한다. 요한계시록도 그 자체로 선포의 몫을 지니고 있으며, 따라서 이 책은 교정적인 기능을 가지고 있다. 결국 이것은 교회들에게 주신 편지이며, 즉 서신서 장르의 기능을 하는 것이다.[216] 다시 말해, 이 예언서의 목적은 그리스도의 다시 오심을 준비시키는 것이지 호기심의 가려운 부분을 긁어주려는 것이 아니다.
이 책은 예수님의 자기 계시로, 예수님이 곧 오신다는 현실에 비추어 우리가 어떻게 살아가야 할지에 대해 이야기한다. 이것은 설교해야 할 매우 중요한 것이다. 그러므로 이제 해석과 전달에 대해 살펴보자.

해석: 요한계시록에서 음성 듣기

●● 요한계시록은 계시된 그리스도에 관한 것이다

앞서 살펴보았듯이, 우리의 첫 번째 도전은 요한계시록이 예수님에 관한 것임을 보여주는 것이다. 요한계시록은 예언을 포함하고 있지만 예언에 관한 것은 아니다. 또 천국에 대한 묘사를 포함하고 있지만 천국에 관한 것이 아니며, 강력한 예언적 말씀을 교회에 하신 것이지만 교회에 대한 격려에 관한 것이 아니다. 이 책은 처음부터 끝까지 예수님에 관한 것이다. 따라서 요한계시록에 대한 호기심을 자극하는 길은, 그리스도의 계시라는 이 책의 진정한 성격을 보여주는 것이다.

●● 요한계시록은 독특한 장르와 구조를 가지고 있다

요한계시록의 독특한 구조는 1장 19절에서 확인된다. 요한은 "그러므로 네가 본 것과 지금 있는 일과 장차 될 일을 기록하라"는 말씀을 들었다. 이것은 일반적으로 이 책 전체의 구조로 보인다. 그가 '본 것'은 1장에서 나타난다. '지금 있는 일'은 2-3장에, '장차 될 일'은 5-22장에 등장한다. 이것은 이 책의 내용과 관련된 것으로, 1장은 서론적인 문제, 2-3장은 일곱 교회에 보낸 편지, 나머지는 미래에 대한 계시를 각각 다룬다.

이 책의 구조는 "성령으로(에)"(1:10; 4:2; 17:3; 21:10)라는 구문으로 구분되는 네 개의 환상에서 나타나는 내러티브 틀을 통해서도 이해할 수 있다. 또 일곱의 시리즈를 사용하는 독특한 구조적 장치가 있다.[217]

우리는 이 책의 독특한 장르를 놓치기 쉽다. 사실 이 책은 종종 묵시적인 것으로 간주된다.[218] 그러나 그것은 너무 단순화한 것이어서 설교하는 데는 전혀 도움을 주지 못한다. 이 책의 장르는 무엇인가? 이안 폴은 "요한계시록은 미시 장르들이 수시로 변한다. 이것은 특히 1장의 특징이기도 한데, 거기서 우리는 묵시문학(1, 7절), 축복(3절), 영광송(5절), 예언(8절), 분명한 서신서 장르의 표지(4, 9절)를 볼 수 있다"고 지적한다.[219] 2장과 3장은 서신이다. 내러티브와 예언은 책 전반에 엮여 있어, 앞서 논의한 이런 장르들에 따른 설교 구성 방법을 여기에 적용할 수 있다. 성경의 다른 책들과 마찬가지로, 요한계시록도 사실 복합적 장르를 포함하고 있다. "이 책은 전반적으로 선지서 장르에 속하지만, 많은 부분에서 묵시 문학에 상응한다."[220] 그러나 위에서도 언급했듯이, 이 전체 책은 내러티브의 틀을 가지고 있다. 따라서 이 책을 연속적으로 설교할 때는 배경, 플롯, 장면 구조, 긴장 고조, 긴장 해결을 거시적 내러티브에서 전달해야 한다. 더불어 시리즈에 따라 설교 구조를 바꾸는 것이 필수적이다.

물론 어떤 면에서 요한계시록의 내러티브는 전체 성경의 내러티브를 반영한다. 요한계시록은 결국 전체 성경의 완성이다. 이런 측면에서 이 책의 본문 간의 관련성(intertextuality)은 단순히 독특한 특징일 뿐 아니라, 성경의 내러티브를 함께 꿰어 하나의 완전한 비전을 형성하기 위한 것이다.[221]

또 요한계시록의 구조는 환상적(visionary) 느낌을 지니고 있다는 사실을 기억하라. 요한은 우리에게 '본' 것을 말한다. 그 환상을 이야기하는 것이 설교자에게는 도전 과제다. 요한은 자신이 본 것을 적었고, 우리는 그가 본 환상을 말한다. 번역의 과정에서 우리가 말하는 것을 사람들이 볼 수 있게 해야 한다.[222]

● ● **요한계시록에는 본문 간의 관련성이 나타난다**

요한계시록은 성경의 책 중 본문 간의 관련성이 가장 많이 나타난다. 이것은 이 책이 구약에 의존하고 있다는 뜻이다. 이안 폴은 404개 절에 676개의 구약에 대한 암시가 있다고 지적한다.

    이사야   128
    시편   99
    에스겔   92
    다니엘   82
    출애굽기   53 [223]

어떤 암시는 다른 것보다 파악이 용이하지만, 이러한 구약 본문 간의 관련성을 강조하는 것은 매우 중요하다.[224] 우선, 성경의 다른 책들과 마찬가지로, 본문 간의 관련성은 성경의 놀라운 통일성을 드러낸다. 일반적으로 암시들은 자신의 백성을 구속하러 오시는 메시아에 대한 서사를 묘사한다.[225] 히브리 사람들은 자주 핍박 아래 있었다. 그들은 애굽, 앗시리아, 로마의 핍박을 받았다. 그러면서 그들은 언젠가 자신들의 메시아가 올 것을 전해 들었다. 따라서 많은 선지자가 말을 타고 오시는 분에 대해 말했고(사 63:1-6), 하나님이 하늘을 가르고 오시기를 기도했다(사 64:1).

그리고 그분은 오셨다. 그들은 원하던 메시아를 얻었지만, 그들이 기대하던 메시아는 아니었다. 그분은 오셨지만, 원수에게 정의를 행하지 않고 떠나버리셨다. 정의는 어디에 있는가? 그렇다. 그분은 이 요한계시록에서 그 정의를 이 땅에 가지고 오신다. 그들이 소망하던 대부분의 정의는, 시편 2편에서 오래전에 약속된 메시아가 결국 오셨고, 분명히 다시 오실 것이라는 실제와 연결된다.

●● 요한계시록은 독특한 이미지를 사용한다

성경에서 요한계시록만큼 많은 이미지를 사용하는 책은 없다. 요한계시록의 이미지에 접근하는 방식은, 과도한 비유를 사용하는 것에서 이미지를 모두 무시하는 것에 이르기까지 그 폭이 넓다. 이미지가 요한계시록에 사용된 이유가 있다. 우리는 반드시 그 이유를 찾고, 그것이 해석과 적용에 어떻게 관련되는지 보여주어야 한다. 그 목적은 "1세기의 어휘로 사용된 상징을 읽은 다음, 최종적이며 완전한 성취의 측면에서 21세기의 교회에 그 상징을 해석해 주는 것이다."[226] 예를 들어, 우리가 백마 탄 예수님을 볼 때, 그 이미지는 모든 것을 다스리는 그리스도를 전한다. 따라서 전달해야 할 것은, 그 이미지에 담긴 그리스도의 완전하고 완벽한 통치다. 이런 식으로 문화적 정황을 고려하면서 그 이미지를 오늘날의 정황에 적용해야 한다.[227]

●● 요한계시록은 예고적(predictive)이기보다 예언적(prophetic)이다

이 책은 스스로 예언적이라고 밝힌다(1:3; 22:6-7,10,18-19). 그러나 이 예언이 미래를 예고하는 것인가, 교회에 대한 경고의 역할을 하는 것인가? 그 답은 물론 둘 다다. 이 책은 미래의 사건에 대해 경고한다. 그러나 그 이유로 하나의 설교 방식이 과거 수십 년 동안 설교를 지배해 왔다. 즉, 요한계시록을 오로지 현재와 미래의 사건을 이해하기 위한 모형으로만 보아온 것이다. 그런 사건들이 사실 그 책에 있을 수 있다. 그러나 요한계시록의 예언과 분명하게 연결할 만한 어떤 사건이 오늘날 펼쳐지지 않아도, 이 책은 여전히 놀라운 영향력을 지니고 있다. 예언적 책은 예고보다 가르치는 기능을 하기 때문이다. 호기심으로 접근하지 말고 예언적으로 사고하라.

●● **요한계시록은 개인적이다**

요한의 글을 전해 받은 사람들은 로마 황제 도미티아누스의 지배 아래 심한 박해를 받고 있었다. 그들은 우리가 현재 서구에서 즐기는 기독교의 자유에 대해 전혀 알지 못했다. 이 점은 우리에게 이 책의 특징인 '지하 세계'에 대한 훌륭한 감각을 제공한다.[228] 가정 교회들이 구덩이를 파고 숨어 있는 이런 문화적 파괴를 상상해 보라. 요한은 그들이 이해할 만한 모든 구약의 이미지를 사용해 메시아에 대해 이야기하면서, 그가 메시아를 보았다는 사실을 말한다. 그분은 자신의 신부를 변호하기 위해 돌아올 것이며, 모든 원수를 진멸할 것이다. 그분이 바로 요한이 보았던 예수님이며, 그들이 곧 보게 될 분이다. 그리스도가 박해받는 자신의 신부를 위해 직접 돌아올 것이기에, 요한계시록은 개인적인 책이다.

전달: 요한계시록에서 음성 되살리기

●● **설교의 구조**

요한계시록에서의 설교 구조는 다른 책들보다 더 다양할 수 있다. 책 안에 다수의 하부 장르가 있기 때문이다. 때로는 서신서를 설교하는 것처럼 연역적 방식을 사용해야 한다. 이 방식은 특히 2장과 3장에서 유용하다. 그러나 때로는 단순한 목록, 즉 묘사적 접근이 가장 좋은 방식이 되기도 한다. 내러티브 구조가 최선일 때도 있다. 또 다른 경우시 같은 기능을 하는 예언이 있을 때도 있다. 따라서 이런 구조적 선택 사항에 대해 살펴보자.

묘사적 묘사적 문학에서는 우리가 보통 이해하는 그런 구분이 보이지 않을 수 있다. 뒤에 나오는 설교 실례에서 사용될 19장 11-16절에는 본문에 개요가 없다. 따라서 나는 설교에서 '요점'을 사용하지 않기로 결정했다. 설교에는 개요가 있다. 그러나 그것은 다른 전통적인 설교와 같은 주요 항목을 가지고 있지 않다.

이 본문은 용사이신 예수님을 묘사한다. 이 경우, 용어들의 순서는 덜 중요하다. 이 본문을 용사이신 예수님에 대한 두 측면, 즉 그분의 정체성과 행동으로 적절하게 구획할 수 있다. 이런 구조도 가능하다. 여전히 나는 '요점' 형식을 유지하려는 노력으로 인해, 본문에 있는 무언가를 놓치는 것은 아닐지 두렵다. 우선권은 미리 결정해 놓은 설교적 형식이 아니라, 본문의 형식에 있다.

내러티브 이 책의 대부분은 내러티브이기에 장면들로 전개해 나갈 수 있다. 앞서 언급했듯이, 각 이야기가 지닌 구조는 책 전체 이야기의 큰 틀과 조화를 이룬다. 이것은 특히 요한계시록에서 더 그렇다. 사실 원래의 이야기들 안에 있는 긴장은, 어린 양이신 그분이 온전히 예배를 받으시고, 마지막 전쟁이 치러지기 전까지 해소되지 않는다. 따라서 요한계시록을 설교할 때, 청중에게 큰 그림을 상기시키라. 이것은 어려운 본문을 다룰 때 특히 도움이 된다.

4장과 5장은 묘사처럼 되어 있는 본문의 예다. 그러나 이 두 장은 내러티브의 느낌을 가지고 있다. 특히 5장에서 요한이 사자와 어린 양을 보는 장면과 죽임 당한 어린 양을 보는 장면이 그렇다. 이 장은 배경, 긴장 고조, 긴장 해결의 전통적인 내러티브 형식을 띠고 있다.

예언서 일곱 교회에 보낸 편지는 서신 형식의 예언서다. 이들은 예고적이기보다 교훈적이다. 고발과 명령으로 가득 차 있다. 따라서 서신서처럼 전통적인 요지별 개요의 형태로 배열하는 것이 용이하다.

이 책에는 본문 간의 관련성이 많이 드러난다는 사실을 기억하라(다음의 설교 실례에서는 더 그렇다). 이 점은 매우 중요하다. 당신이 읽고 있는 대부분은 의도적으로 구약성경에 의존하고 있다. 따라서 단어와 구절이 말하는 것을 해석할 때, 무엇을 '의미하는지'에 대한 이해 없이,

무엇을 '말하는지'를 파악할 가능성이 있다. 의미는 종종 구약성경의 용어들 속에 인용이나 암시, 혹은 둘 모두의 방식으로 내포되어 있기도 한다. 뒷부분의 설교 실례의 전체 본문은 시편 2편의 성취다. 시편 2편에서 나라들이 "기름부음 받은 자"를 대적해 헛된 모사를 꾸밀 것임을 말하는데, 요한계시록 19장에서 그 예언이 성취된다. 이것은 분명한 암시다. 그 암시가 충분히 분명하지 못할 경우를 대비해, 요한은 19장 15절의 "그들을 철장으로 다스리며"라는 구절로 시편 2편 9절을 거의 정확하게 인용한다. 요한이 이것을 사용한 이유와 방법에는 많은 의미가 있다. 따라서 이것을 분명하게 하며, 더욱 연구해야 한다. 설교자는 여기서 요한계시록의 구약 본문과의 관련성과 이 책이 구약을 기초로 하고 있다는 사실을 보여줄 수 있다.

구약의 암시와 인용을 보여주는 것은 설교에서 유동적으로 사용되어야 한다. 이것은 그 방법을 사용할 수도 있고 그렇지 않을 수도 있지만, 사용할 때는 정도에 따라 다양해야 한다는 것이다. 해석자가 항상 생각해야 할 질문은 '이 본문이 전체 성경에 비추어 의미하는 바가 무엇인가?'라는 것이다. 본문 간의 관련성을 보여주는 것은, 사람들이 성경을 전체적으로 볼 수 있게 한다는 측면에서 중요하다. 이런 연결을 확인하기 위해 청중이 그 본문을 직접 펼치게 하거나, 단지 당신이 그 부분을 언급할 수도 있다.

●● 그리스도를 설교하라

요한계시록과 성경의 다른 부분과의 상호 관련성을 보여주는 가장 분명한 방법은, 요한계시록의 기독론적 본문을 설교하는 것이다. 그리스도에 관한 본문은 매우 경이롭다. 그리스도에 대한 이런 이미지들을 생각해 보라. 그분은 1장 9-20절에서 장엄한 빛의 근원이시고, 5장과 7장 17절에서 사자와 강한 양, 목자이시며, 19장에서는 신랑이자 용사 메시아, 그리고 21장 23절에서는 천국에 있는 모든 빛의 근원이시다. 따라서 이것을 소개하는 가장 훌륭한 방법은, 이 책의 기독론적 본문을 5회에서 8회의 짧은 시리즈로 설교하는 것이다. 이 방법은 이 책에 대한 청중의 생각을 바꾸고, 말씀에 대한 그들의 미각을 돋우는 효과를 가져올 것이다.[229]

만일 이 책을 순서대로 설교한다면, 당신은 중간 중간에 멈춰 그리스도를 설교하고자 할 것이다. 그것은 어렵지 않으며, 훌륭한 실천적 유익을 가져다준다. 이 책의 세부적인 내용에 빠지도록 유혹받을 때 그리스도를 설교하기 위해 멈춰 서는 것은, 청중에게 경기의 끝을 상기시킨다. 그들은 이 모든 것이 어디로 향해 가는지 깨닫게 된다.

더불어 예수님을 설교하는 것 대신, 마지막 때에 대한 당신의 관점을 설교하는 것에 주의해야 한다. 또 시리즈가 완전히 끝나기 전, 오래 전에 생각해 두었던 개념을 위해 본문을 디딤돌로 사용하는 설교를 하지 않도록 조심해야 한다.

●● 장르를 혼합하라

이 책에는 장르의 변화가 나타나기 때문에 설교의 구조에도 변화가 있어야 한다. 1장에서의 설교는 우리의 왕에 대한 성경적 배경의 정보가 너무 많은 것처럼 느껴질지 모른다. 그러나 이것은 앞으로의 메시지를 위해 필수적인 틀을 제공한다. 교회들을 향한 편지는 설교자들이 선호하는 설교 재료다. 이 부분은 명료하고 분명하다. 이후에 나오는 대부분은 앞으로 일어날 사건들에 대한 묘사다. 이 마지막 부분에서의 설교는, 정확하게 그것이 무엇인지에 대한 이유를 설명한 목록처럼 여겨질지 모른다. 이 부분은 설교의 다양성을 풍부하게 제공한다. 장르의 다양성은 선택된 본문의 길이가 매우 다양하다는 것을 의미한다.

그 좋은 예가 1장이다. 처음 세 절을 본문으로 삼는 것이 지혜롭다. 거기에는 많은 내용이 들어 있고, 또 이 책의 서론 역할을 한다. 또 4-20절을 하나의 설교 본문으로 삼는 것도 좋은 방법이다. 그 본문을 4-8절과 9-20절로 나누어 설교할 수도 있다. 그러나 그 경우, 두 번째 설교에서 그 환상을 이전 설교와 동일하지 않게 바꾸어 전해야 한다는 사실을 명심하라. 그것은 하나의 문학적 단위다. 이 책 대부분은 내러티브. 따라서 내러티브 본문에서는 전체 내러티브를 전달하기 위해 더 큰 단위의 본문을 정해야 한다. 예를 들어, 4장과 5장은 함께 설교할 수 있다.

●●● 수시로 책의 구조를 알려주라

요한계시록은 마치 미로처럼 여겨질 수 있다. 청중은 어떻게 자신 앞에 있는 모든 정보의 강을 건널 수 있을지 의아해 할지 모른다. 책의 거시적 구조를 알려주는 것은 항상 도움이 된다. 이 점은 다른 책보다 요한계시록에서 더 그렇다. 청중이 극적인 종결로 인도하는 이 책의 추진력을 보도록 도와주라.

이것을 잘 실행할 수 있는 방법은, 이 책을 설교해 나가면서 가능한 과학 기술을 활용해 시각적으로 전달하는 것이다. 영상 기술은 할 수 없는 것이 많이 있다. 그러나 이 책의 거시적 구조를 보여주는 데는 큰 도움이 된다. 청중은 당신이 지금 설교하고 있는 곳을 즐겁게 볼 것이며, 이것은 그들이 이 두꺼운 책을 잘 통과해 나가는 데 절실하게 필요한 표지판을 세우게 될 것이다. 이 책에 대한 간단한 개요를 선택하는 것으로 시작하라. 그 다음 일반적인 목록이나 시간 순서를 따라 그래프 식으로 재창조해, 청중이 바른 방향으로 나아가게 하라. 그리고 수시로 그것을 청중에게 보여주라. 물론 너무 자주 하지 않도록 주의하라. 그러나 이것을 잘 실행하면, 당신이 그 두꺼운 책을 설교해 나갈 때, 시각적 계획이나 개요가 그들로 방향을 잘 유지하도록 도와줄 것이다.

●● 보여준 다음 말하라

요한계시록을 설교할 때는 다른 성경과의 관련성을 계속 보여주는 것이 중요하다. 그 관련성을 드러내는 것은 모든 설교에서 중요하지만, 요한계시록에서는 특히 더 그렇다. 성경의 유기적 통일성, 즉 그리스도 안에서 완성되는 소망을 볼 때, 청중의 신앙은 성장한다.

핵심은 그 연결점을 찾는 것이다. 그것을 찾을 수 있는 가장 주요한 방법은, 성경을 읽고 또 읽는 것이다. 그러나 학자들의 연구도 도움이 된다. 따라서 다른 본문에 대한 암시와 인용을 볼 때는, 요한이 사용한 구약 본문에 대한 주해적 작업이 필요하다. 요한이 그 특정 본문을 사용한 것에는 반드시 이유가 있다. 그가 참고한 본문을 연구할 때, 그 이유가 드러난다.

이런 식으로 생각해 보라. 요한은 자신들의 성경을 알고 있는 사람들에게 편지를 쓰고 있다. 이런 이유로, 요한이 사용한 언어들은 이미 그들이 알고 있는 많은 것을 함께 묶어주는 수단이었다. 그들도 이미 그 내용을 알고 있었지만, 그것이 어떻게 서로 연결되는지는 알지 못했다. 요한은 지금 그들이 배우고 생각해 온 모든 것이 어떻게 성취될 것인지 보여주고 있다. 요한계시록이 바로 그것이다.

●● 당신 앞에 있는 청중을 바라보며 설교하라

요한계시록은 직접적 청중을 위해 기록된 것이며, 우리도 직접적 청중에게 설교한다. 당시의 청중이 미래를 볼 수 있는 특권을 얻었다면, 우리도 그 특권을 얻은 것이다. 그러나 종말론의 기능은 우리를 준비시키는 것이지 정보를 주는 것이 아니다. 이 책은 순종을 위한 것이지 호기심을 위한 것이 아니다. 따라서 이 책에 접근할 때, 본문의 직접적

함의를 청중에게 보여주라.

이 책의 이상한 특성을 고려한다면, 이 과제는 매우 도전적으로 보인다. 그러나 우리는 잘 해 나갈 수 있다. 그 출발점은 소망이다. 이 책은 우리에게 놀라운 소망을 준다. 결국, 이 책은 즉각적 순종에 대해 미래에 주어지는 보상인 일곱 개의 복에 대해 언급한다.[230] 우리에게는 오실 메시아, 그리고 새 하늘과 새 땅에 대한 소망이 있다.

●● 승리를 설교하라

요한계시록을 설교할 때, 오실 그리스도의 승리에 비추어 설교하라. 그리스도는 다시 오실 것이다. 그분은 왕으로 오셔서 원수들을 쓰러뜨리실 것이다. 그리스도가 정복하실 것이다. 우리의 용사이신 메시아이며, 자신의 신부를 지키고 원수들을 제거하실 그리스도를 보는 것은 우리에게 격려가 된다. 그분이 이루실 완성을 우리는 지금 마음으로 그려볼 수 있다.[231] 승리자 예수 그리스도, 연약한 자를 도우시는 그리스도의 이미지를 설교하는 것은, 청중이 현대 대중문화를 통해 자신의 마음에 스며들어온 생명력 잃은 그리스도의 모습을 깨부수는 데 도움이 될 것이다. 그리스도는 결코 그런 분이 아니다. 요한계시록에서 드러나는 그리스도는 모든 위엄과 영광 중에 계신 분이다. 따라서 소망이 필요한 자에게 이 책을 설교하라. 진정한 소망과 도움이 오고 있다고 전하라. 잠재적으로 박해받고 있는 자에게 지금 소망과 도움이 오고 있다고 설교하고 가르치라. 예수님이 다시 오신다. 예수님이 지키시고 보호하실 것이다.

설교 실례

용사이신 메시아(계 19:11-16)

> **설교 전략**
> 이 본문은 백마를 타신 분이 어떤 분이시며, 어떤 일을 하시는지에 답한다.
> 이 설교는 단순히 본문이 이 질문에 대한 답을 제공하게 한다.

중심 생각: 예수 그리스도는 자신의 말씀으로 싸우시는 용사이신 메시아다.

서론

> 나는 완전한 형태의 서론을 제시하지 않기로 결정했다.
> 이것은 이미지들로 구성된 장엄한 본문으로, '일반적' 서론이 그 장엄함을
> 분산시킬 수 있기 때문이다. 때로는 바로 본문으로 들어가는 것이 더 효과적이다.
> 따라서 이 설교의 서론은, 중요한 배경적 정보를 더하면서 11절의 내용을 단순히 설명한다.
> 또 다른 선택 사항은 시편 2편으로 시작하는 것이다.
> 요한계시록 19장은 시편 2편의 성취이기 때문이다.

"또 내가 하늘이 열린 것을 보니…"(11절)

요한계시록 전반에 걸쳐, 하나님은 요한에게 천국에 대한 작은 그림들을 보여주신다. 어떤 곳은 창문을 또 다른 곳은 문을 열어 보이신다. 그러나 여기서는 마치 하나님이 하늘의 전체 화물칸 문을 열어젖히시는 것 같다. 비밀에 부치는 것이 전혀 없다. 요한은 그 안에 있는 모든 것을 볼 수 있다. 자, 이것이 요한이 보고 있는 것이다. 11절을 보자. 그는 한 마리의 말을 본다. 이 말은 연극이나 행진에서 보던 말이 아니다. 그가 본 말은 전쟁용 말이다. 흰 말의 이미지는 로마 장군이 전쟁에서 돌아올 때 타는 말과 어울린다. 즉, 이것은 용사에 대한 그림이다.

그러나 1세기 팔레스타인의 유대인 청중은 더욱 분명하게 무언가를 볼 수

있었다. 그들은 이 본문에서 이사야 63장이 울리는 것을 들었을 것이다. 그것은 그들의 용사 메시아가 흰 말을 타고 돌아오신다는 것이다. 그 메시아는 그들을 대신해 싸우러 돌아오신다. 그러면 누가 이 용사인 메시아인가? 그 말을 타고 있는 이의 이름은 '충신'과 '진실'이다. 이것은 그리스도를 가리키는 말이다. 그분은 마태복음 24장 29-30절에서 예고된 분이다. 또 이사야 63장 1-3절에서도 예고되었다. 그들은 용사이신 메시아를 기다리고 있었다. 이제 그분이 오신다.

따라서 본문의 중심 생각은, 예수 그리스도가 용사이신 메시아라는 것이다. 이 본문의 나머지는 이 용사이신 메시아가 어떤 분이며, 어떤 일을 하시는지에 대한 것이다.

설교 전략

앞서 설명한 대로, 이 본문은 단순한 목록이다.
두 개로 구분되어 있지만, 그것이 도움이 되지는 않는다.
이것들은 처음에 언급된 다음 반복되지 않는다.
이 본문은 단지 묘사를 하고 있다. 따라서 설교는 이 묘사를 따라 가야 한다.

용사이신 메시아의 정체성

예수님은 심판하시고 싸우신다(11절). 그분은 다시 오셔서 공의로운 심판을 내리신다. 이 선언들은 그분이 하실 일 전체를 상징적으로 보여준다. **그분의 눈은 불꽃 같다(12절).** 모든 것을 보실 수 있다. 그분의 눈은 광선처럼 모든 것을 꿰뚫는다. 그 눈빛은 일어나는 불꽃 같다. 이는 그분의 전지하심(모든 것을 볼 수 있음)과 심판(모든 것을 갚으심)을 말한다.

그분의 머리에는 많은 관이 있다(12절). 예수님은 무한한 주권을 의미하는 많은 면류관을 쓰고 계신다. 여기에 나오는 대조는 의도적인 것 같다. 결국 사탄도 백마를 타고 왔다. '충신'과 '진실'이라는 분의 임재에 대한 이 묘사는 거짓과 속임을 드러낸다. 그의 주권은 16절에서도 나타난다. "그 옷과 그 다리에 이름을 쓴 것이 있으니 만왕의 왕이요 만주의 주라 하였더라" 이것은 그분의 가슴과 다리를 가로지르는 띠이며, 그리스도의 신성을 강조하는 것이기도 하다.

따라서 이제 우리는 모든 권세를 지니신 분을 보게 된다. 그분은 모든 것을 볼 수 있으며, 모든 능력을 지니신 분이다. 그리고 공의로운 심판을 하시는 유일하신 분이다.

그리고 그분에게는 이름 쓴 것 하나가 있는데, 그분밖에는 아는 자가 없다(12절). 이 부분은 빌립보서 2장 9절과 상응한다. 그것은 비밀스러운 이름이다. 그 이름은 결코 알려지지 않을 것이다.

또 그분은 피 뿌린 옷을 입고 계신다(13절). 이것은 이사야 63장 1-6절의 암시다. 그리고 그는 '포도즙 틀을 밟는 자'다. 이 피는 1장 5절, 5장 9절, 7장 14절에서 말하는 자신의 피가 아니라, 그 원수들의 피다. 그것은 그리스도의 보혈이 아니다. 그분이 정복한 자들의 선혈이다. 이 개념은 포도즙 틀과 연결된다. 순교자들이 원수의 피가 그분의 옷에 뿌려졌다는 사실을 아는 것은 그들에게 큰 힘이 된다. 이 본문은 정복하고 다스리는 용사이신 메시아 그리스도의 모습을 의도적으로 보여준다.

예화 이것은 우리가 일반적으로 생각하는 그리스도의 모습이 아니다. 그렇지 않은가? 우리는 일반적으로 아기나 지적인 지도자 또는 십자가의 희생을 생각한다. 아기 예수님, 지적인 지도자 예수님, 채찍 맞으신 예수님을 떠올린다. 이 이미지들의 문제는, 그것이 역사적 가치가 없다는 것이 아니라 너무 시대에 뒤떨어졌다는 것이다. 그것은 과거의 예수님 모습이다. 그러나 본문의 이미지는 지금의 예수님 모습이다.

하늘의 군대들이 있다. 그들은 싸우러 온 것이 아니다. 단지 지켜보기 위해 왔다.

> **설교 전략**
> 이 본문은 목록처럼 되어 있어 설교 도중 예화를 위해 멈추어야 한다.
> 뒤따르는 구절들이 더 무겁기 때문에, 이런 예화는 그 무게감에서 잠시 벗어나게 해준다.

전환: 처음 네 절이 그분이 어떤 분인지에 관한 것이라면, 이제 나머지 두 절은 그분이 하실 것에 대해 묘사한다.

용사이신 메시아가 하시는 일

그 입에서 예리한 검이 나온다(15절). 이사야 11장 4절은, 메시아적 왕이 그 입의 말씀으로 세상을 치실 것이라고 말한다. 마지막 때, 예수님은 그 말씀으로 원수들을 치실 것이다. 이것이 심판의 말씀이 지닌 능력이다.

철장으로 다스리신다(15절). 이것은 시편 2편 9절에 대한 암시다. 그분은 원수들을 철장으로 다스리실 것이다. 그들을 지배하실 것이며, 그 심판과 분노는 철처럼 강력하다.

포도주 틀을 밟을 것이다(15절). 이것은 요엘 3장 13절에서 언급되었다. 하나님의 맹렬한 분노가 보인다. 이는 사람들이 포도를 밟듯, 그리스도가 자신의 원수들을 밟으실 것을 의미한다.

결론

자, 이제 싸울 준비가 되었는가? 사실 거기에는 전쟁이 없다. 군대의 옷들이 깨끗하고 희다는 사실에 주목하라. 그들은 싸우러 온 것이 아니다. 단지 지켜보러 왔다. 예수님이 말씀 하나로 그 싸움을 모두 끝내실 것이다. 사실 이 19장 전체는 갑작스럽게 "그 나머지는 … 죽으매"(21절)라는 말로 끝난다. 그 전쟁을 끝내는 이는 우리가 아니라 예수님이다.

이 본문에 대한 적용은 사실 시편 2편 10-12절에서 발견할 수 있다. 목적은 우리로 전쟁을 준비시키는 것이 아니라 이렇게 물어보는 것이다. '그분만을 경외하는

가?' '그분만을 신뢰하는가?'

> **설교 전략**
>
> 요한계시록 19장 11-16절은 시편 2편의 성취다.
> 요한은 시편 2편의 용어들을 사용해 이것을 보여준다.
> 이 본문이 지닌 구약 본문과의 관련성이 중요한 것은, 실제 설교에서 두 가지 이유 때문이다.
> 첫째, 요한계시록 19장에는 용사로서의 예수님에 대한 개념의 적용이 없지만,
> 시편 2편에는 있다. 따라서 그 시편에서 적용을 빌려 올 수 있다.
> 둘째, 시편 2편과 요한계시록 19장을 함께 살펴봄으로, 이 전쟁에서 싸우시는 분은
> 그리스도라는 것을 더욱 분명하게 알 수 있다.
> 우리는 그분의 승리를 관전하는 사람들로 나타난다. 오직 한 분만 검을 가지고 계신다.

토론을 위한 질문

1. 요한계시록의 장르는 무엇이며, 왜 이것이 애매한 질문인가?
2. 요한계시록을 설교할 때, 얼마나 많은 설교 구조가 가능한가?
3. 거시적 관점이나 미시적 관점으로 요한계시록을 설교하라는 의미는 무엇인가?
4. 요한계시록을 설교할 때, 적용은 어떻게 해야 하는가?
5. 요한계시록이 본문 간의 관련성(intertextuality)을 가지고 있다는 의미가 무엇인가? 설교할 때, 이것이 어떤 차이를 만드는가?

추천 도서

- 그랜트 오즈번. 『요한계시록』. 김귀탁 역. 서울: 부흥과개혁사, 2012.
- 데스먼드 알렉산더. 『에덴에서 새 예루살렘까지』. 배용덕 역. 서울: 부흥과개혁사, 2012.

- Jackman, David. *Preaching and Teaching New Testament: Gospels, Letters, Acts and Revelation*. London: The Proclamation Trust, 2008.
- Mounce, Robert H. *The Book of Revelation*. Rev ed. New International Commentary on the New Testament. Grand Rapids: Eerdmans, 1998.
- Patterson, Paige. *Revelation*. New American Commentary. Nashville: B&H, 2012.

주

1) 창 3:9.

2) 창 6-9장.

3) 히 10:26-39.

4) 히 12:1-6.

5) 사 1:18; 미 6:8.

6) 히 1:1-2.

7) 빌 2:8.

8) 마 13:9.

9) 요 14:15; 15:26; 16:12-13.

10) 창 1:1; 계 19:21.

11) Charles Hopkins, *Charles Simeon of Cambridge* (Eugene, OR: Wipf and Stock, 2012), p.59. 나는 이런 귀한 자료를 데니 오트리의 박사논문, *Factors Influencing the Sermonic Structure of Jean Claude and His Influence on Homiletics* (Ph.D. diss., Southwestern Baptist Theological Seminary, 2013)을 통해 얻었다.

12) Jean Claude, *Essay on the Composition of the Sermon, with Notes and Illustrations and One Hundred Sermon Skeletons by Charles Simeon* (Grand Rapids: Baker, 1979), 1:43.

13) Charles Simeon, *Expository Outlines* (Grand Rapids, MI: Zondervan, 1956). 21:311.

14) 찰스 시므온의 접근은 설교학에서 또 다른 중요한 인물인 청교도 윌리엄 퍼킨스(William Perkins)와 비슷한데, 그 역시 성경에 대한 고견을 가진 사람이었다. 퍼킨스는 자신의 책 『예언의 기술』(*Art of Prophesying*)에서 '청교도적인 단순한 형식'이라는 설교

형태를 주장했다. 그가 말하는 방법은 매우 단순하다. 설교자가 본문에서 교리를 선택한다. 그리고 그 교리를 설명한 다음, 적용을 하는 방법이다. 그러나 시므온은 그의 방법과 달리 설교에서 요점과 구분을 취했고, 본문-교리-적용이라는 삼분법을 선택하지 않았다. 시므온과 퍼킨스는 둘 다 개신교의 단순한 설교 형태를 따르지만, 둘 사이에는 차이점이 있다. 퍼킨스는 본문, 교리, 적용이라는 공식을 따랐다. 이러한 형태는 본문에서 교리를 찾아내고 그 교리를 설명하고자 했던 청교도들에게는 바람직한 설교방법이었다. 퍼킨스의 방법론은 설교를 지나치게 단순화해, 본문에서 하나의 교리를 찾아내는 데 집중하고, 그 교리에서 적용을 만들어내는 것이었다. 반면 시므온은 성경본문 자체에서 요점들을 끌어냈다. 따라서 오늘날 많은 복음주의 설교가 따르고 있는 형태가 바로 이것이다. 명제는 하나의 본문에서 찾는다. 그리고 요점들 위에 세워진 설교의 특정 본문을 통해 엮는다. 지금은 이것이 설교학의 기본처럼 보이지만, 시므온의 시대에는 매우 극단적인 생각이었다.

15) 어떤 이는 이야기식 설교 운동을 지적할 것이다. 이 운동은 종종 신설교학(New Homiletic)과 동의어로 이해된다. 신설교학은 기존 설교의 문제점을 해결하기 위해 제시된 설교 방법이다. 이를 주장하는 사람들은, 모든 설교가 연역적인 방법을 취한다는 데 문제가 있으므로, 귀납적 이야기식의 설교 형태를 취해야 한다고 말한다. 이 방법론을 따르면, 이미 정해 놓은 설교 방식이 설교 본문 위에 위치하게 된다. 신설교학에 대한 비평적 시각의 글을 원한다면 다음 자료를 참조할 수 있다. David Allen's "A Tale of Two Roads," *JETS* 43 (2000): pp.489-515.

16) 설교는 기본적으로 따라 하기를 통해 배운다. 여기서 한 가지 주의할 점이 있다. 모방만 할 경우에는 그 방법 배후에 있는 신학 없이 형태만 따르게 된다. 물론 초기에는 모방이 우리를 안내하는 선생이 될 수 있다. 그러나 결국 모방의 훈련은 없어져야 한다. 다른 사람의 소리를 따라 하는 데 쏟는 사랑과 애정은 성경 자체에 대한 사랑과 애정으로 바뀌어야 한다. 본문에 바르게 접근하려는 열망은 좋은 소리를 내려는 것보다 더 앞서야 한다. 그렇지 않으면 설교는 하나의 형태를 고수하게 되며, 하나님의 말씀을 다시 전달하는 데 집중하지 못한다.

17) 이런 비슷한 관계가 고린도후서 4장 4절에서도 설명된다. "그리스도의 영광의 복음의 광채가 비치지 못하게 함이니 그리스도는 하나님의 형상이니라" 이어 6절에서는 다음과 같이 말한다. "예수 그리스도의 얼굴에 있는 하나님의 영광을 아는 빛을 우리 마음에 비추셨느니라" 하나님 아버지가 말씀을 통해 자신을 전달하는 것과 성령이 말씀을 통해 그리스도를 전달하는 것 사이에는 내적 관계가 있다.

18) 윌리엄 핸드릭슨은 이렇게 기술한다. "여기서 '모든 것'은 '내가 아직 너희와 함께 있어서'라는 구절에 비추어 볼 때, 일반적으로 단지 그날 저녁의 말씀만이 아니라, 분명히 바로 그 순간까지의 모든 말씀을 의미한다. 지금 예수님은 이 땅에 계셨을 때의 가르

침과 영광 중에 높임을 받은 후 성령을 통해 주시는 가르침을 구분하는 것이지, 대조하는 것이 아니다. 헬라어 'δε'는 '그러나'가 아니라, '좀더' '그리고' '지금'이라는 뜻이다. 25,26절의 중심 생각은 이렇게 요약될 수 있다. '이 땅에 너희와 함께 있으면서 나는 많은 가르침을 너희에게 주었고, 그것은 내가 떠난 후에도 여전히 남아 있을 것이다. 나는 성령을 통해 너희가 그것을 더 분명히 깨닫도록 할 것이다(참조. 고전 2:13). 또 성령이 너희가 증인의 사역을 수행하기 위해 알아야 할 모든 것을 가르쳐줄 것이다'." William Hendriksen, *Exposition of the Gospel According to John*, Baker New Testament Commentary (Grand Rapids: Baker, 1953), pp.285-286.

19) 고후 4:4, 6.

20) 이것은 설교에 구조가 없어도 된다는 말이 아니다. 이야기의 장면들이 설교의 구조가 되는 것이다. 이야기의 장면 자체가 요점들을 전달하며, 하나의 주된 이야기 요점으로 이끈다.

21) 나는 '메시지'나 '말씀'에 대한 언급이 단순히 '복음'이나 '복음의 가르침'을 뜻하는 일부 본문에서, '성경'을 '복음의 가르침'으로 바꾸어 적고 싶은 유혹을 느낀다.

22) 본 장은 내가 2013년 10월에 복음주의 설교 협회(Evangelical Homiletics Society)에 제출한 소논문 "The Gospel in Genre"을 부분 수정한 것이다.

23) 성경의 장르를 구분하는 방법에는 여러 가지가 있다. 토마스 롱(Thomas G. Long)은 다섯 가지로 나누었고(*Preaching and the Literary Forms of the Bible*), 제프리 아더스(Jeffrey Arthurs)는 여섯 가지로 구분했다[『목사님 설교가 다양해졌어요』, 박현신 역(베다니출판사: 2010)]. 여기에 제시한 목록은 각 장르에 하부 장르가 있고, 그 하부 장르 안에는 더 세부적인 장르가 있다. 이 책의 목적은 본문의 구조가 설교의 구조에 어떻게 영향을 미치는지 설명하는 데 있다. 따라서 그 항목들은 이런 형식으로 발전된다.

24) Abraham Kuruvilla, *Privilege the Text! A Theological Hermeneutic for Preaching* (Chicago: Moody, 2013).

25) 같은 책, p.44

26) 같은 곳.

27) 페이지 패터슨은 *Revelation*, New American Commentary (Nashville: B&H, 2012), p.24에서 요한계시록의 장르에 대해 다음과 같이 결론짓는다. "이 장르는 예언적 순환편지로, 종종 예언적 이미지와 장치를 사용한다."

28) Leland Ryken, *Words of Delight: A Literary Introduction to the Bible* (Grand Rapids:

Baker, 1987), p.477.

29) 비록 이 책의 주제는 아니지만, 성경의 특성에 대한 논의는 어떤 성경에서든 그리스도를 설교한다는 생각을 지지한다. 더 정확히 말해, 그러한 논의는 어떻게 모든 성경이 그리스도가 복음에 영향을 미치고, 복음을 통해 높임을 받을지에 대한 계획을 진전시키는지를 보여준다는 생각을 뒷받침한다.

30) 이 부분은 내 책 『나는 죽고 성도를 살리는 설교자』, 김대혁 역(베다니출판사: 2011)에서 자유롭게 인용했다.

31) 결과적으로 우리는 같은 비유를 사용해 설교의 칭찬에 관한 것을 이해하게 된다. 만약 우리가 하나님의 찬양이 흘러나가는 깨끗한 통로가 되어 사람들이 그 설교를 칭찬한다면, 그것을 통해 하나님께 그 칭찬이 다시 보내진다. 내 글, "Re-Send: What do you do with the post-sermon compliment?"를 참조하라. http://theologicalmatters.com/2013/05/30/re-send-what-do-you-do-with-the-post-sermon-compliment.

32) D. A. Carson, "Matthew," in *Matthew, Mark, Luke*, ed. Frank E. Gaebelein, vol. 8 in The Expositor's Bible Commentary (Grand Rapids: Zondervan, 1984), pp.383-386.

33) 이 내용은 의사소통을 연구하는 많은 학자들의 글에서 나타난다. 글쓰기 기술이 어떻게 의사소통의 형태에 변화를 주었는지에 대한 연구를 위해 다음 자료를 참조할 수 있다. 데이비드 크라울리, 폴 헤이어, 『인간 커뮤니케이션의 역사』, 김지운 역(커뮤니케이션북스: 2012).

34) 성경의 거시적 구조에 대한 유익한 토론을 보기 원한다면, Dale Ralph Davis, *The Word Became Fresh* (Boss-Shire, Scotland: Christian Focus, 2006)의 "거시적 범위(Macroscope)"를 참조하라.

35) 가장 적절한 예는, 자체가 하나의 책인 모세오경의 특징에서 찾을 수 있다. 구약의 처음 다섯 권을 하나의 문학적 단위로 이해한다면, 각각의 이야기들은 전체적 시각에서 설교해야 한다. John Sailhamer, *The Pentateuch as Narrative* (Grand Rapids: Zondervan, 1992), pp.1-78.

36) 삼하 12:11-14.

37) Walter Kaiser Jr., *Preaching and Teaching from the Old Testament: A Guide for the Church* (Grand Rapids: Baker, 2003), p.64.

38) Leland Ryken, *Words of Delight: A Literary Introduction to the Bible* (Grand Rapids: Baker, 1987), pp.53-90.

39) 리랜드 라이큰(Leland Ryken)은 케네스 버크(Kenneth Burke)의 언어를 빌려, 무대를 내러티브의 '그릇'이라고 표현한다. 비유는 거기에 억지로 끼워 넣지 않는 한 매우 도움이 된다. 설교에 주어지는 무대가 모든 행동을 담지는 않는다. 그러나 행동이 시작되는 곳은 보여준다(Ryken, *Words of Delight*, p. 54). 버크의 더 풍성한 적용과 특히 극작가적인 다섯 요소에 대해 더 알기 원한다면, Sonya Foss, *Rhetorical Criticism* (Prospect Heights, IL: Waveland, 1996), pp.455-472에 실린, "Pentadic Criticism"을 보라.

40) J. P. Fokkelman, *Reading Biblical Narrative* (Louisville: Westminster John Knox, 1999), p.76.

41) 같은 곳.

42) 제프리 아더스는 구조의 전형적인 요소로 배경, 갈등, 행동의 증가, 절정, 문제 해결을 제시한다. *Preaching the Old Testament*, ed. Scott Gibson (Grand Rapids: Baker, 2006), p. 76에 실린 그의 글 "Preaching the Old Testament Narratives"을 보라. 매튜슨(Steven Mathewson)은 구조의 요소를 강해, 위기, 문제 해결, 결론으로 설명한다(스티븐 D. 매튜슨,『구약의 내러티브 설교』, 이승진 역(기독교문서선교회: 2011).

43) Laurence A. Turner, *Reclaiming the Old Testament for Christian Preaching* (Downers Grove: InterVarsity Academic, 2010), pp.13-29에 실린, "Preaching Plot"를 참조하라.

44) Leland Ryken, *Words of Delight: A Literary Introduction to the Bible* (Grand Rapids: Baker), p.72.

45) 쾨스텐버거(Andreas J. Köstenburger)와 패터슨(Richard Patterson)은 *Invitation to Biblical Interpretation: Exploring the Hermeneutical Triad of History, Literature, and Theology* (Grand Rapids: Kregel, 2011), pp.251-252에서 서술의 유형을 네 가지(반복, 강조, 반어, 풍자)로 규정한다.

46) 이것은 우리로 하여금 왜 성경 기자들이 반복의 전략을 사용했는지 숙고하게 한다. Robert Alter, *The Art of Biblical Narrative* (New York: Basic, 2011), pp.111-141에 실린, "The Techniques of Repetition"을 참조하라.

47) 제프리 아더스,『목사님 설교가 다양해졌어요』, 박현신 역(베다니출판사: 2010).

48) 테리 G. 카터, J. 스코트 듀발, J. 다니엘 헤이즈,『성경설교』, 김창훈 역(한국성서유니온: 2009).

49) 분명히 성경 기자들은 자신의 해석을 이끄는 각자의 '관점'을 가지고 있다. Meir Sternberg, *The Poetics of Biblical Narrative: Ideological Literature and the Drama of*

Reading (Bloomfield, IN: Indiana University Press, 1985)에 실린, "Viewpoints and Interpretations"를 참조하라.

50) 이야기 세부 사항에 대한 유익한 논의는, 제프리 아더스, 『목사님 설교가 다양해졌어요』, 박현신 역(베다니출판사: 2010)를 참조하라.

51) 유대교와 이야기에 관한 유익한 통찰을 얻기 원한다면, Abraham Heschel, *Between God and Man: An Interpretation of Judaism* (New York: Harper, 1959)를 참조하라.

52) 앗수르 왕국에서 니느웨의 크기와 영향력은 대단했다. Frank Page, Billy K. Smith, *Amos, Obadiah, Jonah*, New American Commentary on the Old Testament (Nashville: B&H, 1995), p.203를 참조하라.

53) 20세기 말, 이 개념에 대한 비슷한 표현이 잭 로저스(Jack Rogers)와 도날드 맥킴(Donald McKim)의 책 *Authority and Interpretation of the Bible: An Historical Approach* (Eugene, OR: Wipf and Stock, 1999)에서 나타난다. 성경은 성도들을 위한 실용적인 목적으로 기록되었기에, 모든 역사적인 세부 사항이 완전해야 했던 것은 아니라는 개념이다. 이에 대한 비평은 John D. Woodbridge, *Biblical Authority: A Critique of the Rogers/McKim Proposal* (Grand Rapids: Zondervan, 1992)을 참조하라.

54) 작은따옴표는 강조를 위해 첨가한 것이다.

55) 물론 오순절 사건에 대한 해석이 본문에 제시한 방법 외에도 많이 있을 것이다. 이에 대한 유익한 설명을 원한다면 John B. Polhill, *Acts*, New American Commentary (Nashville: B&H, 1992), pp.95-122를 참조하라.

56) 해돈 W. 로빈슨, 『강해설교』, 박영호 역(CLC: 2008).

57) 이 부분은 로빈슨의 책에 설명된, 설교의 중심 생각 이해에 관한 내용에서 도움을 받았다.

58) 다시 말하면, 큰 이야기 안에는 많은 작은 이야기가 있다. 가족관계 이야기, 방주를 만드는 이야기, 노아가 반대에 부딪치는 이야기 등이 그것이다. 그러나 우리는 자세한 이야기에서 적용을 찾아내려다 큰 구조의 이야기 안에 있는 아름다움은 놓치는 경우가 종종 있다.

59) 알레고리의 역사와 구약 본문 설교에 관한 부분은, Walter Kaiser, *Preaching and Teaching from the Old Testament* (Grand Rapids: Baker, 2003), p.43, 45를 참조하라.

60) '복음이 없는 권면'에 대한 토론은, 그레엄 골즈워디, 『성경신학적 설교 어떻게 할 것인가』, 김재영 역(성서유니온선교회: 2002)를 참조하라.

61) 구약에서 그리스도를 설교하는 것에 대한 역사적 고찰과 일곱 가지 전략에 관해서는, 시드니 그레이다누스, 『구약의 그리스도 어떻게 설교할 것인가』, 김진섭 외 역(이레서원: 2002)를 참조하라.

62) 노아는 신약에서 아홉 번 언급된다.

63) 그레엄 골즈워디는 『성경신학적 설교 어떻게 할 것인가』에서, 각 구약 본문을 아브라함의 언약과 다윗 언약, 그리스도에게까지 연결하려는 설교학적 접근으로 마태복음 1장을 사용한다.

64) 이후의 모든 장에서 똑같은 단계별 모형을 제공하지는 않을 것이다. 그러나 본 장에서는 내러티브에 관한 모형을 보여주고자 한다.

65) 시드니 그레이다누스, 『구약의 그리스도 어떻게 설교할 것인가』, 김진섭 외 역(이레서원: 2002)를 참조하라.

66) 본 장에서는 구약 내러티브에 하부 유형이 있다는 사실에 대해 논하지는 않을 것이다. 윌리엄 클라인(William Klein), 크레이그 블롬버그(Craig Blomberg), 로버트 허바드(Robert Hubbard)는 구약 내러티브의 유형을, 보고, 영웅적 내러티브, 예언적 이야기, 코미디, 고별연설의 다섯 가지로 규정한다. 그럼에도 장면의 구조는 장르설교에서 받아들이기 적절하다. 내러티브에서 시나 연설 등이 섞여 나타날 수 있지만, 특정한 장르를 설교하는 원칙이 적용된다. 윌리엄 클라인 외, 『성경해석학총론』, 류호영 역(생명의 말씀사: 1997)을 참조하라.

67) 스티븐 D. 매튜슨, 『구약의 내러티브』, 이승진 역(기독교문서선교회: 2011).

68) 데이비드 알렌(David Allen)은 히브리서를 본문으로 언어학이 어떻게 설교에 영향을 미치는지에 대해 가르치면서 이러한 관찰을 보여주었다.

69) Dale Ralph Davis, *The Word Became Fresh* (Ross-shire, Scotland: Mentor, 2011), p.2.

70) Charles Spurgeon, *All of Grace* (2013년 12월에 접속한 http://www.spurgeon.org/all_of_g.htm의 The Spurgeon Archive에 게시된 글)

71) 데이빗 A. 돌시, 『구약의 문학적 구조: 창세기-말라기 주석』, 류근상 역(크리스챤: 2003).

72) Christopher J. H. Stuart, *Reclaiming the Old Testament for Christian Preaching* (Downer's Grove: InterVarsity, 2010), p.99에 실린, "Preaching from the Law."

73) 율법과 신자의 관계에 대한 유익한 토론으로는, Walter Kaiser Jr., *Preaching and*

Teaching from the Old Testament: A Guide for the Church (Grand Rapids: Baker, 2003), pp.139-141을 참조하라.

74) 그레엄 골즈워디, 『성경신학적 설교 어떻게 할 것인가』, 김재영 역(성서유니온선교회: 2002).

75) 더글라스 스튜어트(Douglas Stuart)는, 규칙은 하나님과의 관계에서 기초가 된다고 강조한다. 그는 다음과 같이 설명한다. "율법을 설교할 때는, 초기에 종종 단순하지만 중요한 개념을 소개하는 것이 중요하다. 그것은 규칙이 없으면 관계도 없다는 것이다. 그리스도를 따르고자 할 때, 율법의 가치를 이해하는 것은 필수다. 성경의 율법은 언약적 법조항으로, 두 부분(하나님과 사람)을 연결하는 수단이며, 여기에는 모든 혜택이 뒤따른다." 스캇 깁슨, 『구약을 설교하기』, 김현회 역(디모데: 2009)에 실린, 더글라스 스튜어트의 "율법서를 설교하기."

76) 율법이 사람들을 그리스도께 인도하는 것에 관한 설교의 실례로는, Walter Kaiser Jr., *Preaching and Teaching from the Old Testament: A Guide for the Church* (Grand Rapids: Baker, 2003), pp.146-151에 실린, "God Can Forgive All Our Sin"을 참조하라.

77) 테리 G. 카터, J. 스코트 듀발, J. 다니엘 헤이즈, 『성경설교』, 김창훈 역(한국성서유니온: 2009).

78) 같은 책, p.239.

79) 같은 책, pp.328-336.

80) Christopher J. H. Wright, *Reclaiming the Old Testament for Christian Preaching*, ed Grenville J. R. Kent, Paul J. Kissling, Laurence A. Turner (Downer's Grove: InterVarsity, 2010), p.55에 실린, "Preaching from the Law."

81) 그레엄 골즈워디, 『성경신학적 설교 어떻게 할 것인가』, 김재영 역(성서유니온선교회: 2002).

82) Wright, "Preaching," p.49.

83) '복음 없는 권면'에 대한 논의는, 그레엄 골즈워디, 『성경신학적 설교 어떻게 할 것인가』, 김재영 역(성서유니온선교회: 2002)를 참조하라.

84) 크리스토퍼 라이트(Christopher Wright)는 구약의 성도들이 율법을 지킴으로 구원받은 것이 아니라는 놀라운 관찰을 보여준다. 그들도 하나님의 은혜로 구원받았다는 것이다. 그는 출애굽기 19장 4-6절을 통해, 하나님이 그 백성을 애굽에서 구원하신 것이 율법을 주시기 이전임을 알려준다. 즉, 율법은 이미 구원을 경험한 사람들이 받는 것

이다. 따라서 율법의 순종은 구원받았음을 인정하는 표현이지 구원을 위한 방법이 아니다. Wright, "Preaching," p.48을 참조하라.

85) 예수님은 "내가 아버지께로부터 너희에게 보낼 보혜사 곧 아버지께로부터 나오시는 진리의 성령이 오실 때에 그가 나를 증언하실 것이요"(요 15:26)라고 말씀하셨다. 성경의 각 저자는 목적을 가지고 있으며, 그 목적은 각 책을 구성하는 문단 단위를 해석하는 데 영향을 미친다. 예수 그리스도의 성령은 본문에 참여할 뿐 아니라 말씀을 통해 우리를 안내한다. 비록 이러한 생각이 본 장에서 논의되지는 않았지만, 나는 티모시 위라다에게서 이에 대해 영향을 받았다. 그는 요한복음 15장 26-27절이 우리로 "복음서를 특별한 종류의 본문으로 보도록 요구한다"고 말했다. Timothy Wirada, *Interpreting Gospel Narratives: Scenes, People, and Theology* (Nashville: B&H, 2010), p.213를 참조하라.

86) 비록 복음서는 독특성을 가지고 있지만, 그레코로만의 전기 작가 유형을 따르는 것을 알 수 있다. Mark Strauss, *Four Portraits, One Jesus: A Survey of Jesus and the Gospels* (Grand Rapids: Zondervan: 2007)을 참조하라.

87) 복음서가 예수님의 전기라는 생각은 차후에 더 논의할 것이다.

88) 그리스도의 시대에는 이렇게 족보를 기록하는 것이 일반적인 방법이었다.

89) 기독론적 입장이 전기 중에 강조되었다. 초기 기독교 청중은 이 관점에서 성경을 읽었을 것이다. 이것이, 그리스도가 이 땅에 태어나시기 전에 존재하셨다는 설명이 요한복음에는 구체적으로 나타나 있지만 공관복음에는 암시되어 있다는 등의 내용이 쟁점이 되는 이유다. Simon J. Gathercole, *The Pre-existent Son: Recovering the Christologies of Mathew, Mark, and Luke* (Grand Rapids: Eerdmans, 2006)을 참조하라.

90) Andreas J. Köstenberger, Richard D. Patterson, *Invitation to Biblical Interpretation: Exploring the Hermeneutical Triad of History, Literature, and Theology* (Grand Rapids: Kregel, 2011).

91) 같은 책, pp.374-375.

92) David Jackman, *Preaching and Teaching New Testament: Gospels, Letters, Acts, and Revelation* (London: The Proclamation Trust, 2008) [DVD].

93) 같은 곳. 이러한 구조는 저자의 주된 생각의 연결에 초점이 있다. Wirada, *Interpreting Gospel Narratives*, pp.186-193을 참조하라.

94) 크레이그 블롬버그(Craig L. Blomberg)는 마태복음을 그리스도에 관한 다섯 가지

설교로 이해하면서 유아에서 부활까지 연결했다. 그의 유용한 도표를 보기 원한다면, 크레이그 L. 블롬버그, 『예수와 복음서』, 김경식 역(CLC: 2008)를 참조하라.

95) 블롬버그는 마가복음을 두 부분으로 나누어 이해한다. 그 중간 분기점이 예수의 사역과 고난이다. 분기점이 되는 성경구절은 다음과 같다. "이에 자기의 일을 아무에게도 말하지 말라 경고하시고 인자가 많은 고난을 받고 장로들과 대제사장들과 서기관들에게 버린 바 되어 죽임을 당하고 사흘 만에 살아나야 할 것을 비로소 그들에게 가르치시되"(8:30-31). 크레이그 L. 블롬버그, 『예수와 복음서』, 김경식 역(CLC: 2008).

96) 블롬버그는 같은 책에서 요한복음을 두 부분으로 나누어 이해한다. 즉, 서론(1장)과 부활(20-21장)이다. 이 중 두 번째 부분은 일곱 가지 기적과 일곱 가지 담화(2-11장)에 이어 예수 그리스도의 수난(12-19장)으로 되어 있다.

97) John B. Polhill, *Acts*, New American Commentary (Nashville: B&H, 1992), p.72.

98) 시드니 그레이다누스, 『성경 해석과 성경적 설교』, 김영철 역(여수룬: 2012).

99) Amos Wilder, *Early Christian Rhetoric: The Language of the Gospel* (Peabody, MA: Hendrickson, 1964), pp.69-88.

100) 리랜드 라이큰은 복음서에 여러 하부 형태의 내러티브가 있음에 주목한다. 예를 들어 예고와 출생 이야기, 소명 이야기, 승인 이야기, 증언 이야기, 대면 이야기, 갈등과 논쟁 이야기, 선포 이야기, 기적 이야기, 수난 이야기, 혼합된 이야기 등이다. Leland Ryken, *Words of Delight: A Literary Introduction to the Bible* (Grand Rapids: Baker, 1987), pp.377-382을 참조하라.

101) "아버지여, 아버지께서 내 안에, 내가 아버지 안에 있는 것같이 그들도 다 하나가 되어 우리 안에 있게 하사 세상으로 아버지께서 나를 보내신 것을 믿게 하옵소서"(요 17:21).

102) 참조. 요 13:35; 20:31.

103) Timothy Wirada, *Interpreting Gospel Narratives: Scenes, People, and Theology* (Nashville: B&H, 2010)에 실린, "Are Gospel Writers Interested in Individual Characters?"

104) 시드니 그레이다누스, 『성경 해석과 성경적 설교』, 김영철 역(여수룬: 2012).

105) George R. Beasley-Murray, *Preaching the Gospels from the Gospels* (Peabody, MA: Hendrickson, 1996), p.18.

106) "이것을 더 간략히 말하면, 주해는 사도들이 예수님에 대해 무엇을 말했는지 주의 깊게 듣는 일이다." Wirada, "Are Gospel Writers Interested in Individual Characters?," p.201.

107) 같은 책, p.38.

108) Polhill, *Acts*, p.24.

109) James Montgomery Boice, *Acts: An Expositional Commentary* (Grand Rapids: Baker, 1997), p.10.

110) 복음서의 청중에 관한 논의에 대해 더 알기 원한다면, Richard Baukham, ed., *The Gospels for All Christians: Rethinking the Gospel Audiences* (Grand Rapids: Eerdmans, 1998)를 참조하라.

111) 설교 실례는 사도들이 성경을 어떻게 사용했는지 보여준다. 그리스도가 선지서에 분명히 묘사되어 있으므로, 이러한 성경의 언급은 유대인에게 죄가 있음을 명확히 제시한다. John Phillips, *Exploring Acts*, vol. 1: *Acts 1-12* (Chicago: Moody, 1989), p.49를 참조하라.

112) Peter Adam, *Speaking God's Word: A Practical Theology of Preaching* (Downer's Grove: InterVarsity, 1996), pp.15-25.

113) "베드로는 먼저 이 본문을 인용한다. 그것이 성령의 충만에 대한 가장 명확한 구약의 예언이기 때문이다." Boice, *Acts*, p.48.

114) Andreas J. Köstenberger and Richard D. Patterson, *Invitation to Biblical Interpretation: Exploring the Hermeneutical Triad of History, Literature, and Theology* (Grand Rapids: Kregel, 2011), pp.426-427. '짧은 직유 또는 은유'와 '긴 풍유' 사이의 연속성에 관한 유용한 도표를 참조하라.

115) 이 유용한 정의는, Jason Lee, "Lectures on Parables" (2009년 7월 7일에 있었던 남침례신학대학원의 내러티브 문학에 관한 박사 과정 세미나)에서 얻은 것이다.

116) 주제별 분류의 예는 다양한 책에서 발견된다. 특히, Arland Hultgren, *The Parables of Jesus: A Commentary* (Grand Rapids: Eerdmans, 2000), 혹은 Kline Snodgrass, *Stories with Intent: A Comprehensive Guide to the Parables of Jesus* (Grand Rapids: Eerdmans, 2008)에서 찾아볼 수 있다.

117) 데이비드 웬함의 비유에 관한 뛰어난 책은, 비유를 하나님나라와의 관계 및 그 나라의 혁명적인 본질과 연계해 분류한다. David Wenham, *The Parables of Jesus* (Downers

Grove: InterVarsity, 1989).

118) 크레이그 블롬버그, 『비유해석학』, 김기찬 역(생명의말씀사: 1996).

119) 실제로 저자는 중심 생각을 넌지시 비치는 식으로 이야기를 구성할 수도 있다. 예를 들면, 바리새인과 세리에 대한 비유는 "또 자기를 의롭다고 믿고 다른 사람을 멸시하는 자들에게 이 비유로 말씀하시되"(눅 18:9)로 시작한다. 그러나 예수님의 요지는 그 이야기가 끝나기까지 명백하게 드러나지 않는다. 이것은 중심 생각 없이 주제를 제시하는 예(보조요소가 없는 주제 등)로, 우리는 그 이야기가 끝날 때까지 그 생각을 확실히 알 수 없다.

120) 해석의 역사상, 비유에 대한 수많은 다양한 접근 방식이 있었다. 요아킴 예레미아스(Joachim Jeremias)는 그 유명한 단일 주제 접근을 제안했다. 좀더 최근에 블롬버그는, 하나의 비유에는 주요 인물 숫자만큼의 많은 핵심 요지가 있다고 주장했다. 하나의 비유에 다양한 생각이 있을 수 있다. 그런 이야기들은 마치 여러 개의 생각을 스쳐지나가는 총알처럼 보이지만, 결국 하나의 목표가 되는 청중이 있다. 즉, 심지어 다양한 생각이 들어 있는 비유라도, 그 생각의 중요성이 모두 동등하지는 않다. 거기에는 주된 생각이 있다. 이에 관한 학계의 토론과 해석의 역사에 대한 유용한 자료로는, Blomberg, *Interpreting the Parables*, pp.13-165를 참조하라.

121) 이 말은 논쟁의 소지가 있다. 내 요지는 모든 세부적 내용에 의미를 부여하며 비유를 설교하는 것은, 설교자가 그 세부적인 내용을 하나의 중심 생각을 돕는 중요한 의미로 해석하도록 이끈다는 것이다.

122) 은유와 비유에 관한 유용한 논의로, Leland Ryken, *Words of Delight*, pp.407-409와 Köstenberger, Patterson, *Invitation to Biblical Interpretation*, pp.426-428을 참조하라.

123) 해석의 역사에는 풍유적 해석의 전통이 있다. 비록 이것이 무리한 해석일지라도, 그 전통을 따르는 사람들 중 벤자민 키치(Benjamin Keach) 같은 사람의 책(*Exposition of the Parables in the Bible* [Grand Rapids: Kregel, 1974])에서는 배울 것이 많이 있다. 윌리엄 아노트(William Arnot)가 쓴 비유에 관한 중요한 자료인 *The Parables of Our Lord* (London: Bibliobazzar, 2007)도 참조하라.

124) 이에 관해서는 Kenneth Bailey, *Poet and Peasant and Through Peasant Eyes* (Grand Rapids: Eerdmans, 1983) 같은 유용한 자료를 참조하라.

125) Wenham, *The Parables of Jesus*.

126) Darrell Bock, *Luke 9:51-24:53* BECNT (Grand Rapids: Baker, 1996), p.1309.

127) Kenneth Bailey, *Finding the Lost: Cultural Keys to Luke 15* (Saint Louis: Concordia, 1992), p.114.

128) 좋은 주해적 주석들 외에도 문화적 정보에 대한 훌륭한 자료로는, 케네스 베일리의 다음과 같은 책들이 있다. *Poet and Peasant and Through Peasant Eyes: A Literary-Cultural Approach to the Parables in Luke*, combined ed. (Grand Rapids: Eerdmans, 1983); *Finding the Lost; Jacob and the Prodigal: How Jesus Retold Israel's Story* (Downers Grove: InterVarsity, 2003); 『십자가와 탕자』, 최인철 역(킹덤북스: 2013); *Jesus Through Middle Eastern Eyes* (Downers Grove: InterVarsity, 2008).

129) 문화적 실마리 가운데 의미가 있다는 제안이, 구성적 해석학(compositional hermeneutic)을 주장하는 사람들에게는 불편하게 들릴 수 있다. 나도 그 해석학에 공감한다. 그러나 나는 어떤 비유는 강력한 정경적 지시 대상을 지니고 있다는 것과 설교의 목적은 정보를 제공할 뿐 아니라, 가능한 한 충실하게 원래의 청중에게 미쳤던 효과를 오늘날의 청중에게 가져다주는 것이라 믿는다. 사실 이런 과정에서 정경적 지시물들은 더욱 강력하게 예증될 수 있다.

130) 4장에서 논의한 내러티브 설교 전략을 살펴보라.

131) Bailey, *Finding the Lost*, pp.188-190.

132) David G. Firth, "Preaching Praise Poetry," *Reclaiming the Old Testament for Christian Preaching*, ed. Grenville J. R. Kissling, Paul J. Turner, and Laurence A. Kent (Downers Grove: InterVarsity Academic, 2010), p.86.

133) 시편은 단지 노래를 부르기 위한 것이지 설교를 위한 본문이 아니라는, 몇몇 설교자들의 잘못된 개념에 관한 논의는, 클린턴 맥캔 주니어, 제임스 C. 하우엘, 『시편설교』, 김윤규 역(동연: 2012)를 참조하라.

134) 데이비드 웬함은, 교차대구법의 구조상 34-35절의 말씀이 이 본문의 핵심이라고 주장한다. 만일 거기에 교차법이 사용되었다면, 마태가 나열한 비유들의 배열 자체가 예수님이 그리스도시라는 사실을 더욱 뒷받침해주고 있다고 할 수 있다. 이에 대해서는 David Wenham, *The Parables of Jesus*, Jesus Library (Downers Grove: InterVarsity, 1989)를 참조하라.

135) 마크 푸타토(Mark Futato)는 'logos tou Christou'가 주격 소유형으로 '이는 그리스도가 하신 말씀이다'인지, 혹은 목적격 소유형으로 '이는 그리스도에 관한 말씀이다'인지에 관한 논쟁을 다룬다. 그는 이것이 함축적인 표현으로, 양쪽 모두를 의미할 수 있다고 결론 내린다. 이에 대해서는 Mark D. Futato, *Interpreting the Psalms: An Exegetical Handbook*, Handbooks for Old Testament Exegesis (Grand Rapids: Kregel, 2007), p. 174

를 참조하라.

136) 시편은 설교해야 하는 모든 하나님의 말씀 중 한 부분이다(딤후 3:14-16). 더 중요한 점은, 최초의 기독교 설교에서 베드로가 시편 16편과 110편을 포함하고 있다(행 2:14-41)는 것이다. 베드로의 시편 본문 선택과 그 본문의 이해는, 예수님이 제자들에게 시편이 어떻게 자신을 가리키고 있는지 가르쳐주셨던 것(눅 24:47)에 영향받은 것으로 추측해 볼 수 있다.

137) Edgar Allen Poe, "The Raven" (http://www.poetryfoundation.org/poem/178713, 2014. 2. 14. 접속함).

138) Martin Luther, "A Mighty Fortress Is Our God," in *Great Hymns of the Faith*, ed. John Peterson (Grand Rapids: Zondervan, 1968), p.36.

139) 쾨스텐버거와 패터슨은 이 두 가지 특징 외에도 구체성과 간결성에 주목해, 총 네 가지를 히브리 시의 특징으로 본다. 이에 대해서는, Andreas J. Köstenberger, Richard D. Patterson, *Invitation to Biblical Interpretation: Exploring the Hermeneutical Triad of History, Literature, and Theology* (Grand Rapids: Kregel, 2011), pp.271-273을 참조하라.

140) David Jackman, Robin Sydserff, *Preaching and Teaching Old Testament: Narrative, Prophecy, Poetry, Wisdom* (London: The Proclamation Trust, 2008).

141) Futato, *Interpreting the Psalms*, pp.37-41.

142) "행은 히브리 시의 기본 단위다. 이것은 한 문장에 모두 담기지 않는다. 많은 행이 하나의 완전한 문장 이상을 포함하기 때문이다"(같은 책, pp.27-29). 설교에서 히브리 시의 행을 어떻게 이해할 것인지에 대해서는 본 장의 다음 부분들을 살펴보라.

143) Leland Ryken, *Words of Delight: A Literary Introduction to the Bible* (Grand Rapids: Baker, 1987), p.184.

144) Köstenberger, Patterson, *Invitation to Biblical Interpretation*, p.273.

145) Jackman, Sydserff, *Preaching and Teaching Old Testament* [DVD].

146) 같은 영상.

147) Claus Westermann, *Praise and Lament in the Psalms* (Atlanta: John Knox, 1981), p.16.

148) 데이빗 A. 돌시, 『구약의 문학적 구조: 창세기-말라기 주석』, 류근상 역(크리스챤: 2003).

149) 시편의 거시적 구조에 대한 중요한 논의들이 있다. 그러나 이 책의 관심은 설교의 단위로서 각 개별적 구조에 있다. 그럼에도 우리는 각 개별적 단위의 의미가 전체 정경 속에서 그것이 차지하는 위치에 영향을 받는다는 것을 인지한다. 이에 대해서는 Hermann Gunkle, *Introduction to Psalms: The Genres of the Religious Lyric of Israel* (Macon: Mercer University Press, 1998)을 참조하라.

150) Futato, *Interpreting the Psalms*.

151) 같은 책, p.28.

152) 같은 곳.

153) Walter Brueggemann, *The Message of the Psalms: A Theological Commentary*, Augsburg Old Testament Studies (Minneapolis: Augsburg, 1984), p.21.

154) 인격적이라는 말은 개인적이라는 의미가 아니라, 관계적이라는 뜻이다. 물론 시편은 이스라엘 역사와 나라에서 독특한 공동체적 기능을 하고 있다.

155) William Hendriksen, Simon Kristemaker, *Exposition of Thessalonians, the Pastorals, and Hebrews* (Grand Rapids: Baker, 1995).

156) "본문의 세계가 지닌 암시적 요구들을 바르게 조절하는 것은 본문의 정당한 적용을 형성한다. 즉, 그 세계는 미래의 적용을 위한 본문의 방향이다." Abraham Kuruvilla, *Privilege the Text! A Theological Hermeneutic for Preaching* (Chicago: Moody, 2013), p.42.

157) 마크 푸타토는 주해하는 사람들에게 시편에 대한 '언약적 질문'을 하도록 격려한다. 이는 각 시편이 하나님과 사람들 사이의 관계에서 나온 것이라는 생각에 근거한다. 그러므로 시편 전달에 도움을 얻기 위해 다음과 같이 묻는 것은 당연하다. "(1) 이 본문은 무엇을 믿으라고 가르치는가? (2) 이 본문은 무엇을 하라고 가르치는가? (3) 이 본문은 무엇을 느끼도록 가르치는가?"(Futato, *Interpreting the Psalms*, p.206).

158) Futato, *Interpreting the Psalms*, pp.197-204.

159) Ryken, *Words of Delight*, p.215.

160) Futato, *Interpreting the Psalms*, pp.197-203.

161) 존 번연, 『천로역정』, 최종훈 역(포이에마: 2011).

162) Derek Kidner, *The Wisdom of Proverbs, Job, and Ecclesiastes* (Downers Grove: In-

terVarsity, 1985), p.11.

163) 같은 책, pp.56-57.

164) 같은 책, p.18.

165) John A. Kitchen, *Proverbs*, Mentor Commentary (Inverness, Scotland: Mentor, 2006), p.29.

166) Andreas J. Köstenberger, Richard D. Patterson, *Invitation to Biblical Interpretation: Exploring the Hermeneutical Triad of History, Literature, and Theology* (Grand Rapids: Kregel, 2011), p.271.

167) Kidner, *The Wisdom of Proverbs, Job, and Ecclesiastes*, p.94.

168) Köstenberger, Patterson, *Invitation to Biblical Interpretation*, p.271.

169) C. 헤슬 벌럭, 『시가서 개론』, 임영섭 역(은성: 1999).

170) "그들은 정경에 인간의 사랑을 고귀하게 여기는 작품이 없었다면 불완전한 책이 되었을 것이며, 그 이유는 그 사랑도 하나님의 창조물에 속하기 때문이라고 주장한다. 아가서는 성과 결혼에 대한 경건한 접근을 보여준다"[Paige Patterson, *Song of Solomon*, Everyman's Bible Commentary (Chicago: Moody, 1986), p.21].

171) 아가서의 구조에 대한 연구를 포함해, 이 책에 대한 주석으로 유용하게 사용할 만한 책과 소논문으로는, James T. Dennison, "What Should I Read on the Song of Solomon?," *Kerux: A Journal of Biblical Theological Preaching* 8, no. 2 (September 1993): pp.35-41을 참조하라.

172) Patterson, *Song of Solomon*, pp.28-29.

173) Dennison, *What Should I Read?*, pp.38-39.

174) C. 헤슬 벌럭, 『시가서 개론』, 임영섭 역(은성: 1999)에 인용된, Christian D. Ginsburg, *The Song of Songs and Coheleth* (New York: KTAV, 1857), pp.7-11.

175) D. A. Carson, *Matthew*, Expositors Bible Commentary (Grand Rapids: Zondervan, 1984), p.297을 참조하라.

176) 잠언 8장을 기독론적으로 연결하기 위해 고린도전서 1장 24절을 사용하는 것과 상관없이 이것은 진리다.

177) 마크 데버,『신약성경의 핵심』, 김귀탁 역(부흥과개혁사: 2008)과 *The Message of the Old Testament: Promises Made* (Wheaton: Crossway, 2006)을 보라.

178) Douglas Sean O'Donnell, *The Beginning and End of Wisdom: Preaching Christ from the First and Last Chapters of Proverbs, Ecclesiastes, and Job* (Wheaton: Crossway, 2011), p.149.

179) 이러한 접근법에 대한 유용한 도표를 얻기 원한다면, O'Donnell, *The Beginning and End of Wisdom*, pp. 121-122, 129, 131-132를 참조하라.

180) 같은 책, p.210.

181) 스캇 깁슨,『구약을 설교하기』, 김현회 역(디모데: 2009)에 실린, 존 세일해머의 "선지서를 설교하기."

182) 선지자에 대한 전반적인 관점을 지닌 성경신학에 대해서는, 데스먼드 알렉산더,『에덴에서 새 예루살렘까지』, 배용덕 역(부흥과개혁사: 2012)를 참조하라.

183) 이런 요약은 많은 자료에서 찾아볼 수 있지만, 간략하게 다루는 것으로는, J. 스코트 듀발, J. 다니엘 헤이즈,『성경해석』, 류호영 역(한국성서유니온: 2009)이 있다.

184) 이 부분은 8장에서 다룬 히브리 시에 관한 설명을 따른다.

185) 시드니 그레이다누스,『성경 해석과 성경적 설교』, 김영철 역(여수룬: 2012).

186) 스캇 깁슨,『구약을 설교하기』, 김현회 역(디모데: 2009)에 실린, 존 세일해머의 "선지서를 설교하기."

187) 시드니 그레이다누스,『성경 해석과 성경적 설교』, 김영철 역(여수룬: 2012).

188) 같은 책, pp.245-249.

189) 월터 카이저는, 선지서에는 회개라는 하나의 중심 메시지가 있다고 말한다. 그에 대한 반응이 뒤따르는 복과 저주를 결정할 것이다. Walter C. Kaiser Jr., *Toward an Exegetical Theology: Biblical Exegesis for Preaching and Teaching* (Grand Rapids: Baker, 1981), p.193를 참조하라.

190) 선지서를 읽는 것에 관한 유용한 안내서가 필요하다면, Köstenberger, Patterson, *Invitation to Biblical Interpretation*, pp.346-358에 실린, "Guidelines for Interpreting Prophecy"를 참조하라.

191) 선지서 장르 안에는 다양한 하부 장르가 있다. 카이저는 *Preaching and Teaching*

from the Old Testament (Grand Rapids: Baker, 2003), pp.110-113에서, 그 장르로 저주 신탁, 예언적 법정 소송 이방 나라들을 향한 신탁이 있다고 지적한다. 비록 선지서 장르 안에 이런 다양한 하부 장르가 있더라도, 이것이 설교를 구성할 때 구조에 영향을 미치게 하지는 말아야 한다.

192) Grenville J. R. Kent, Paul Kissling, Laurence A. Turner, *Reclaiming the Old Testament for Christian Preaching*. (Downers Grove: InterVarsity, 2010), pp.212-214에 실린, Alison Lo, "Preaching the Minor Prophets"에서 스바냐에 대한 내용을 참조하라.

193) 여기 제시한 다섯 기간은 다양한 의사소통 관련 학자들에 의해 다르게 나뉘기도 한다. 의사소통의 역사에 관한 고전적인 자료로, 데이비드 크라울리, 폴 헤이어, 『인간 커뮤니케이션의 역사 기술 문화 사회』, 김지운 역(커뮤니케이션북스: 2012)를 추천한다.

194) Thomas Long, *Preaching and the Literary Forms of the Bible* (Philadelphia: Fortress, 1989), pp.108-109.

195) "주해자의 선입견, 감정, 평가, 관심을 반영하는 것이 아니라, 본문을 재현하는 것이 해석자의 일이다"[Walter C. Kaiser Jr., *Toward an Exegetical Theology: Biblical Exegesis for Preaching and Teaching* (Grand Rapids: Baker, 1981), p.45].

196) 예를 들어, 데살로니가전서에서만 사용된 가족에 관한 언어를 살펴보라. 바울은 데살로니가 교인들을 "형제들"(2:1,9)이라 부르고, 어머니처럼 사랑하며(2:7), 아버지처럼 훈계한다(2:11-12).

197) 서신 자체는 그 시대의 관례를 따른다. Leland Ryken, *Words of Delight: A Literary Introduction to the Bible* (Grand Rapids: Baker, 1987), pp.432-433을 참조하라.

198) David Allen, *Hebrews*, New American Commentary (Nashville: B&H, 2010)의 서문을 참조하라.

199) 바울 서신에 대한 매우 유용한 거시적 관점에 대해서는, John Polhill, *Paul and His Letters* (Nashville, B&H Academic, 1999)를 참조하라.

200) 이 부분에 대한 논의는, John Banker, *Semantic Structural Analysis of Titus* (Dallas: Summer Institute of Linguistics, 1994)의 영향을 받았다. 대부분의 주석가들은 역사적, 신학적, 성경적 배경에서 주장하는 반면, 언어학자들은 그 본문의 의미론적 구조에서 자신의 주장을 세워나간다. 나는 이런 언어학적 도구가 어려운 본문을 다루는 데 유용하다는 것을 발견했다. 특히 문제에 대한 분명한 신학적 혹은 성경적 해법이 없을 때는 더욱 그렇다. 이 책은 구전 문화권에서 일하는 번역가들이 안내 자료로 사용하는 Summer Institute of Linguistics의 언어학자들에 의해 출판되었다. 다양한 책들에 대한 의미

론적 구조 분석과 주해적 안내서는 *www.sil.org/resources*에서 주문할 수 있다.

201) 서신서의 은유와 문학적 기술에 관한 유용한 논의에 대해서는, Ryken, *Words of Delight*, pp.435-439를 보라.

202) 특히 히브리서와 야고보서의 경우 더욱 그렇다. 히브리서의 구두적인 본질에 대해서는, Andreas J. Köstenberger, Richard Patterson, *Invitation to Biblical Interpretation: Exploring the Hermeneutical Triad of History, Literature, and Theology* (Grand Rapids: Kregel, 2011), pp.476-479를 참조하라. 야고보서의 구두적 본질과 어떻게 그 구두적 효과를 설교에 활용할 것인지에 대해서는, David Lim, "Text-Driven Preaching and the Aurality of the Text: Reanimating Aural Effects in Preaching James"(남침례신학대학원 박사학위 논문, 2011)를 참조하라.

203) 테리 G. 카터, J. 스코트 듀발, J. 다니엘 헤이즈, 『성경설교』, 김창훈 역(한국성서유니온: 2009).

204) 브라이언 채플(Bryan Chapell)은, 명령법은 직설법 위에 세워졌다는 점을 효과적으로 설명한다. 2012년 3월 6일에 Expository Preaching Workshop에서 그가 한 말을 참조하라(http://swbts.edu/media/item/412/plenary-session-6, 2014. 3.10. 접속함).

205) 한 책의 주제를 이해하기 위해, 나는 기본적인 개관을 살펴볼 것을 권한다. 이것에 도움이 되는 다양한 책 중 하나는, Donald Guthrie, *New Testament Introduction* (Grand Rapids: InterVarsity, 1990)이다.

206) 에베소서의 개요 및 골로새서와 에베소서의 관계에 대한 논의는, Peter O'Brien, *The Letter to the Ephesians*, The Pillar New Testament Commentary (Grand Rapids: Eerdmans, 1999), v-vii, 9-10을 참조하라.

207) 성경의 내러티브를 보여주는 많은 자료 중, 크레이그 바르톨로뮤, 마이클 고힌, 『성경은 드라마다』, 김명희 역(IVP: 2009)를 참조하라.

208) 해돈 W. 로빈슨, 『강해설교』, 박영호 역(CLC: 2008)를 참조하라.

209) David Jackman, *Preaching and Teaching the New Testament*, Proclamation Trust DVD를 참조하라.

210) 테리 G. 카터, J. 스코트 듀발, J. 다니엘 헤이즈, 『성경설교』, 김창훈 역(한국성서유니온: 2009).

211) 본문이 이끄는 설교의 준비에 대한 가장 훌륭한 설명은, 데이비드 알렌 박사의 미출간 설교 원고에서 찾을 수 있다. 나는 특히 서신서를 다룬 부분에서 많은 것을 배웠

다. 언어학자로서 그의 관점은 의미론적 구조 분석에 관한 원리에 기초한다. 그의 접근법에 대한 개관은, 다니엘 에이컨, 데이비드 알렌, 네드 매튜스, 『본문중심으로 설교하라』, 김대혁, 임도균 역(이든북스: 2012)로 출판되었다.

212) 이 예의 구조는, 그 반복성으로 인해 흥미롭다. 어떤 학자는 그리스도의 우월성에 대한 명제를 바울이 네 개의 명제로 변호한다고 이해하고, 또 다른 학자는 그 변호 명제가 다섯 개라고 말한다. 이것은 해석자가 그리스도의 충만함(pleroma, 19절)에 대한 개념을 어떻게 다루는지와 하나님을 그리스도의 우월성에 대한 하나의 이유로 보는지, 또는 형상(eikon, 15절)이라는 개념 안에 포함해서 보는지에 달려 있다. 두 경우 모두 가능한 듯하다.

213) Köstenberger, Patterson, *Invitation*, pp.473-476.

214) Douglas Moo, *The Letters to the Colossians and to Philemon*, Pillar New Testament Commentary (Grand Rapids: Eerdmans, 2008), pp.107-137.

215) 이것은 무조건적 소유격으로 이해할 수 있다. 오즈번(Grant R. Osborne)은 이 전치사를 목적격 소유격이 아니라 주격 소유격으로 이해한다. 즉, '예수님에게서 온' 요한계시록이 반드시 예수님에 관한 것일 필요는 없다는 것이다. 그러나 이 점은 문제가 되지 않는다. 이 책 대부분의 내용은 그리스도의 정체성에 대한 것이기 때문이다. 그랜트 오즈번, 『요한계시록』, 김귀탁 역(부흥과개혁사: 2012)을 참조하라.

216) Andreas J. Köstenberger, Richard D. Patterson, *Invitation to Biblical Interpretation: Exploring the Hermeneutical Triad of History, Literature, and Theology* (Grand Rapids: Kregel, 2011), p.531.

217) 같은 책, pp.533-536.

218) 요한계시록의 장르에 대한 페이지 패터슨의 유용한 논의를 살펴보라. Paige Patterson, *Revelation*, New American Commentary (Nashville: B&H, 2012), pp.24-25.

219) Ian Paul, David Wenham, ed., *Preaching the New Testament* (Downers Grove, IL: InterVarsity, 2013), p.162에 실린, Ian Paul, "Preaching from the Book of Revelation."

220) Köstenberger, Patterson, *Invitation to Biblical Interpretation*, p.531.

221) 요한계시록과 성경신학의 관계에 대해서는, 데스먼드 알렉산더, 『에덴에서 새 예루살렘까지』, 배용덕 역(부흥과개혁사: 2012)을 참조하라.

222) 쾨스텐버거와 패터슨은 이 책의 환상들에 대한 개요를 제공한다. Köstenberger, Patterson, *Invitation to Biblical Interpretation*, pp.558-559을 참조하라.

223) Paul, "Preaching from the Book of Revelation," p.165.

224) 쾨스텐버거는 암시를 세 종류로 이해한다. 즉, 포함된 암시, 내포된 암시, 우발적 암시가 그것이다. Köstenberger, Patterson, *Invitation to Biblical Interpretation*, pp.542-543.

225) Leland Ryken, *Words of Delight: A Literary Introduction to the Bible* (Grand Rapids: Baker, 1987), pp.481-482의 "The Book of Revelation as Epic"에 관한 논의를 참조하라.

226) Robert H. Mounce, *The Book of Revelation*, rev ed., New International Commentary on the New Testament (Grand Rapids: Eerdmans, 1998), p.30.

227) 상징적 언어를 해석하는 일곱 가지 단계에 대해서는, Köstenberger, Patterson, *Invitation to Biblical Interpretation*, pp.551-557을 참조하라.

228) David Jackman, *Preaching and Teaching New Testament: Gospels, Letters, Acts and Revelation* (London: The Proclamation Trust), DVD을 참조하라.

229) 크레이그 블레이징(Craig Blaising)은, 요한계시록의 주제는 '오시는 그리스도'이며, 이것은 이미 1장 7절에서 선언되었고, 그 후 책 전체에서 다루어지고 있다고 주장한다. 이 주장은 Advanced Expository Preaching-Workshop(2013년 10월, 남침례신학대학원 세미나)에서 발표한 "오시는 그리스도(Jesus Is Coming)"라는 그의 통찰력 있고 유용한 연설에서 제시되었다.

230) Simon Kistemaker, *Revelation*, New Testament Commentary (Grand Rapids: Baker, 2001), p.5.

231) Stephen S. Smalley, *The Revelation to John: A Commentary on the Greek Text of the Apocalypse* (Downers Grove: InterVarsity, 2005), p.17.

232) 이 사이트들은 저술 당시 접속 가능했던 것들이다.

참고문헌

아래의 참고문헌은 본문에 인용된 문헌과
더 깊은 연구를 원하는 설교자를 위한 자료를 포함한다.
어떤 자료는 그 분야에 공헌한 자료들을 목록으로 만들었기 때문에
모든 자료가 동일하게 도움이 되는 것은 아니다.

일반 자료

라메쉬 리처드. 『강해전도설교』. 정현 역. 서울: 디모데, 2009.

마이클 고먼. 『성서 석의 입문』. 편집부 역. 서울: 크리스천다이제스트, 2005.

마크 데버. 『신약성경의 핵심』. 김귀탁 역. 서울: 부흥과개혁사, 2008.

_____. 『구약성경의 핵심 메시지 1』. 김귀탁 역. 서울: 부흥과개혁사, 2009.

마틴 로이드 존스. 『설교와 설교자』. 정근두 역. 서울: 복있는사람, 2012.

스티븐 스미스. 『나는 죽고 성도를 살리는 설교자』. 김대혁 역. 서울: 베다니출판사, 2011.

윌리엄 클라인 외. 『성경해석학총론』. 류호영 역. 서울: 생명의말씀사, 1997.

잭 에즈윈. 『현대인을 위한 성경적 설교』. 이승진 역. 서울: CLC, 2010.

존 번연. 『천로역정』. 최종훈 역. 서울: 포이에마, 2011.

존 킬링거. 『성도의 가슴에 말씀을 꽂으라』. 곽주환 역. 서울: 진흥, 1997.

토마스 롱. 『설교가 살아야 교회가 삽니다』. 편집부 역. 서울: 나침반사, 1998.

하워드 마샬. 『신약성서 신학』. 박문재, 정용신 역. 서울: 크리스천다이제스트, 2006.

D. A. 카슨. 『성경해석과 교회』. 편집부 역. 서울: 기독교문서선교회, 1991.

J. 스코트 듀발, J. 다니엘 헤이즈. 『성경해석』. 류호영 역. 서울: 한국성서유니온, 2009.

Adam, Peter. *Speaking God's Word: A Practical Theology of Preaching*. Downers Grove: InterVarsity, 1996.

Allen, David L. "A Tale of Two Roads: Homiletics and Biblical Authority." *Journal of the Evangelical Theological Society*. 43 (2000): 489-515.

Ash, Christopher. *The Priority of Preaching*. Ross-shire, Scotland: Christian Focus, 2009.

Autrey, Denny. *Factors Influencing the Sermonic Structure of Jean Claude and His Influence on Homiletics*. Southwestern Baptist Theological Seminary. Fort Worth, TX. 2013.

Beale, G. K. *The Right Doctrine from the Wrong Texts? Essays on the Use of the Old Testament in the New*. Grand Rapids: Baker, 1994.

Broadus, John A. *On the Preparation and Delivery of Sermons*. 4th ed. Revised by Vernon L. Stanfield. San Francisco: Harper & Row, 1986.

Brown, H. C., Jr., H. Gordon Clinard, Jesse J. Northcutt, and Al Fasol. *Steps to the Sermon*. Nashville: B&H, 1996.

Carson, D. A. *Hermeneutics, Authority, and Canon*. Grand Rapids: Zondervan, 1986.

Claude, Jean. *Essay on the Composition of a Sermon: With Notes and Illustrations and One Hundred Skeletons of Sermons by Charles Simeon*. Reprint ed. Grand Rapids: Baker, 1979.

Cox, James W. *A Guide to Biblical Preaching*. Nashville: Abingdon, 1976.

Dodd, C. H. *According to the Scriptures: The Sub-Structure of New Testament Theology*. Stone Lectures. New York: Scribner's, 1953.

Ellis, E. Earle. *The Old Testament in Early Christianity: Canon and Interpretation in the Light of Modern Research*. Wissenschaftliche Untersuchungen Zum Neuen Testament. 2. Reihe. Grand Rapids; Tübingen: Baker; Mohr Siebeck, 1991.

Feinberg, John S. *Continuity and Discontinuity: Perspectives on the Relationship between the Old and New Testaments: Essays in Honor of S Lewis Johnson*, Jr. Westchester, IL: Crossway, 1988.

Goldingay, John. *Models for Interpretation of Scripture*. Grand Rapids: Eerdmans, 1995.

Hall, E. Eugene, and James L. Heflin. *Proclaim the Word: The Basis of Preaching*. Nashville: Broadman, 1985.

Hopkins, Charles. *Charles Simeon of Cambridge*, Eugene, OR: Wipf and Stock, 2012.

Jackman, David. *I Believe in the Bible*. London: Hodder & Stoughton, 2000.

Kaiser, Walter C., Jr. *Toward an Exegetical Theology: Biblical Exegesis for Preaching and Teaching*. Grand Rapids, Baker, 1981.

Ladd, George Eldon, and Donald A. Hagner. *A Theology of the New Testament*. Rev ed. Grand Rapids: Eerdmans, 1993.

Lischer, Richard. *A Theology of Preaching: The Dynamics of the Gospel*. Eugene, OR: Wipf & Stock, 2001.

MacArthur, John, Jr., and the Master's Seminary Faculty. *Preaching: How to Preach Biblically*. Nashville: Thomas Nelson, 2005.

_____. *Rediscovering Expository Preaching*. Dallas: Word, 1992.

Richard, Ramesh. *Preparing Expository Sermons: A Seven-Step Method for Biblical Preaching*. Grand Rapids: Baker, 2001.

Roberts, Vaughan. *God's Big Picture: Tracing the Storyline of the Bible*. Downers Grove: InterVarsity, 2002.

Steward, James S. *Preaching*. London: Hodder & Stoughton, 1955.

Willhite, Keith, and Scott Gibson. *The Big Idea of Biblical Preaching*. Grand Rapids: Baker, 1998.

Wilson, Paul Scott. *The Four Pages of the Sermon*. Nashville: Abingdon, 1999.

_____. *The Practice of Preaching*. Nashville: Abingdon, 1995.

강해, 해석, 장르와 관련된 문헌

고든 D. 피, 더글라스 스튜어트. 『성경을 어떻게 읽을 것인가』. 오광만 역. 서울: 성서유니온선교회, 2008.

그레엄 골즈워디. 『복음과 하나님의 계획』. 김영철 역. 서울: 성서유니온선교회, 2013.

_____. 『복음중심 해석학』. 배종열 역. 서울: CLC, 2014.

_____. 『성경신학적 설교 어떻게 할 것인가』. 김재영 역. 서울: 성서유니온선교회, 2002.

다니엘 도리아니. 『해석, 성경과 삶의 의미를 찾다』. 정옥배 역. 서울: 성서유니온선교회, 2011.

다니엘 에이컨, 데이빗 알렌, 네드 매튜스. 『본문중심으로 설교하라』. 김대혁, 임도균 역. 서울: 이든북스, 2012.

데스몬드 알렉산더. 『주제별로 본 모세오경』. 정효제 역. 서울: 대한신학대학원대학교, 2009.

_____. 『에덴에서 새 예루살렘까지』. 배용덕 역. 서울: 부흥과개혁사, 2012.

도널드 R. 수누키안. 『성경적 설교의 초대』. 채경락 역. 서울: CLC, 2009.

라메쉬 리처드. 『삶을 변화시키는 7단계 강해설교준비』. 정현 역. 서울: 디모데, 1998.

리랜드 라이켄. 『문학으로 성경을 어떻게 읽을 것인가』. 곽철호 역. 서울: 은성, 2007.

마이클 J. 퀵. 『전방위 설교』. 이승진 역. 서울: CLC, 2012.

모세 실바. 『교회는 성경을 오석해 왔는가』. 심상법 역. 서울: 솔로몬, 2001.

브라이언 채플. 『그리스도 중심의 설교』. 김기제 역. 서울: 은성, 1999.

시드니 그레이다누스. 『성경 해석과 성경적 설교』. 김영철 역. 서울: 여수룬, 2012.

에드먼드 클라우니. 『설교와 성경신학』. 류근상 역. 서울: 크리스챤출판사, 2003.

윌리엄 클라인 외. 『성경해석학총론』. 류호영 역. 서울: 생명의말씀사, 1997.

제임스 해밀턴. 『성경신학이란 무엇인가』. 김희정 역. 서울: 부흥과개혁사, 2015.

존 스타트. 『현대교회와 설교』. 정성구 역. 서울: 생명의샘, 2010.

테리 G. 카터, J. 스코트 듀발, J. 다니엘 헤이즈. 『성경설교』. 김창훈 역. 서울: 한국성서유니온, 2009.

프래드 크래독. 『크래독의 설교레슨』, 이우제 역. 서울: 대서, 2007.

해돈 W. 로빈슨. 『강해설교』. 박영호 역. 서울: CLC, 2008.

_____. 『성경적인 설교 준비와 전달』. 이승진 역. 서울: 두란노아카데미, 2011.

Achtemeiter, Elizabeth. *Preaching from the Old Testament*. Philadelphia: Westminster, 1984.

Akin, Daniel L., Bill Curtis, and Stephen Rummage, eds. *Engaging Exposition*. Nashville: B&H Academic, 2011.

Allen, Ronald. "A Response to Genre Criticism—Sensus Literalis." Pages 193-203 in *Hermeneutics, Inerrancy, and the Bible*. Edited by Earl D. Radmacher and Robert D. Preus. Grand Rapids: Zondervan, 1984.

Allen, Ronald J. "Feeling and Form in Biblical Interpretation." *Encounter* 43 (1982): 99-107.

Alter, Robert, and Frank Kermode, eds. *The Literary Guide to the Bible*. Cambridge, MA: Harvard University Press, 1987.

Arthurs, Jeffrey D. *Biblical Interpretation Through Rhetorical Criticism: Augmenting the Grammatical/Historical Approach.* Diss. Purdue University, 1992. Ann Arbor: UMI, 1993.

_____. *Preaching with Variety: How to Re-create the Dynamics of Biblical Genres.* Grand Rapids: Kregel, 2007.

Aune, David E. *The New Testament in Its Literary Environment.* Library of Early Christianity. Philadelphia: Westminster, 1987.

Awbrey, Ben E. "A Critical Examination of the Theory and Practice of John F. MacArthur's Expository Preaching." Th.D dissertation. New Orleans Baptist Theological Seminary, 1990.

Bailey, James L., and Lyle D. Vander Broek. *Literary Forms in the New Testament: A Handbook.* Louisville: Westminster/John Knox, 1992.

Baird, J. Arthur. "Genre Analysis as a Method of Historical Criticism." *Book of Seminar Papers* (1972): 385-411.

Bar-Efrat, S. "Some Observations on the Analysis of Structure in Biblical Narrative." *Vetus Testamentum* 30 (1980): 154-173.

Berkhof, Louis. *Principles of Biblical Interpretation.* Grand Rapids: Baker, 1950.

Best, Ernest. *From Text to Sermon: Responsible Use of the New Testament in Preaching.* Atlanta: John Knox, 1978.

Blomberg, Craig L., and Jennifer Foutz Markley. *A Handbook of New Testament Exegesis.* Grand Rapids: Baker, 2010.

Carson, D. A. "Accept No Substitutes: 6 Reasons Not to Abandon Expository Preaching." *Leadership* 18 (1996).

Chapell, Bryan. "The Future of Expository Preaching." *Preaching* 20 (September-October 2004).

_____. "The Future of Expository Preaching." *Preaching* 20 (November-December 2004).

Clements, Roy. "Expository Preaching in a Postmodern World." *Evangelical Review of Theology* 23 (1999): 174-182.

Chisholm, Robert B., Jr. *From Exegesis to Exposition: A Practical Guide to Using Biblical Hebrew.* Grand Rapids: Baker, 1998.

Clowney, Edmund. *Preaching Christ in All of Scripture.* Wheaton: Crossway, 2003.

Collins, John Joseph. "Towards the Morphology of a Genre: Introduction." *Semeia* 14 (1979): 1-20.

Cooper, Lamar E. "Interpreting the Poetical Books for Preaching." *Faith and Mission* 13 (1995): 85-97.

Cox, James W. *Biblical Preaching: An Expositor's Treasury*. Philadelphia: Westminster, 1983.

_____. "How Good Is Your Expository Preaching?" *Pulpit Digest* edition (November-December 1979).

Dever, Mark, and Greg Gilbert. *Preach: Theology Meets Practice*. Nashville: B&H, 2012.

Dockery, David S. *Biblical Interpretation Then and Now: Contemporary Hermeneutics in the Light of the Early Church*. Grand Rapids: Baker, 1992.

_____. *Foundations for Biblical Interpretation*. Nashville: B&H, 1994.

Duduit, Michael. *Communicate with Power*. Grand Rapids: Baker, 1996.

Fokkelman, J. P. *Reading Biblical Narrative*. Louisville: Westminster/John Knox, 1999.

Goldingay, John. "Preaching on the Stories in Scripture." *Anvil* 2 (1990): 105-114.

Hall, E. Eugene, and James L. Heflin. *Proclaim the Word: The Basics of Preaching*. Nashville: Broadman, 1985.

Hamilton, James M., Jr. "Biblical Theology and Preaching," http://www.jamesmhamilton.org/renown/wp-content/uploads/2010/07/tdp-pp-193-218.pdf.

_____. *God's Glory in Salvation through Judgment: A Biblical Theology*. Crossway, 2010.

House, H. Wayne, and Daniel G. Garland. *God's Message, Your Sermon: Discover, Develop, and Deliver What God Meant by What He Said*. Nashville: Thomas Nelson, 2007.

Howell, Mark A. "*Hermeneutical Bridges and Homiletical Methods: A Comparative Analysis of the New Homiletic and Expository Preaching Theory*." Ph.D. Dissertation. Southeastern Baptist Theological Seminary, 1999.

Howell, W. S. *Fenelon's Dialogues on Eloquence*. Princeton, NJ: Princeton University Press, 1951.

Hughes, R. Kent, Leland Ryken, and Todd A. Wilson. *Preach the Word: Essays on*

Expository Preaching in Honor of R. Kent Hughes. Wheaton: Crossway, 2007.

Johnson, Dennis. *Him We Proclaim: Preaching Christ from All the Scriptures*. Phillipsburg, NJ: P&R, 2007.

Kaiser, Walter C., Jr. *Preaching and Teaching from the Old Testament*. Grand Rapids: Baker, 2003.

Klein, George L. *Reclaiming the Prophetic Mantle: Preaching the Old Testament Faithfully*. Baptist Sunday School Board, 1992.

Köstenberger, Andreas J., and Richard Patterson. *Invitation to Biblical Interpretation: Exploring the Hermeneutical Triad of History, Literature, and Theology*. Grand Rapids: Kregel, 2011.

Kuruvilla, Abraham. *Privilege the Text!: A Theological Hermeneutic for Preaching*. Chicago: Moody, 2013.

_____. *Text to Praxis: Hermeneutics and Homiletics in Dialogue*. T&T Clark, 2009.

Liefield, Walter L., *New Testament Exposition: From Text to Sermon*. Grand Rapids: Zondervan, 1984.

Long, Thomas G. *Preaching and the Literary Forms of the Bible*. Philadelphia: Fortress, 1989.

Longman, Tremper, III. *Literary Approaches to Biblical Interpretation*. Grand Rapids: Zondervan, 1987.

Mathewson, Steven. *The Art of Preaching the Old Testament*. Grand Rapids: Baker, 2002.

McDill, Wayne. *The Twelve Essential Skills for Great Preaching*. Nashville: B&H,1994.

Mohler, Albert R. *Preaching the Centrality of Scripture*. Edinburgh: Banner of Truth, 2003.

Montgomery, R. Ames. *Expository Preaching*. New York: Revell, 1939.

Mulder, David. *Narrative Preaching*. Saint Louis: CPH, 1996.

Osborne, Grant R. "Genre Criticism." Pages 163-190 in *Hermeneutics, Inerrancy, and the Bible*. Edited by Earl D. Radmacher and Robert D. Preus. Grand Rapids: Zondervan, 1984.

_____. *The Hermeneutical Spiral: A Comprehensive Introduction to Biblical Interpretation*. Downers Grove: InterVarsity, 1991.

Paul, Ian, and David Wenham, eds. *Preaching the New Testament*. Downers Grove: InterVarsity, 2013.

Piper, John. "Preaching as Expository Exultation for the Glory of God." in *Preaching the Cross*. Mark Dever, J. Ligon Duncan Ⅲ, R. Albert Mohler Jr., and C. J. Mahaney. Wheaton: Crossway, 2007.

Robinson, Haddon W. "What Is Expository Preaching?" *Bibliotheca Sacra* 131.

Robinson, Haddon W. *Biblical Sermons: How Twelve Preachers Apply the Principles of Biblical Preaching*. Grand Rapids: Baker, 1989.

Ryken, Leland. *Words of Delight: A Literary Introduction to the Bible*. Grand Rapids: Baker, 1987.

Ryken, Leland, and Tremper Longman Ⅲ, eds. *A Complete Literary Guide to the Bible*. Grand Rapids: Zondervan, 1993.

Ryle, John Charles. *Expository Thoughts on the Gospels: St. Matthew*. New York: Robert Carter, 1857.

Sandy, D. Brent, and Ronald L. Giese Jr. *Cracking Old Testament Codes: A Guide to Interpreting the Literary Genres of the Old Testament*. Nashville: B&H, 1995.

Silva, Moisés. *God, Language and Scripture*. Grand Rapids: Zondervan, 1990.

Steimle, Edmund A. *Preaching the Story*. Philadelphia: Fortress, 1980.

Stott, John R. W. "Biblical Preaching Is Expository Preaching." in *Evangelical Roots: A Tribute to Wilbur Smith*. Edited by Kenneth S. Kantzer. New York: Thomas Nelson, 1978.

_____. *Understanding the Bible*. Grand Rapids: Lamplighter, 1972.

Stout, Harry S. *The New England Soul: Preaching and Religious Culture in Colonial New England*. Oxford: Oxford University Press, 1986.

Vanhoozer, Kevin. *Is There a Meaning in This Text?: The Bible, the Reader, and the Morality of Literary Knowledge*. Grand Rapids: Zondervan, 1998.

Unger, Merrill F. *Principles of Expository Preaching*. Grand Rapids: Zondervan, 1955.

Vines, Jerry, and Jim Shaddix. *Power in the Pulpit: How to Prepare and Deliver Expository Sermons*. Chicago: Moody, 1999.

Von Rad, Gerhard. *Biblical Interpretations in Preaching*. Nashville: Abingdon, 1973.

Voobus, Arthur, and Henry Grady Davis. *The Gospel in Study and Preaching.* Philadelphia: Fortress, 1966.

Wilson, Paul Scott. *The New Interpreter's Handbook of Preaching.* Nashville: Abingdon, 2008.

_____. *The Practice of Preaching.* Rev. ed. Nashville: Abingdon, 2007.

구약의 내러티브

데스몬드 알렉산더. 『주제별로 본 모세오경』. 정효제 역. 서울: 대한신학대학원대학교, 2009.

리차드 L. 프랫. 『구약의 내러티브 해석』. 이승진, 김정호, 장도선 역. 서울: 기독교문서선교회, 2010.

스캇 깁슨. 『구약을 설교하기』. 김현회 역. 서울: 디모데, 2009.

스티븐 D. 매튜슨. 『구약의 내러티브 설교』. 이승진 역. 서울: 기독교문서선교회, 2011.

시드니 그레이다누스. 『창세기 프리칭 예수』. 강정주, 조호진 역. 서울: CLC, 2010.

_____. 『구약의 그리스도 어떻게 설교할 것인가』. 김진섭 역. 서울: 이레서원, 2002.

조엘 B. 그린, 마이클 파스쿼렐로. 『내러티브 읽기 내러티브 설교』. 이우제 역. 서울: 크리스챤출판사, 2006.

존 H. 세일해머. 『모세 오경 신학』. 김윤희 역. 서울: 새물결플러스, 2013.

Alter, Robert. *The Art of Biblical Narrative.* New York: Basic, 1981.

Arthurs, Jeffrey D. "The Implications of the Plot Structure of Biblical Narrative for Homiletics." M.A. thesis. Western Conservative Baptist Seminary, 1987.

Ellingsen, Mark. *The Integrity of Biblical Narrative: Story in Theology and Proclamation.* Minneapolis: Augsburg Fortress, 1990.

Fokkelman, J. P. *Narrative Art and Poetry in the Books of Samuel.* A Full Interpretation Based on Stylistic and Structural Analysis. 4 volumes. Assen: Van Gorcum, 1981.

_____. Narrative Art in Genesis: Specimens of Stylistic and Structural Analysis. Assen: Van Gorcum, 1975.

Goldsworthy, Graeme. *Gospel and Kingdom.* Paternoster, 1981.

Gow, Murray D. *The Book of Ruth: Its Structure, Theme, and Purpose.* Leicester,

England: Apollos, 1990.

Greidanus, Sidney. *Sola Scriptura: Problems and Principles in Preaching Historical Texts*. Toronto: Wedge Publishing Foundation.

Gunn, David M. *The Story of King David: Genre and Interpretation*. Sheffield University of Sheffield Press, 1978.

Hicks, R. Lansing. "Form and Content: A Hermeneutical Application." in *Translating and Understanding the Old Testament: Essays in Honor of Herbert Gordon May*. Edited by Harry T. Frank and William L. Reed. Nashville: Abingdon, 1970.

Holbert, John C. *Preaching Old Testament: Proclamation and Narrative in the Hebrew Bible*. Nashville: Abingdon, 1991.

Howard, David M., Jr., and Michael A. Grisanti. *Giving the Sense: Understanding and Using Old Testament Historical Texts*. Grand Rapids: Kregel, 2003.

Kaiser, Walter C., Jr. *The Old Testament in Contemporary Preaching*. Grand Rapids: Baker, 1973.

_____. *Preaching and Teaching from the Old Testament: A Guide for the Church*. Grand Rapids: Baker, 2003.

Kline, Meredith G. *Treaty of the Great King: The Covenant Structure of Deuteronomy: Studies and Commentary*. Grand Rapids: Eerdmans, 1963.

Mathews, Kenneth A., and R. Kent Hughes. *Leviticus: Holy God, Holy People*. Wheaton: Crossway, 2009.

Robinson, Haddon W. "Preaching Narrative." Unpublished class notes from Pr6324, Gordon-Conwell Theological Seminary, 1998.

Sailhamer, John. *The Pentateuch as Narrative*. Grand Rapids: Zondervan, 1992.

Sternberg, Meir. *The Poetics of Biblical Narrative: Ideological Literature and the Drama of Reading*. Bloomington, IN: Indiana University Press, 1985.

Stevenson, Dwight Eshelman. *Preaching on the Books of the Old Testament*. New York: Harper, 1961.

Stuart, Douglas K. *Old Testament Exegesis: A Handbook for Students and Pastors*. 4th ed. Louisville: Westminster John Knox, 2009.

Wegner, Paul D. *Using Old Testament Hebrew in Preaching: A Guide for Students and Pastors*. Grand Rapids: Kregel, 2009.

시편

마크 D. 푸타토, 데이빗 하워드. 『시편을 어떻게 해석할 것인가』. 류근상 역. 서울: 크리스챤, 2008.

C. S. 루이스. 『시편사색』. 이종태 역. 서울: 홍성사, 2004.

J. 클린턴 맥캔 주니어, 제임스 C. 하우엘. 『시편설교』. 김윤규 역. 서울: 동연, 2012.

Alter, Robert. *The Art of Biblical Poetry*. New York: Basic, 1985.

Bateman, Herbert W. I. V., and D. Brent Sandy. *Interpreting the Psalms for Teaching and Preaching*. St. Louis: Chalice, 2010.

Belcher, Richard P., Jr. *The Messiah and the Psalms: Preaching Christ from All the Psalms*. Fearn, UK: Christian Focus, 2006.

Bellinger, W. H. *Psalms: Reading and Studying the Book of Praise*. Peabody, MA: Hendrickson, 1990.

Brueggemann, Walter. *The Message of the Psalms: A Theological Commentary*. Augsburg Old Testament Studies. Minneapolis: Fortress, 1984.

Firth, David G. "Preaching Praise Poetry." *Reclaiming the Old Testament for Christian Preaching*. Downers Grove: InterVarsity Academic, 2010.

Fokkelman, J. P. *Major Poems of the Hebrew Bible at the Interface of Hermeneutics and Structure Analysis*. Edited by Greenville J. R. Kent, Paul J. Kissling, and Laurence A. Turner. Van Gorcum, 1998.

_____. *Reading Biblical Poetry: An Introductory Guide*. Translated by Ineke Smit. Louisville: Westminster John Knox, 2001.

Freedman, David Noel. "Pottery, Poetry, and Prophecy: An Essay on Biblical Poetry." *Journal of Biblical Literature* 96, no. 1 (1977): 5-26.

Geller, Stephen A. *Parallelism in Early Biblical Poetry*. Missoula: Scholars, 1979.

Kugel, James L. *The Idea of Biblical Poetry: Parallelism and Its History*. New Haven, CT: Yale University Press, 1981.

Longman, Tremper, III. *How to Read the Psalms*. Downers Grove: InterVarsity, 1988.

Mays, James Luther, Patrick D. Miller, and Gene M. Tucker. *Preaching and Teaching the Psalms*. Louisville: Westminster John Knox, 2006.

Miller, Patrick D., Jr. *Interpreting the Psalms*. Philadelphia: Fortress, 1986.

O'Donnell, Douglas Sean. *God's Lyrics: Rediscovering Worship Through Old Testament Songs*. Phillipsburg, NJ: P&R, 2010.

Parsons, Greg W. "Guidelines for Understanding and Proclaiming the Psalms." *Bibliotheca Sacra* 147 (1990): 169-187.

Ryken, Leland. *Words of Delight: A Literary Introduction to the Bible*. Grand Rapids: Baker, 1987.

Sedgwick, Colin J. "Preaching from the Psalms." *Expository Times* 103 (1992): 361-364.

Sharpe, Lamoyne. *Preaching Thru the Psalms*. Dacula, GA: L. Sharpe, 1978.

Smith, Kenneth W. "Preaching the Psalms with Respect for Their Inspired Design." *Journal of the Evangelical Homiletics Society* 3 (2003): 4-31.

Tornfelt, John V. "Preaching the Psalms: Understanding the Chiastic Structures for Greater Clarity." *The Journal of the Evangelical Homiletics Society* 2, no. 2 (December 2002): 4-31.

Velema, W. H., and Susan van der Ree. "Preaching on the Psalms." *Evangelical Review of Theology* 21 (July 1997): 258-267.

Wallace, Howard Neil. *Words to God, Word from God: The Psalms in the Prayer and Preaching of the Church*. Burlington, VT: Ashgate, 2005.

Waltke, Bruce K. "A Canonical Process Approach to the Psalms." Pages 3-18 in *Tradition and Testament: Essays in Honor of C. L. Feinberg*. Edited by J. S. Feinberg and P. D. Feinberg. Chicago: Moody, 1981.

_____. "Psalms: Theology of." Pages 1100-1115 in *New International Dictionary of Old Testament Theology and Exegesis*, vol. 4. Edited by Willem VanGemeren. Grand Rapids: Zondervan, 1997.

Westermann, Claus. *Praise and Lament in the Psalms*. John Knox, 1981.

_____. *The Psalms: Structure, Content and Message*. Minneapolis: Augsburg, 1980.

Wilson, Gerald H. "The Shape of the Book of Psalms." *Interpretation* 46, no. 2 (1992): 129-142.

Yates, Kyle M. *Preaching from the Psalms*. New York: Harper, 1948.

Zenger, Erich, and Linda M. Maloney. *A God of Vengeance? Understanding the Psalms of Divine Wrath*. Louisville: Westminster John Knox, 1996.

지혜서

그레엄 골즈워디. 『복음과 하나님의 지혜』. 김영철 역. 서울: 성서유니온선교회, 2009.

데이빗 A. 돌시. 『구약의 문학적 구조』. 류근상 역. 서울: 크리스챤, 2003.

레이몬드 C. 오틀런드 Jr. 『솔로몬에게 길을 묻다』. 이은희 역. 서울: 생명의말씀사, 2015.

시드니 그레이다누스. 『전도서의 그리스도 어떻게 설교할 것인가』. 전의우 역. 서울: 포이에마, 2012.

C. 헤슬벌럭. 『시가서 개론』. 임영섭 역. 서울: 은성, 1999.

Alleman, Herbert C. "Personal Religion: How to Preach from the Wisdom Books and the Psalms." *Interpretation* 2, no. 3 (July 1948): 299-312.

Arthurs, Jeffrey D. "Short Sentences Long Remembered: Preaching Genre-Sensitive Sermons from Proverbs." *Journal of the Evangelical Homiletics Society* 5 (2005)

Crenshaw, James. *Old Testament Wisdom: An Introduction*. Atlanta: John Knox, 1981.

Davis, Ellen F. "Demanding Deliverance." in *Preaching from Psalms, Oracles, and Parables*. Edited by Roger Alling and David J. Schlafer. Harrisburg, PA: Morehouse, 2006.

Decker, Barbara. *Proverbs for Parenting: A Topical Guide for Child Raising from the Book of Proverbs*. Boise, ID: Lynn's Bookshelf, 1989.

Estes, Daniel J. *Handbook on the Wisdom Books and Psalms*. Grand Rapids: Baker Academic, 2005.

_____. *Job*. Teach the Text Commentary series. Grand Rapids: Baker, 2013.

Holbert, John C. *Preaching Job*. St. Louis: Chalice, 1999.

Jackman, David. *Preaching and Teaching Old Testament: Narrative, Prophecy, Poetry, Wisdom*. 4 DVDs. London: The Proclamation Trust, 2008.

Kidner, Derek. *The Wisdom of Proverbs, Job, and Ecclesiastes*. Downers Grove: InterVarsity, 1985.

Kitchen, John A. *Proverbs*. Mentor Commentary. Inverness, Scotland: Mentor, 2006.

O'Donnell, Douglas Sean. *The Beginning and End of Wisdom: Preaching Christ from the First and Last Chapters of Proverbs, Ecclesiastes, and Job*. Wheaton: Crossway, 2011.

Perry, T. Anthony. *Wisdom Literature and the Structure of Proverbs*. University Park, PA: Pennsylvania State University Press, 1993.

Ryken, Philip Graham. *Ecclesiastes: Why Everything Matters*. Wheaton: Crossway, 2010.

Thompson, J. M. *The Form and Function of Proverbs in Ancient Israel*. The Hague: Mouton, 1974.

Trible, Phyllis. "Wisdom Builds a Poem: The Architecture of Proverbs 1:20-33." *Journal of Biblical Literature* 94 (1975): 509-518.

Waltke, Bruce K. *The Book of Proverbs: Chapters 1-15*. New International Commentary on the Old Testament. Grand Rapids: Eerdmans, 2004.

_____. *The Book of Proverbs: Chapters 15-31*. New International Commentary on the Old Testament. Grand Rapids: Eerdmans, 2005.

선지서

로버트 치즈홀름. 『예언서 개론』. 강성열 역. 서울: 크리스천다이제스트, 2006.

월터 C. 카이저. 『마지막 때에 관한 설교』. 김혜경 역. 서울: CLC, 2014.

윌리엄 반 게메렌. 『예언서 연구』. 채천석 역. 서울: 솔로몬, 2012.

Alexander, T. Desmond. "Jonah and Genre." *Tyndale Bulletin* 36 (1985): 35-59.

Blackwood, Andrew Watterson. *Preaching from Prophetic Books*. New York: Abingdon-Cokesbury, 1951.

Childs, Brevard Springs. "Canonical Shape of the Prophetic Literature." *Interpretation* 32, no. 1 (1978): 46-55.

Chisholm, Robert B., Jr. *Interpreting the Minor Prophets*. Grand Rapids: Zondervan, 1990.

Garrett, Duane A. "The Structure of Amos as a Testimony to Its Integrity." *Journal of the Evangelical Theological Society* 27, no. 3 (1984): 275-276.

_____. "The Structure of Joel." *Journal of the Evangelical Theological Society* 28, no. 3 (1985): 289-297.

Gooding, David W. "The Literary Structure of the Book of Daniel and Its Implications." *Tyndale Bulletin* 32 (1981): 43-79.

Greidanus, Sidney. *Preaching Christ from Daniel: Foundations for Expository Sermons*. Grand Rapids: Eerdmans, 2012.

Yates, Kyle. *Preaching from the Prophets*. Nashville: Broadman, 1942.

복음서/사도행전

데이빗 로즈 외. 『이야기 마가』. 양재훈 역. 서울: 이레서원, 2003.

조나단 T. 페딩톤. 『복음서 읽기』. 류호영 역. 서울: CLC, 2015.

크레이그 L. 블롬버그. 『예수와 복음서』. 김경식 역. 서울: CLC, 2008.

Aune, David E. "The Problem of the Genre of the Gospels: A Critique of C. H. Talbert's What Is a Gospel?" in *Gospel Perspectives. Studies of History and Tradition in the Four Gospels*. Volume Two. Edited by R. T. France and David Wenham. 9-60. Sheffield: JSOT, 1981.

Barnes, Stanley. *Sermons on Acts* 16. Greenville, SC: Ambassador, 2001.

Bauckham, Richard. *The Gospels for All Christians: Rethinking the Gospel Audiences*. Grand Rapids: Eerdmans, 1998.

Beasley-Murray, George Raymond. *Preaching the Gospel from the Gospels*. Peabody, MA: Hendrickson, 1996.

Boice, James Montgomery. *Acts: An Expositional Commentary*. Grand Rapids: Baker, 1997.

Borgman, Paul. *The Way According to Luke: Hearing the Whole Story of Luke-Acts*. Grand Rapids: Eerdmans, 2006.

Burridge, Richard A. *Four Gospels, One Jesus*. 2nd ed. London: SPCK, 2005.

_____. *What Are the Gospels?: A Comparison with Graeco-Roman Biography*. 2nd ed. Grand Rapids: Eerdmans, 2006.

Clark, David J., and Jan de Waard. "Discourse Structure in Matthew's Gospel." *Scriptura*, no. 1 (1982): 1-97.

Combrink, H. J. B. "The Structure of the Gospel of Matthew as Narrative." *Tyndale Bulletin* 34 (1983): 61-90.

Craddock, Fred B. *The Gospels*. Interpreting Biblical Texts Series. Abingdon, 1981.

Edwards, Glen. "Preaching from Mark's Gospel." *Southwestern Journal of Theology* 21, no. 1 (1978): 55-69.

Fokkelman, J. P., and Ineke Smit. *Reading Biblical Narrative: A Practical Guide*. Tools for Biblical Study. Leiden: Deo, 1999.

Gathercole, Simon J. *The Preexistent Son: Recovering the Christologies of Matthew, Mark, and Luke*. Grand Rapids: Eerdmans, 2006.

Hendriksen, William. *Exposition of the Gospel According to John*. Baker New Testament Commentary. Grand Rapids: Baker, 1953.

Jackman, David. *Preaching and Teaching: New Testament: Gospels, Letters, Acts and Revelation*. 3 DVDs. London: The Proclamation Trust, 2008.

Kuruvilla, Abraham. *Mark: A Theological Commentary for Preachers*. Eugene, OR: Wipf & Stock, 2012.

Phillips, John. *Exploring Acts. Volume 1: Acts. 1-12*. Chicago: Moody, 1989.

Polhill, John B. *Acts*. Nashville: B&H, 1992.

Ressequie, James L. *Narrative Criticism of the New Testament: An Introduction*. Grand Rapids: Baker Academic, 2005.

Ryle, John Charles. *Expository Thoughts on the Gospels: St. Mark*. Reprint ed. Carlisle, PA: The Banner of Truth Trust, 1994.

Scott, Bernard Brandon. *The Word of God in Words: Reading and Preaching*. Philadelphia: Fortress, 1985.

Smith, D. Moody. *Interpreting the Gospels for Preaching*. Philadelphia: Fortress, 1980.

_____. *John*. Proclamation Commentaries. Philadelphia: Fortress, 1986.

Strauss, Mark L. *Four Portraits, One Jesus: An Introduction to Jesus and the Gospels*. Grand Rapids: Zondervan, 2007.

Talbert, Charles H. *What Is a Gospel? The Genre of the Canonical Gospels*. Philadelphia: Fortress, 1977.

Tannehill, Robert C. "The Disciples in Mark: The Function of a Narrative Role," *Journal of Religion* 57 (1977): 386-405.

Wallis, Ethel E. "Four Gospels, Four Discourse Genre." *Evangelical Journal* 1, no. 2 (1983): 78-91.

Wilder, Amos. *Early Christian Rhetoric: The Language of the Gospel*. Peabody, MA: Hendricksen, 1964.

Wirada, Timothy. *Interpreting Gospel Narratives: Scenes, People, and Theology*. Nashville: B&H, 2010.

Yates, Kyle Monroe. *Preaching from John's Gospel*. Nashville: Broadman, 1964.

비유

로버트 H. 스타인. 『예수님의 비유 어떻게 읽을 것인가』. 오광만 역. 서울: 따뜻한세상, 2011.

크레그 블롬버그. 『비유해석학』. 김기찬 역. 서울: 생명의말씀사, 1996.

Bailey, Kenneth E. *Poet and Peasant and Through Peasant Eyes: A Literary-Cultural Approach to the Parables in Luke*. Grand Rapids: Eerdmans, 1983.

Blomberg, Craig L. *Preaching the Parables: From Responsible Interpretation to Powerful Proclamation*. Grand Rapids: Baker Academic, 2004.

_____. "Preaching the Parables: Preserving Three Main Points." *Perspectives in Religious Studies* 11 (1984): 31-41.

Brauninger, Dallas A. *Preaching the Parables*. Series 3, Cycle A. Lima, Ohio: CSS, 2003.

Chenoweth, Ben. "Identifying the Talents: Contextual Clues for the Interpretation of the Parable of the Talents (Matthew 25:14-30)." *Tyndale Bulletin* 56 (2005): 61-72.

Keach, Benjamin. *Exposition of the Parables in the Bible*. Grand Rapids: Kregel, 1974.

Sider, John W. *Interpreting the Parables: A Hermeneutical Guide to Their Meaning*. Studies in Contemporary Interpretation. Grand Rapids: Zondervan, 1995.

Snodgrass, Klyne. *Stories with Intent: A Comprehensive Guide to the Parables of Jesus*. Grand Rapids, MI: Eerdmans, 2008.

Wenham, David. *The Parables of Jesus*. Jesus Library. Downers Grove: InterVarsity, 1989.

신약 서신서

Aune, David E. *The New Testament and Its Literary Environment*. Philadelphia: Westminster, 1987.

Betz, Hans Dieter. "The Literary Composition and Function of Paul's Letter to the Galatians," *New Testament Studies* 21 (1975): 353-379.

Blaiklock, Edward M. "The Epistolary Literature." in *The Expositor's Bible Commentary*.

Vol. 1. Edited by Frank E. Gaebelein. Grand Rapids, MI: Zondervan, 1979.

Collins, Raymond. *Preaching the Epistles*. New York: Paulist, 1996.

DeJong, James A. "Principled Paraenesis: Reading and Preaching the Ethical Material of the New Testament Letters." *Pro Rege* 10 (1982): 26-34.

Greidanus, Sidney. "Preaching from Paul Today." in *Dictionary of Paul and His Letters: A Compendium of Contemporary Biblical Scholarship*. Edited by Gerald F. Hawthorne et al. Downers Grove: InterVarsity, 1993.

Hendriksen, William, and Simon Kristemaker. *Exposition of Thessalonians, the Pastorals, and Hebrews*. Grand Rapids: Baker, 1995.

Mumaw, John R. *Preach the Word: Expository Preaching from the Book of Ephesians*. Scottsdale: Herald, 1987.

Porter, Stanley, and Thomas H. Olbricht, eds. *Rhetoric and the New Testament*. Sheffield: Journal for the Study of the New Testament Supplement Series 90. Sheffield, 1990.

Russell, Walter B., III. "Rhetorical Analysis of the Book of Galatians, Part 1." *Bib Sac* 150 (1993): 341-358. See also "Part 2," 416-439.

Schreiner, Thomas R. *Interpreting the Pauline Epistles*. Grand Rapids: Baker, 1990.

Smith, D. Moody. *First, Second, and Third John*. Interpretation: A Bible Commentary for Teaching and Preaching. Louisville: John Knox, 1991.

묵시 문학 / 요한계시록

그랜트 오즈번. 『요한계시록』. 김귀탁 역. 서울: 부흥과개혁사, 2012.

마이클 윌코크. 『요한계시록 강해』, 정옥배 역. 서울: 한국기독학생회출판부(IVP), 2008.

Bultmann, Rudolf Karl. *This World and the Beyond: Marburg Sermons*. New York: Scribner's, 1960.

Craddock, Fred B. "Preaching the Book of Revelation." *Interpretation* 40 (1986): 270-282.

Goldsworthy, Graeme. *The Lamb and the Lion: The Gospel in Revelation*. Nashville: Thomas Nelson, 1984.

Gooding, David W. "The Literary Structure of the Book of Daniel and Its Implications."

Tyndale Bulletin 32 (1981): 43-79.

Hamilton, James M., Jr. *Revelation: The Spirit Speaks to the Churches*. Preaching the Word. Wheaton: Crossway, 2012.

Paul, Ian. "Preaching from the Book of Revelation." Pages 158-172 in *Preaching the New Testament*. Edited by Ian Paul and David Wenham. Downers Grove: InterVarsity Academic, 2013.

Jacobsen, David Schnasa. *Preaching in the New Creation: The Promise of New Testament Apocalyptic Texts*. Louisville: Westminster John Knox, 1999.

Jeter, Joseph R., and Cornish R. Rogers. *Preaching through the Apocalypse: Sermons from Revelation*. St. Louis: Chalice, 1992.

Jones, Larry Paul, and Jerry L. Sumney. *Preaching Apocalyptic Texts*. St. Louis: Chalice, 1999.

Kistemaker, Simon. *Revelation*. New Testament Commentary. Grand Rapids: Baker, 2001.

Mounce, Robert H. *The Book of Revelation*. Rev. ed. New International Commentary on the New Testament. Grand Rapids: Eerdmans, 1998.

Patterson, Paige. *Revelation*. New American Commentary. Nashville: B&H, 2012.

Smalley, Stephen S. *The Revelation to John: A Commentary on the Greek Text of the Apocalypse*. Downers Grove: InterVarsity, 2005.

웹사이트[232]

Christ in Genesis: http://headhearthand.org/blog/2010/10/14/christ-in-genesis

Guide to Interpreting Song of Solomon: http://headhearthand.org/blog/2010/10/21/guide-to-interpreting-the-song-of-solomon

Guide to Interpreting the Prophets: http://headhearthand.org/blog/2010/10/25/guide-to-interpreting-the-prophets

How Do You Do Expositional Preaching Poorly? http://www.9marks.org/answers/how-do-you-do-expositional-preaching-poorly

Lectures on the Pentateuch and Genesis: http://headhearthand.org/blog/2011/09/01/lectures-on-pentateuch-and-genesis

Lectures on Exodus-Leviticus: http://headhearthand.org/blog/2011/09/10/lectures-on-exodus-leviticus

The Old Testament on One Page: http://headhearthand.org/blog/2011/09/02/the-old-testament-on-one-page

Preaching Christ in the Old Testament: http://thegospelcoalition.org/preaching-christ/

Proclamation Trust: http://www.proctrust.org.uk

Preaching through Joshua: http://www.preaching.com/resources/articles/11661049

Old Testament Introduction Lectures (audio & PDF available): http://headhearthand.org/blog/2011/09/29/old-testament-introduction-lectures

Should Preachers Show Their Work? Or, Should Our Preaching Train People to Read the Bible? http://jimhamilton.info/2011/10/18/should-preachers-show-their-work-or-should-our-preaching-train-people-to-read-the-bible?/utm_source=feedburner&utm_medium=feed&utm_campaign=Feed%3A+ForHisRenown+%28For+His+Renown%29

Simeon Trust: http://simeontrust.net/

Preaching Christ from Exodus: http://simeontrust.net/index.php?option=com_content&view=article&id=281&Itemid=571

Preaching Christ from Joshua: http://simeontrust.net/index.php?option=com_content&view=article&id=282&Itemid=572

Preaching Christ from the Prophets: http://simeontrust.net/index.php?option=com_content&view=article&id=283&Itemid=573

Three Thoughts on Preaching: http://biblicalpreaching.net/category/specific-text

25 Pointers for Preaching Epistles Effectively: http://networkedblogs.com/zPJQ3

Two Vital Old Testament Questions: http://headhearthand.org/blog/2013/03/05/two-vital-old-testament-questions/

Recapturing The Voice of God

본문이 이끄는 장르별 설교

초판 1쇄 발행	2016년 03월 02일
초판 5쇄 발행	2025년 04월 03일

지은이	스티븐 스미스
옮긴이	김대혁, 임도균
펴낸이	곽성종
기획편집	방재경
디자인	투에스
펴낸곳	㈜아가페출판사
등록	제21-754호(1995. 4. 12)
주소	(08806) 서울시 관악구 남부순환로 2082-33(남현동)
전화	584-4835(본사) 522-5148(편집부)
팩스	586-3078(본사) 586-3088(편집부)
홈페이지	www.agape25.com
판권	ⓒ ㈜아가페출판사 2016
ISBN	ISBN 978-89-97713-63-9 (03230)

분당직영서점	전화 031-714-7273 l 팩스 031-714-7177
인터넷서점	http://www.agapemall.co.kr
	*인터넷에서 '아가페몰'을 검색하세요.

저작권법에 의하여 한국 내에서 보호받는 저작물이므로
무단전재와 복제를 금합니다.

아가페 출판사